Die Autoren

Margit Dahlke absolvierte nach dem Studium der Geschichte und Germanistik eine Heilpraktiker- und Psychotherapieausbildung. Sie arbeitet heute als Homöopathin, Psychotherapeutin und Astrologin im Heilkundezentrum Johanniskirchen, das sie zusammen mit ihrem Mann Dr. Ruediger Dahlke gründete.

Dr. Ruediger Dahlke ist Arzt und Psychotherapeut und einer der renommiertesten Autoren im Bereich der psychosomatischen Medizin und spirituellen Lebenshilfe.

Beide Autoren sind Verfasser zahlreicher Bücher mit den Themenschwerpunkten Psychosomatik, spirituelle Psychotherapie und Meditation.

Das Buch

Sich im Dschungel der vielfältigen Meditationsangebote zurechtzufinden, erscheint manchem, und das nicht zu unrecht, als schier nicht zu bewältigende Aufgabe. Für den interessierten Laien wird es immer schwieriger, in diesem Wust die Technik zu finden, die für ihn am besten geeignet ist. Denn bestimmte Techniken sind nur für bestimmte Menschen gut und wirksam – Meditation ist niemals Allheilmittel, sondern immer nur „Entwicklungshilfe" für die jeweilige Persönlichkeit. In diesem Buch nun findet der Suchende die bekannten Meditationstechniken ausführlich vorgestellt, begleitet von Erläuterungen, welche Methode für wen geeignet ist.

Margit Dahlke
Ruediger Dahlke

Meditations Führer

Finden Sie die für Sie
richtige Meditations-Methode

Schirner ❧ Verlag

*Ein meditatives Dankeschön an Michael,
ohne den es dieses Buch nicht geben würde.*

ISBN 3-930944-83-9

© 1999 Schirner Verlag, Darmstadt
Zweite Auflage 2000

Alle Rechte der Verbreitung
im deutschen Sprachraum vorbehalten.

Umschlag/Satz: Kirsten Glück
Herstellung: Reyhani Druck + Verlag, Darmstadt

Printed in Germany

Inhaltsverzeichnis

Vorwort 11

I Die Grundlagen der Meditation 13
Was ist Meditation? 15
Warum Meditation? 17
Die Meditationstechniken 21
Die Wirkung der Meditation 23
Was geschieht beim Meditieren? 30
Ziele der Meditation 34

II Die Praxis der Meditation 43
Die Umgebung 45
Die Haltung 47
• 1. Übung: Einheit 48
• 2. Übung: Schwerpunkt 48
• 3. Übung: Lotos-Sitz 49
• Alternativen zum Lotos-Sitz 50
• 4. Übung: Verlagern des Schwerpunkts 52
Die Atmung 53
• 1. Übung: Beobachten 54
• 2. Übung: Bewußtwerden 54
• 3. Übung: Zwerchfellatmen 55
Die innere Einstellung 56
• 1. Übung: Körperliches Abreagieren 57
• 2. Übung: Bewußtheit 59
Die Vorbereitung 60
• Eutonische Grundübung 61
• Kin-hin-Übung 63
• Körperzentrierte Aufwärmübung 64
• Muskuläres Tiefentraining 64
• Lebenskraftübung 66
• Pranayama-Übung 67
Der Einstieg 71

III Astrologie und Meditation 75

IV Meditationen und Sternzeichen 81
Vorbemerkung 82

Widder (21. März – 20. April) 84
- Sonnen-Meditation 87
- Bewegungs-Meditation 88
- Wirbel-Meditation 88
- Tai Chi 90
- Dynamische Meditation 92
- Geführte Widder-Meditation 94
- Meditation über den Anfang 101
- Feuer-Ritual 102

Stier (21. April – 20. Mai) 104
- Hatha-Yoga 107
- Mantra-Singen 109
- Ton-Modellieren 110
- Natur-Meditationen 111
- Geführte Stier-Meditation 113
- Obertonsingen 119
- Seinen Platz finden 120
- Kraftplatz-Imagination 122
- Kochen als Meditation 124
- Meditatives Essen 126
- Reigentanz 126
- Erd-Ritual 127
- Wunscherfüllungs-Meditation 129

Zwillinge (21. Mai – 21. Juni) 131
- Mantra-Meditation 133
- Metapher-Meditation 136
- Yogi-Vollatmung 137
- Ha-Atmung 138

- Dhikr-Meditation 138
- Geführte Zwillings-Meditation 1 140
- Geführte Zwillings-Meditation 2 147
- Atem-Meditation 154
- Vokalatmen 156
- Rebirthing 157
- Himmel-Erde-Atmung 158
- Enlightenment intensive 159
- Runen-Meditation 160
- Tastsinnübung 163
- Namens-Meditation 164
- Lebensmotto 165

Krebs (22. Juni – 22. Juli) 167
- Mutterleib-Meditation 170
- Spiegel-Meditation 171
- Mond-Meditation 172
- Wasser-Imagination 1 173
- Wasser-Imagination 2 174
- Geführte Krebs-Meditation 174
- Samadhi-Satori-Tank 180
- Mondrhythmus-Meditation 181
- Meditation über das innere Kind 183
- Gefühlswahrnehmung 186
- Ahnen-Meditation 188
- Einfühlen 190

Löwe (23. Juli – 22. August) 192
- Meditatives Malen 194
- Meditatives Tanzen 195
- Licht-Meditation 197
- Liebe-Meditation 198
- Sonnengebet 199
- Geführte Löwe-Meditation 201
- Herzens-Meditation 207

- Spiele als Meditation 210
- Augen-Meditation 212
- Mandala-Malen 213

Jungfrau (23. August – 22. September) 215
- Meditatives Waschen 217
- Satipatthana-Meditation 218
- Schreib-Meditation 219
- Meditatives Arbeiten 220
- Karma-Yoga 221
- Geführte Jungfrau-Meditation 223
- Erntedank-Meditation 230
- Reinigungsatmen 231
- Origami 232
- Eine Meditationsgeschichte: Der Heilige und die Prostituierte: 234

Waage (23. September – 23. Oktober) 236
- Friedens-Meditation 238
- Nadabrahma-Partnermeditation 239
- Metta-Meditation 239
- Kunst-Meditation 241
- Zen in der Kunst der Blumenzeremonie 242
- Geführte Waage-Meditation 245
- Meditation über den inneren Mann/die innere Frau 251

Skorpion (24. Oktober – 22. November) 253
- Meditationen über den Stirb-und-Werde-Vorgang in der Natur 257
- Mutprobe-Imagination 258
- Meditation über Leben und Tod 259
- Spannungs-Meditation 259
- Aiki-do 260
- Raja-Yoga 261
- Tantra 263
- Geführte Skorpion-Meditation 265
- Loslassen 271

Schütze (23. November – 21. Dezember) 274
• Jnana-Yoga 277
• Zen in der Kunst des Bogenschießens 278
• Licht-Imagination 280
• Geführte Schütze-Meditation 281
• Kerzenflammen-Meditation 287
• Ausdehn-Meditation 288
• Ballon-Meditation 289
• Traumreise – Reisetraum 290
• Wissens-Meditation 291
• Rückverbindungs-Meditation 292

Steinbock (22. Dezember – 20. Januar) 295
• Konzentrations-Meditation 298
• Gebirgs-Imagination 299
• Meditation der Kargheit 300
• Zazen 301
• Geführte Steinbock-Meditation 302
• Zeit-Meditation 308
• Sanduhr-Meditation 310
• Zeitreisen 312
• Jahreszeiten-Meditation 313
• Vergangenheits-Meditation 315
• Todesmeditation 316
• Meditation mit dem Steinverbündeten 317
• Fasten als Weg in die Mitte 319

Wassermann (21. Januar – 19. Februar) 322
• Lach-Meditation 325
• Grimassen-Meditation 325
• Stop-Meditation 326
• Flug-Imagination 326
• Sternschnuppen-Imagination 327
• Zen-Koan 328
• Sufi-Witze 329

- Geführte Wassermann-Meditation 331
- Kristall-Meditation 336
- Kundalini-Meditation 338
- Out-of-Body-Reisen 339
- Orakel-Meditation 340
- Lichtquellen-Meditation 341
- Luft-Ritual 342
- Farbatmen 343
- Meditation im Flugzeug 344
- Meditation mit den Qi-Gong-Kugeln 345

Fische (20. Februar – 20. März) 347
- Symbole-Meditation 350
- Traum-Meditation 351
- Musik-Meditation 352
- Meditation der Liebe 352
- Verschwinden 353
- Meditation über das Meer 353
- Bhakti-Yoga 354
- Geführte Fische-Meditation 356
- Chakra-Meditation 361
- Aura-Meditation 363
- Intuitions-Meditation 364
- Meditation über den inneren Führer 365
- Psychometrische Meditation 366

Anhang/Literaturverzeichnis 369

Vorwort

*"Wir haben erfahren, daß der Mensch seinen Intellekt
bis zu erstaunlichen Leistungen kultivieren kann – ohne dadurch der
eigenen Seele Herr zu werden."*
Hermann Hesse

Der Weg unserer hochzivilisierten, hochtechnisierten und intellektgläubigen westlichen Gesellschaft hat in eine totale Veräußerlichung der Werte und Lebensgefühle geführt. Durch zahlreiche technische Hilfsmittel ist es gelungen, unser alltägliches Leben komfortabler zu gestalten, und dennoch ist dieses mehr denn je von einem fast unerträglichen, krankmachenden Leistungsdruck bestimmt. All die Maschinen und wissenschaftlichen Errungenschaften konnten das Leid in unserer Welt nicht mindern und die Fragen nach dem Sinn unseres Lebens nicht beantworten. Die Unzufriedenheit mit dieser einseitigen Weltsicht hat in der letzten Zeit viele Menschen dazu bewogen, sich nach einer alternativen Betrachtungsweise der Dinge umzusehen. Der Wunsch, wieder ein Gleichgewicht herzustellen zwischen Innen und Außen, wieder in Harmonie mit der Natur und nicht gegen sie zu leben, wurde und wird immer größer. Und wie schon so oft in der abendländischen Geschichte, richtet auch heute der westliche Mensch in seiner Ratlosigkeit den Blick nach Osten, um dort Antworten auf seine existentiellen Fragen zu finden.

Das Interesse an der spirituellen Tradition Asiens hat in letzter Zeit immer mehr zugenommen. Dies äußerte sich auch in der Wiederentdeckung der Meditation. Wir werden geradezu überschwemmt von einer Vielzahl an Meditationstechniken und -schulen, und es bereitet oft Schwierigkeiten, sich für eine bestimmte Meditationsart zu entscheiden.

Dieses Buch gibt seinen Lesern durch die Verbindung von Astrologie und Meditation eine Orientierungshilfe für das Auffinden der individuell geeigneten Meditationstechnik, indem es den zwölf Tierkreiszeichen verschiedene Arten der Meditation zuordnet. Die Kombination von Astrologie und Meditation erscheint uns logisch, da es in beiden Systemen letztendlich um den Weg des Menschen zu seiner Vervollkommnung geht.

Die Möglichkeiten einer Darstellung der oft recht komplizierten Wege der Meditation in einem Buch sind begrenzt. Es können daher hauptsächlich Anregungen gegeben werden, denn Meditation als Weg zu innerer Wandlung muß gelebt werden.

I

Die Grundlagen der Meditation

Was ist Meditation?

Meditation ist eine über Jahrtausende hinweg erprobte und immer wieder verbesserte Technik, bei der es zu einer Umschaltung des Bewußtseins kommt. Wer meditiert, verläßt die gewohnte Ebene des Wachbewußtseins und begibt sich in bisher unerforschte Gebiete seiner Persönlichkeit, was bedeutet: Das Bewußtsein wird während der Meditation gleichzeitig erweitert, vertieft und erhöht. Deshalb ist Meditation nicht nur ein anderer Bewußtseinszustand, sondern ein allumfassender. Die Meditation erreicht alle Ebenen unserer Persönlichkeit, auch diejenigen, die wir bisher noch nicht kannten oder nicht kennen wollten. Meditation kreiert nie etwas völlig Neues, Utopisches. Es handelt sich bei ihr auch nicht um pure geistige Gymnastik oder um eine Übung zur Entspannung. Meditation beinhaltet all dies – und geht weit darüber hinaus.

Kein Wunder, daß es für viele Menschen schwierig ist, sich mit der wahren Bedeutung der Meditation zu befassen. Intellekt, Vernunft und rationelle Überlegungen reichen nicht aus, um Meditation zu begreifen. Sie entzieht sich allen theoretischen Konzepten und analytischen Bemühungen. Wer Meditation erfahren will, muß sie praktizieren. Die Bereiche, mit denen man während der Meditation konfrontiert wird, überschreiten die Grenzen des rational Faßbaren. Zwangsläufig wird der Meditierende den scheinbar sicheren Boden seines materiellen Weltbildes verlassen und erkennen, daß es Dinge zwischen Himmel und Erde gibt, die er mit seinem Verstand nicht erfassen kann. Jeder Versuch einer Erklärung gerät bestenfalls zu einer Annäherung an den wahren Gehalt der Meditation. Hier einige Beispiele: Der Physiker und Philosoph Carl Friedrich von Weizsäcker: „Es ist ein Stillwerden des bewußten Getriebes und es meldet sich, es zeigt sich etwas, was auch immer vorher da war. Überhaupt, man wird durch die Meditation kein anderer, sondern der, der man immer gewesen ist."*

Der Psychologe und Gestalttherapeut Hilarion Petzold: „Es ist eine Haltung der hingebungsvollen, steten Konzentration, der reinen Offenheit, der Loslösung von den Fesseln der Vergangenheit, (...) der Befreiung zu neuen Gestaltungen des Bewußtseins und zugleich des Überschreitens aller Einzelgestaltungen."**

Der Sufi-Führer Pir Vilayat Khan: „Das Ziel ist, Gott zu einer Realität zu machen und nicht die Suche nach der Befreiung von den existentiellen Bedingungen."***

Der Meditationsmeister Karlfried Graf Dürckheim: „Meditation meint Verwandlung des überwiegend der Welt zugewandten, aus seiner bloßen Natur und im Bedingten der Welt lebenden Menschen zu dem neuen Menschen, der bewußt in seinem Wesen verankert ist und dieses in seinem Erkennen, Gestalten und Lieben in der Welt in Freiheit zu bekunden vermag."****

Meditative Zustände sind uns allen bekannt, aber unser modernes Leben verdrängt sie. Durch den Leistungsdruck, unser „Durch-das-Leben-Hetzen" werden wir daran gehindert, zu uns selbst zu finden, unsere Mitte zu spüren. Es fehlt uns immer mehr die Fähigkeit zur Hingabe. Streß ist an die Stelle von Beschaulichkeit getreten, bei der sich oft von allein ein Meditationszustand einstellt. Deshalb benötigen wir heute Techniken, die uns helfen können, den Zustand absoluter Ruhe, der Passivität, des Nicht-Tuns, der Hingabe an das „Einfach-Sosein" wieder zu ermöglichen.

---

*Carl Friedrich von Weizsäcker: „Meditation in dieser Zeit" in: Udo Reiter (Hrsg.): „Meditation – Wege zum Selbst" (siehe Anhang)
**Hilarion Petzold (Hrsg.): „Psychotherapie. Meditation. Gestalt" (siehe Anhang)
***Pir Vilayat Inayat Khan: „Meditationsmethoden des Sufismus in ihrer Bedeutung für die Psychotherapie" in: Hilarion Petzold (Hrsg.): „Psychotherapie. Meditation. Gestalt" (siehe Anhang)
****Karlfried Graf Dürckheim: „Hara. Die Erdmitte des Menschen" (siehe Anhang)

Warum Meditation?

„Der Zweck des Lebens ist Bewunderung", schreibt Osho*. „Bewußtheit ist die uneingeschränkte Wahrnehmung von allem, was geschieht." Diese uneingeschränkte Wahrnehmung ist uns meist verwehrt, denn unser Wachbewußtsein ist nur in der Lage, einen winzigen Ausschnitt der Realität zu erfassen. Alles, was jenseits dieser Grenzen liegt, ist außerhalb unserer bewußten Reichweite – aber dennoch vorhanden.

Meditation ist ein Weg zum totalen Bewußtsein, zur umfassenden Wahrnehmungsfähigkeit. Mit Hilfe der Meditation gelingt es, ein Sperrgebiet zu betreten, in dem bislang unerschlossene Ressourcen der Persönlichkeit lagern.

Eingegrenzt in unsere Bewußtseinsschranken, sind wir nicht in der Lage, die übergeordnete Einheit aller Dinge und Vorgänge zu erkennen. Der wesentliche Grund dafür ist die Erfahrung der Polarität, die unsere materielle Welt prägt. Die Wirklichkeit existiert zwar als Einheit, ist eine Art allumfassender kybernetischer Regelkreis, der nach einer übergeordneten „göttlichen" Gesetzmäßigkeit funktioniert. Alles ist von allem abhängig, nichts kann allein wirken. Mit unserem eingeschränkten menschlichen Bewußtsein können wir diese Einheit aber nur polar erfassen, und deshalb offenbart sich uns die Welt in scheinbaren Gegensätzen: Mann und Frau, Tag und Nacht, Gesundheit und Krankheit, Leben und Tod, Plus und Minus.

Eine der Grunderfahrungen der Polarität ist der Atem. Mit seiner Hilfe können wir ihr Wesen am besten erkennen. Das Einatmen bedingt das Ausatmen, beides gehört zusammen, und wenn man einen Pol wegnimmt, verschwindet auch der andere. Dieser Wechsel der Pole ergibt einen Rhythmus. Und dieser Rhythmus bedeutet Leben, ist das Grundmodell alles Lebendigen. Die enge Zusam-

---
*siehe Anhang

mengehörigkeit der beiden Pole läßt die Einheit, die ihnen zugrunde liegt, gut erkennen. Uns Menschen zeigt sie sich jedoch immer in zwei hintereinander ablaufenden Aspekten der Wirklichkeit. Da jeweils ein Pol notwendig ist, um den anderen zu erfahren, haben beide ihre Existenzberechtigung und ihren Sinn. In einem gesetzmäßig funktionierenden Kosmos kann es nichts Sinnloses geben.

„Die Menschen", so der Psychotherapeut Thorwald Dethlefsen*, „haben es sich zur Gewohnheit gemacht, die Welt einzuteilen in Dinge, die sein dürfen, und in Dinge, die es eigentlich nicht geben sollte." Indem wir uns weigern, bestimmten Teilen der Wirklichkeit in unserem Bewußtsein eine Existenzberechtigung zu geben, verschließen wir lediglich die Augen vor einem Ausschnitt der Realität. Das schlägt voll auf uns zurück, denn jeder Versuch, eine Wahrheit zu unterdrücken, erzeugt Gegendruck, den wir zu spüren bekommen. Dethlefsen warnt in diesem Zusammenhang: „Der größte Teil des menschlichen Leidens besteht aus dem ausgeübten Widerstand gegen die manifestierten Umstände."

Dieses „Entweder-Oder", mit dem wir die Welt betrachten, zwingt uns dazu, viele Dinge in uns zu unterdrücken, weil wir deren Wertfreiheit nicht akzeptieren können. Wir setzen den Maßstab des „Gut" und „Böse", verdrängen dabei einen großen Teil unserer Persönlichkeit in einen Schattenbereich und verhindern damit die volle Entfaltung unseres Wesens. Wir werden krank, weil wir unsere Persönlichkeit gewaltsam reduzieren.

Die Existenz des von Tiefenpsychologen als „Schatten" bezeichneten Bereichs ergibt sich aus der polaren Erfahrung der Wirklichkeit. Da wir aber von unseren menschlichen Leiden nur erlöst werden können, wenn wir wieder in die Einheit finden, kommt der Integration des Schattens in unsere Persönlichkeit eine wesentliche Bedeutung zu. Das klingt nicht nur so, als sei es eine schwierige Aufgabe, sondern es ist auch eine schwierige Aufgabe. Die gute Nachricht aber ist, daß sich gerade in den dunklen Seiten unserer Seele oft ungeahnte Kräfte verborgen halten, die nur auf ihre Befreiung warten und, ans Licht gebracht, unsere Persönlichkeit abrunden und stärken.

*siehe Anhang

Der nach England geflohene tibetische Religionsführer Chögyam Trungpa* spricht in diesem Zusammenhang von Abfall, der als Dünger für den Entwicklungsprozeß verwendet werden soll: „Fähige Bauern aber sammeln ihren Abfall trotz schlechten Geruches und schmutziger Arbeit, und wenn er gebrauchsfähig ist, verteilen sie ihn über ihren Acker."

Daher soll auch der Mensch seine Schattenseiten erkennen und bejahen. Er muß sie erforschen und muß akzeptieren, daß dies alles Dinge sind, die zu ihm gehören. Erst dann hat er in diesem Fall die beiden Pole der Wirklichkeit angenommen und lernt sich selbst zum ersten Male umfassender kennen. Mit dieser Selbsterkenntnis erfüllt der Mensch eine der wesentlichen Forderungen, die das Leben an ihn richtet. Thorwald Dethlefsen* formuliert das so: „Das höchste Ziel des Menschen – nennen wir es Weisheit oder Erleuchtung – besteht in der Fähigkeit, alles anschauen zu können und zu erkennen, daß es gut ist, wie es ist."

Meditation unterstützt diese Selbsterkenntnis, hilft uns bei der Nutzbarmachung des inneren Schattens. Das ist der Grund dafür, warum bei zunehmend mehr Richtungen der Psychotherapie Meditationstechniken eingesetzt werden. Durch die tiefe innere Ruhe, die bei der Meditation entsteht, verschwinden Ängste und Verkrampfungen. Gedanken und Wünsche, die bisher stark angstbelegt waren, haben durch die von der Meditation geförderte wertfreie Haltung die Chance, aufzutauchen.

Der Prozeß der Selbsterkenntnis ist oft sehr schmerzhaft. Wer diesen Weg geht, kommt dabei gelegentlich mit Dingen in Berührung, die ihn entsetzen. Es brechen anscheinend unüberwindbare Gegensätze auf, und der Schrecken der Polarität wird überaus deutlich. Doch erst wenn wir uns immer wieder mit diesen Phänomenen unserer Seele beschäftigen, können wir sie verstehen und in der Polarität die Kraft der Einheit erkennen. Die Meditationstechniken geben uns die Chance, die Grenzen unseres dualen Weltbildes zu überschreiten, die scheinbaren Gegensätze wie-

---

*siehe Anhang

der zusammenzufügen, unsere gewohnte Subjekt-Objekt-Unterscheidung aufzulösen und die Gesamtschau herzustellen.

Einheit erreichen wir dann, wenn wir unser begrenztes Oberbewußtsein mit dem Unbewußten, das unbegrenzt ist und alles enthält, verschmelzen. Dazu muß die Trennschicht zwischen den Bewußtseinsebenen „gereinigt" und durchlässig gemacht werden. Meditation kann das erreichen. Es ist ein Sprung ins Unbewußte, in die Tiefen unserer Persönlichkeit. Deshalb ist Meditation weitaus mehr als eine reine Entspannungsübung, als die sie bei uns im Westen so populär geworden ist. Entspannung und Streßlösung sind angenehme Begleiterscheinungen – mehr nicht.

Diesem komfortablen Zwischenergebnis der Meditation folgt die oft weniger angenehme Suche nach der vollständigen Persönlichkeit. Getrennt von einem großen Teil unserer Seele, machen wir uns als „Bewußtseinskrüppel" mit Hilfe der Meditation auf den schwierigen Weg, unser Wesen in seiner ganzen Fülle zu erkennen. Darauf muß gefaßt sein, wer sich mit Meditation einläßt, denn ganz gleich, aus welchen Gründen wir Meditation begonnen haben – sie gibt uns immer mehr, als wir erwarten.

Die Meditationstechniken

Es gibt eine Vielzahl von Meditationstechniken, und alle haben ein gemeinsames Ziel: sich selbst überflüssig zu machen. Das klingt verwirrender, als es tatsächlich ist.

Ziel aller Meditationstechniken ist ein meditativer Zustand, in dem sich die bislang brachliegenden Bewußtseinsbereiche offenbaren können. Der Zugang zu diesen unerforschten, im Dunkel unserer Seele liegenden Ebenen wird jedoch durch die hektische Alltagsbetriebsamkeit unseres Wachbewußtseins versperrt. Hier wird so aktiv gedacht und analysiert, daß keine Gelegenheit mehr besteht, sich um die für unsere Gesamtpersönlichkeit so wichtigen Inhalte des Unbewußten zu kümmern.

Entscheidende Voraussetzung für das erfolgreiche Erlangen eines meditativen Zustandes ist deshalb, unser Bewußtsein von den alltäglichen Inhalten zu leeren und Platz darin zu schaffen für all das, was aus den unteren Ebenen unserer Seele aufsteigen und sich bemerkbar machen will. Das ist leichter gesagt als getan. Wer jemals versucht hat, nur eine einzige Minute lang ganz still zu sitzen und an nichts, an überhaupt nichts zu denken, der hat festgestellt, daß es unmöglich ist, alle Gedanken, Empfindungen und Phantasien aus dem Bewußtsein zu vertreiben.

Die Meditation weiß um dieses Problem. Im Laufe ihrer langen Geschichte wurden deshalb Techniken entwickelt, mit deren Hilfe das Bewußtsein weitgehend entleert werden kann. Diese Methoden tragen dazu bei, unsere Gedanken auf einen einzigen Gegenstand oder auf eine einzige Tätigkeit zu konzentrieren. Systematisch wird alles andere aus dem Bewußtsein eliminiert, und wir verweilen bei einer einzigen Sache. Das Entscheidende dabei ist nicht, bei welcher Sache wir verweilen; wesentlich ist das Verweilen an sich.

Meditationstechniken bilden jenen aktiven Schritt, den wir benötigen, um unser rationales, begrenztes Denken zu beschwichtigen, damit wir in den Zustand des Nicht-Tuns, der passiven Bewußtheit, des stillen Gewahrseins – was Meditation ist – eintauchen können.

Wer lange genug mit Hilfe dieser Techniken seine Gedanken auf einen Punkt zu fokussieren geübt hat, ist irgendwann auch in der Lage, diesen letzten Gedanken aus seinem Bewußtsein zu tilgen. Dann ist der Zustand der Meditation erreicht – und die Techniken werden überflüssig. Der Vorgang der Technik also ist noch nicht Meditation, weil er noch Aktivität ist, aber er kann uns in die Meditation führen. Je mehr Energie für die Technik verwendet wird, desto weniger werden störende Gedanken auftauchen. Wenn man beispielsweise den Tanz als Meditationstechnik verwendet, wie das die Sufi-Derwische tun, wird irgendwann der Moment kommen, daß man nur noch tanzt, nicht mehr denkt und selbst zum Tanz wird.

„Meditation", schreibt Claudio Naranjo* vom Esalen Institute im kalifornischen Big Sur, „beschäftigt sich mit dem Entwickeln einer Gegenwart, einem Seinszustand, der in jeder Situation, in der sich der einzelne befinden mag, ausgedrückt oder herausgebildet werden kann." Und weiter: „Diese Gegenwart verwandelt, was immer sie berührt. Ist ihr Medium die Bewegung, wird sie sich in Tanz verwandeln; ist es Ruhe, wird sie zur lebenden Skulptur; ist es der Gedanke, wird er zu höheren Bereichen der Intuition; ist es die Wahrnehmung, wird sie zur Verschmelzung mit den Wundern des Daseins; ist es das Gefühl, wird es zur Liebe; ist es Gesang, wird er zur geheiligten Äußerung; ist es die Sprache, wird sie zum Gebet und zur Dichtung; sind es die Tätigkeiten des gewöhnlichen Lebens, werden sie zu einem Ritual im Zeichen Gottes oder zu einer Feier des Daseins."

---

*siehe Anhang

Die Wirkung der Meditation

Streß ist eine der häufigsten Belastungen des westlichen Menschen. Seine Symptome sind Nervosität, Gereiztheit, Muskelverkrampfung und Überanstrengung. Den Fachleuten gilt er als Ursache zahlreicher Zivilisationskrankheiten. Streß hat eine fehlende Ausgeglichenheit im Organismus als Reaktion auf Umwelteinflüsse zur Folge. Dabei werden alle erhaltenden Funktionen des Körpers wie Verdauung, Zellaufbau und Zellreinigung gedrosselt und alle aktivierenden sowie mobilisierenden Funktionen gesteigert. Der Körper bereitet sich auf Kampf oder Flucht vor. Das ist in bestimmten Situationen sinnvoll. Dem Menschen erschließt sich durch Streßreaktionen eine ganze Reihe von speziellen Gegenmaßnahmen, mit denen er auf Umweltreize richtig reagieren kann, um danach wieder zu harmonischen Verhaltensweisen zurückzukehren.

Gefährlich wird Streß nur dann, wenn er zu oft vorkommt und überdies nicht abreagiert werden kann. Sinnlos bereitet sich der Körper in solchen Fällen auf Aktion vor, kann diese aber nicht ausleben, weil Angriff genauso wie Flucht gesellschaftlich als unmögliches Verhalten gelten. Wenn sich z.B. eine Geschäftsbesprechung negativ für mich zuspitzt, nutzt es in den meisten Fällen gar nichts, entweder dem Gesprächspartner die Faust ins Gesicht zu rammen oder den Raum fluchtartig zu verlassen. Im Gegenteil: Wir tun so, als sei nichts passiert, und schlukken Wut oder Angst unauffällig hinunter.

Dabei werden zwar die Streßhormone ausgeschüttet, das Herz klopft schneller, und der Blutdruck steigt – aber es gibt kein Ventil dafür. Der Streß dreht sich sozusagen isoliert im Kreis und frißt sich tief in uns hinein. Noch wissen die Experten nicht ganz genau, was dabei vor sich geht. Es gibt aber stichhaltige Hinweise auf mindestens zwei unangenehme Folgen:

- Dauerstreß schwächt das Immunsystem. Der Körper ist nicht mehr in der Lage, Krankheitserreger wirksam zu bekämpfen.
- Streß belastet die Psyche. Angst und Wut setzen sich tief in uns fest, weil sie keinen Ausweg finden.

Die in uns aufbewahrten alten Stresse sind besonders verhängnisvoll. Wir sind uns zwar dieses Ballastes nicht bewußt, doch bedeutet das keinesfalls, daß sie damit verschwunden sind. Unerkannt vom Wachbewußtsein, rumoren sie im Unterbewußten und belasten dadurch unsere gesamte Persönlichkeit.

Die meisten Menschen haben ein Verfahren entwickelt, wie sie mit den in jedem von uns vorhandenen inneren Stressoren fertig werden können: Sie riegeln ihr Bewußtsein gegenüber den darunterliegenden streßbelasteten Schichten ab, Grenzüberschreitungen werden nicht zugelassen. Das Unterbewußte wird wie eine Sondermülldeponie mit gefährlichem Inhalt behandelt. Das mag zwar eine Zeitlang funktionieren, aber irgendwann sind die Kapazitäten unserer Abfallhalde für den Seelenmüll erschöpft. Die Deponie fließt über, die alten Stressoren kehren zerstörerisch ins Bewußtsein zurück und äußern sich dann als Leidensdruck oder psychosomatische Störung.

Indem wir unsere tieferen Seelenschichten vor unserem Bewußtsein abschotten, handeln wir uns noch einen zweiten Nachteil ein: Wir vergeben nämlich die Chance, von den unerschöpflichen positiven Kräften zu profitieren, die ebenfalls jenseits des Bewußtseins lagern. Dadurch werden wir zu einem gefühlsmäßig reduzierten Wesen mit geringem seelischem Tiefgang, das seine schöpferischen Energien und seine produktive Kreativität verloren hat. Als derartiger Gefühlskrüppel ist der Mensch durchaus noch in der Lage, zu funktionieren, solange er imstande ist, alles zu verdrängen, was ihn belastet. Zu einer seelisch-geistigen Weiterentwicklung ist er allerdings in solch einer Situation nicht mehr fähig. Zur persönlichen Krise kommt es, wenn die Psychomüllkippe voll ist und die unbearbeiteten seelischen Inhalte ins Bewußtsein schwemmt.

Es gibt verschiedene Methoden, um eine derartige seelische Blockade aufzulösen und einen neuen Zugang zu unserem Innenleben zu finden. Dieses Ziel haben neben vielen anderen Methoden die Psychoanalyse, das autogene Training, das Bio-Feedback-Verfahren und die progressive Relaxation.

Eine der einfachsten und umfassendsten Methoden ist die Meditation. Neueste naturwissenschaftliche Forschungen und uralte Erfahrungen belegen übereinstimmend die positiven Wirkungen der unterschiedlichen Meditationsarten. Mit ihrer Hilfe gelingt es, Seele wie Körper zu beruhigen und zu entspannen. Das ist nicht ein Schutz vor Streß, der von außen auf uns einwirkt, sondern die Chance, die Barrieren zwischen unseren Bewußtseinsebenen abzubauen. Im Zustand der Tiefenentspannung werden alte Stresse gelöst und wird ein neues Grundvertrauen geschaffen.

Dies alles bewirkt ein spezieller Effekt der Meditation. Durch die vollständige oder teilweise Leerung des Bewußtseins während der Meditationsphase öffnet sich unser Geist für neue Erfahrungen. Im Gegensatz zu Psychoanalysen und Entstressungsprogrammen gehen wir bei der Meditation wertfrei und ziellos in unserer eigenen Psyche auf Entdeckungsreise. Wir wollen nichts erreichen, sondern lassen geschehen und akzeptieren, was geschieht. Unsere Seele weiß diese Freiheit zu schätzen. Ungezwungen richtet sich während der Meditation ein innerer Suchscheinwerfer auf die dunklen Gebiete unserer Psyche. Weil wir nichts erreichen müssen, können wir alles erreichen.

Psychologen haben ein Modell entwickelt, wie die Streßlösung und die Bewußtseinserweiterung während der Meditation ablaufen. Gleichsam wie mit einem Fahrstuhl fährt unser Bewußtsein in tiefere Schichten, die uns bisher verborgen geblieben waren. Dort werden seelische Materialien bearbeitet und aufbewahrt. Negative Gefühle wie Angst, Wut, Haß und Mißtrauen werden entdeckt, akzeptiert und damit neutralisiert; positive Gefühle wie Liebe, Vertrauen und Freude werden gefördert. Dieser ständige Wechsel zwischen immer tiefer wirkender Entspannung und Gefühlsverarbeitung erfolgt unsystematisch und reguliert sich selbsttätig. Normalerweise können wir uns deshalb bei der Meditation nicht überfordern. Anpassungsfähig und flexibel arbeiten wir während der Meditation an einem Kern der menschlichen Existenz. Die Wirkungen dieser Arbeit sind deshalb auf unterschiedlichen Ebenen wahrnehmbar. Körper und Seele werden wohltuend beeinflußt. Wir lernen uns besser kennen und entwickeln daraus die Fähigkeit zu einer positiveren Kommunikation mit anderen.

Wer in der Lage ist, sich zu akzeptieren, kann auch andere leichter anerkennen. Wer sich selbst kennt, kann sich leichter und klarer verwirklichen, weil er dann Manipulationsversuchen von außen her weniger leicht ausgeliefert ist. Den Psychologen Lutz Schwäbisch und Martin Siems* erscheint das als „die beste Garantie gegen totalitäre und inhumane politische Entwicklungen". In ihrem Buch „Selbstentfaltung durch Meditation" erklären sie: „Jede Verringerung von Neurotizismus hilft unmenschliche Gesellschaften, Politik und Gesetze zu verhindern."

Fundierte Untersuchungen über die Wirkungen der Meditation gibt es nur in Bezug auf die Transzendentale Meditation (TM), die christliche Meditation, auf Zen und Yoga. Die meisten Wissenschaftler gehen aber davon aus, daß diese Wirkungen meditationstypisch sind, also auch bei allen anderen Meditationsarten auftreten können. Besonders oft werden folgende genannt:

- Nach regelmäßiger meditativer Übung stellt sich ein grundsätzliches Gefühl der Entspannung, Ruhe und Gelassenheit ein. Wer meditiert, fühlt sich nicht mehr so gehetzt und gedrängt. Umweltreize belasten ihn weniger, er zeigt seltener Streßreaktionen. Trotz größerer Ruhe steigert sich die Reaktions- und Konzentrationsfähigkeit.
- Meditation führt zu größerer Selbstakzeptanz, zu mehr Selbstvertrauen und Selbstidentität und zu einer besseren Selbstverwirklichung. Daraus entstehen größere Unabhängigkeit, Selbständigkeit, Risikobereitschaft und Toleranz gegenüber anderen.

---

*siehe Anhang

- Die allgemeine Stimmung wird durch Meditation offenkundig positiv beeinflußt und stabilisiert. Man fühlt sich ausgeglichen und verfügt über eine heiter-gelassene Zufriedenheit. Es fällt leichter, eigene Affekte zu erkennen und zu kontrollieren.
- Die körperliche und geistige Leistungsfähigkeit steigt, die Intelligenz nimmt meßbar zu. In Ausnahmefällen wurde sogar eine größere Kreativität festgestellt.

Einzelne Forschungen belegen, daß durch Meditation die Erinnerungs- und die Lernfähigkeit gesteigert werden, daß es leichter fällt, arithmetische Probleme zu lösen, daß die motorische Geschicklichkeit zu- und die Angst abnimmt.

Mediziner haben herausgefunden, daß die Meditation im Rahmen ihrer Breitenwirkung in der Lage ist, hohen Blutdruck zu senken und Einschlafstörungen zu beseitigen. Drogenmißbrauch wird durch Meditation gemeinhin drastisch reduziert. In den USA wurde sogar in einer wissenschaftlich kontrollierten Untersuchung an TM-Schülern festgestellt, daß meditative Übungen zu einer Besserung bzw. völligen Eliminierung folgender Symptome führen können: Magengeschwüre, Asthma, Epilepsie, Multiple Sklerose, Allergien, Kopfschmerzen, Akne, Übergewicht, Verspannungen. Nachdem bekannt ist, daß häufiger Streß mit einer Schwächung des Immunsystems einhergeht, ist es kein Wunder, daß Meditation durch ihre Entstressungs-Funktion auch dazu beiträgt, die Anfälligkeit für Infektionskrankheiten wie Erkältung oder Grippe zu mindern.

Voraussetzung für solche positiven Erfolge der Meditation ist allerdings, daß man nicht versucht, derartige Erfolge gezielt zu erreichen. Meditation wirkt nur dann entspannend und heilend, wenn sie ungezwungen und nicht zielgerichtet erlebt wird. Körper und Geist wissen besser als unser Tagesbewußtsein, wo Entstressung, Angstlösung und Selbsttherapie ansetzen und wirken müssen. Wer meditiert, muß vertrauen und lernen, sich von den alltäglichen Zwängen zu lösen, die stets ein ganz konkretes Ziel erreichen wollen. Alle Gedanken, Gefühle und Phantasien, die während jeder Meditation auftauchen, werden wertfrei und kommentarlos akzeptiert – und nicht analysiert sowie mit Assoziationsketten versehen. Dies würde den Erfolg der Meditation schmälern oder sogar unmöglich machen.

Besonders schwer fällt es den meisten Anfängern der Meditation, auch unangenehme Symptome als positiv, sinnvoll und zur eigenen Persönlichkeit gehörend anzuerkennen. Zwar soll Meditation Freude machen und keinesfalls während oder nach der Versenkung quälend wirken. Gelegentlich können jedoch bei der Lösung alter Stresse beunruhigende Erscheinungen auftreten. Dann kommt es zu Schwitzen, Fieber, Muskelzucken oder Zittern. Das sind harmlose Phänomene, die man am besten einfach geschehen läßt, denn sie zeigen an, daß wir körperliche Spannungen abbauen. Nach einiger Zeit verschwinden diese Symptome von allein.

Auch Kopfschmerzen, Müdigkeit und ein Gefühl, als sei man in Watte gepackt, sind positive Zeichen einer Lösung von alten psychischen und physischen Schlakken. Es besteht kein Grund zur Beunruhigung, wenn diese Symptome zu Beginn der Meditation erscheinen. Nervosität, Gereiztheit und Hautjucken offenbaren, daß sich vorher unterdrückte Aggressivität freimacht. Gelegentlich beginnen alte Operationsnarben wieder zu schmerzen. Damit wird signalisiert, daß der im Unterbewußtsein vorhandene Schmerz, den die Operation unter Narkose verursacht hat, bewußt und damit gelöst wird. Die Schmerzerscheinungen dauern nur Stunden oder wenige Tage an. Weil bei der Meditation auch Angst, Traurigkeit, Einsamkeit, Wut, Ärger und Depressionen gelöst werden, geraten diese vorübergehend wieder ins Bewußtsein. Das ist jedoch kein Grund, zu erschrecken. Wenn wir uns mit diesen Gefühlen auseinandersetzen, können wir sie auflösen; Widerstand dagegen fixiert sie.

Die genannten Symptome treten nur in wenigen Ausnahmefällen auf. Sie sind positiv zu werten, weil sie den Entstressungsvorgang und das Eindringen in tiefere Schichten des Bewußtseins dokumentieren. Wer nicht in der Lage ist, diesen Inhalt seines Unterbewußtseins zu akzeptieren, vergibt eine Chance zur Selbstfindung und Selbstentwicklung.

In seltenen Fällen ist es allerdings angebracht, eine andere Meditationsart zu wählen. Jede Methode wirkt individuell verschieden. Manche Menschen kommen besser mit einer heftigen, aber schnellen Entstressung zurecht, andere fühlen sich bei einer sanften und behutsamen seelischen Reinigungskur wohler. Es liegt jeweils in der ganz persönlichen Verantwortung, welchen Weg man wählt. Keine der vielen Meditationsarten ist besser als die andere, keine ist schlechter, aber manche passen genauer zur jeweiligen Persönlichkeit.

Meditation, richtig betrieben, ist nie gefährlich. Stets verhält sie sich harmonisch zu den wahren und zentralen Bedürfnissen von Körper und Seele. Riskant wird Meditation lediglich dann, wenn sie für egoistische Ziele eingesetzt wird. Wer Meditation zur Flucht vor den Anforderungen des konkreten Alltags verwenden will, kann erleben, daß er in einen Zustand der Realitätsentfremdung hineinschlittert. Wer Meditation als Machtinstrument mißbraucht, läuft Gefahr, selber Schäden davonzutragen.

Was geschieht beim Meditieren?

In den sechziger Jahren machte der amerikanische Physiologe Robert Keith Wallace* eine interessante Entdeckung: Bei der Überprüfung der elektrischen Gehirnaktivität während der Meditation ließ er die Daten vom Computer eines Instituts für Gehirnforschung auswerten. Die Rechneranlage meldete Erstaunliches: Bei der Meditation verliefen die Spannungsschwankungen im Gehirn auf einmalige Art und Weise. Wallace hatte damit einen vierten Bewußtseinszustand entdeckt. Bis dahin waren den Experten nur der Wach-, der Schlaf- und der Traumzustand bekannt gewesen. Diese drei Stadien hatte man zuverlässig mit Hilfe eines Elektroenzephalogramms (EEG) bestimmen können. Jetzt kam ein viertes Stadium hinzu, das kurz nach Beginn der Meditation durch eine Zunahme der Alpha-Wellen-Aktivität in den zentralen und frontalen Gehirnabschnitten gekennzeichnet war. Wallace sprach von einem „transzendentalen Zustand".

Zum ersten Male kam man damals mit naturwissenschaftlichen Methoden den Veränderungen in Körper und Geist auf die Spur, die während der Meditationsphasen auftreten. Zwar sind die meisten Untersuchungen an Probanden vorgenommen worden, die mindestens drei Monate lang Transzendentale Meditation betrieben hatten, aber einzelne Experimente mit christlicher Meditation, Zen und Yoga bestätigen die Ergebnisse. Es kann deshalb davon ausgegangen werden, daß die gerade beschriebenen Vorgänge in der Physiologie des Menschen unabhängig von der Meditationsart auftreten.

Aus der Schlaf- und Traumforschung wissen wir, daß in diesen beiden Bewußt-

---

*Wallace, R. K.: „Physiological affects of transcendental meditation", Science 167 (1970) 1751-1754 – Wallace R. K., H. Benson, A. F. Wilson: „A wakeful hypometabolic physiologic state", Amer. J. Physiol. 221 (1971) 795-799 – Wallace, R. K., H. Benson: „Physiology of meditation", Scient. Amer. 226 (1972) 84-90. Zitiert nach: Christian Scharfetter: „Über Meditation. Begriffsfeld, Sichtung der „Befunde", Anwendung in der Psychotherapie in: Hilarion Petzold (Hrsg.): Psychotherapie. Meditation. Gestalt. S. 37 ff. (siehe Anhang)

seinszuständen wichtige Entstressungsvorgänge stattfinden und Belastungen des Tages verarbeitet werden können. Speziell in einer bestimmten Phase des Tiefschlafs, die pro Nacht etwa vier- bis fünfmal 20 Minuten lang auftritt, wird unser Gehirn sehr aktiv. Die Augäpfel bewegen sich plötzlich schnell hin und her, als ob sie ein imaginäres Ping-Pong-Spiel beobachteten. Die Schlafforscher nennen diese Phase REM-Phase. REM steht für Rapid Eye Movements (schnelle Augenbewegungen). Aus Versuchen weiß man, daß in diesen Phasen besonders heftig geträumt wird. Weckt man Versuchspersonen immer dann auf, wenn die REM-Phase eintritt, und verhindert damit ihr Träumen, werden die Probanden desorientiert, reizbar und gelegentlich krank.

Ähnlich scheinen auch meditative Zustände zu wirken. Sie sind dazu geeignet, tiefersitzende Streßerscheinungen zu lösen, und tragen dazu bei, Körper und Geist regelmäßig zu entspannen und zu regenerieren. Während des transzendentalen Zustandes geschieht allerdings wesentlich mehr als in der Traumphase. Die regelmäßigen Alpha-Wellen zeigen, daß unser Bewußtsein während der Meditation hellwach ist. Gleichzeitig sind wir jedoch auf dem meditativen Weg in unser persönliches Zentrum vor Umweltreizen geschützt. Während im Wachzustand jede Störung sofort mit einer Blockade der Alpha-Wellen beantwortet wird, bleiben wir während der Meditation entspannt und gelassen. Umweltreize beeinflussen die elektrischen Gehirnaktivitäten kaum oder gar nicht.

Der konstante Alpha-Rhythmus breitet sich bereits wenige Minuten nach Beginn der Meditation über die zentralen und frontalen Gehirnabschnitte aus und hat dort eine harmonisierende Wirkung. Im Gleichklang der Alpha-Wellen (gewöhnlich 8-9 Hertz-Wellen) geschieht etwas, das von einigen Wissenschaftlern mit Erstaunen betrachtet wird: Die Schwingungen beziehen die gewöhnlich weniger aktive rechte Gehirnhälfte gleichmäßig mit ein. Plötzlich synchronisieren sich die Vorgänge in den beiden Hemisphären.

Das ist wichtig, weil die bei uns stets dominierende linke Hemisphäre nach neuesten Erkenntnissen vor allem für das analytisch-logische Denken zuständig ist. Rechts dagegen laufen schöpferisch-abstrakte Prozesse ab, dort scheint die Intuition, der Zugang zu feineren Bewußtseinsbereichen, lokalisiert zu sein.

Nach einer ganzen Reihe von Untersuchungen nimmt Dr. Bernhard Glueck* vom amerikanischen Hartford Institute for Living an, daß sich während einer bestimmten Phase der Meditation mehrere Billionen Gehirnzellen aus der rechten Hemisphäre in das aktive Netzwerk zuschalten. Wenn diese Annahme zutreffend ist, kann damit die enorme Expansion der bewußten Wachheit und Verarbeitungsfähigkeit erklärt werden.

Interessant ist dieser Vorgang auch unter einem anderen Gesichtspunkt. Aus Untersuchungen des Neurochirurgen Wilder Penfield von der Universität Montreal wissen wir, daß unser Gehirn unendlich große Speicherkapazitäten besitzt. Wie bei einem lebenslänglichen Live-Mitschnitt werden dort alle Erfahrungen gesammelt, die wir jemals gemacht haben. Selbst pränatale Eindrücke sind irgendwo in unseren grauen Zellen festgehalten.

Unser Gehirn vergißt also prinzipiell nichts. Es kann lediglich vorkommen, daß wir bestimmte Erinnerungen nicht mehr abrufen können, weil sie in momentan unzugänglichen Regionen unseres Gehirns archiviert sind. Teilweise haben wir diese Informationen absichtlich dort versteckt, weil ihr Erinnerungsinhalt für uns unangenehm oder angstauslösend ist; teilweise sind sie aber auch ohne unser Zutun dort gelandet. Der innerhalb unseres Gehirns Barrieren lösende Effekt der gleichförmigen Alpha-Wellen erklärt deshalb auch, warum wir in der Meditation in der Lage sind, alte Stresse wahrzunehmen und zu lösen.

Während unser Gehirn bei der Meditation nachweislich der EEG-Messungen hellwach ist, treten ansonsten nachhaltige Entspannungsphänomene auf:
- Sauerstoffverbrauch und Stoffwechselrate sinken um bis zu 20 Prozent.

Das sind höhere Entspannungswerte, als sie gemeinhin beim Schlaf auftreten.

---

*Glueck, B.: "Current research on transcendental meditation" – paper delivered at Rensselaer Polytechnic Institute, Hartfort, Conn., March 1973 – Glueck, B., C. F. Stroebel: "Biofeedback and meditation in the treatment of psychiatric illnesses", Comprehens. Psychiat. 16 (1975) 303-321. Zitiert nach: Christian Scharfetter: „Über Meditation. Begriffsfeld, Sichtung der „Befunde", Anwendung in der Psychotherapie in: Hilarion Petzold (Hrsg.): Psychotherapie. Meditation. Gestalt. S. 37 ff. (siehe Anhang)

- Der Hautwiderstand steigt um bis zu 500 Prozent, was bedeutet: Wir sind angst- und streßfrei.
- Die Herzfrequenz sinkt um durchschnittlich fünf Schläge pro Minute. Das Herz wird also weniger beansprucht.

Noch nicht gesichert, aber höchst wahrscheinlich ist die Annahme, daß während der Meditation weniger Adrenalin in die Blutbahn gepumpt wird. Adrenalin gilt als Angsthormon. Je weniger davon in unserem Blut vorhanden ist, desto angstfreier und gelassener sind wir. Übereinstimmend dagegen ergeben alle Tests der Körperreaktionen von Menschen während der Meditation einen hohen Grad der Entspannung bei absoluter Wachheit und eine bemerkenswerte Freiheit von allen Angst-Symptomen.

Parallel zu den physiologischen Forschungen haben Psychologen Modelle entwickelt, mit deren Hilfe sie beschreiben können, was während der Meditation auf der geistig-seelischen Ebene geschieht. Entscheidend ist für die Experten der Entstressungsvorgang, welcher in der meditativen Phase abläuft. In einer Situation der Entspannung und des deutlich erweiterten Bewußtseins gehen wir ziellos auf die Suche nach alten, oft tief in uns verkapselten Stressen. Wir bewegen uns dabei von außen in Richtung Mitte, auf unser innerstes Zentrum zu.

Im Gegensatz zu vielen psychotherapeutischen Verfahren werden bei der Meditation diese alten Konflikte und Probleme nicht vergrößert und oft gewaltsam nach außen gebracht, sondern unsere Wahrnehmung wird verfeinert. Wir arbeiten in uns selbst und sind von Meditation zu Meditation immer besser in der Lage, immer feinere Reize zu erkennen. Doch ist das ein sehr behutsamer Prozeß. Auf dem Weg zu unserem Zentrum werden mit Hilfe der Meditation immer nur so viele alte Stresse und Konflikte geortet und bearbeitet, wie wir gerade ertragen können. Hinzu kommt ein noch nicht bewiesener, aber häufig berichteter Vorgang: Je tiefer wir in unsere wahre Persönlichkeit eindringen, desto häufiger erreichen wir höchst angenehme Regionen des Wohlbefindens.

Ziele der Meditation

Meditation ist ein Weg tief in unser Inneres. Wer sich auf diesen Pfad der Erkenntnis begibt, passiert alle inneren Schranken und beschäftigt sich im Vorübergehen mit alten, verkapselten Konflikten. Gleichsam en passant werden diese Konflikte gelöst. Das ist aber nicht das eigentliche Ziel von Meditation, sondern eine kurzfristig betrachtet gelegentlich schmerzhafte, auf lange Sicht gesehen jedoch immer wohltuende Begleiterscheinung. Das wahre Ziel der Meditation liegt ein ganzes Stück tiefer in uns und ist in Worten nur unangemessen zu beschreiben. Sie ist ein Weg, der zur Befreiung aus den Fesseln der Polarität führen kann.

Wir leben, abgesondert von der Einheit, in einer Welt der Gegensätze, die uns innerlich zu zerreißen droht. Aber wir ahnen eine kosmische Gesetzmäßigkeit, eine alles umfassende Einheit, und nennen sie „Gott". Das ist keine Glaubensfrage, sondern lediglich ein Symbol für einen Zustand, den wir nicht in Worte fassen können.

Über die Meditation können wir wieder eine Rückverbindung zu diesem Unbeschreiblichen, zum kosmischen Bewußtsein, zum Urgrund allen Lebens herstellen. „Erst aus dem Wissen um den Ursprung", schreibt Thorwald Dethlefsen[*], „kann der Mensch sein Ziel erkennen. Das Ziel ist Vollkommenheit. Vollkommenheit ist Ausdruck der Einheit. Die Einheit nennen wir Gott."

Wenn wir auf dem meditativen Weg in unser Innerstes die Grenzen zwischen Wachbewußtsein und Unterbewußtsein hinter uns lassen, nähern wir uns einem Gefühl der Entspannung, Geborgenheit, Zufriedenheit, des Glücks, der Wohligkeit. Schließlich verlieren wir sogar das Gefühl der eigenen Identität. Wir sind kein „Ich" mehr, das stets zweckgerichtet agiert und sich gegen alles, was außerhalb des „Ich" ist, abzugrenzen bemüht. Wir verlassen mit einemmal unser gewohntes Bewußtsein und geraten in einen Zustand der allumfassenden, unbe-

---

[*]siehe Anhang

grenzten und immerwährenden Bewußtheit. Einen solchen Zustand bezeichnen wir als „Transzendenz". Es gibt keinen Zweifel daran, daß diese Bewußtheit erreichbar ist. Viele Menschen aus verschiedenen Kulturen haben im Laufe der Menschheitsgeschichte Transzendenz erreicht. Ihre Beschreibungen sind stets sehr subjektiv, ähneln sich aber auf erstaunliche Art und Weise.

Der amerikanische Psychologe Abraham Maslow* hat diesen Zustand als „Gipfelerlebnis" bezeichnet, in dem eine Seins-Motivierung auftritt. Letztere führt dazu, jedem Handeln einen Zweck zu geben. Wir essen, um satt zu werden, wir joggen, um fit zu bleiben, wir lieben, um unsere sexuellen Spannungen abzubauen. Wir tun alles, um unsere Bedürfnisse zu befriedigen. Im Zustand der Transzendenz dagegen herrscht das Gefühl, zufrieden zu sein. Alle Bedürfnisse sind erfüllt. Wir handeln nicht mehr, um ein Defizit auszugleichen, sondern um der Handlung willen. Wir bewerten nicht mehr, sondern akzeptieren.

Wir sind wir.

Maslow hat auf verschiedene Arten versucht, den Gipfelzustand der Transzendenz zu beschreiben, und bezeichnet die dabei auftretende Art der Bewußtheit als S-Wahrnehmung oder S-Erkenntnis:

1. Im S-Erkennen wird das Wahrnehmungsobjekt als Ganzes von uns als Einheit wahrgenommen, unabhängig von dessen Nützlichkeit und Angemessenheit.

2. Im S-Erkennen füllt das Wahrnehmungsobjekt die Aufmerksamkeit so vollständig aus, daß es daneben nichts auf der Welt zu geben scheint.

3. Der Erkenntnisgegenstand wird losgelöst von den eigenen Bedürfnissen wahrgenommen. So ist dann die Natur für sich selbst da und nicht ein menschlicher Spielplatz, für menschliche Zwecke eingerichtet.

---

*siehe Anhang

4. Während die normale Wahrnehmung nach einiger Zeit gesättigt wird, wird die S-Wahrnehmung bei wiederholter Wahrnehmung immer faszinierender.
5. Wahrnehmung in den Grenzerfahrungen ist Ich-transzendierend, Selbst-vergessen, Ich-los, sie ist unmotiviert, unpersönlich, wunschlos, selbstlos, bedürfnislos.
6. Die Grenzerfahrung wird als sich selbst bestätigender, sich selbst rechtfertigender Augenblick empfunden, der seinen eigenen inneren Wert in sich trägt. Das bedeutet, daß sie ein Zweck an sich ist.
7. In Grenzerfahrungen besteht eine charakteristische Desorientierung in Zeit und Raum.
8. Alles wird als gut, wünschenswert und sinnvoll wahrgenommen. Das, was ist, wird akzeptiert, wie es ist, wird nicht verglichen und gewertet.
9. Grenzerfahrungen sind eine absolute Erfahrung und verhältnismäßig unabhängig vom individuellen wie auch kulturellen Bezugsrahmen.
10. S-Erkennen ist mehr passiv und rezeptiv als aktiv.
11. Die emotionelle Reaktion bei Grenzerfahrungen hat einen besonderen Beigeschmack des Wunders, der Scheu, der Ehrfurcht, der Bescheidenheit und der Auslieferung an die Erfahrung als an etwas Großes.
12. Die ganze Welt wird als Einheit wahrgenommen.
13. Die Wahrnehmung ist ungefiltert durch Kategorien und damit konkreter und einzigartiger.

14. In Grenzerfahrungen werden viele Dichotomien (= Zweiteilungen), Polarisierungen und Konflikte verschmolzen, transzendiert oder aufgelöst. Man ist gleichzeitig egoistisch und selbstlos, dionysisch und apollinisch, individuell und sozial, rational und irrational, mit anderen eins und von anderen distanziert.

15. Der Mensch ist auf dem Gipfel seiner Grenzerfahrung gottähnlich, besonders in der vollständigen, liebenden, nicht verdammenden, mitempfindenden und vielleicht erfreuten Akzeptierung der Welt und des Menschen.

16. Die Wahrnehmung ist ideographisch (= einmalig) und nicht klassifizierend.

17. In der Grenzerfahrung geschieht ein vollständiger, wenn auch nur augenblicklicher Verlust von Angst, Furchtsamkeit, Hemmung, Abwehr und Kontrolle – eine Preisgabe des Verzichts, des Zögerns und der Zurückhaltung.

18. Es scheint eine Art dynamischer Parallelismus oder Isomorphismus (= Gleichklang) zwischen dem Innen und dem Außen zu bestehen. Wenn man das wesentliche Sein der Welt wahrnimmt, kommt man gleichzeitig seinem eigenen Sein näher.

19. Es entsteht eine Fusion von Ich, Es, Über-Ich und Ich-Ideal, des Bewußten, Unbewußten und Vorbewußten, der Primär- und Sekundärprozesse, eine Synthese des Lustprinzips mit dem Realitätsprinzip, eine gesunde Regression ohne Angst im Dienst der größeren Reife, eine echte Integration der Person auf allen Ebenen.

Dieses erweiterte Bewußtsein, die Transzendenz oder kosmisch-mystische Erfahrung, hat auch der Amerikaner Walter Pahnke* auf der Grundlage psychedelischer Forschung beschrieben. Er hat dafür neun Kategorien verwendet:

---

*siehe Anhang

Kategorie 1 – Einheit: Es entstehen zwei Formen der Einheit. Eine interne Einheit, in der die gewöhnlichen Sinneseindrücke verlorengehen, die persönliche Identität sich auflöst, aber dennoch das Bewußtsein des Einsseins oder der Einheit erfahren wird. Pahnke: „Man ist nicht bewußtlos, sondern vielmehr einer undifferenzierten Einheit sehr wohl gewahr." Über die Sinnesorgane wird eine externe Einheit wahrgenommen. Zwar weiß man, daß man von der Umwelt getrennt ist, gleichzeitig ist aber die Trennung zwischen innen und außen nicht mehr relevant. Alles ist eins. Pahnke: „In der vollkommensten Erfahrung fühle man eine kosmische Dimension, so daß die Versuchsperson sich in einem tiefen Sinne als Teil des Seins empfindet."

Kategorie 2 – Transzendenz von Zeit und Raum: Das gewöhnliche Gefühl für Zeit und Raum geht im Zustand der Transzendenz verloren. Pahnke: „Erlebnisse des Verlustes von Zeit und Raum können auch beschrieben werden als Erlebnisse von ‚Ewigkeit' und ‚Unendlichkeit'."

Kategorie 3 – Tiefempfundene positive Stimmung: Im Zustand des kosmisch-mystischen Bewußtseins machen sich Empfindungen von Freude, Begnadung, Friede und Liebe breit. Pahnke schreibt dazu: „Solche Gefühle können sowohl auf der Höhe des Erlebens auftreten als auch während des ‚ekstatischen Nachglühens', wenn der Höhepunkt überschritten ist, seine Wirkungen und die Erinnerungen daran aber noch sehr lebendig und intensiv sind."

Kategorie 4 – Gefühl der Heiligkeit: Es entsteht ein Gefühl der Heiligkeit. Pahnke: „Der Grundcharakter der Heiligkeit ist eine nicht-rationale, intensive, schweigende, pochende Antwort des Staunens, des Sich-Wunderns in der Gegenwart inspirierender Realitäten."

Kategorie 5 – Objektivität und Realität: In der Transzendenz wird eine letztgültige Realität erfahren, die wirklich ist. Sie unterscheidet sich von der gewöhnlichen

Realität, vom alltäglichen Bewußtsein. Obwohl sie nicht auf der Ebene des Verstandes bewiesen ist, wird sie als autoritativ angesehen und gilt als objektive Wahrheit. Pahnke: „Den Inhalt dieses Wissens kann man in zwei Haupttypen einteilen. Einsicht in Sein und Wesen im allgemeinen. Und Einsicht in das eigene begrenzte Selbst."

Kategorie 6 – Paradoxie: Die Erfahrungen des Zustandes sind einander widersprechend. Gleichzeitig erlebt man eine leere und eine vollständige, volle Einheit, die Auflösung der Individualität und ein individuelles Erleben der Einheit. Pahnke: „Das Ich existiert und existiert doch nicht."

Kategorie 7 – Angebliche Unaussprechlichkeit: Mystische Erfahrungen können nicht ausreichend oder überhaupt nicht beschrieben werden. Pahnke: „Der Grund dafür ist vielleicht die Verlorenheit der Sprache angesichts der paradoxen Natur der wesentlichen Phänomene."

Kategorie 8 – Flüchtigkeit: Mystische Erfahrungen sind vergänglicher als gewöhnliche Erfahrungen. Die Erlebnisse aus der Transzendenz verschwinden bald und machen dem Gewöhnlichen wieder Platz. Pahnke: „Der Charakter des Flüchtigen zeigt an, daß der mystische Bewußtseinszustand nicht dauernd aufrechterhalten werden kann."

Kategorie 9 – Anhaltende positive Veränderungen in Einstellung und Verhalten: Trotz ihrer Flüchtigkeit haben transzendentale Zustände positive Folgen. Aus ihren Wirkungen entsteht ein tiefgreifender Wandel der Einstellungen, der sich auch in den Phasen zwischen den meditativen bemerkbar macht.

Die Einstellung sich selbst gegenüber ändert sich. Pahnke: „Der grundlegende innere Wandel im persönlichen Selbst besteht in einer stärkeren Integration der Persönlichkeit. Man kann unerwünschten Charaktereigenschaften ins Auge sehen, so daß sie bewältigt und schließlich reduziert oder eliminiert werden können."

Die Einstellung und das Verhalten anderen gegenüber verändert sich. Das führt nach Pahnke „zu größerer Sensibilität, mehr Toleranz, mehr wirklicher Liebe, mehr Echtheit der Person, dadurch, daß der Mensch sich anderen und sich selbst gegenüber mehr öffnet".

Die Einstellung dem Leben gegenüber verändert sich. Pahnke: „Es kommt zu Verbesserungen des Lebensgefühls in bezug auf Weltanschauung, Ethik, berufliches Engagement, Notwendigkeit des Dienstes für andere und zu einer neuen Wertschätzung des Lebens für andere und der ganzen Schöpfung."

Die Einstellung mystischen Erlebnissen gegenüber wandelt sich. Pahnke*: „Positive Einstellung gegenüber der mystischen Erfahrung selbst bedeutet, daß diese als wertvoll angesehen wird und daß die Ergebnisse als nützlich erachtet werden."

Diese Erleuchtungserlebnisse stehen allerdings ganz am Ende einer langen meditativen Praxis. Sie werden individuell sehr unterschiedlich erlebt und noch unterschiedlicher beschrieben. Der deutsche Physiker und Philosoph Carl Friedrich von Weizsäcker* begnügte sich damit, seine Erfahrung mit einem einzigen Satz zu beschreiben: „Das Wissen war da, und in einer halben Stunde war alles geschehen." Weizsäcker hatte das Erlebnis in Indien, am Grab des Maharshi im indischen Tiruvanamalli. Er erläuterte seine Sprachlosigkeit in einem Interview mit dem Journalisten Udo Reiter* so: „Spricht man darüber, dann wird sich doch herausstellen, daß alle diese Vokabeln irreführend sind, wahrscheinlich irreführender, als wenn man darüber schlicht schweigt."

Gelegentlich brechen allerdings einige „Erleuchtete" das Schweigen und versuchen in Worte zu fassen, was nicht in Worte gefaßt werden kann, weil das Erleb-

---

*siehe Anhang

nis der Transzendenz so singulär ist. Der indische Yogi und Meditationslehrer Pandit Gopi Krishna* hatte nach 17 Jahren täglicher Meditation sein kosmisch-mystisches Schlüsselerlebnis. Hier sein Bericht:

„Eines Morgens, Weihnachten 1937, saß ich mit gekreuzten Beinen im Zimmer eines kleinen Hauses in der Umgebung von Jammu, der Winterhauptstadt des Staates Jammu und Kashmir in Nordindien. Ich meditierte, das Gesicht zum Fenster nach Osten gewendet. Die ersten grauen Strahlen der langsam sich erhellenden Morgenröte fielen in das Zimmer. Durch lange Übung war ich daran gewöhnt, stundenlang in der gleichen Stellung zu sitzen ohne die geringste Unbequemlichkeit, und ich saß da, atmete langsam und rhythmisch, richtete meine Aufmerksamkeit auf den obersten Teil meines Kopfes und versenkte mich in eine imaginäre Lotusblüte, die dort in hellem Licht erstrahlte.

Ich saß unbewegt und aufrecht. Ohne Unterbrechung strömten meine Gedanken zu dem leuchtenden Lotus hin in der festen Absicht, meine Aufmerksamkeit dort zu halten, vom Abschweifen zu bewahren und sie immer wieder zurückzubringen, wenn sie sich in einer anderen Richtung bewegte. Die Intensität der Konzentration unterbrach meinen Atem, langsam wurde er so still, daß er kaum mehr wahrnehmbar war. Mein ganzes Wesen war so sehr in den Lotus eingetaucht, daß ich für mehrere Minuten hintereinander die Berührung mit meinem Körper und meiner Umgebung verlor. Während einer solchen Unterbrechung – für einen Augenblick – war es mir, als ob ich mitten in der Luft ohne irgendein Körpergefühl schwebte. Das einzige, dessen ich gegenwärtig wurde, war ein Lotus in hellem Glanz, der Strahlen von Licht aussandte. Die Empfindung wuchs an Intensität, und ich fühlte, wie ich zu schwanken begann. Mit großer Mühe konzentrierte ich mich wieder auf den Lotus. Plötzlich fühlte ich einen Strom flüssigen Lichts, tosend wie ein Wasserfall, durch meine Wirbelsäule in mein Gehirn eindringen.

Ganz unvorbereitet auf ein solches Geschehen, war ich völlig überrascht. Ich blieb in derselben Stellung sitzen und richtete meine Gedanken auf den Punkt

---

*siehe Anhang

der Konzentration. Immer strahlender wurde das Leuchten, immer lauter das Tosen. Ich hatte das Gefühl eines Erdbebens, dann spürte ich, wie ich aus meinem Körper schlüpfte, in eine Aura von Licht gehüllt. Es ist unmöglich, dieses Erlebnis genau zu beschreiben. Ich war nicht mehr ich selbst, oder genauer: nicht mehr, wie ich mich selber kannte, ein kleiner Punkt der Wahrnehmung, in einem Körper eingeschlossen. Es war vielmehr ein unermeßlich großer Bewußtseinskreis vorhanden, in dem der Körper nur einen Punkt bildete, in Licht gebadet und in einem Zustand der Verzückung und Glückseligkeit, der unmöglich zu beschreiben ist.

Nach einer Weile – wie lange es gedauert hat, wüßte ich nicht zu sagen – begann der Kreis wieder enger zu werden. Ich fühlte, wie ich mich zusammenzog und immer kleiner wurde, bis ich der Grenzen meines Bewußtseins erst dumpf, dann klarer bewußt wurde. Als ich in meine alte Beschaffenheit zurückschlüpfte, nahm ich plötzlich wieder den Lärm auf der Straße wahr, fühlte ich wieder meine Arme, meine Beine und meinen Kopf, und wurde wieder mein enges Selbst in Kontakt mit Körper und Umgebung. Als ich meine Augen öffnete und um mich blickte, fühlte ich mich ein wenig schwindelig und verwirrt, als ob ich aus einem seltsamen Land zurückkehrte, das mir ganz fremd gewesen war."

Ein letztes Zitat soll den Versuch der Beschreibung beschließen. Es stammt von Claudio Naranjo*, Psychologe am kalifornischen Esalen Institute: „Die Erkenntnis der Einheit, welche die ganze Tiefe des Meditationszustandes ausmacht und die durch die Mystiker aller Länder beschrieben wurde, beinhaltet mehr als das Verschmelzen von Ich und Du. Es ist das Erkennen der Einheit in allen Dingen und Wesen. Monotheistisch formuliert ist alles Ausdruck des einen Gottes, pantheistisch ausgedrückt ist es die Erfahrung, daß alles Gott ist."

---

*siehe Anhang

II

Die Praxis der Meditation

In diesem Abschnitt beginnen wir nach all der (notwendigen) Theorie mit der Meditationspraxis. Zunächst geht es um die allgemeinen Voraussetzungen. Wir beschäftigen uns mit dem Ort und der Umgebung, die am besten dazu geeignet sind, Sie in einen meditativen Zustand zu versetzen, schildern die grundsätzliche Bedeutung einer bewußten Form der Atmung, der Haltung und der inneren Einstellung, und erklären, wie Sie sich vorbereiten, entspannen sollten, wie Sie mit der Meditation beginnen und schließlich die Versenkung erreichen.

Die Umgebung

Es ist nicht notwendig, die gewohnte Umgebung zu verlassen, sich in ein Kloster oder in die Einsamkeit der Berge zurückzuziehen, um den Weg der Meditation zu gehen. Oft wird so etwas nur als Fluchtvorwand gebraucht. Früher oder später muß man aber wieder zurück in die Welt, um dort seine Aufgaben zu erfüllen. Wir empfehlen Ihnen deshalb, von vornherein hier zu bleiben. Meditation ist kein Fluchthelfer in eine bessere Welt, sondern die Beschäftigung mit sich selbst. In die Meditation nehmen Sie sich immer mit.

Der tibetanische Religionsführer Chögyam Trungpa* sagt: „Wenn man imstande ist, die romantische und emotionale Einstellung zu überwinden, dann entdeckt man die Wahrheit selbst am Spültisch." Trotz dieser Aussage ist die Küche gemeinhin nicht der optimale Ort, mit Meditation zu beginnen. Um die geeignete Umgebung zu finden, sollten Sie sich Zeit nehmen. Versuchen Sie, Ihre Wohnung, Ihre ganz normale tägliche Wohnsituation bewußt wahrzunehmen. Wählen Sie eine ruhige Tageszeit und entspannen Sie sich. Vielleicht legen Sie Ihre Lieblingsschallplatte auf oder hören eine Kassette, die Sie besonders gern mögen. Gehen Sie durch Ihre Wohnung und formulieren Sie, ohne eine Pause zu machen, was Sie in jedem Moment bei diesem Streifzug durch Ihre eigenen vier Wände empfinden und wahrnehmen. Sagen Sie leise vor sich hin: „Jetzt empfinde ich ... Jetzt nehme ich wahr ... Jetzt spüre ich ..." Kommentieren Sie Ihre Empfindungen und Wahrnehmungen nicht, sondern stellen Sie lediglich wertfrei fest, was momentan in Ihnen geschieht.

Auf diese Art und Weise werden Sie nach einiger Zeit Plätze in Ihrer Wohnung finden, die Ihnen weniger sympathisch sind. Sie werden aber auch Stellen entdecken, die Sie besonders gern mögen. Ihr Lieblingsplatz sollte zum Ort Ihrer

*siehe Anhang

meditativen Übungen werden. In diesem Eck haben Sie das ganz starke Gefühl: Das ist mein Platz. Hier fühle ich mich wohl.

Diese Stelle sollten Sie künftig, wenn möglich, nur für Ihre Meditation benutzen – und für sonst nichts.

Wenn Sie diesem Verfahren folgen, werden Sie automatisch einen Bereich in Ihrer Wohnung auswählen, der ruhig ist und in dem Sie ungestört sind. Sorgen Sie dafür, daß Sie diesen Raum während der Meditation verdunkeln können. In den ersten Wochen meditativer Übungen erleichtert es Ihnen den Weg in die Versenkung, wenn Sie von Außenreizen nicht gestört werden. Später spielt die visuelle wie akustische Umgebung nicht mehr eine so große Rolle. Dann können Sie auch am besagten Spültisch oder sogar in der U-Bahn auf dem Weg zu Ihrer Arbeitsstelle meditieren.

Hilfreich ist es auch, wenn Sie sich an Ihrem Meditationsort eine ganz besondere Atmosphäre schaffen und ein eigenes Meditationsritual entwickeln. Vielleicht tragen Sie zur Meditation immer eine besondere Kleidung, die Sie nicht einengen sollte. Manche Menschen legen an ihrem Meditationsort einen bestimmten Teppich aus, der nur zur Meditation verwendet wird. Wenn Sie Räucherstäbchen mögen, sollten Sie sich nicht scheuen, ein solches zu entzünden.

Meditieren Sie immer zur gleichen Zeit. Sie haben im ersten Teil dieses Buches schon gelesen, wie wichtig ein bestimmter Rhythmus für das Leben ist. Versuchen Sie, durch den Termin Ihrer täglichen Meditation einen derartigen Rhythmus herzustellen.

Die Haltung

Meditation harmonisiert Körper und Seele. Sie baut psychische und körperliche Spannungen ab und erschließt neue Bewußtseinsebenen. Im Unterschied zur Schulmedizin und zu vielen psychotherapeutischen Methoden hat Meditation einen ganzheitlichen Ansatz. Voraussetzung und Ziel ist ein einheitliches Bewußtsein.

Vor allem westliche Menschen haben oft Schwierigkeiten, sich von ihrem polarisierten Denken und Verhalten zu lösen. Wir sind vom Intellekt geprägt und kopflastig. Körper und Gefühl sind häufig verspannt. Diese Verspannungen summieren sich zu einem persönlichkeitseinschränkenden Komplex, der es schwierig macht, ins Zentrum des eigenen Wesens vorzustoßen.

Weil die Meditationstheorie davon ausgeht, daß sich physische und psychische Funktionen ununterbrochen beeinflussen, begnügt sie sich nicht damit, lediglich seelische Prozesse in Gang zu setzen. Ein wesentlicher Bestandteil aller Meditations-Methoden beschäftigt sich auch mit dem Körper. Ziel dieser Körperarbeit ist eine Entkrampfung und die Suche nach dem persönlichen Schwerpunkt. Die Experten sprechen davon, ein neues Körperbewußtsein zu fördern. Dieses neue Körperbewußtsein hat wichtige Funktionen im Vorfeld meditativer Übungen. Wir stellen Ihnen im folgenden einige Methoden vor, mit deren Hilfe Sie Ihren Körper neu kennenlernen, sich des Körpers bewußt werden, Ihren natürlichen Schwerpunkt finden und auf dieser Grundlage körperliche Verspannungen lösen können. Probieren Sie einige dieser Übungen an dem von Ihnen gewählten Meditationsort aus. Konzentrieren Sie sich dabei ausschließlich auf die gewählte Übung. Vergangenheit und Zukunft haben keine Bedeutung mehr für Sie. Sie befinden sich in der Gegenwart – und nirgends sonst. Arbeiten Sie so lange an den einzelnen Übungen, bis Sie das Gefühl haben, Ihren Körper zu kennen.

1. Übung: Einheit

Unbewußt empfinden viele Menschen ihren Körper nicht als Einheit. Er hört gleichsam am Nabel auf und beginnt erst wieder am Knie. Die Zone dazwischen, der Unterleib mit den Sexualorganen, ist uns unheimlich und wird nicht akzeptiert.

Ziel der ersten Körperübung ist es, diese Teilung in einem mentalen Trainingsprogramm aufzuheben. Wir setzen uns dabei entspannt auf einen Stuhl oder in einen Sessel. Dann richten wir unsere Aufmerksamkeit auf den Kopf. Wir schlüpfen mit unserer Konzentration gleichsam unter die Schädeldecke. In Gedanken sind wir unser Kopf. Dabei summen wir unhörbar den höchsten Vokal, das „i". Wir gleiten nun mit unserer Aufmerksamkeit den Körper hinunter. Dabei gehen wir sehr konzentriert und langsam vor. Wenn wir den Hals, also den Übergang vom Kopf zum Körper, erreichen, summen wir das „e". Sobald wir unsere Aufmerksamkeit in der Brust konzentrieren, denken wir ein offenes „a". Wir gleiten tiefer und richten unsere Aufmerksamkeit auf den Magen mit dem korrespondierenden Vokal „o". Schließlich erreichen wir unsere Geschlechtsorgane und denken ein tiefes „u". Anschließend kehren wir in Gedanken zurück in den Kopf und beginnen die langsame und konzentrierte Erkundungsreise durch unseren Körper erneut. Wiederholen Sie diese Übung mehrmals.

2. Übung: Schwerpunkt

In der japanische Sprache wird der körperliche Schwerpunkt des Menschen mit dem Wort „Hara" bezeichnet. Hara bedeutet aber auch im übertragenen Sinn das Zentrum der Persönlichkeit.

Die zweite Übung ist eine Hara-Übung. Durch sie soll uns der eigene Schwerpunkt bewußt werden. Wir stellen uns dazu breitbeinig, kräftig und gerade hin. Die Arme lassen wir lose hängen. Unser Blick ist ins Unendliche gerichtet. Wir lenken unser Bewußtsein zuerst in die Füße, also dorthin, wo wir mit der Erde in Kontakt sind, und werden aufmerksam auf das, was wir mit den Füßen fühlen. Wir spüren unser Gewicht, die Belastung auf Fersen und Ballen, und fühlen, daß unser ganzer Körper auf den Füßen ruht.

Anschließend horchen wir auf unseren Atem und fühlen seinen Rhythmus: das Einatmen, das Ausatmen, das Kommen und Gehen. Wir geben uns diesem Rhythmus hin und werden zu diesem Rhythmus. Dann nutzen wir den Beginn der Ausatem-Phase, um uns in den Schultern zu entspannen. Beim Ausatmen lösen wir die Muskelkontraktionen und lassen unsere Schultern locker hängen. Wir drücken sie nicht bewußt nieder, sondern lassen los – ebenso, wie wir ganz entspannt die verbrauchte Atemluft aus unseren Lungen lassen. Am Ende der Ausatem-Phase verwenden wir die lösende Energie des Atemrhythmus, um uns auch im Becken zu entspannen. Wir lösen alle Muskelkontraktionen und lassen uns innerlich im Becken nieder. Dabei werden wir feststellen, daß dieses Loslassen nicht so einfach ist, wie es klingt. Viele Menschen sind im Becken-Bauch-Bereich und im Gesäß chronisch verspannt. Offenkundig fürchten wir uns vor der Entspannung, was häufig ein Zeichen der Angst und der Verdrängung ist.

Im zweiten Übungsschritt versuchen wir nun, beim Ausatmen die Lockerungsphasen von Schultern und Becken harmonisch ineinanderfließen zu lassen. Wir atmen ein und spüren die neue Energie, die uns eine positive Spannung gibt. Wir atmen aus und lösen dabei diese Spannung, bis wir zu einer tiefen Gelassenheit in der Lage sind. Schließlich fühlen wir uns breit verwurzelt in der Erde, gleichsam als Pyramide, die sicher und fest steht und sich nach oben verjüngt. Wiederholen Sie diese Hara-Übung an mehreren Tagen hintereinander, bis Sie das Gefühl haben, sich innerlich an den Schultern und im Becken-Raum völlig entspannt lösen zu können.

3. Übung: Lotos-Sitz

Bei fast allen Meditationsübungen sitzen wir. Wir suchen unseren Körperschwerpunkt und richten Wirbelsäule und Kopf in einer geraden Linie über diesem Schwerpunkt auf. Am geeignetsten für diese korrekte und meditationsfördernde Haltung ist für westliche Menschen der sogenannte „gemilderte Lotos-Sitz". Wir setzen uns auf einen Stuhl, ohne uns anzulehnen. Dabei sitzen wir so weit vorn, daß die Knie etwas tiefer sind als der Sitz. Wir öffnen die Knie locker nach außen. Die Beine kreuzen wir nahe den Knöcheln, so daß die Außenränder der Füße den Boden berühren.

Die Hände legen wir wie zwei Schalen im Schoß übereinander, die linke in die rechte. Die Handgelenke ruhen auf den Oberschenkeln, die Handkanten berühren den Unterleib. Die Daumen sind aufgerichtet, ihre Spitzen aneinandergelegt. Jetzt recken und strecken wir den Oberkörper hoch auf. Dann lassen wir ihn leicht in Richtung der Schwerkraftlinien in die Hüften sinken. Das ist ein ganz entspannter Vorgang, bei dem kein gekrümmtes Rückgrat entstehen darf.

Den Oberkörper lassen wir anschließend leicht in alle Richtungen pendeln und kreisen, bis wir spüren: Jetzt sitzt der Schwerpunkt genau über dem Stützpunkt. Wir sind im Gleichgewicht, der Oberkörper balanciert mühelos. Wir öffnen die Augen nur halb und blicken auf einen etwa 150 Zentimeter entfernten Punkt auf dem Boden.

Diese Übung sollten Sie mehrere Tage lang jeweils morgens und abends fünf Minuten lang trainieren. Versuchen Sie, sich dabei völlig zu entspannen sowie ganz locker und bewegungslos im Lotos-Sitz zu bleiben. Beenden Sie diese Übung – wie später auch jede Meditation – nie abrupt. Atmen Sie am Ende der fünf Minuten einmal tief ein und aus. Bewegen Sie Kopf und Hals, dann die Schultern, während alles andere ruhig bleibt. Öffnen Sie jetzt Ihre überkreuzten Füße und lösen Sie die ineinandergelegten Hände. Dann öffnen Sie die Augen, stehen auf und kehren wieder in Ihren Alltag zurück. Versuchen Sie nun aber, die im Lotos-Sitz erfahrene Ruhe auch auf Ihr normales Leben zu übertragen. Seien Sie gelöst, entspannt und gelassen.

Alternativen zum Lotos-Sitz

Wenn Sie sich im oben geschilderten gemilderten Lotos-Sitz nicht besonders wohlfühlen, gibt es verschiedene Alternativen zu ihm. Eine Meditationshaltung soll nie gezwungen sein, sonst kann sie ihre Wirkung nicht erzielen. Im folgenden stellen wir Ihnen einige weitere Sitzpositionen vor.

Der ägyptische Sitz: Sie sitzen ähnlich wie beim gemilderten Lotos-Sitz auf einem Stuhl. Die Füße stehen aber nebeneinander fest auf dem Boden, die Knie bleiben zusammen, Ihre Hände legen Sie mit der Handfläche auf die Oberschenkel. Wie beim Lotos-Sitz richten Sie Rückgrat und Kopf über dem Körperschwerpunkt auf. Die Nasenspitze befindet sich senkrecht über dem Bauchnabel.

Wenn Sie gern im Schneidersitz meditieren wollen – es spricht nichts dagegen. Voraussetzung ist allerdings, daß Sie eine so stabile Haltung finden, daß Sie nicht nach hinten überkippen. Auch beim Schneidersitz muß der Oberkörper entspannt aufgerichtet sein und ganz im Körperschwerpunkt ruhen.

Einige Leute beherrschen den echten Lotos-Sitz. Dabei sitzt man auf einem flachen Kissen. Der rechte Fuß der verschränkten Beine liegt auf dem linken Oberschenkel, der linke Fuß auf dem rechten Oberschenkel. Die Hände sind wie beim gemilderten Lotos-Sitz im Schoß ineinandergelegt, der Oberkörper aufgerichtet. Die halbgeschlossenen Augen richten sich auf einen Punkt auf dem Boden, der etwa einen Meter entfernt ist. Nach den Erfahrungen der Experten ist der echte Lotos-Sitz für meditative Übungen sehr gut geeignet. Er muß aber korrekt ausgeführt werden, wobei besonders auf die aufrechte Haltung des Oberkörpers geachtet werden soll. Andernfalls besteht die Gefahr, daß die Meditation nicht funktioniert.

Eine besonders entspannende Sitzhaltung ist der Fersensitz. Dabei kniet man auf einer Decke und läßt sich nach hinten hinunter, bis man auf den eigenen Fersen sitzt. Die Außenseiten der Fußknöchel sollen dabei flach auf dem Boden liegen, die großen Zehen sich berühren. Der Oberkörper muß aufgerichtet sein.

Grundsätzlich ist es ungünstig, wenn Sie beim Meditieren liegen. Die vorher geschilderten Sitzhaltungen sind eine erprobte Kombination, um im Körper ein Gleichgewicht aus Entspannung und positiver Spannung zu erreichen. Wenn wir dagegen liegen, besteht die Gefahr, während der Meditationsphase einzudösen. In einigen wenigen Meditationen und bei Imaginationen wird aber dennoch aus bestimmten Gründen das Liegen empfohlen. Wir weisen dann gesondert darauf hin.

4. Übung: *Verlagern des Schwerpunkts*

Setzen Sie sich dazu in der von Ihnen als am geeignetsten empfundenen Position nieder und sammeln Sie Ihre Aufmerksamkeit im Kopf – genau an der Stelle, mit der Sie denken: im Gehirn. Versuchen Sie, Ihr Gehirn zu fühlen, die beiden Hälften, die Nervenverbindungen. Machen Sie sich das ganz bewußt, bevor Sie Ihre Aufmerksamkeit langsam wie einen rinnenden Tropfen dicken Öls durch den Hals bis zur Brust hinuntergleiten lassen. Verharren Sie dort mit Ihrer Konzentration. Nehmen Sie Ihre Brust wahr. Fühlen Sie, wie sich die Lungenflügel im Rhythmus des Atmens füllen und leeren. Langsam sinkt Ihre Aufmerksamkeit, der Schwerkraft folgend, tiefer, bis in die Mitte des Körpers. Sie passiert den Nabel und stoppt erst im Unterleib, knapp oberhalb der Stelle, an der Sie im Lotos-Sitz Ihre Hände ineinandergelegt haben. Hier ist Ihr Schwerpunkt. Hier fühlen Sie sich entspannt, wie das Pendel einer Uhr, das endlich im tiefsten Punkt seiner Bahn Ruhe gefunden hat. Bleiben Sie mit Ihrer Aufmerksamkeit in Ihrem Schwerpunkt, bis Sie ihn wirklich empfinden können.

Die Atmung

Der Atem ist die Grundlage allen Lebens. In der biblischen Schöpfungsgeschichte haucht Gott dem von ihm geschaffenen Menschen das Leben ein. Erst dadurch wurde Adam zu einem Seelenwesen. Der Atem symbolisiert, wie bereits erwähnt, auch am eindrucksvollsten die Polarität. Wir atmen ein und aus, aber keiner dieser beiden Vorgänge ist isoliert möglich. Einatmen bedingt Ausatmen, dem Ausatmen folgt das Einatmen. Der Atemvorgang beinhaltet den Grundrhythmus des Lebens. Ohne diesen Rhythmus wäre Leben nicht möglich. Es ist kein Zufall, daß das griechische Wort Psyche sowohl Hauch als auch Seele bedeutet. Psychologen haben einen engen Zusammenhang zwischen dem Atmen und unserem seelischen Zustand erkannt. Das Einatmen steht in diesem Denkmodell für das In-Besitz-Nehmen, für den Aufbau von Spannung, und das Ausatmen bedeutet loslassen, sich öffnen, entspannen.

Unter diesem Gesichtspunkt betrachtet, ist es kein Wunder, daß die meisten Menschen in den zivilisierten Gesellschaften gierig einatmen, aber unzureichend ausatmen. Unfähig, sich loszulassen, bauen sie immer neue Spannungen in sich auf. Die Folge ist dann häufig Atemnot. Weil sie die Lungen beim mangelhaften Ausatmen nicht vollständig leeren können, ist es auch nicht möglich, des volle Lungenvolumen für das Einatmen auszunutzen.

Hier setzen die Vorübungen der Meditation an. Es ist wichtig, richtig zu atmen. Dadurch entsteht automatisch das richtige Verhältnis aus Spannungsauf- und Spannungsabbau. Mit einer Reihe von Übungen können Sie diesen Prozeß fördern und eine optimale Atemtechnik entwickeln, die nicht nur der Meditation dienlich ist, sondern auch Ihr Wohlbefinden im Alltag vergrößert.

1. Übung: Beobachten

Begeben Sie sich in die von Ihnen gewählte Meditationshaltung. Achten Sie noch einmal darauf, daß Ihr Oberkörper aufgerichtet ist, und beobachten Sie entspannt Ihren Atem, ohne zu werten, was Sie dabei entdecken. Folgen Sie Ihrem Atemrhythmus. Spüren Sie das Einatmen und das Ausatmen. Nehmen Sie beide Vorgänge und die kleine Pause nach dem Ausatmen bewußt wahr. Holen Sie damit die unterbewußten Steuerungsmechanismen des Atemvorgangs in Ihr Bewußtsein. Sie werden feststellen, daß Sie plötzlich nicht mehr losgelöst von Ihrer Persönlichkeit Sauerstoff aufnehmen und die verbrauchte Luft abgeben. Sie merken, daß Sie Atem sind, spüren, wie Sie sich öffnen, Energie sowie Spannung aufnehmen und im Ausatmen eine Entspannung erreichen, die Sie fähig macht, beim nächsten Luftholen neue Kräfte zu schöpfen.

2. Übung: Bewußtwerden

In dieser Atemübung gehen Sie einen Schritt über die Beobachtung hinaus. Sie werden sich schnell des Atmens bewußt, indem Sie damit einige Experimente anstellen. Wir haben uns alle angewöhnt, das Einatmen zu betonen, das Ausatmen zu unterdrücken und die kleine Ruhepause vor dem erneuten Einatmen bis zur Unkenntlichkeit zu verkürzen. Ausatmen hat aber viel mit körperlicher und seelischer Entspannung zu tun. Sie sollten sich deshalb zunächst diese Phase bewußt machen.

Setzen Sie sich dazu in Ihrer Meditationshaltung hin. Entspannen Sie sich und beginnen Sie dann eine kontrollierte Atemübung. Atmen Sie etwa eine Sekunde lang tief ein. Indem Sie dabei innerlich die Zahl „einundzwanzig" langsam sprechen, haben Sie eine Meßeinheit für die Sekunde. Atmen Sie dann betont aus. Auch diese Phase der Übung sollte etwa eine Sekunde dauern. Zählen Sie dabei „zweiundzwanzig". Verharren Sie nun, ohne sofort wieder einzuatmen, in diesem Zustand. Zählen Sie dabei innerlich von „dreiundzwanzig" bis „dreißig". Sie werden vielleicht spüren, wie lang Ihnen diese acht Sekunden vorkommen. Womöglich ergreift Sie auch ein beginnendes Gefühl der Panik: „Ich habe zu wenig Luft." Versuchen Sie, dem Zwang zum vorschnellen Einatmen bei dieser Übung zu widerstehen. Atmen Sie erst dann wieder ein, wenn Sie in aller Ruhe bis "dreißig" gezählt haben.

Trainieren Sie dieses kontrollierte (Aus-)Atmen so lange, bis Sie es wirklich beherrschen, und versuchen Sie dabei, in der Entspannungsphase zwischen den beiden Atemzügen vollkommen gelassen und ganz auf die Leere in Ihrer Lunge konzentriert zu verharren.

3. Übung: Zwerchfellatmen

Kinder atmen unbewußt richtig. Erst in der Pubertät verändert sich die Atemtechnik des Menschen. Er steuert seine Atmung dann nicht mehr mit dem Zwerchfell, sondern mit der Brustmuskulatur. Die natürliche Atemweise ist dies jedoch nicht. Natürlich, und im Sinne der Meditation einem größeren körperlichen wie seelischen Wohlbefinden dienlich, ist die Zwerchfellatmung, die man mit einigem Üben wieder lernen kann.

Stehen Sie auf und legen Sie die linke Hand auf die Magengrube unmittelbar oberhalb des Nabels. Tropfen Sie sich ein Parfüm oder ein Eau de Toilette auf die rechte Hand, halten Sie diese vor Ihre Nase und schnuppern Sie in kurzen Zügen daran. Meist werden Sie bei dieser Übung automatisch wieder Ihr Zwerchfell einsetzen. Sie merken das daran, daß Ihre linke Hand auf dem Bauch in kleinen Stößen bewegt wird. Üben Sie das so lange, bis Sie auch bei normalen Atemzügen nicht mehr Brust oder Bauch blähen, sondern mit dem Zwerchfell atmen.

Eine gute Übung können Sie auch morgens kurz nach dem Aufwachen durchführen. Wenn Sie auf dem Rücken schlafen, atmen Sie über Nacht meist ohnehin mit dem Zwerchfell. Bleiben Sie so liegen und legen Sie vorsichtig eine Hand auf den Magen. Dort können Sie fühlen, ob Sie richtig atmen. Wenn sich diese Körperstelle bei jedem Atemzug sanft bewegt, benutzen Sie das Zwerchfell. Machen Sie sich diesen Vorgang bewußt. Durch einige Wiederholungen kann er dann gestärkt, verfestigt und zur Gewohnheit werden.

Die innere Einstellung

Meditation ist ein Prozeß, der während der meditativen Übungen seinen Höhepunkt findet. Wichtigste Grundvoraussetzung dazu ist jedoch, daß Sie mit der Meditation keinen Zweck verfolgen. Wenn Sie meditieren, um ruhiger zu werden, besser schlafen zu können, weniger grippeanfällig zu sein, so ist das fast schon die Garantie dafür, daß das Gegenteil eintritt. Sie werden weder Entspannung noch irgendwelche anderen positiven Wirkungen der Meditation spüren, weil Sie Ihr Alltagsbewußtsein auf die Meditation übertragen. Diese kann nur dann wirken, wenn Sie sich – zunächst wenigstens vorübergehend – von den Zwängen des Alltags lösen können, der die ganze Welt in Pole zerlegt und keine Gesamtschau ermöglicht.

Meditation bedingt also eine innere Einstellung, die verschieden ist von unserem Alltagsbewußtsein. Machen Sie sich diese Voraussetzung klar, bevor Sie mit der Meditation beginnen. Lösen Sie sich von der Vorstellung, daß alles einen konkreten Zweck haben muß, daß jedes Handeln zielgerichtet ist und nur dazu da, ein Defizit auszugleichen. Nehmen Sie einfach an, was Ihnen während der Meditation über Sie selbst und über Ihren Standort in der Welt offenbart wird. Seien Sie offen für neue Erfahrungen. Nur dann können Sie sich weiterentwickeln.

Beim Meditieren befinden Sie sich auf dem Weg zu Ihrem innersten Wesen. Im Vorbeigehen – das haben wir im ersten Teil dieses Buches geschildert – begegnen Sie alten Stressen und verkapselten Problemen, die tief in Ihnen verborgen sind. Sie werden sich dieser Inhalte Ihres Unterbewußtseins bewußt und starten einen Entstressungsvorgang, der Sie befreit. Das hat Folgen für Ihren Alltag zwischen den einzelnen meditativen Übungen. Normalerweise erfolgt das Aufspüren der verkapselten Konflikte, ihre Bewußtwerdung und die Lösung während der Meditation so behutsam, daß Sie keine gravierenden Schwierigkeiten haben, diese abgespaltenen

Teile Ihrer Persönlichkeit zu integrieren. Gelegentlich entstehen aber Situationen außerhalb der meditativen Übungen, in denen Sie sich damit befassen müssen, die abgespaltenen Persönlichkeitsteile im Alltag wieder mit Ihrer wahren Person zu vereinigen. Dann können sehr starke Gefühle der Aggression, wie beispielsweise Haß, entstehen. Sie müssen lernen, mit diesen Gefühlen umzugehen. Das bedeutet: Sie dürfen diese Gefühle nicht wieder tief in sich vergraben, sondern müssen ihnen eine Chance geben, aus Ihnen herauszugelangen. Dafür gibt es einige Übungen.

1. Übung: Körperliches Abreagieren

Wut ist ein sehr tiefsitzendes Gefühl. Mit Hilfe der Meditation wird es jedoch weiter nach oben befördert und kann dann befreit werden. Wir empfehlen Ihnen dafür vier Methoden. Ihrer Phantasie im Ausdenken individuell noch besser geeigneter Anti-Wut-Programme sind aber kaum Grenzen gesetzt – höchstens durch zu dünne und lärmdurchlässige Neubauwände sowie gesellschaftliche und gesetzliche Regeln.

Rennen und Atmen: Ziehen Sie einen Trainingsanzug an und rennen Sie los, raus in die Natur. Laufen Sie, so schnell Sie können, und atmen Sie möglichst tief ein und aus. Rufen Sie bei jedem Ausatmen laut „Ha" oder „He". Sie werden sich wundern, wie befreiend diese Kombination aus Atemübung und Jogging ist.

Knurren und Bellen: Rennen Sie herum, am besten im Freien, aber notfalls auch in der Wohnung, und hecheln Sie wie ein Hund. Lassen Sie die Zunge dabei heraushängen, bellen und knurren Sie. Das öffnet die Atemwege, fördert die richtige Zwerchfellatmung und löst die gestauten Gefühle.

Kissenschlacht: Eines der besten Mittel, um Wut zu lösen, ist ein Kissen. Lassen Sie all Ihre Wut an diesem Kissen aus. Beißen Sie es, treten Sie es, knallen Sie es an die Wand. Wenn Sie es „umbringen" wollen, nehmen Sie ein Messer und „ermorden" das Kissen. Dies kommt Ihnen vielleicht lächerlich vor, aber die ganze Wut an sich ist lächerlich. Und das wird Ihnen möglicherweise bewußt, wenn Sie das Messer in der Hand haben.

Reden: Reden Sie mit jemandem über Ihre Gefühle, der Ihnen zuhören kann, ohne zu werten. Das muß nicht Ihr Partner sein; oft ist ein guter Freund der bessere Gesprächspartner. Sprechen Sie alles aus, was Sie empfinden, und Sie werden merken, wie befreiend die Verbalisierung Ihrer Gefühle sein kann.

Wichtiger Hinweis: In seltenen Fällen versagt die Selbstregulierungs-Automatik während der Meditation. Dann werden zu viele oder zu große Konflikte aus dem Unterbewußtsein in Ihr Bewußtsein gefördert. Gelegentlich sind Meditierende dann nicht mehr in der Lage, diese Häufung alter Stresse und negativ empfundener Bestandteile der Persönlichkeit zu integrieren. In solchen Fällen sollten Sie die Meditationsdauer verkürzen und einen Gesprächspartner suchen. Womöglich ist es dann nützlich für Sie, mit einem Psychotherapeuten Kontakt aufzunehmen. Oft hilft auch ein Gespräch mit Ihrem Seelsorger.

Wir haben damit Begleiterscheinungen der Meditation geschildert, die sehr selten auftreten. Wenn sie sich aber zeigen, werden sie meistens als negativ empfunden. Sie gehören zu der Seite unserer Persönlichkeit, von der wir am liebsten gar nichts wissen möchten. Deshalb haben wir sie so lange verdrängt. Die Meditation erwartet von Ihnen (entwickelt aber auch in Ihnen) eine Änderung Ihrer Einstellung. Sie müssen lernen, daß zu Ihrer Person nicht nur diejenigen Seiten gehören, die von Ihnen und Ihrer Umgebung für positiv gehalten werden. Auch als negativ diskriminierte Empfindungen und Verhaltensweisen haben eine Funktion im Gesamtbild Ihrer Persönlichkeit. Wenn Sie das innerlich anzuerkennen bereit sind, werden Sie diese Phänomene in Ihre Persönlichkeit integrieren können.

Meditation öffnet Ihr Bewußtsein auch im Alltag. Sie werden feststellen, daß Sie bewußter und damit sicherer im ganz normalen Leben stehen werden. Das ist gleichzeitig Voraussetzung und Folge meditativer Übung. Meditation verlangt von Ihnen geradezu, die Erfahrungen, die Sie während der Versenkung machen, im Alltag zu verarbeiten. Sie müssen lernen, sich selbst mit all Ihren guten und schlechten Seiten, also als vollständige Persönlichkeit, zu akzeptieren. Wenn Sie das schaffen, werden Sie zufriedener, ruhiger, glücklicher und toleranter werden. Andernfalls haben Sie Meditation falsch verstanden: nämlich als Flucht. Dazu aber taugt Meditation nicht. Sie will Ihnen die Möglichkeit geben, ganz im „Hier und Jetzt" zu sein. Das „Hier und Jetzt" aber ist Ihr Alltag. Es gibt folgende Übung, mit der Sie empfinden können, was es bedeutet, im „Hier und Jetzt" zu sein.

2. Übung: Bewußtheit

Wenn Sie morgens aufwachen, sagen Sie sich: „Ich nehme alles bewußt wahr. Ich tue alles ganz bewußt. Ich bin hier, und ich bin jetzt hier." Versuchen Sie dann, nichts mehr automatisch zu tun. Wenn Sie mit dem linken Bein zuerst aus dem Bett steigen, machen Sie sich diesen Vorgang bewußt. Stellen Sie den Fuß bewußt auf den Boden. Fühlen Sie den Boden, die Berührung und die Bewegung Ihres Körpers. Gehen Sie ganz bewußt ins Badezimmer. Waschen Sie sich ganz bewußt. Nehmen Sie die Zahnbürste bewußt in die Hand und fühlen Sie jede Bewegung mit, wenn Sie sich die Zähne putzen. Sie werden feststellen, wieviele Dinge und Handlungen Sie bisher automatisch, unbewußt getan haben. Bewußtheit ist ein ganz persönliches De-Automatisierungsprogramm für Sie.

Die Vorbereitung

Meditation ist ein körperlich-seelisches Regelsystem, das zu einer Bewußtseinserweiterung und zur Stabilisierung der eigenen Persönlichkeit führt. Sie setzt mit ihrer positiven Wirkung auf der Grundlage der bereits vorhandenen Fähigkeit zur Entspannung, des bestehenden Bewußtseins und der Persönlichkeit ein. Je besser Sie auf die Meditation vorbereitet sind, desto schneller werden Sie auf den Weg zu Ihrem innersten Zentrum gelangen – und desto weniger Zeit verstreicht, bis Sie die Wirkungen der meditativen Übungen erkennen können: Identitätsfindung, Gelassenheit, Wohlbefinden, Toleranz und umfassendes Bewußtsein.

Sie sollten sich deshalb vor jeder Meditation psychisch und physisch auf die Übung vorbereiten. Während wir bislang über grundsätzliche Vorbereitungen in den Wochen vor Meditationsbeginn gesprochen haben, geht es jetzt um die Einstimmung in den Minuten, bevor Sie meditieren. Treffen Sie folgende Vorbereitungen:

- *Sorgen Sie dafür, daß Sie nicht gestört werden.* Stellen Sie das Telefon in einen anderen Raum oder nehmen Sie den Hörer ab. Schalten Sie die Wohnungsklingel aus oder klemmen Sie ein Stückchen Pappe zwischen Glocke und Klöppel. Schließen Sie die Tür zu dem Zimmer, in dem Sie meditieren wollen. Wenn noch andere Personen im Haus sind, bitten Sie darum, nicht gestört zu werden. Möglicherweise empfiehlt es sich, ein Schild an die Tür zu hängen: „Bitte nicht stören."
- *Meditieren Sie allein*, es sei denn, Sie beteiligen sich an einer Meditationsgruppe. Haustiere haben bei der Meditation nichts zu suchen.
- *Stimmen Sie sich innerlich ein.* Verbannen Sie dazu Vergangenheit und Zukunft aus Ihren Gedanken. Vergessen Sie alle Sorgen und Verpflichtungen. Machen Sie

sich frei von allem, was jenseits Ihrer Zimmertür geschieht. Stellen Sie sich vor, daß dicke Polster Sie nicht nur von Umweltgeräuschen, sondern auch von allen anderen Einflüssen isolieren. Sie sind nur im „Hier und Jetzt". Alles andere ist bedeutungslos.

- *Nehmen Sie sich Zeit.* Sie dürfen bei der Meditation nicht unter Termindruck stehen. Sie müssen während der Meditation das Gefühl aufbauen können, die Zeit stehe still. Dies unterscheidet Ihr Gefühl von Ihren Alltagsempfindungen, die Ihnen so oft den Eindruck geben, von den Zeigern der Uhr durchs Leben gehetzt zu werden.
- *Seien Sie entschlossen.* Wenn Sie meditieren, meditieren Sie ganz und tun sonst nichts. Ein unverbindliches Probieren gibt es nicht.
- *Werden Sie ruhig.* Ruhig sein bedeutet, die Bewegung zu stoppen sowie Muskeln und Atem zu entspannen.

Unmittelbar vor der Meditation können Sie eine der folgenden Übungen durchführen, die Ihnen bei der Beruhigung und Entspannung des Körpers helfen.

Eutonische Grundübung

Bei dieser Übung verbalisieren Sie laut all Ihre körperlichen Empfindungen. Dadurch gelingt es Ihnen, Ihr Körperbewußtsein zu verinnerlichen. Sprechen Sie aber dabei nicht ununterbrochen. Lassen Sie sich zwischen den einzelnen Sätzen genug Zeit, um Ihren Empfindungen nachzuspüren. Sagen Sie beispielsweise, wenn Sie sich auf Ihren Oberschenkel konzentrieren: „Ich fühle, wie sich Haut und Boden berühren ... Ich empfinde ein Gefühl der Kälte ... Jetzt spüre ich, wie das Blut durch die Adern pulst ... Mein Oberschenkel wird jetzt wärmer, das ist ein schönes Gefühl ..." usw.

Legen Sie sich auf eine harte Unterlage, zum Beispiel auf eine Decke am Boden. Sie liegen auf dem Rücken, Beine und Füße nebeneinander, die Arme ausgestreckt neben dem Körper. Sie können die Augen schließen, wenn Sie möchten.

Entspannen Sie sich zunächst, hören Sie auf Ihren Atem und werden Sie ruhig. Richten Sie dann Ihre Aufmerksamkeit auf die Haut. Beginnen Sie im Bauch-Becken-Bereich und beim Gesäß. Konzentrieren Sie sich auf Ihre Empfindungen, jeweils oben und unten. Gehen Sie anschließend mit Ihrer Aufmerksamkeit weiter, zum Beispiel in folgender Reihenfolge: linker Oberschenkel – linkes Knie – linker Unterschenkel – linkes Fußgelenk – linker Fuß – alle Zehen – rechter Oberschenkel – rechtes Knie – rechter Unterschenkel – rechtes Fußgelenk – rechter Fuß – alle Zehen – wieder Bauch/Becken/Gesäß – Brust und Rücken – linke Schulter – linker Oberarm – linker Ellbogen – linker Unterarm – linkes Handgelenk – linke Hand – alle Finger – rechte Schulter – rechter Oberarm – rechter Ellbogen – rechter Unterarm – rechtes Handgelenk – rechte Hand – alle Finger – Hals und Nakken – Hinterkopf – Scheitel – Gesicht.

Fühlen Sie nun in dieser Reihenfolge noch einmal durch Ihren Körper. Diesmal richten Sie Ihre Aufmerksamkeit jedoch auf die Innenräume. Wenn Sie sich also auf den Oberarm konzentrieren, lenken Sie Ihre Aufmerksamkeit auf das, was unter der Haut ist. Dieses Verfahren fällt leichter, wenn Sie Ihre Aufmerksamkeit spiralförmig an der Innenwand (wie an der Innenwand eines Rohres) entlanglenken. Bei dieser Übung stellt sich oft ein Gefühl der Helle ein. Ihr Innenraum ist dann leicht und hohl.

Der dritte Schritt wird „nondirektives Ertasten" genannt. Dabei lauschen Sie einfach in Ihren Körper hinein und formulieren laut, was Sie gerade wahrnehmen. Sie gehen dabei nicht zielgerichtet vor, sondern warten einfach ab, welcher Körperteil sich meldet. Dann sprechen Sie es aus und richten Ihre Aufmerksamkeit so lange auf diesen Körperteil, bis sich ein anderer meldet. Mit Hilfe dieser Übung lernen Sie Ihren Körper intensiv kennen und werden sich seiner bewußt. Später, nach einiger Erfahrung, können Sie diese Übung auch im Meditationssitz durchführen.

Kin-hin-Übung

Diese Übung wurde in japanischen Zen-Klöstern entwickelt. Es handelt sich um ein langsames, passives Gehen im Atemrhythmus, das Ihre Konzentrationsfähigkeit und Körperbeherrschung schult.

Stellen Sie sich zunächst etwa zwei bis drei Minuten lang leicht breitbeinig hin. Entspannen Sie sich und konzentrieren Sie Ihre Aufmerksamkeit, wie schon beschrieben, auf die Hara-Region im Unterleib. Dort liegt Ihr Schwerpunkt. Schließen Sie Ihre linke Hand um den Daumen zur Faust und legen Sie die Faust mit leichtem Druck – Knöchel nach oben – auf das Brustbein. Die rechte Hand liegt mit leichtem Druck des Handballens auf den Fingern der linken Hand. Die Unterarme stehen etwa waagrecht, die Schultern sind entspannt. Konzentrieren Sie sich jetzt auf Ihre Atmung. Betonen Sie das Ausatmen. Atmen Sie drei Sekunden lang aus und eine Sekunde lang ein. Warten Sie, bis Ihr Atem ruhig und rhythmisch wird. Dann setzen Sie die Ferse Ihres linken Fußes mit Beginn der Ausatem-Phase etwa zehn Zentimeter vor und verlagern langsam das Gewicht vom Absatz zum Fußballen. Gleichzeitig rollen Sie den rechten Fuß von der Ferse nach vorn in Richtung Ballen. Am Ende der ersten Ausatem-Phase stehen Sie also auf dem linken Fuß und berühren nur noch mit dem Ballen des rechten Fußes den Boden. Jetzt atmen Sie ein, ziehen dabei den rechten Fuß hoch und setzen ihn mit Beginn der neuen Ausatem-Phase mit der Ferse etwa zehn Zentimeter weiter vorn wieder auf. Diesen Vorgang wiederholen Sie abwechselnd in Ihrem Atemrhythmus.

Anfangs ist es eventuell schwer, das Gleichgewicht zu halten. Sie erkennen daran, wie wenig Sie sich Ihrer Körperfunktionen bewußt sind. Später fällt es Ihnen nicht mehr schwer, in einer ununterbrochenen, gleichförmigen Bewegung Ihre Kin-hin-Übung zu absolvieren, ohne zu schwanken.

Wenn Sie auf diese Art einige Minuten lang passiv gegangen sind, bleiben Sie wieder stehen und entspannen sich zwei Minuten lang, während Sie sich auf Ihre Hara-Region konzentrieren. Dann gehen Sie zu Ihrem Meditationsplatz, setzen sich nieder und beginnen mit der Meditation.

Körperzentrierte Aufwärmübung

Bei dieser Übung entspannen Sie Ihren Körper, indem Sie ihn bewußt streicheln und kneten. Setzen Sie sich dazu hin, stellen Sie beide Füße nebeneinander und ziehen Sie die Knie etwas an. Frauen beginnen nun, die Zehen des linken Fußes zu massieren, mit knetenden Handbewegungen den Unterschenkel hinaufzufahren, das Knie sowie den Oberschenkel zu massieren und dann von der Hüfte mit beiden Händen über den Körper zum Herzen zu streichen. Männer beginnen dieselbe Übung an den Zehen des rechten Fußes. Dieser unterschiedliche Startpunkt der körperzentrierten Aufwärmübung hat mit den beiden Hirnhälften zu tun. Die aktive männliche Hemisphäre ist links und steuert die rechte Körperhälfte. Bei Frauen ist es umgekehrt: Als feminine Hemisphäre gilt die rechte Hirnhälfte; sie steuert die linke Körperhälfte.

Massieren Sie anschließend das andere Bein nach derselben Methode und streichen Sie vom Hüftgelenk her kräftig über den Körper in Richtung Herz. Frauen wenden sich nun dem linken, Männer dem rechten Arm zu. Massieren Sie sich in streichenden und kreisenden Bewegungen von den Fingerspitzen bis zur Schulter und streichen Sie über die Brust bis zum Herzen. Dann fahren Sie mit massierenden Bewegungen der rechten Hand vom linken Schulterblatt über die linke Rückenseite bis zur Taille und über die linke Körpervorderseite in Richtung Herz. Dasselbe wiederholen Sie mit der linken Hand auf Ihrer rechten Körperseite. Männer gehen umgekehrt vor. Zuletzt streichen Sie kräftig mit den gespreizten Fingern beider Hände über Ihren Kopf sowie über Gesicht und Hals zum Herzen.

Viele Menschen empfinden bei dieser Übung ein wohltuendes Wärmegefühl, das den Körper merklich entspannt.

Muskuläres Tiefentraining

Diese Übung wurde von dem Tutzinger Arzt und Diplom-Psychologen Professor Uwe Stocksmeier entwickelt. Sie basiert auf den Erfahrungen mit isometrischen Übungen und der „progressive relaxation" des amerikanischen Verhaltenstherapeuten Jacobsen. Durch energische Muskelanspannung bis zur Schmerzgrenze und anschließende Entspannung gelingt eine körperliche Desensibilisierung, die positive Auswirkungen auf Ihre Psyche hat.

Setzen Sie sich locker, aber gerade auf einen Stuhl, winkeln Sie die Arme rechtwinklig an und ballen Sie die Fäuste vor der Brust. Schließen Sie die Augen, atmen Sie tief durch und konzentrieren Sie Ihre Aufmerksamkeit auf Arme und Hände. Spannen Sie dann die Fäuste so stark wie möglich an, danach die Unterarme und zum Schluß die Oberarme. Versuchen Sie die Spannung so lange aufrecht zu halten, bis der Arm zittert. Erst dann lassen Sie los und die Arme locker fallen. Atmen Sie dabei gleichmäßig weiter. Schließlich spannen Sie Hände und Arme noch einmal kurz an, um dem Körper das Ende des Trainings zu signalisieren.

Bleiben Sie sitzen und heben Sie jetzt die Fersen der nebeneinanderstehenden Füße leicht an. Atmen Sie gleichmäßig und spannen Sie dann die Fußmuskeln, die Muskulatur der Unterschenkel und der Oberschenkel bis zur Schmerzgrenze. Der übrige Körper bleibt ganz locker. Sie vergessen nicht, gleichmäßig weiterzuatmen. Lassen Sie dann los. Während der Entspannungsphase schließen Sie die Augen und genießen das Gefühl der Entspannung.

Prüfen Sie nun, wo Ihre Brustmuskeln sitzen. Schließen Sie dazu die Augen, winkeln Sie die Unterarme an und atmen Sie tief durch. Dann pressen Sie die Achseln so fest zusammen, als müßten Sie mit ihnen ein Blatt Papier festhalten. Stoppen Sie die Spannung erst, wenn Sie die Schmerzgrenze erreichen. Dann lassen Sie los, pendeln Arme und Schultern leicht nach hinten aus und atmen entspannt.

Sie setzen sich wieder mit angewinkelten Armen auf Ihren Stuhl, atmen einen Moment lang tief durch und ziehen dann die Schultern bis zu den Ohren. Der Kopf bleibt zunächst gerade. Vergessen Sie nicht zu atmen. Anschließend drücken Sie – mit hochgezogenen Schultern – Ihren Kopf nach hinten in den Nacken, bis ein wirklich unangenehmes Gefühl entsteht. Lassen Sie erst dann Ihren Kopf und die Arme entspannt nach vorn fallen. Atmen Sie. Bewegen Sie nun den Kopf langsam hin und her, das Kinn bleibt aber auf der Brust. Entspannen Sie sich langsam und gründlich.

Bei der letzten Übung des muskulären Tiefentrainings sitzen Sie wieder mit angewinkelten Armen auf dem Stuhl. Atmen Sie normal und konzentrieren Sie sich auf Ihren Rücken. Drücken Sie nun Ihre Schultern so weit nach hinten, als wollten Sie einen Bleistift zwischen den Schulterblättern festklemmen. Beugen Sie den Kopf dabei leicht nach vorn und atmen Sie während der ganzen Übung ruhig und regelmäßig. Erhalten Sie die Muskelspannung so lange aufrecht, bis Sie die Schmerzgrenze erreichen. Lassen Sie dann Kopf und Arme nach vorn fallen. Entspannen Sie sich und genießen Sie die Entspannung. Vielleicht kreuzen Sie auch die Arme vor der Brust und umfassen locker den Rücken. Das fördert die Dehnung der Armmuskeln.

Das muskuläre Tiefentraining ist dann erfolgreich, wenn Sie nach Anspannung und Entspannung ein intensives Wärmegefühl in den beteiligten Muskeln wahrnehmen, wie Sie es von einer ausgiebigen Massage her kennen. Falls Sie nach dieser Übung Kopfschmerzen haben, ist das ein Zeichen dafür, daß Sie während der Muskelkontraktion vergessen haben zu atmen.

Lebenskraftübung

Diese Übung beteiligt die Chakren. Das sind nach einem indischen Denkmodell sieben psychisch-physische Energiefelder in der Umgebung der Wirbelsäule:
- Das Wurzel-Chakra liegt an der Basis des Rückgrats.
- Das Sexual-Chakra liegt über der Milz.
- Das Nabel-Chakra befindet sich knapp unter dem Nabel.
- Das Herz-Chakra liegt über dem Herzen.
- Das Hals-Chakra befindet sich an der Vorderseite des Halses.
- Das Stirn-Chakra oder „Dritte Auge" liegt zwischen den Augenbrauen.
- Das Scheitel-Chakra liegt am Scheitel des Kopfs.

Bei der Lebenskraftübung stehen Sie aufrecht, die Arme hängen seitlich am Körper. Entspannen Sie sich und richten Sie Ihre Aufmerksamkeit auf das Hara, Ihren Schwerpunkt im Unterleib. Wenn Sie ganz entspannt sind, schließen Sie die Augen und konzentrieren sich auf das „Dritte Auge", das über Ihrer Nasenwurzel zwischen den Augenbrauen liegt. Stellen Sie sich beim Einatmen vor, daß eine kosmische Energie sanft über Ihr Scheitel-Chakra in Sie einströmt. Diese Lebenskraft fließt langsam und warm nach unten. Sie passiert Ihren Kopf, teilt sich im Halsbereich und füllt in zwei Strömen Ihren ganzen Körper. Schließlich erreicht die Lebenskraft am Ende der Einatem-Phase den rechten Fuß. Spannen Sie dort die Muskeln an und lassen Sie los, während Sie ausatmen. Es entsteht ein Gefühl, als atme Ihr Fuß.

In der nächsten Atem-Phase fließt die Kraft in Ihren linken Fuß. Sie spannen die Muskulatur und lösen sie wieder beim Ausatmen.

So fühlen Sie die kosmische Energie nacheinander im ganzen Körper: in den Waden, im Knie, im Oberschenkel, im Gesäß, in der unteren Bauchmuskulatur, im Brustkorb, in der Hand, im Unterarm, im Ellbogen, im Oberarm, in den Schultern, im Nacken, in der Halsmuskulatur und im Gesicht.

Lassen Sie die Energie einströmen, spannen Sie die Muskeln an, fühlen Sie die Energie und lösen Sie sie beim Ausatmen. Ihre Konzentration bleibt dabei immer im „Dritten Auge".

Pranayama-Übung

Die Pranayama-Übung kann unmittelbar vor Beginn der Meditation praktiziert werden. Setzen Sie sich dazu in Meditationsstellung (beispielsweise im gemilderten Lotos-Sitz) auf einen Stuhl und entspannen Sie sich kurz. Legen Sie den Zeigefinger der rechten Hand auf Ihre Nase; die Fingerspitze berührt das „Dritte Auge" zwischen den Augenbrauen, der Daumen liegt locker auf dem rechten Nasenflügel, der gekrümmte Mittelfinger auf dem linken. Verschließen Sie nun mit dem Daumen das rechte Nasenloch und atmen Sie kräftig durch das linke Nasenloch aus. Machen Sie eine kurze Atempause und atmen Sie dann durch das linke Nasenloch tief ein. Anschließend geben Sie das rechte Nasenloch frei und blockieren mit dem Mittelfinger das linke. Atmen Sie durch das rechte Nasenloch aus und wieder ein. Dann wechseln Sie wieder zum linken Nasenloch usw.

Atmen Sie in Ihrem eigenen Rhythmus auf diese Weise etwa zehnmal tief ein und aus. Schließen Sie dabei auf keinen Fall die Augen, denn bei dieser Übung können große Energieströme frei werden, die Sie unter Umständen schwindelig machen.

Wenn die Nase frei ist, sind Sie ganz wach und ganz bewußt. Sie können mit der Meditation beginnen.

Wählen Sie unter den in diesem Kapitel beschriebenen Übungen diejenige aus, die Ihnen am sympathischsten erscheint. Verlassen Sie sich dabei auf Ihr Gefühl. Einige Übungen sprechen mehr die Ratio an, das westliche naturwissenschaftliche Denken, andere entstammen fernöstlichen Denkgewohnheiten. Doch alle Methoden erfüllen denselben Zweck: Sie bereiten Sie physisch und psychisch auf die eigentliche Meditation vor, beruhigen und entspannen Sie, bringen Ihre Energieströme zum Fließen und öffnen Sie für meditative Erfahrungen.

Machen Sie sich jetzt noch einmal wichtige Dinge im Zusammenhang mit der Meditation klar. Denken Sie daran, daß ...

... Meditation frei von Absichten ist. Sie wollen nichts erreichen, sondern sich ganz einfach erfahren. Sie planen mit der Meditation nichts, sondern lassen geschehen und erkennen in dem, was geschieht, das wahre Wesen;

... die Fähigkeit zum Schweigen eine Voraussetzung für Meditation ist. Damit ist nicht ängstliches, feiges Verstummen oder ein unwissendes Stocken der Sprache gemeint. Meditatives Schweigen ist wach, lebendig, raumschaffend, fruchtbar und lebensspendend. Es ist ein Schweigen der Innerlichkeit, das Ihren Mund schließt, aber die Augen für neue Erfahrungen öffnet. Die erste Stufe dieses Schweigens ist: nicht sprechen. Die zweite Stufe bedeutet: auf Außenreize nicht antworten, nicht reagieren. Die dritte Stufe ist die innerliche Ruhe. Ihre Sinne, Ihre Neugier, Ihre Vernunft, Ihr Mitteilungsdrang verstummen. Die vierte Stufe meditativen Schweigens ist eine Stille, die in die eigene Tiefe horcht und erforscht, was dort verborgen ist. Schweigen und Meditation bilden einen sich selbst verstärkenden Regelkreis. Schweigen fördert die Meditation. Meditation fördert die Fähigkeit zur Stille;

... Wach-Sein und Bereit-Sein zur Meditation gehören. Wach-Sein heißt zunächst, nicht zu schlafen. Es bedeutet aber auch eine Abkehr von Fatalismus und Resignation sowie eine Hinwendung zur Bereitschaft, sich ernsthaft zu öffnen, sich anrühren zu lassen, zu empfinden und sich hinzugeben an neue Erfahrungen und an die eigene Persönlichkeit. Ihr Wach-Sein macht Sie bereit, alles zu entdecken und alles anzunehmen.

Wann Sie am besten meditieren: Meditationslehrer empfehlen, zweimal täglich etwa 20 Minuten lang zu meditieren. Vorher sollten Sie einige Zeit weder rauchen noch trinken oder andere Drogen konsumieren. Ungünstig sind auch üppige Mahlzeiten vor der Meditation. Die beste Meditationszeit ist morgens (nach dem Waschen, aber vor dem Frühstück) und am frühen Abend vor dem Essen. Falls Sie diese 40 Minuten (mit Vorbereitung vielleicht eine Stunde) täglich nicht entbehren können, meditieren Sie nur einmal. Wichtig ist aber, daß Sie regelmäßig meditieren. Es reicht nicht aus, alle paar Tage in der Meditationsecke zu verschwinden. Meditation ist ein Entwicklungsprozeß, der abbricht, wenn er nicht ständig fortgeführt wird.

Ihre innere Uhr: 20 Minuten beträgt die durchschnittliche Meditationszeit, doch Sie müssen selbst entscheiden, ob Ihnen das zuviel ist. Nach spätestens 20 bis 25 Minuten sollten Sie Ihre Meditation beenden. Stellen Sie sich aber auf keinen Fall einen Wecker entsprechend ein. Es wäre unheilvoll, wenn Sie plötzlich ein schrilles Geräusch aus der Konzentration und/oder Versenkung aufschrecken würde. Das Ende der Meditation muß sanft und behutsam erfolgen. Sie verbreitern dabei Ihre Aufmerksamkeit vom Meditationspunkt wieder auf Ihren Körper, auf Ihre Umgebung. Langsam kehren Sie aus der Versenkung in den Alltag zurück. Sie atmen mehrfach tief und bewußt ein und aus, lockern durch leichte Bewegungen Ihre Muskeln und öffnen die Augen. Erst dann stehen Sie auf.

Die beste Methode, um das Ende der Meditationszeit zu erkennen, ist Ihre innere Uhr. Schauen Sie vor Meditationsbeginn auf eine Uhr und prägen Sie sich die Zeit ein: „Jetzt ist es 18 Uhr, und ich werde um 18.20 Uhr aus der Meditation auftauchen." Dabei stellen Sie sich die Zeigerstellung um 18.20 Uhr vor. Nach wenigen Tagen der Übung werden Sie feststellen, daß Sie sich auf Ihre innere Uhr verlassen können. Nur am Anfang tauchen Sie vielleicht einige Minuten zu früh oder zu spät auf, doch das ist nicht weiter schlimm.

Der Einstieg

Mit zunehmender Übung wird Meditation immer leichter für Sie, und Sie können dann auf Vorbereitungen und Einstiegshilfen weitgehend verzichten. Sehr schnell werden Sie nach einigen Monaten in der Lage sein, die Versenkung zu erreichen. Vorerst bieten Ihnen aber einige Einstiegsmodelle eine gewisse Unterstützung. Viele der im Hauptteil dieses Buches genannten Meditationen arbeiten mit ganz bestimmten Einstiegsübungen. Daran sollten Sie sich halten.

Ein sehr einfacher und naheliegender Einstieg ist auch die sogenannte geführte Meditation. Von dieser Technik finden Sie zu jedem Kapitel mindestens ein Beispiel und im Anhang Hinweise auf entsprechende Meditationskassetten.

Diese Meditationstechnik wurde in den letzten Jahren bei uns unter den verschiedensten Namen wie katathymes Bilderleben, Phantasiereisen, geführte Tagträume usw. populär. Obwohl sicherlich ähnlich alt wie andere Meditationstechniken, verdankt diese Richtung ihren heutigen Aufschwung der besonderen Eignung für den westlichen, intellektbetonten Menschen.

Während nämlich die allermeisten östlichen Meditationssysteme von Anfang an darauf zielen, die im Laufe der Meditation auftauchenden Gedanken und Phantasien als lästige Störenfriede loszuwerden, machen geführte Meditationen gerade diese Gedanken und Bilder zu Stufen auf Ihrem Weg zur Mitte.

Darüber hinaus paßt diese Technik auch deshalb gut in unsere Zeit, weil sie sich, wie nur wenige andere, unserer modernen Möglichkeiten bedienen kann, nämlich der Tonträger. Während es grundsätzlich nicht so leicht ist, etwas so Praktisches wie Meditation theoretisch aus einem Buch zu lernen, gibt es für geführte Meditationen kein besseres Medium als Tonkassetten/CDs – abgesehen von einem persönlichen Lehrer.

Auch ist es bei dieser Technik möglich – ja, sogar empfehlenswert – sie im Liegen durchzuführen. Man erspart sich so den für westliche Menschen zumindest anfangs sehr schwierigen aufrechten Meditationssitz. Das Vorgehen ist im Gegenteil äußerst einfach. Notwendig sind lediglich ein bequemer, ungestörter Liegeplatz (wie das eigene Bett, der Teppich usw.) und ein Tonbandgerät/CD-Player. Von der Stereoanlage bis zum einfachen Kassettenrekorder ist alles geeignet. Als besonders günstig erweisen sich die mit Kopfhörer ausgerüsteten Kleinstgeräte (Walkman). Natürlich kann man sich eine geführte Meditation auch von jemandem vorlesen lassen, allerdings erfordert das bei dem Lesenden einige Übung, um die richtige Geschwindigkeit und Betonung zu treffen. Auch die passende Hintergrundmusik wird dann von ihrer Art und Lautstärke her leicht zum Problem. Im Anhang finden Sie für diesen Fall verschiedene Musik-Tips, wobei darauf zu achten ist, daß besonders wirksame Musiken gerade nicht besonders „schön" sein sollten. Eine einprägsame Melodie und ein sich in den Vordergrund drängender Rhythmus sind eher hinderlich. Geeignete Meditationsmusiken sollten im Hintergrund bleiben und eine ruhige Stimmung verbreiten, also nicht etwa ihre Wirkung durch Lautstärke erzielen. Förderlich ist, wenn sie obertonreich sind, um die verschiedenen Saiten in uns zum Mitschwingen zu bringen. Zusätzliche Meditationshilfen könnten Räucherstäbchen oder Kerzen sein, die Ihre Umgebung in Einklang mit Ihrem Vorhaben bringen.

Tatsächlich sind geführte Meditationen keine neuen Erfindungen, sonder uralte Bestandteile von Einweihungszeremonien und lange vergessenen Ritualen. Folglich wird sich ihre Wirkung auch heute noch durch die entsprechende Umgebung verstärken lassen. So wie es sofort einleuchtet, daß ein Ritual im feierlichen Rahmen eines entsprechend vorbereiteten Domes tiefer gehen kann als auf dem Hauptbahnhof einer Großstadt, so mag es auch klar sein, daß eine Meditation in einem symbolisch stimmigen Rahmen tiefer geht. Heute sind wir in der Lage, den Sinn all dieser „Drumherums" auch verstandesmäßig zu begreifen. Das ist zwar für die Wirksamkeit des betreffenden Rahmens ziemlich unwichtig, mag uns rationale Menschen aber motivieren, uns um den richtigen Rahmen intensiver zu bemühen. Dank moderner Gehirnforschung wissen wir, daß wir uns in den Wohlstandsgesellschaften des Westens fast ausschließlich auf die linke Gehirnhälfte verlassen. Sie arbeitet analytisch zerlegend, streng rational und regiert unsere Sprache und damit unser im wesentlichen vernunftgeprägtes Denken. Nun geht es aber bei Meditation nicht um unsere eine (in diesem Fall linke) Hälfte, sondern um die Mitte und das Ganze. Um aber in die Mitte (zwischen linke und rechte Gehirnhälfte) zu kommen, ist es für westliche Menschen besonders notwendig, die ignorierte Gehirnhälfte anzuregen und ins Gleichgewicht mit ihrem Gegenpol zu bringen. Die rechte Gehirnhälfte „denkt" ganzheitlich, viel mehr in großen Mustern als in Einzelheiten, sie nimmt etwa ganze Bilder wahr, „Gestalten"; sie ist auch der Grund, aus dem Mythologien und Märchen aufsteigen. Wenn wir nun mit Tönen und Musik Stimmungen erzeugen, Farben und Düfte nutzen, um in sich stimmige Muster aufzubauen, regen wir unsere rechte Gehirnhälfte an und bewegen uns damit auf die Mitte zu.

Hier mag auch noch ein weiterer Grund für die zunehmende Beliebtheit solcher Meditationen liegen: Diese Technik arbeitet ja ausschließlich mit Symbolen und Gestalten, um die eigenen inneren Bilder anzuregen, und spricht damit vor allem unsere zu kurz gekommene (rechte) Seite an. Der entscheidende Trick ist dabei allerdings, daß die ersten Schritte von unserer rationalen (linken) Seite durchaus mitverstanden und folglich mitgegangen werden und die Umpolung kaum merklich und wie von selbst erst im Lauf der Reise geschieht. Diese Umpolung vom rein rationalen Verstehen zum ganzheitlichen Erleben ist und war zu allen Zeiten Ziel von Meditationstechniken, und wo immer geführte Meditationen in früheren Zeiten eingesetzt wurden, waren sie eingesponnen in einen Rahmen, der die entsprechende Umpolung förderte. Wenn Indianer auf ihre innere Reise gingen, um ihr Totemtier zu finden, hatten sie sich eingehend vorbereitet durch Fasten, Schwitzhütten und andere Rituale, die sie in Einklang mit den vier Elementen brachten. Westliche Magier aber trafen symbolisch ganz ähnliche rituelle Vorkehrungen, wenn sie sich auf ihre Tranceraisen begaben. So ist die Technik der geführten Meditation eine uralte, die sich aber sehr elegant und wirksam in unsere heutigen Lebensumstände einbauen läßt. Tatsächlich erfordert sie den entsprechenden rituellen Rahmen auch nicht zwangsläufig – er ist lediglich förderlich. Auch auf dem schon erwähnten Hauptbahnhof sind solche Meditationen (z.B. mit einem Walkman) möglich, wie auch auf Reisen mit Bus, Zug oder Flugzeug. Für den Anfang empfiehlt sich allerdings eine geschütztere und intimere Atmosphäre, die die ersten Schritte durch ihre Einstimmigkeit fördert.*

---

*Informationen über geführte Meditationen auf Kassette/CD finden Sie im Anhang des Buches und in Ruediger Dahlke: "Reisen nach Innen." (siehe Anhang)

III

Astrologie

und

Meditation

Wir haben uns angewöhnt, kausal zu denken, die Wirklichkeit in eine Folge von Ursachen und Wirkungen zu zergliedern. Auf diese Art haben wir die Welt, in der wir leben, in lauter Ebenen zerlegt, und reden von den Mineralien, den Tieren, den Pflanzen. Es ist wichtig, unsere Wirklichkeit in ihren vielfältigen Erscheinungsformen so zu ordnen, sonst würden wir den Überblick verlieren. Fixiert auf unsere übliche kausale Denkweise, fällt es uns zunächst schwer, zu akzeptieren, daß es auch noch andere Modelle gibt, um die Wirklichkeit abzubilden. Diese anderen Systeme sind gelegentlich schwer mit dem Intellekt oder mit der Vernunft zu erfassen.

Schon vor Jahrtausenden entstand in verschiedenen Kulturen ein Abbildungssystem, das fähig ist, das komplizierte Gefüge unserer Wirklichkeit zu symbolisieren. Überlieferte Dokumente belegen, daß dieses Symbol-System in Indien, im vorkolumbianischen Amerika, in China und im nahöstlichen Chaldäa angewandt wurde. Jeweils gemeinsam ist diesen Systemen, daß mit ihrer Hilfe Grundprinzipien erkannt werden können, die auf allen Ebenen unserer Wirklichkeit gültig sind. Gemeinsam ist ihnen auch die Beobachtungsebene, weit entfernt von allem Irdischen, im Kosmos: die Sterne und ihre Bewegungen.

Dieses Symbol-System ist die Astrologie. Sie ist Abbildungssystem für die Wirklichkeit. Aus dem Stand der Sterne, die sich in einem rhythmischen Lauf bewegen, sich nähern und sich voneinander entfernen, kann die Astrologie die Grundprinzipien der Wirklichkeit erkennen, die für alle und alles immerwährend Gültigkeit haben.

Die Astrologie ist also ein Meßsystem, mit dessen Hilfe die komplexe Struktur unserer Wirklichkeit symbolisch erkannt werden kann. Der Sternenhimmel mit seiner rhythmischen Ordnung verdeutlicht ebenso wie die subatomare Welt einen allumfassenden kosmischen Regelkreis, in dem die Polarität zur Einheit verschmilzt.

Im Universum sind Tod und Leben, Aufstieg und Niedergang, Ab- und Wiederkehr verschlüsselt. Wer es versteht, diese Welt zu deuten, ist auf dem Weg, die Wirklichkeit zu verstehen.

Die Astrologie strukturiert die Welt, in der wir leben, nicht in Ursache-Wirkung-Kategorien, sondern sucht nach den Urprinzipien. Die Sterne haben sich nach den bisherigen Erfahrungen als besonders geeignete Beobachtungsebene für diese Urprinzipien erwiesen. Sie stehen damit gleichsam als Symbol für eine in tieferen Schichten unseres Bewußtseins vorhandene Wirklichkeit.

Ein weiterer alternativer Denkansatz der Astrologie erklärt, warum sie zu einem Instrument zur Bestimmung der Persönlichkeits- und Charakterstruktur werden kann. Dazu müssen wir etwas weiter ausholen. Die Lehre der Polarität besagt, daß zu jedem Pol zwingend ein Gegenpol existieren muß. Ohne Nacht gibt es keinen Tag. Wir können uns „langsam" nicht vorstellen, wenn wir nicht wüßten, was „schnell" ist. Ohne „groß" kein „klein". „Gut" existiert nur, weil es „böse" gibt.

Ein vergleichbares Pol-Paar sind „Quantität" und „Qualität". Wir sind daran gewöhnt, in bezug auf die Zeit Quantitäten zu messen, indem wir sie in Sekunden, Minuten, Stunden, Tage, Wochen, Monate und Jahre eingeteilt und als Meßindikator im übrigen die Bewegungen von Erde, Mond und Sonne verwendet haben. Zeit-Qualitäten zu beurteilen, fällt uns gewöhnlich schwer, denn die Inhalte der Zeit können wir mit den bekannten Meßinstrumenten nicht bewerten. Es muß aber nach den Polaritäts-Regeln auch eine Zeit-Qualität geben. Das Erfassen der Zeit-Qualität ist Aufgabe der Astrologie. Es ist die Basis der Arbeit mit Horoskopen.

Horoskopieren bedeutet im Wortsinn: in die Stunde schauen. Hinter dem Zeitablauf kann somit ein Inhalt entdeckt werden. Da alles, auch die Zeit, lediglich ein Teilstück des geordneten Ganzen ist, lassen sich Zeit-Qualitäten sozusagen hochrechnen. Selbst aus der kürzesten Zeitspanne ist deshalb alles zu ersehen. Dieses Phänomens bedient sich das Geburtshoroskop. Im Zeitpunkt der Geburt ist alles enthalten, und die Astrologie wählt die Beobachtungsebene der Sterne, um diesen Gehalt zu erkennen.

Vielen westlichen Menschen fällt es nicht leicht, dieses ungewohnte Denkmodell auf Anhieb zu erfassen. Wir wollen deshalb an einem vergleichbaren naturwissenschaftlichen Phänomen erklären, was damit gemeint ist. Die Gen-Forscher haben entdeckt, daß alle Informationen, die ein Individuum charakterisieren, bereits in den Chromosomen der Samenzelle und des Eis enthalten sind. Verschlüsselt in einer biochemischen Sprache, sind dort das Geschlecht festgelegt, der Knochenbau, das Aussehen, Augen- und Haarfarbe, psychische Grundstrukturen. Diese Informationen manifestieren sich erst im Verlauf des Lebens, sind jedoch schon im Augenblick der Zeugung vorhanden und unabänderlich.

Ähnlich funktioniert das Geburtshoroskop. Im Moment des ersten Atemzuges, zu Beginn des Lebens, stehen die Sterne in einer ganz bestimmten und einmaligen Konstellation über dem Geburtsort. Das Horoskop ist eine Momentaufnahme aus dem unendlichen Rhythmus des Universums. In dieser Momentaufnahme stecken alle Informationen über Vergangenheit und Zukunft. Das Horoskop offenbart die Urprinzipien, nach denen die Persönlichkeit strukturiert ist, und gibt Hinweise auf jene Bereiche, die in das Bewußtsein integriert werden müssen. Ihnen selbst erschließen sich die Aussagen der Astrologie allerdings nur dann, wenn Sie sich damit beschäftigt haben oder die Interpretationshilfe eines erfahrenen Astrologen in Anspruch nehmen. Notwendig ist das aber nicht. Selbst wenn Sie die astrologischen Urprinzipien Ihrer Persönlichkeit nicht erkennen können, sind diese dennoch vorhanden sowie wirksam und helfen Ihnen dabei, die geeignete Meditation für Sie persönlich zu finden. Ausgangspunkt ist Ihr Geburtsdatum. Mit seiner Hilfe können Sie bestimmen, durch welches Sternbild die Sonne am Tage Ihrer Geburt gewandert ist.

Wenn Ihr Geburtstag in dieser Zeitspanne liegt	dann sind Sie
21. März – 20. April	Widder
21. April – 20. Mai	Stier
21. Mai – 21. Juni	Zwillinge
22. Juni – 22. Juli	Krebs
23. Juli – 22. August	Löwe
23. August – 22. September	Jungfrau

23. September – 23. Oktober	Waage
24. Oktober – 22. November	Skorpion
23. November – 21. Dezember	Schütze
22. Dezember – 20. Januar	Steinbock
21. Januar – 19. Februar	Wassermann
20. Februar – 20. März	Fische

Im folgenden Hauptteil des Buches finden Sie zu Beginn jeden Kapitels eine kurze Erklärung der Sternzeichensymbolik. Anschließend schlagen wir Ihnen verschiedene Meditationsarten vor, die den jeweiligen Tierkreiszeichen entsprechen. Wenn Sie sich für eine der praktischen Übungen entschieden haben, sollten Sie mindestens drei Wochen lang bei dieser einen Meditationstechnik bleiben.

Beachten Sie zuvor jedoch alle Hinweise in dem Kapitel „Die Praxis der Meditation" (S. 43 ff.). Viele der dort genannten Übungen erleichtern Ihnen den Beginn der Meditation. Sollten Sie während der Meditation einen starken inneren Widerstand spüren oder zwischen den meditativen Übungen im Alltag plötzlich vor psychischen Problemen stehen, die Sie allein nicht mehr bewältigen können, empfiehlt es sich, die Meditationszeit zu verkürzen und einen erfahrenen Meditationslehrer um Rat zu fragen.

Der Stand der Sonne zu Ihrem Geburtszeitpunkt ist ein Symbol für Ihre Lebensmitte, für das Zentrum Ihres Wesens. In ihr konzentrieren sich alle elementaren Bestandteile des Seins in Form einer intensiven energetisch-vitalen Vereinigung. Die Sonne gilt auch als Repräsentant für das höhere Ich des Menschen. Schon deshalb ist sie ein guter Wegweiser zur richtigen Meditationsmethode.

In jeder Person sind alle Grundprinzipien präsent. Einige sind deutlich zu spüren, andere wirken im Versteckten. Mit Hilfe der Meditation können Sie alle diese Urprinzipien bewußter wahrnehmen, sofern Sie jeweils dann, wenn die Sonne in einem bestimmten Sternzeichen steht, die entsprechende meditative Übung vollführen. Das bedeutet, daß Sie – unabhängig von Ihrem Geburtszeichen – zwischen dem 21. März und dem 20. April (Widder-Zeit) eine der vorgeschlagenen Widder-Übungen praktizieren können. Verlassen Sie sich bei der Auswahl der jeweiligen Übung stets auf Ihr Gefühl.

Wenn Sie über Ihr persönliches Horoskop verfügen, ist es möglich, die geeignete Meditation auf andere Art und Weise zu bestimmen. Achten Sie dann auf Mond, Himmelsmitte (MC), Aszendent, Bündelungen von Planeten in den entsprechenden Zeichen oder auf Planetenherrscher in Ihrem eigenen Zeichen (etwa Merkur in den Zwillingen oder Venus in der Waage). Diese Konstellationen geben dem Tierkreiszeichen ein besonderes Gewicht und können Sie dazu veranlassen, eine entsprechende Meditationsübung zu wählen.

IV

Meditationen und Sternzeichen

Vorbemerkung

In den folgenden Kapiteln beschreiben wir im Rahmen der analogen astrologischen Denkweise diejenigen Grundprinzipien, die zu den einzelnen Zeichen des Tierkreises gehören. Es ist wichtig, daß Sie verstehen, daß es hier nicht um die konkrete Schilderung von individuellen Persönlichkeitsstrukturen geht. Unter dem Stichwort „Stier" beispielsweise werden also nicht Einzelpersonen charakterisiert, die unter dem Sternzeichen Stier geboren worden sind, sondern werden Grundprinzipien erläutert, die im Leben des Stier-Geborenen eine Rolle spielen können. Natürlich äußern sich diese Grundprinzipien auch im Verhalten des durch sie beeinflußten Individuums. Die Einzelpersönlichkeit ist jedoch viel komplexer strukturiert, als nur durch den Stand der Sonne im Moment der Geburt. In jeder Person sind alle Urprinzipien vorhanden und – mehr oder weniger – wirksam.

Noch ein wichtiger Hinweis: Die Symbolisierung im Rahmen der Sternzeichen-Interpretation ist wertfrei. Es geht nie um „richtig" oder „falsch", um „gut" oder „böse". Alle Grundprinzipien haben einen Sinn. Es gibt keine Hierarchie der Tierkreiszeichen, sondern nur die Möglichkeit, das Bewußtsein in Richtung der dort genannten Notwendigkeiten zu erweitern – oder diesen Schritt zu versäumen.

Widder

Zeitraum: 21. März – 20. April
Symbol: ♈
Element: Feuer
Planetenherrscher: Mars
Prinzip: Energie, Impuls, Tat, Durchsetzung, der Beginn.
Kernsatz: „Ich handle"

Im Frühlingsbeginn, wenn alles Leben in der Natur wieder neu erwacht und an die Oberfläche drängt, tritt die Sonne auf ihrem Weg durch den Tierkreis in das Sternbild Widder ein. Im Widder ist daher die Symbolik der stürmisch drängenden Natur des Frühlings enthalten. Widder ist dem Element Feuer zugeordnet. Es ist das schöpferische Urfeuer, das die dunklen Kräfte des Winters besiegt und die Samen aufbricht, damit sie keimen und wachsen können. Wenn die Sonne in den Widder eintritt, herrscht Tag- und Nachtgleiche. Doch im Verlauf des Widder-Monats beginnt sie ihren Siegeszug. Die Tagkraft nimmt zu, und in den nächsten Wochen fängt die Natur an, sich zu entfalten.

Das aktive, verschwenderische, frühlingshafte Hervorbrechen der Kräfte ist ein Charakteristikum des Widder-Menschen. Der Astrologe André Barbault* schreibt darüber: „Diese glühende Kraft entspricht der Explosion seiner Urvitalität, seinem primären Lebensimpuls, gewaltig und rein, seiner blitzartigen und zugleich fortdauernden Kräfteentladung."

Die ungeheure Energie, die dem Widder-Zeichen zugeordnet wird, erfährt ihre Entsprechung darin, daß der Planet Mars in diesem Sternzeichen herrscht. In der Mythologie ist Mars der Gott des Kampfes, der aktive Lebenskraft und aggressive

---

*Barbault, André: "Le Bélier" (siehe Anhang)

Umweltbeziehungen symbolisiert. Er ist der Impulsgeber, der Pionier, der auszieht, um sich in neuen Lebensräumen durchzusetzen und unerforschte Gebiete zu erobern. So setzt auch der Widder-Mensch all seine Energie grundsätzlich dafür ein, seine im Verborgenen liegende Individualität zu finden und ans Tageslicht zu bringen.

Der Widder repräsentiert die „Morgendämmerung der Persönlichkeit", wie es der Astrologe Dane Rudhyar* ausdrückt: „Der Widder-Typus macht einen unaufhörlichen Selbstformungsprozeß durch. Er besitzt keinen Sinn für Selbstheit oder für feste Grenzen. Er steht immer offen, damit das universale, nicht personifizierte Leben zu ihm hereinströmen kann."

Es geht dem Widder einzig um direkte Lebenserfahrung. Er ist der feurige, extrovertierte Choleriker, der handelt, um des Handelns willen, und nicht, um damit konkrete Resultate zu erzielen. Die ungerichtete Energie des Mars hält ihn in ständiger Bewegung. Er verwirklicht sich im Handeln, um daran zu wachsen.

Aufgabe des Widders ist die Entwicklung eines bewußten Ich, wobei er darauf achten muß, sich nicht in der überschäumenden Energie seiner Handlungsweisen zu verlieren. Er muß vielmehr lernen, seine Kräfte geduldiger einzusetzen, sonst läuft er Gefahr, daß seine Handlungen zu einem Reflex verkommen, der Energien verbraucht, ohne sich eines Zieles gewahr zu werden. Der Widder muß deshalb in die letzten Tiefen des Seins eindringen, weil jede wahre Lebenserweiterung nur aus einer geistigen Vertiefung und gründlichen Seinserkenntnis entstehen kann.

Wenn er sich ausschließlich seinen stürmischen Mars-Energien hingibt, wird er zum einseitigen Kraftprotz, der stets mit dem Kopf durch die Wand will. Diese Eigenschaft des Widders fand ihren verbalen Niederschlag schon in der Geschichte. Die Römer nannten den Sturmbock, mit dem sie die Befestigungsmauern belagerter Städte niederrannten, Aries. Es ist das lateinische Wort für Widder.

Ein weiteres Symbol für das Widder-Prinzip ist der Opfergedanke, der sich auch darin manifestiert, daß wir in der Widder-Zeit das Osterfest feiern, das der

---

*siehe Anhang

äußeren Form nach dem jüdischen Lammopfer entspricht. Zu Ostern gedenken wir des von Christus gebrachten Opfers, der als „Opferlamm" Gottes die Welt erlöste und ihr neues Leben gab. Erklärend schreibt dazu der Astrologe und Psychotherapeut Roberto Sicuteri*: „Energie (wie sie im Widder-Prinzip ausgedrückt ist) ist immer Ursache von Bewegung: Wird sie eingesetzt, ruft sie eine Veränderung im Aktionsfeld hervor, erzeugt mit einem Wort eine dynamische Situation, die es davor nicht gab. Energie manifestiert sich in einem ständigen Sich-Erzeugen und Sich-Verbrauchen. Deshalb ist die Manifestation an sich Ausdruck geopferter Energie. Der Widder ist das Opfer, das aus diesem Kräfteeinsatz hervorgeht."

Der Opfergedanke ist hier also ein Aspekt des Verbrauchens, der sich beim Widder in der totalen Verausgabung seiner Energien zeigt, so wie die Natur zu Beginn des Frühlings alle ihre Kräfte mobilisiert, um die Saat in das neue Leben hineinsterben zu lassen.

---

*siehe Anhang

Widder-Meditationen

Im Widder-Zeichen geht es um die räumliche Durchsetzung, die voller Energie vorangetrieben wird. Ihr Charakteristikum ist die Bewegung, sie versteht sich im Handeln. Dementsprechend sind die Meditationsarten konzipiert, die diesem Zeichen zugeordnet werden. Es sind dynamische Meditationsübungen, aktive Techniken, die Energien fließen und zur Ruhe kommen lassen.

Sonnen-Meditation

Dem Frühlingsbeginn im Zeichen des Widders entspricht der Tagesanbruch. Der Sonnenaufgang am Morgen ist deshalb die Zeit des Widder-Prinzips. Folgende von Osho entwickelte Meditationsübung eignet sich besonders für den Widder.

Stehen Sie sehr früh am Morgen auf, noch bevor sich die Sonne am Horizont zeigt, und suchen Sie sich einen ruhigen Platz, am besten irgendwo draußen in der Natur, von dem aus Sie den Sonnenaufgang am besten beobachten können. Bleiben Sie in der Hara-Stellung stehen oder sitzen Sie in der von Ihnen bevorzugten Meditationsstellung. Konzentrieren Sie Ihre Aufmerksamkeit auf die Sonne, die zunächst nur ihre Strahlen über den Horizont schickt. Singen Sie, summen Sie, seufzen Sie. Die Geräusche brauchen keine Bedeutung zu haben, lassen aber Ihre Energien in Richtung Sonne fließen.

Mit Ihrer Lobpreisung auf das Zentralgestirn unseres Sonnensystems begleiten Sie aktiv den Sonnenaufgang. Ihr Körper darf sich bei dieser Meditation bewegen, Sie wiegen ihn hin und her. Den ruhigen Rhythmus der Bewegung steuern Sie nicht, sondern lassen ihn geschehen, während sich Ihre Aufmerksamkeit auf die Sonne richtet. Beenden Sie diese Übung, sobald die Sonne völlig aufgegangen ist.

Diese Meditationsart ist für Frühaufsteher geeignet. Sollten Sie zu den genüßlichen Langschläfern gehören, versuchen Sie sie trotzdem einmal. Zwingen Sie sich aber niemals dazu, übermüdet zu meditieren.

Bewegungsmeditation

Auch diese Meditationsart ist eine Entwicklung von Osho. Sie basiert auf dem Energiefluß, der bei gleichmäßigen rhythmischen Bewegungen einsetzt und eine Harmonie zwischen Körper und Geist ermöglicht. Dazu kommt die Erkenntnis vieler Dauerläufer, daß die körperliche Anstrengung während ihres Sports auch psychische Auswirkungen hat. Häufig entsteht dabei ein wohliges Glücksgefühl, eine tiefe innere Befriedigung. Gelegentlich, so Osho, „explodiert" sogar plötzlich „ein innerer Orgasmus".

Diese Übung sollte am Morgen ausgeführt werden, wenn die ganze Welt vom Schlaf erwacht und die Luft noch rein, kühl und klar ist. Kleiden Sie sich bequem (Turnschuhe und Trainingsanzug sind sinnvoll) und laufen Sie zunächst vielleicht einen Kilometer, später bis zu 5000 Meter. Rennen Sie nicht stur und wie in einer Zwangsjacke, sondern locker, offen und fröhlich wie ein Kind. Tanzen Sie, hüpfen Sie und bewegen Sie den ganzen Körper. Dann setzen Sie sich auf eine Bank oder unter einen Baum, ruhen sich aus, schwitzen sich aus. Atmen Sie tief aus dem Bauch und spüren Sie das Gefühl des Friedens. Ihre Alltagssorgen, der Job, die Schule oder die Universität sind weit von Ihnen entfernt. Sie nehmen wahr, wie die Energieströme des Widder-Prinzips in Ihrem ganzen Körper pulsieren – und Sie fühlen sich wohl.

Achten Sie darauf, daß Sie ganz bewußt joggen. Sobald der Lauf automatisch oder quälend wird, brechen Sie diese Meditationsart ab. Versuchen Sie es dann mit Schwimmen oder Tanzen – bewegen Sie sich einfach auf irgendeine Art.

Wirbel-Meditation

Bewegungen, die heftig, schnell und ohne festes Ziel erfolgen, sind ein Ausdruck des Widder-Prinzips. Auf solchen Handlungsformen baut die folgende dynamische Wirbelmeditation der Sufi-Derwische auf. In ihrer rasenden Drehbewegung um einen einzigen Punkt vereinigen sich Dynamik und Stille, wie beim Rad: Während sich der Reifen rasend dreht, steht die Nabe quasi still. Im Bild des Rades sind die beiden Pole vereint. Die Wirbelmeditation der Derwische ist deshalb ein Weg, seine Energien in einer Form zu verausgaben, die im Zentrum zu tiefer Ruhe führt. Körper, Geist und Seele verschmelzen zu einer erlebbaren Einheit. Transzendente Gipfelerlebnisse werden in einem tranceartigen Zustand möglich.

Der Ursprung der Sufis ist weitgehend ungeklärt. Sie scheinen aber aus nah- oder fernöstlichen Regionen zu stammen. Das Sufitum ist eine offene, undogmatische Bewegung, der sich viele unterschiedliche Gruppen zuordnen. In den letzten Jahren haben die Sufis viele Anhänger in der westlichen Welt gefunden, ihre Bücher sind zu Bestsellern geworden. Wesentliche Gründe für das westliche Interesse an den Sufis sind ihre lebensbejahende Einstellung, ihr tiefverstandener Humor, der hinter ihren Parabeln und Texten steckt, sowie ihr aktiver, offener Einsatz im Alltag.

Voraussetzung für die Wirbelmeditation ist, daß Sie einige Stunden vorher weder essen noch trinken und möglichst auch nicht rauchen. Kleiden Sie sich bequem in weite, nicht beengende Gewänder und tragen Sie keine Schuhe.

Beginnen Sie in der Hara-Position und suchen Sie Ihren Schwerpunkt, der unterhalb des Nabels in der Körpermitte liegt. Versuchen Sie, mit Hilfe des Zwerchfells zu atmen, und entspannen Sie sich. Drehen Sie sich dann auf der Stelle gegen den Uhrzeigersinn im Kreis. Ihre Augen sind offen und schauen ins Leere. Der rechte Arm ist leicht erhoben, die Handfläche öffnet sich nach oben. Der linke Arm zeigt mit leicht angewinkeltem Ellbogen nach unten, die Handfläche ist in Höhe der Hüfte zum Boden geöffnet.

Die Drehbewegungen beginnen langsam im Rhythmus einer gleichmäßigen und lebendigen Musik. Langsam steigert sich dann die Geschwindigkeit des Drehens. (Wenn Ihnen schwindlig wird, können Sie sich vorübergehend auch mit dem

Uhrzeigersinn drehen; später bleiben Sie aber bei der ursprünglichen Richtung.) Drehen Sie sich immer schneller, aber werden Sie dabei nicht hektisch. Die Bewegung muß Ruhe nach außen und nach innen ausstrahlen. Richten Sie Ihre Aufmerksamkeit auf das Zentrum Ihres Schwerpunkts im Hara, und Sie werden feststellen, daß Sie dort ganz ruhig sind – wie die Nabe des Rades. Beobachten Sie, wie sich diese Ruhe immer mehr konzentriert, wie im Zentrum des Wirbels eine sehr stille innerliche Zone entsteht. Genießen Sie dieses Gefühl.

Wirbeln Sie solange weiter, bis Sie von selbst zu Boden gleiten. Das kann am Beginn schon nach wenigen Minuten erfolgen; sobald Sie mehr Übung haben, dauert es länger. Bleiben Sie dort liegen, wo Sie zu Boden gefallen sind, stehen Sie nicht wieder auf, sondern berühren Sie mit Ihrem entblößten Nabel in Bauchlage den Boden. Fühlen Sie, wie Sie im Boden versinken, und bleiben Sie mindestens 15 Minuten lang so liegen. Bewegen Sie dann langsam wieder Ihre Körperglieder, nehmen Sie die Aufmerksamkeit aus Ihrem Zentrum zurück. Sie atmen einige Male tief ein und aus und stehen dann sehr ruhig auf.

Tai Chi

Tai Chi ist eine sehr alte chinesische Bewegungskunst, die im Westen gern mit „Schattenboxen" übersetzt wird. Sie beinhaltet sowohl Heilgymnastik als auch Meditation und Selbstverteidigung. Tai Chi ist ein kompliziertes Übungssystem, das langer Praxis bedarf, bis es vollständig beherrscht wird. Die positiven Wirkungen des Schattenboxens machen sich jedoch auch dann schon bemerkbar, wenn es noch unvollkommen ausgeführt wird.

Grundprinzip des Tai Chi ist eine geduldige, kreisförmige, niemals endende, höchst angepaßte Bewegung. Ihr Symbol ist deshalb der aus zwei in sich verwobenen Symbolen zusammengesetzte Kreis, der auch das Yin-und-Yang-Prinzip repräsentiert.

Es geht dabei um ständigen Wandel, um dynamische, runde Bewegung, um die Harmonie der Energieströme.

Als Heilgymnastik führt Tai Chi über diese Harmonie zu einer Selbstregulierung körperlich-psychischer Fehlentwicklungen. Als Selbstverteidigung ist Tai Chi eine passive, gewaltfreie Form des persönlichen Widerstands. Sie weicht Angriffen flexibel aus und nutzt die somit sinnlos gewordene kinetische Energie des Gegners, um ihn zu Boden zu zwingen. Ziel des Tai Chi ist es immer, den Angreifer nicht zu verletzen. Zum Angriff selbst eignet sich das Schattenboxen nicht, es ist eine rein defensive Methode. Als Meditation versucht Tai Chi, im Rahmen einer „inneren Alchemie" aus den biologischen Energien des Körpers und der geheimnisvollen kosmischen, alles durchdringenden Kraft eine Einheit herzustellen.

Die Besonderheit des Tai Chi liegt darin, daß diese Einheit in der Trennung erfahren wird. Zunächst lehrt Tai Chi, den Körper, seine Funktionen und seine Energieströme zu erkennen. Daraus entwickelt sich das Gewahrwerden der alles umfassenden Einheit. Aus dem Mikrokosmos wird der Makrokosmos erfahren.

Der erste Schritt im Tai Chi ist das Erkennen. Meister Al Chuang-liang Huang sagt dazu: „Siehst du jeden um dich herum? Siehst du die Stühle, siehst du den Boden, siehst du die Person neben dir? Halte auch die Ohren offen. Hörst du das Scharren der Füße? Hörst du die Gespräche nebenan? Hörst du deinen eigenen Atem und den der Person neben dir? Halte diese Wachsamkeit rundum lebendig, ohne dein Zentrum zu verlieren. Das ist Tai-Chi-Meditation." Der zweite Schritt ist das Vergessen. Wer alles erkannt hat, kann in die Leere der Transzendenz eingehen.

Tai Chi beginnt in einer aufrechten Haltung mit federnd gebeugten Knien. Sie konzentrieren sich auf Ihr Hara wenige Fingerbreit unter dem Bauchnabel, atmen ruhig und bewußt aus Ihrem Zentrum. Ihr Schwerpunkt sinkt ins Becken. Sie drücken ihn nicht dorthin, sondern lassen ihn gleiten. Alle Bewegungen haben ihren Ausgangspunkt in den Hüften, der Rumpf gewinnt die Vorherrschaft über die zur Nervosität neigenden Glieder. Ihr Geist, Sie selbst sind der Ursprung aller Handlung. Jede Bewegung wird zunächst im Geist vollzogen, und der Körper folgt dem nur.

Fast alle Bewegungen im Tai Chi sind fließend; langsam, wie in Zeitlupe, laufen sie ab. Es entsteht keine Hektik, keine Zäsur, kein Innehalten.

Tai Chi läßt sich nur schwer autodidaktisch lernen. Es gibt brauchbare Bücher mit ersten Hinweisen*, wenn Sie sich aber wirklich für Tai Chi interessieren, sollten Sie sich einen Lehrer suchen.

Dynamische Meditation

Diese Meditationstechnik ist eine der Basis-Formen, die Osho entwickelt hat. Sie ist auch unter der Bezeichnung „chaotische Meditation" bekannt und wird von seinen Anhängern gern als „Wahnsinn mit Methode" bezeichnet.

Die dynamische Meditation ist eine sehr aktive Form meditativer Übung und kommt deshalb dem Widder-Prinzip mit seiner Energiefülle entgegen. Sie eignet sich besonders für Gruppenmeditationen, bei denen sich ihre Intensität verstärkt, kann aber genauso gut allein praktiziert werden.

Sie sollten früh am Morgen dynamisch meditieren, am besten nach dem Waschen und vor dem Frühstück. Wählen Sie eine Ihnen geeignet erscheinende Musik. Tragen Sie möglichst wenig Kleidung, die Sie nicht einengen darf. Beginnen Sie

---

*Anders, Frieder: „Tai Chi Chuan. Meditation in Bewegung"; Anders, Frieder und Wolfang Höhn: „Taichi. Chinas lebendige Weisheit" (siehe Anhang)

in der Hara-Stellung und richten Sie Ihre Aufmerksamkeit auf Ihren Schwerpunkt. Schließen Sie die Augen oder tragen Sie in diesem Fall sogar eine Augenbinde.

Die dynamische Meditation besteht aus fünf Phasen, die Osho in seinem „Orangenen Buch" so beschreibt:

„Erste Phase, zehn Minuten: Atme chaotisch durch die Nase; konzentriere dich auf das Ausatmen. Für die Einatmung sorgt der Körper von selbst. Atme so schnell und heftig, wie du nur kannst – und dann noch ein bißchen heftiger, solange, bis du buchstäblich selbst das Atmen bist. Nutze deine natürlichen Körperbewegungen dazu, deine Energie aufzubauen. Fühle, wie sie zunimmt, aber erlaube ihr nicht, sich schon in der ersten Phase auszutoben.

Zweite Phase, zehn Minuten: Explodiere! Lasse alles raus, was ausbrechen will. Werde total verrückt, schreie, kreische, heule, hüpfe, schüttle dich, tanze, singe, lache, tobe herum. Halte nichts zurück, halte deinen ganzen Körper in Bewegung. Ein bißchen Schauspielerei kann dir anfangs helfen, hineinzukommen. Erlaube deinem Kopf auf keinen Fall, in das Geschehen einzugreifen. Sei total.

Dritte Phase, zehn Minuten: Springe mit erhobenen Armen auf und ab und rufe dabei das Mantra HUH! HUH! HUH! HUH! so tief aus dem Bauch heraus, wie es nur geht. Jedesmal, wenn du auf deinen Füßen landest, und zwar mit ganzer Sohle, lasse diesen Ton tief in dein Sexzentrum hineinhämmern. Gib alles, was du hast, erschöpfe dich total.

Vierte Phase, 15 Minuten: Stop! Friere auf der Stelle ein, haargenau in der Position, in der du dich gerade befindest. Mach keinerlei Körperkorrekturen. Ein Husten, die kleinste Bewegung oder sonst etwas, und schon fließt die Energie ab, und alle Mühe war umsonst. Beobachte alles, was dir geschieht.

Fünfte Phase, 15 Minuten: Sei ausgelassen, gehe mit der Musik, tanze, drücke deinen Dank an die Schöpfung aus und nimm dein Glücksgefühl mit in den Tag."

Zur dynamischen Meditation müssen wir Ihnen einige Hinweise geben:

- Diese Meditationsart ist sehr bewegungsintensiv und kann äußerst anstrengend sein. Sie sollten deshalb nur dann dynamisch meditieren, wenn Sie völlig gesund und einigermaßen fit sind. Andernfalls empfiehlt es sich, vorher darüber mit dem Arzt zu sprechen.
- Bei der dynamischen Meditation können beunruhigende Schmerzen auftreten (es wird von starken Kopf- und Magenschmerzen berichtet). Osho empfiehlt, diese Schmerzen lediglich zu beobachten und erst dann zum Arzt zu gehen, wenn sie drei bis vier Tage lang anhalten. Wir sind anderer Ansicht: Meditation darf nicht zu einer quälenden Erfahrung werden. Beim ersten Anzeichen von starken und unangenehmen Schmerzen empfehlen wir deshalb, diese Form der Meditation abzubrechen und in ernsteren Fällen sofort Rücksprache mit einem Mediziner oder Heilpraktiker zu halten.
- Diese Meditationsart ist sehr laut. In dichtbewohnten Gebieten und in Neubauten können Ihre Schreie, Ihre Gesänge und Ihre HUHs als Lärmbelästigung empfunden werden. In diesem Fall können Sie versuchen, die Schreie, die sich aus Ihnen lösen wollen, durch heftige Körperbewegungen auszudrücken. Die HUHs der dritten Phase brauchen dann ebenfalls nicht laut artikuliert zu werden. Osho rät, sie „lautlos nach innen zu hämmern".
- Für diese Meditation gibt es eine spezielle Musik: „Dynamic Kundalini", die von dem Münchner Chaitanya Hari Deuter komponiert wurde.

Geführte Widder-Meditation

Legen Sie sich bequem und entspannt hin, die Beine ausgestreckt und nebeneinander, die Arme seitlich am Körper, und schließen dann die Augen. Alles wird nun innen geschehen, und so richtet sich die ganze Aufmerksamkeit nach innen – Sie spüren Ihren Körper auf der Unterlage – gehen mit Ihren Gedanken ganz bewußt zu jenem Punkt, wo der Hinterkopf aufliegt und spüren das ganze Gewicht des Kopfes auf der Unterlage. Und dann gehen Sie zum Rücken und spüren seine breiten und langen Muskeln, die vom Gewicht des Oberkörpers in den Untergrund gedrückt werden und sich ihm anpassen. – Ganz Ähnliches gilt für die Po-Muskeln, die das Gewicht des Unterleibes breitdrückt und tief in die Unterlage sinken läßt. – Und Sie lenken Ihre Aufmerksamkeit weiter hinunter zu den Muskeln der Beine und spüren Ihre Oberschenkel und Waden, die sich ebenfalls dem Untergrund anvertrauen – wie auch die Fersen – und Sie spüren, wie die Füße, locker und bequem, ein wenig nach außen gefallen sind. Nun spannen Sie ganz plötzlich die schon etwas entspannten Muskeln der Füße wieder an – ziehen die Zehen hoch zu sich und spreizen sie dabei und bemerken zugleich, wie Ihre Waden dadurch ganz hart und fest werden – ja, sogar die Oberschenkelmuskeln spannen sich mit an, und Sie lassen die Beine von oben bis unten vollkommen starr, hart und fest werden. Und genauso plötzlich, wie die Spannung kam, lassen Sie sie jetzt wieder los und spüren sogleich, wie mit den Muskeln alles loslassen kann und die Beine sanft und weich in die Unterlagen zurückgleiten – tiefer sogar als vorher und viel entspannter – und die Entspannung breitet sich sogar über die Beine hinaus bis ins Becken aus – doch jetzt spannen Sie ganz plötzlich alle Muskeln des Beckens an – lassen die Bauchdecke hart werden vor Anspannung und kneifen die Pobacken mit aller Kraft zusammen – spüren die vibrierende Spannung zu einem Höhepunkt anschwellen – und lassen jetzt wieder los – und Becken und Unterleib sinken zurück in die Unterlage – weich und tief – viel tiefer als vorher – alle Spannung ist nun restlos gewichen – und die gelösten Muskeln lassen Bauch und Becken weich und geschmeidig erscheinen. – Nun richten Sie Ihr Bewußtsein höher hinauf und spannen die Brustmuskeln an – lassen auch sie ganz hart werden – und zugleich wandert die Spannung in die Schultern und die Oberarme und bis hinunter in die Hände, die augenblicklich zu Krallen werden.

Der ganze Oberkörper ist nun angespannt – und Sie spüren die geballte Kraft in den Muskeln vibrieren – geben alle Kraft hinein in diesen Augenblick der Anspannung, um auf dem Höhepunkt – jetzt – loszulassen und sich fallenzulassen in die Unterlage, alle Spannungen zugleich lösend und sich selbst der Unterlage anvertrauend. – Die Muskeln des Rückens sind nun viel weicher, und das weiche, fließende Gefühl der Entspannung breitet sich überallhin aus – hinunter in Unterleib und Beine und hinauf bis zu Gesicht und Hinterkopf. Hierher richten sich nun Ihre Aufmerksamkeit und Kraft und spannen die Muskeln des Gesichts so stark an, wie Sie nur können, wodurch sich Ihre Züge zu einer grotesken Grimasse verkrampfen – die Backenmuskeln sind hart und das Kinn starr – die Spannung erfaßt sogar die Halsmuskeln mit – im ganzen Kopf können Sie nun die zitternde Anspannung wahrnehmen, und dann – mit einem Schlag – lassen Sie los – erlauben Gesicht, Hals und Hinterkopf, frei zu werden und tiefer zu sinken – und das Gefühl von Gelöstheit fließt vom Kopf hinunter in den Körper – und diese letzte und weitestgehende Welle der Entspannung erfaßt Sie ganz – und Sie können sich anvertrauen – tiefer und vollständiger – der Unterlage, die Sie so bereitwillig aufnimmt, und der ganzen Situation – spontan und frei – und Sie spüren, daß auch in diesem Loslassen eine eigenartig mächtige Kraft liegt und dabei frei wird und Sie vorwärts drängt – nicht so sehr nach draußen wie die Kraft der Muskeln, sondern vielmehr nach innen – auf eine innere Reise in die Welt Ihrer inneren Bilder und Muster – und so, wie Ihr Körper ganz entspannt und losgelassen in die Unterlage gesunken ist, sind Sie selbst, ohne es recht zu merken, immer tiefer hinabgesunken in das Reich Ihrer inneren Bilder und Phantasien – besonders ein Gefühl wird nun immer stärker – das Gefühl, daß etwas Neues beginnen wird und muß: ein Anfang. Ein erster und entscheidender Schritt steht bevor – noch ist alles dunkel und abwartend – doch Spannung liegt über der Dunkelheit und Erwartung. Und dann ist Ihnen, als würde es etwas heller – ein Schein – eine Ahnung von Licht erfüllt die innere Welt – wird deutlicher und läßt einen dunklen, bergigen Horizont aus der Dunkelheit auftauchen – und dann bricht ein erster Sonnenstrahl zwischen zwei bizarren schwarzen Bergen hervor – wie ein rotgoldenes Wunder erhebt sich die Sonne zu diesem neuen Tag – und die Morgenröte färbt den Himmel zu seiner Begrüßung. Die Spitzen der fernen Berge sind noch schneebedeckt, und es scheint nicht nur ein neuer Tag seinen Anfang zu nehmen, sondern auch eine neue Zeit. Mit diesem Sonnenaufgang wird die neue Kraft des Frühlings den alten Winter endgültig besiegen und ihm mit ihren warmen Strahlen das eisstarre Rückgrat brechen. Die Sonne hat schon die ihr zugewandten Bergseiten in Blutrot getaucht, und der Kontrast zu den übrigen, noch schwarzen Bergspitzen, wird um so schärfer. Allerdings gewinnen nun allmählich auch die noch unbeschienenen Bereiche an Farbe und Leben. Die ersten Vogelstimmen werden laut, und ihr jubelnder und dann sogar schriller Gesang gibt eine gute Ouvertüre ab für diesen ersten Tag des neuen Frühlings. Sie bekommen immer stärker das Gefühl, selbst in dieser Landschaft zu sein und Zeuge des aufbrechenden Lebens zu werden. Überall können Sie die Spuren des Kampfes erkennen zwischen den beharrenden, starren Kräften des Winters, die das Leben weiter unterdrücken wollen, und den befreienden, feurigen Energien des Frühlings, die ihre stärkste Unterstützung im Sonnenfeuer finden, das sich nun auf seine Himmelsbahn begibt wie ein glänzender, mutiger Ritter, der dem letzten, entscheidenden Gefecht entgegenzieht, jenem Gefecht, das ihm den endgültigen Sieg verheißt. Die im Gegenlicht noch immer schwarz und drohend erscheinenden Bergspitzen wirken dagegen wie die dunklen Lanzen der gegnerischen Kräfte, und Sie werden Zeuge, wie das Sonnenfeuer seine Macht entfaltet und langsam, aber unwiderstehlich sein rotgoldenes Morgenlicht über sie ergießt; und auch das weiße Leichentuch aus Schnee, das noch die höheren Lagen überzieht, muß langsam, aber sicher weichen. Die Kraft des Sonnenfeuers wandelt das Eis in Wasser und läßt es zu Tale stürzen; dorthin, wo der Siegeszug des Lebens schon weiter gediehen ist. Auch Sie spüren nun schon die wärmende Kraft der höher steigenden Sonne und beginnen, dieses Land im Aufbruch zu durchwandern – empfinden dabei die Pionierstimmung, die hier jetzt herrscht – der Sieg der Lichtkräfte ist gerade erst errungen, und in den ersten Schritten in das Neue liegen zugleich die letzten Züge des Alten. In Büschen und Bäumen steigen bereits die Säfte, und die noch geschlossenen Knospen des neuen Jahres verraten die Spannung dieser Zeit. Wie Pfeil- oder Speerspitzen sehen sie aus – voll geballter Kraft, die sich gerade noch zurückhält, aber jeden Moment auf dem Sprung ist, die Schutzhülle des alten Jahres zu sprengen. Der alles entscheidende Moment wiederholt sich millionenfach und in jeder einzelnen Knospe – alles erwartet – noch gebannt – aber nicht mehr lange – den Augenblick, wo das Schwert der neuen Kraft die bergende Scheide verläßt und zum alles entscheidenden Schlag ausholt. Auch in sich selbst spüren Sie etwas von der Energie des neuen Anfangs, vom Aufbrechen neuer Kraft und dem Willen und Mut, der mit diesem Gefühl einhergeht. Einzelne Knospen sind tatsächlich schon aufgesprungen, und da werden Sie sogar Zeuge dieses einzigartigen Augenblicks, wo eine Pflanze sich aktiv bewegt – ein ganz kleines Zittern geht plötzlich durch die lanzenförmige Knospe – und dann ist auch schon ein Riß in der braunen Hülle da. So klein und häufig dieses Schauspiel auch eigentlich sein mag, in diesem Moment erscheint es Ihnen doch gewaltig, wird Symbol für die hereinbrechende und zugleich ausbrechende Kraft des Frühlings. Aus Milliarden lebendiger Lanzenspitzen besteht seine unschlagbare Armee, und in diesen Stunden läßt sie das Land ihre ganze Macht spüren. Unzählige Samenkörner sprengen gerade jetzt ihre harte Schale, unzählige Keimspitzen durchdringen das Dunkel, um auf Licht zu treffen und sich zu grünen Speeren und Lanzen auszuwachsen. Die Formen und Bilder des Frühlings erwachen überall, und es wundert Sie nicht, daß sogar die Menschen dieses innere Bild zu spüren scheinen und es ihrerseits gerade jetzt beleben. Der Bauer etwa, der, gar nicht weit von Ihnen entfernt, seine Pferde angespannt hat und sich anschickt, sein Feld zu pflügen. Die metallisch silbern blitzenden Pflugscharen haben etwas Feindliches und Gefährliches, als der Bauer sie jetzt gegen die Erde drückt. Die urwüchsige Kraft der beiden starken Rösser reißt sie tief in den Boden und bricht ihn erbarmungslos auf – Scholle um Scholle hebt sich unter dem scharfen Metall und bricht lautlos zur Seite. Einige Vögel stürzen sich lärmend auf die nackte Erde der Furche und feiern den Frühling mit einem Festmahl an Würmern und Larven, die die Pflugschar ebenfalls ans Licht gezwungen hat. Sie erkennen zunehmend auch die erbarmungslose Seite dieser gewaltigen Kraft, die das Zepter der Herrschaft über die Natur ergriffen hat. Die Geburt des Neuen erfolgt unter Schmerzen wie alle Geburt und jeder erste Schritt. Und es wundert Sie gar nicht und paßt so gut

zu allem, als Sie beim Weitergehen aus der Richtung des nahen Bauernhofes das klagende Blöken eines Schafes hören – es ist so voller Schmerz und Spannung, daß Sie schon von hier aus eine Geburt vermuten. Die klagenden Töne kommen aus einem Holzverschlag neben dem Bauernhaus und bekommen, als Sie nun nähertreten, fast etwas Menschliches. Tatsächlich sehen Sie dann in einer Ecke des Schafstalles ein Muttertier im Stroh liegen, während sich die anderen Schafe abseits halten. Wellenförmig laufen die Geburtswehen über den aufgeblähten, wolligen Leib des Mutterschafes, und Sie spüren die Kraft hinter den rhythmischen Kontraktionen und fast auch den Schmerz, den sie dem Schaf bereiten. Weit schon klafft die Öffnung ihres Leibes und dehnt sich mit jeder Wehe noch ein wenig mehr. Das Blöken hat etwas Herzzerreißendes, und es kostet Sie Überwindung, sich unbemerkt im Hintergrund zu halten. Erinnerungen an die eigene Geburt steigen auf, und nicht gerade Schmerz, aber doch eine eigenartige Empfindung um den Kopf macht sich bemerkbar. Dieses Gefühl, mit dem Kopf durch die Wand zu müssen, mag jetzt wohl das ungeborene Schaf haben, wie es unter den immer heftiger werdenden Wehen gegen die noch zu kleine Öffnung gepreßt wird. Jetzt können Sie es schon erkennen, etwas Helles, das da zum Licht drängt – und da – plötzlich öffnet sich der Mutterleib noch ein Stück, und das kleine Wesen wird herausgequetscht – wie ein nasses, lebloses Bündel zuerst, aber dann fängt es schon an zu zappeln, und die eigene Mutter hilft ihm, sich aus den Resten der Eihäute zu befreien –, noch während es seinen ersten, tiefen Atemzug macht. Mit dem Durchbeißen der Nabelschnur ist schon alles vorbei, und das winzige Lämmchen, offenbar ein kleiner Schafbock, kämpft sich bereits auf die eigenen Beine und wagt die ersten, noch unsicheren Schritte. Jetzt wendet es sich ganz entschieden zur Mutter, stößt ihr den Kopf in die Seite und beginnt gierig an den dargebotenen Zitzen zu saugen. Sie sind tief in eigene Gedanken geraten bei diesem Schauspiel der Natur; die eigene Geburt mit all ihrem Kampf und dem schließlich errungenen Sieg ist Ihnen wieder sehr nahe, und die ersten Atemzüge des kleinen Schafbockes holen Ihren ersten Atemzug wieder hervor, genau wie seine ersten

Schritte Sie in ihrer wacklig unsicheren Art an Ihre ersten Schritte erinnern. Und viel mehr noch spült diese Woge einer Frühlingsstimmung voller erster Impulse aus Ihnen hervor: die Erkenntnis etwa, daß es immer wieder erste Schritte zu tun gilt und daß sie nur zu oft mit Kampf und Leid verbunden sind. Schmerzen und Leiden scheinen sogar die notwendigen Herolde des Neuen zu sein, kommen wir doch alle, angekündigt und begleitet von ihnen, zur Welt. Und rechtfertigt nicht der schließliche Sieg des Neuen, die Geburt, den Untergang des Alten? – Jeden Morgen muß die Nacht sterben und dem neuen Tag den Sieg lassen, und jeden Abend stirbt der Tag, um der Nacht Platz zu machen. Und jedes Jahr muß der Winter unter den befreienden Stürmen und den heißen Strahlen der Frühlingssonne zugrundegehen und dem Frühling das Feld räumen, so wie die warme Jahreszeit ihrerseits den Herbststürmen und der winterlichen Kälte weichen muß. Immer kommt das Neue mit frischer Kraft und Energie, und es bedarf dieser Macht, um sich durchzusetzen – es muß notwendigerweise das Alte besiegen. So ist der Kampf Vorbedingung für den Sieg, der Untergang des Alten die Voraussetzung für den Durchbruch des Neuen.

In dieser Stimmung wenden Sie sich nun ganz nach innen und schauen zurück auf Ihr Leben, dabei all die ersten Schritte erkennend, die Sie bisher getan haben – von den allererersten wackligen Babyschritten über all jene notwendigen ersten Schritte, die Sie, jeder für sich, erwachsener werden ließen, bis zu den allerjüngsten vor gar nicht so langer Zeit. Und dann, zurückgekehrt in die Gegenwart, schauen Sie sich den nächsten ersten Schritt an, der jetzt auf Sie zukommt und wiederum all Ihren Mut und all Ihre Kraft erfordert. Auch er wird Altes beenden und Neues mit sich bringen – und er wird mit Sicherheit kommen – ist doch das Leben eine einzige Kette erster Schritte – und jeder bewußte Moment erfordert einen Neuanfang.

Und auch das Ende dieser Meditation kann solch ein Neuanfang sein – allein schon dadurch, daß Sie den nächsten Schritt mit Bewußtheit tun – ob er groß oder klein ist – weit führt oder in der Nähe bleibt. Der allernächste Schritt wird Sie zum Ende dieser Meditation bringen – und dazu machen Sie jetzt einen tiefen

Atemzug, strecken und räkeln sich dann und öffnen schließlich die Augen, um sich neu zu orientieren in Raum und Zeit.*

Meditation über den Anfang

Widder ist das erste Zeichen des Tierkreises und symbolisiert somit auch den Anfang, die Geburt in einen neuen Entwicklungszyklus. Schon am Beispiel eines Geburtshoroskopes kann man erkennen, daß im Beginn des Lebens, in der Zeitqualität der Geburt, das ganze Leben enthalten ist, wie im Samenkorn der Baum, in Samen- und Eizelle der ganze Mensch. Nehmen Sie daher dieses Thema als Ausgangspunkt für eine Meditation. Legen oder setzen Sie sich bequem hin und lassen los von allem äußeren Geschehen, kommen ganz an im Augenblick und am Ort Ihrer Meditation, spüren den Druck der Unterlage, die Sie trägt, von der Sie sich tragen lassen, nehmen einige tiefe Atemzüge und richten dann allmählich, wenn Ruhe in Sie eingekehrt ist, Ihre Aufmerksamkeit auf Ihren Kopf und Ihr Gesicht, spüren, wie sich dieser Körperteil anfühlt, und beginnen nach und nach alle Verspannungen hier zu lösen. Sie lassen alle Muskeln los, entspannen Stirn, Kopfhaut, Kiefer, Mund und vor allem die Augen. Wenn Sie auf diese Weise alle Verspannungen gelöst haben, lassen Sie das Gefühl der Gelöstheit und Entspannung in die Mitte Ihres Kopfes sinken, spüren, wie sich damit auch Ihr Gehirn entspannt und ein Gefühl der Ruhe von hier aus in Ihren ganzen Körper strömt. Fühlen Sie auch die Wärme und Energie, die durch diese Entspannung wieder ins Fließen kommt, und geben Sie sich eine Weile ganz diesem Zustand hin. Und dann, langsam und allmählich, lassen Sie auf Ihrer inneren Leinwand Bilder auftauchen, von Anfangssituationen Ihres Lebens, beispielsweise dem Moment, als Sie Ihren Partner das erste Mal getroffen haben, oder Ihren ersten Arbeitstag, einen ersten Reisetag, in dessen Verlauf sich schon die ganze Reise abbildete.

Versuchen Sie nun am Ablauf der jeweiligen Anfangssituation das Muster zu erkennen, das sich im Laufe der Zeit immer deutlicher erkennbar entwickelte.

---

* Diese Meditation gibt es auch auf Kassette/CD bei carpe diem (siehe Anhang)

Horchen Sie dabei genau auf Ihre innere Stimme, die Sie besser auf die Fährte des verborgenen Musters bringen kann als Ihr Intellekt. Wenn Sie sich darin geschult haben, die Ereignisse des Beginns eines Geschehens auf den weiteren Verlauf der sich daraus ergebenden Entwicklung zu übertragen, werden Sie auch leichter erkennen, warum Sie gewisse Dinge erleben und was Sie dabei lernen können, weil sich Ihr Grundmuster immer wiederholt. Beenden Sie die Meditation auf die übliche Weise, tief atmen, Arme und Beine bewegen und erst dann die Augen öffnen.

Feuer-Ritual

Als Tierkreiszeichen, das dem Feuerelement zugeordnet ist, entspricht dem Widder auch ein altes schamanisches Feuerritual. Am schönsten ist es, wenn man dieses Ritual draußen in der Natur mit einer Gruppe von Freunden durchführt. Am besten sollte das Ritual von jemandem geleitet werden, der mit schamanischen Ritualen vertraut ist.*

Das Ritual beginnt mit einer äußeren (Holzsammeln, Bereitstellen von Olivenöl und Duftölen) und einer inneren Vorbereitung (jeder Teilnehmer meditiert und erforscht dabei sein Gewissen, das heißt, er befragt seine innere Stimme nach einem Wesenswunsch, den er erfüllt haben möchte und nach einer persönlichen Schwäche, die er bereit ist wegzugeben. Man sucht sich dann in der Natur einen brennbaren Gegenstand, der Wunsch und Schwäche symbolisiert und in den man sein Anliegen einritzt). Die eigentliche Zeremonie beginnt dann abends nach Sonnenuntergang. Der Leiter des Rituals schafft einen heiligen Raum an dem Platz, an dem das Feuer entzündet wird. Der Ort muß durch Räuchern geweiht, gereinigt und mit Kraft aufgeladen werden. Damit auch das Feuer ein heiliges (= heilendes) wird, ruft der Ritualleiter die Kraft des Feuers und die Feuergeister, die Salamander und Faune, und bittet sie, das Feuer freundlich zu stimmen. Alle Teilnehmer, die sich im Kreis um das Feuer aufgestellt haben, sind mit ihren Au-

---

* Nähere Informationen bezüglich schamanischer Rituale finden Sie in dem Buch von Lu Lörler: „Die Hüter des alten Wissens. Schamanisches Heilen im Medizinrad." (siehe Anhang)

gen und Sinnen nun ganz auf das Feuer konzentriert. In den Flammen tauchen oft Zeichen und Bilder auf, durch die sich ein Feuerwesen zeigt. Wenn der Leiter des Rituals seine Hände ins Feuer legen kann, ohne daß er sich verbrennt, ist das Feuer endgültig für die Zeremonie bereit. Nun kniet einer nach dem anderen vor dem Feuer, erzählt ihm seinen Wunsch und seine Schwäche und bittet das Feuer um Erfüllung und Verwandlung und legt anschließend das dafür stehende Symbol in die Flammen. An der Reaktion des Feuers beim Verbrennen des Symbols sieht man dessen „Antwort" auf das Anliegen, das man vorgebracht hat. Danach greift man dreimal mit den Händen in die Flammen, schöpft beim ersten Mal für das erste Chakra, beim zweiten Mal Kraft für das Herz-Chakra und beim dritten Mal für das geistige Auge. Dabei dankt man dem Feuer.

Wenn jeder im Kreis am Feuer war, wird das Ritual mit einer Dankesgabe an die Feuerwesen (Duftöle, süßer Likör) beendet.

Stier

Zeitraum: 21. April – 20. Mai
Symbol: ♉
Element: Erde
Planetenherrscher: Venus
Prinzip: Abgrenzung, Produktion, Sicherheit, sinnliche Wahrnehmung
Kernsatz: „Ich habe."

Wenn die Sonne im Sternzeichen des Stiers steht, hat der Frühling den Winter endgültig besiegt. Alles beginnt zu blühen – es ist die Zeit des Wonnemonats Mai – die Zeugungskräfte der Natur entfalten ihre volle Aktivität. So ist auch das Sinnbild dieses Sternzeichens zu verstehen: das Rind als die milchspendende Mutterkuh, die Ernährerin jungen Lebens, und der Stier als Symbol für die männliche Zeugungskraft und Fruchtbarkeit.

Der Stier ist ein weibliches Zeichen, das dem Element der Erde zugeordnet ist, der feuchtwarmen, fruchtbaren Mutter Erde, die alle ihre Kinder versorgt und immer wieder neues Leben hervorbringt. In diesem Zusammenhang ist es auch zu verstehen, daß dem Zeichen Stier die rein physiologische, der Fortpflanzung dienende Paarung zugeordnet wird. Es entspricht damit der ersten Form menschlicher Beziehung. Diese Beziehung ist so definiert, „daß alle aus der Oberflächenschicht unseres Planeten wachsenden Pflanzen im gleichen Boden wurzeln", wie der Astrologe Dane Rudhyar* schrieb.

Die Sexualkraft des Stier-Zeichens ist eine im Unbewußten liegende Urkraft. Der Stier symbolisiert in diesem Sinne auch die körperliche Manifestation des Lebens an sich. Energie und Zeugungskraft werden an die Materie gebunden.

---

*siehe Anhang

Hier wird der sich in alle Richtungen ausbreitenden Energie des Widder-Zeichens – das stets Gefahr läuft, seine Kräfte durch den bedingungslosen Einsatz zu zersplittern – Einhalt geboten. Im Stier wird dieser ungebündelten Energie eine Richtung gegeben, der Krafteinsatz an einen Zweck gebunden. Es kommt der Aspekt der Verwertung, der allen Erdzeichen zugrundeliegt, zum Tragen. Die Schlüsselbegriffe für das Stier-Prinzip sind deshalb:
- Sichtung
- Verarbeitung
- Verwurzelung
- Abgrenzung nach außen

Im Widder ist der Mensch losgezogen als der Pionier, der sich neues Gebiet erobern und sich selbst behaupten muß; es ging um die räumliche Durchsetzung. Im Stier beginnt er jetzt, dieses Gebiet zu besiedeln und nutzbar zu machen. Der Mensch wird seßhaft und grenzt seinen Lebensbereich nach außen ab. Er ist nicht mehr der Einzelkämpfer und Abenteurer, sondern lebt in der Geborgenheit der Gruppe.

Wenn dem Widder das Bild des Jägers entspricht, der sich in der Natur und gegen sie durchsetzen muß, um Beute zu machen, so entspricht dem Stier das Bild des Siedlers, der beginnt, mit Ausdauer und Beharrlichkeit die Felder zu bestellen. Wir finden hier die Neigung, alles zum Bestand zu machen. Sammeln und Vorratshaltung sind typische Eigenschaften des Stiers. Gleichzeitig ist er stets von Verlustängsten geplagt.

Aus diesem, dem Stier entsprechenden Bereich ergibt sich auch seine Lernaufgabe: Er muß lernen, sich nicht zu sehr auf die Sicherheit der von ihm zum Bestand gemachten Dinge zu versteifen. Er muß loslassen können von der Angst, Werte zu verlieren, die er meistens noch an sehr konkrete Dinge gebunden hat. Er muß seine Fixierungen aufgeben, damit seine Beständigkeit und Beharrlichkeit nicht zur Sturheit verkommen. Dieser Zusammenhang deutet sich auch in der etymologischen Verwandtschaft von „Stier" und „stur" an.

Planetenherrscher im Tierkreiszeichen des Stiers ist die Venus. Sie ist ein Symbol des Mutter-Archetypus und die Göttin der Liebe und der Schönheit. Das zeigt sich bei den Stier-Geborenen in ihrem Sinn für Ästhetik; sie verstehen es, dieser Fähigkeit konkrete Formen zu geben. Das ist überhaupt ein Strukturelement des Stiers: Ihm gelingt es, alles materiell zu konkretisieren. Es überrascht nicht, daß unter dem Zeichen des Stiers viele Künstler geboren wurden.

Zu den Gaben der Venus gehören neben der Freude am Schönen auch die Genußfähigkeit, eine instinktsichere Lebensbejahung, eine reich ausgebildete Sinnlichkeit und die Fähigkeit, sich im Einklang mit dem Rhythmus der Natur zu befinden.

STIER-MEDITATIONEN

Dem Stier-Prinzip entsprechen materielle Erscheinungsformen. Für den Stier kommen deshalb vor allem körperbezogene Meditationsformen in Betracht.

Hatha-Yoga

Yoga hat seine Wurzeln in archaischen Ekstase-Techniken, die vermutlich vor 4000 Jahren in Indien entwickelt wurden. Heute gibt es verschiedene Yoga-Schulen, deren gemeinsames Ziel das Erreichen höherer Bewußtseinszustände und die Erfahrung göttlicher Einheit ist. Yoga ist gleichzeitig Technik und Ziel. Friedrich Heiler spricht von einer „mystischen Psychotechnik". Hatha-Yoga ist eine relativ neue Entwicklung dieses altindischen spirituellen Weges. Vermutlich erst im 15. Jahrhundert entstanden, gilt es als die unterste Stufe aller Yoga-Formen. Es beschäftigt sich vor allem mit den körperlichen Erfahrungen. Sein Ziel ist es, alle Energieströme zu erkennen, Harmonie und Gleichgewicht dieser Ströme herzustellen und über diesen Weg zu einer geistigen Entwicklung befähigt zu werden.

Hatha-Yoga ist eine aktive Meditationsform, die ihren Anfang im Körper nimmt und letztlich in die vollkommene Selbsterkenntnis münden soll. Der Weg zu diesem Zustand wird in der Yoga-Lehre in acht Abschnitte unterteilt:

1. Die innere Läuterung (Yama), die den Umgang mit unseren Mitmenschen bestimmt und folgende Gebote umfaßt: nicht stehlen, nicht schädigen, wahrhaftig sein, nicht raffgierig sein, keusch sein.
2. Die Selbstzucht (Niyama), welche die Lösung von der eigenen Ich-Bezogenheit und liebende Hingabe als religiöse Ergriffenheit fordert.
3. Die rechte Sitzhaltung (Asana) ist der Meditation dienlich. Sie soll dem Körper eine ruhige Entspannung geben, die den Geist nicht mehr ablenkt.

4. Die Atemübungen (Pranayama), die zu einer Beherrschung des richtigen Atmens führen. In den meisten Fällen bedeutet das, sich in die Lage versetzen zu können, den Atem geschehen zu lassen.
5. Das Einholen der Sinne (Pratyahara), das dazu beiträgt, Einflüsse von außen abzuschalten.
6. Die Konzentration (Dharana), deren Ziel es ist, sich vom eigenen Ego vollständig zu lösen, damit ein einziger Gedanke die ganze Fülle beanspruchen kann.
7. Die Meditation (Dhyana), die das klare, reine Bewußtsein schafft.
8. Die Transzendenz (Samadhi), die mystische Einheit, das allumfassende Sein.

Das sind die theoretischen, nur schwer in Worte zu fassenden Grundlagen des Yoga. Verstehen kann man es nur, wenn man es erfährt. Dazu ist Hatha-Yoga eine Hilfe. Es ist, so Selvarajan Yesudian*, „kein Endziel, sondern Vorbereitung auf einen höheren, geistigen Yoga".

Hatha-Yoga beginnt damit, den Körper zu erkunden. Sie lernen, mit Ihrer Aufmerksamkeit jeden kleinsten Teil Ihres Körpers zu erreichen und auszufüllen. So führen Sie etwa Ihr Bewußtsein in das eigene Herz, empfinden seine Formen, seine Kammern, seine Klappen, seine Bewegungen deutlich und klar. Schließlich erreichen Sie einen Zustand, in dem Sie das Herz sind.

Später steuern Sie Bewußtsein und Willenskraft vereint in jede beliebige Region Ihres Körpers. Sie erkunden nicht mehr, sondern Sie unterstellen Ihre Körperfunktionen Ihrem Willen. Erfahrene Yogis der höchsten Stufe sind fähig, ihre Herztätigkeit, ihre Verdauung, ihren Kreislauf und alle ihre Organe beliebig zu beeinflussen.

Ein entscheidender Teil der Hatha-Yoga-Technik ist das richtige Atmen. Es muß immer durch die Nase erfolgen, mit dem Zwerchfell unterstützt werden und seine Betonung auf das Ausatmen legen. Üben Sie diese richtige Atmung nach den Anweisungen im Kapitel „Die Praxis der Meditation" (s. S. 43 ff.). Beginnen Sie mit dem Hatha-Yoga erst, wenn Sie wirklich in der Lage sind, richtig zu atmen.

---

*siehe Anhang

Hatha-Yoga besteht aus einem umfangreichen Katalog von Übungen, die jeweils verschiedene körperliche und psychische Auswirkungen haben. Wenn Sie daran interessiert sind, sollten Sie nur unter Anleitung eines erfahrenen Lehrers mit diesen Übungen beginnen. Versuchen Sie nicht, Hatha-Yoga allein zu lernen. Es handelt sich hierbei um äußerst wirksame Techniken, die – falsch angewandt – unter Umständen schädlich wirken. Sie können sich aber in einigen Büchern nähere Informationen über Hatha-Yoga verschaffen, beispielsweise in „Sport und Yoga" von Selvarajan Yesudian und Elisabeth Haich*.

Mantra-Singen

Dem Stier sind anatomisch Nacken, Hals und Kehlkopf als Ursprung der menschlichen Stimme zugeordnet. Alles, was mit der stimmlichen Artikulation zu tun hat, entspricht deshalb dem Stier-Prinzip. Eine meditative Übung im Sinne des Stier-Prinzips ist das Mantra-Singen. Mantras sind kurze, eindringliche Formeln für die allumfassende Einheit, die äußerste Realität, für Gott. Diese Laute sind gleichsam ein Hilfsmittel auf dem Weg zur Bewußtseinserweiterung und zur Transzendenz.

Wählen Sie sich eine Ihnen entsprechende Wort-Melodie-Kombination, die Sie zum Meditationsgegenstand machen. Das kann ein Kirchenlied sein, eine Ballade, ein orientalischer Gesang oder Mantras.**

Setzen Sie sich in Ihrer bevorzugten Meditationsstellung in einen Raum, der über CD-Player oder Kassetten-Deck verfügt. Richten Sie Ihre Aufmerksamkeit auf Ihre Atmung, entspannen Sie sich und singen Sie laut Ihr Mantra. Folgen Sie diesem Mantra, finden Sie sich in dem Mantra, werden Sie zum Mantra. Begeben Sie sich mit dem gesungenen Mantra auf den Weg in tiefere Bewußtseinsschichten. Erzwingen Sie aber nichts, sondern lassen Sie geschehen.

---

*siehe Anhang
**Besonders geeignet sind z.B. das Lied „Allahu akbar" auf „Good News From Afrika" von Dollar Brand. Die wichtigsten Textstellen in diesem Lied und ihre Übersetzungen: *Allahu akbar – Gott ist groß, La ilah ill Allahu – es gibt keinen Gott außer Gott;* sowie die Kassette/CD „Mantras der Welt" von Bruce Werber und Claudia Fried (siehe Anhang)

Ton-Modellieren

Meditativ-imaginatives Gestalten ist geeignet, die in jedem Menschen vorhandene Kreativität zu fördern und letztendlich transzendentale Erfahrung zu ermöglichen. Es geht dabei nicht um gezieltes künstlerisches Arbeiten, sondern darum, die Spaltung des Menschen in seinen vernunft- und seinen gefühlsbetonten Teil zugunsten einer einheitlichen Personalität aufzuheben.

Dem Stier-Prinzip entspricht am ehesten das Arbeiten mit Ton, weil es dem Erdelement zugeordnet ist und seine Planetenherrscherin Venus für konkretes künstlerisches Gestalten steht. Diese meditative Übung bereiten Sie vor, indem Sie sich Ton besorgen und Musik bereitlegen, die Ihnen besonders sympathisch ist. Sie soll beim eigentlichen meditativen Modellieren leise im Hintergrund erklingen. Falls Sie das Gefühl haben, besonders gestreßt und verspannt zu sein, ist es empfehlenswert, wenn Sie sich zunächst abreagieren. Sie können das mit einer der Übungen tun, die wir im Kapitel „Die Praxis der Meditation" (s. S. 43 ff.) geschildert haben. Sie können aber auch große Tonklumpen mit aller Kraft auf den Boden schleudern. Beginnen Sie dann mit der Entspannungsphase. Verwenden Sie eine der Übungen, die wir im Kapitel „Die Praxis der Meditation" (s. S. 43 ff.) beschrieben haben. Achten Sie auf Ihren Atem. Zentrieren Sie sich und werden Sie Ihres Schwerpunkts gewahr.

Starten Sie nun die von Ihnen gewählte Meditationsmusik und nehmen Sie einen Klumpen Ton in die Hände. Schließen Sie die Augen und fühlen Sie den Kontakt mit der kühlen Masse. Kneten Sie den Ton, ohne ein Ziel dabei zu haben. Sie können nichts falsch machen und nichts richtig, denn Ihr Modellieren hat keinen Zweck, da Sie keinen Gebrauchsgegenstand herstellen wollen. Sie fühlen den Ton und spüren dabei eine neue taktile Erfahrung. Machen Sie sich dieses Fühlen ganz bewußt. Ihre völlige Aufmerksamkeit ist in Ihren Händen. Lassen Sie sich in Ihren Bewegungen von der Musik aus dem Hintergrund tragen. Formen Sie den Ton entsprechend den Tönen der Musik. Spüren Sie, wie befreiend dieses Gefühl sein kann und wie Sie sich von der Überbetonung des Intellekts lösen. Genießen Sie diesen Zustand.

Sie können in einem weiteren Schritt dieser Meditation den von Ihnen geformten Gegenstand zum Ziel meditativer Betrachtungen machen. Öffnen Sie die Augen und sehen Sie auf die Form, die Sie geschaffen haben. Lenken Sie Ihr Bewußtsein, Ihre Aufmerksamkeit auf diese Form. Nehmen Sie jede Einbuchtung, jede Erhöhung wahr, fühlen Sie innerlich das Material Ton, ein Produkt der Erde. Spüren Sie, wie diese Erfahrung Ihnen wohltut.

Natur-Meditationen

Naturerlebnisse können uns zu intensiven meditativen Erfahrungen führen. Wir müssen nur bereit sein, uns diesen Erlebnissen zu öffnen. Unter dem Stier-Prinzip fällt das besonders leicht. Hier hat man keine Schwierigkeiten, den Rhythmus der Natur zu empfinden und dessen Schwingungen zu übernehmen.

Die erste Übung bedarf keiner besonderen Vorbereitung, sollte aber an einem sonnigen Tag durchgeführt werden. Gehen Sie raus in die Natur, wandern Sie ziellos umher und spüren Sie, wie Gräser Ihre Beine berühren, wie die Sonne wärmt. Hören Sie das Summen von Bienen, das Rauschen der Bäume. Vergessen Sie alle Sorgen, allen Streß, alle Probleme. Seien Sie völlig in der Gegenwart, im Hier-und-Jetzt der Natur. Öffnen Sie Ihre Sinne und Ihre Aufmerksamkeit allen Dingen, die um Sie herum geschehen. Nehmen Sie die Natur ganz bewußt in sich auf. Spüren Sie die Schwingungen, die Ruhe, die Wärme, den leichten Windhauch. Und genießen Sie diese Empfindungen.

Die zweite Übung geht gezielter vor und baut auf den Entspannungstechniken des autogenen Trainings auf. Gehen Sie an einem schönen warmen Tag hinaus auf eine Wiese, legen Sie sich ganz entspannt ins Gras und folgen Sie den Formeln des autogenen Trainings:

Ich liege ganz schwer und entspannt auf dem Boden. – Ich fühle meinen Körper ganz bewußt und intensiv. Ich fühle, wie schwer ich bin, wie gelöst, wie ruhig. Meine Hände und Arme sind schwer. Mein Nacken und meine Schultern sind ganz schwer. Meine Füße und meine Beine sind ganz schwer. – Mein Gesicht ist entspannt und gelöst. – Ich lasse alles los, gebe alle Spannungen ab. – Ich bin ganz ruhig und entspannt.

Im nächsten Schritt lassen Sie sich von Imaginationen forttragen. Sie liegen im Gras und sind sich sehr bewußt, daß Sie sich auf einer großen weiten Wiese befinden. Die Imagination kann etwa so aussehen:

Ich laufe über die Wiese. Ich spüre das Gras unter meinen Füßen. Es ist biegsam, weich und sonnenwarm. Ich habe Lust, mich ins Gras zu legen. Ich spüre das Gras unter mir wie eine weiche Decke. Ich sehe die Gräser, die vielen Arten. Dort sind Blumen. Ein kleiner Käfer krabbelt gemächlich dahin. Ich rieche das Gras, ich rieche die Erde. Ein Schmetterling schaukelt an mir vorbei. Ich sehe, wie schön und zart seine Flügel sind, schön und zart wie Samt und Seide.

Sie geben sich ganz Ihren inneren Bildern von der Wiese hin, spüren eine tiefe Ruhe, die Sie durchströmt, sind völlig entspannt und gelöst. Sie fühlen sich wohl und lassen sich tragen. Das Ende der Phantasiereise leiten Sie erst dann ein, wenn Sie Lust dazu haben. Atmen Sie tief durch, machen Sie Fäuste, recken und strecken Sie die Arme, rekeln Sie sich, gähnen Sie und stehen Sie dann langsam auf.

Sie können diese imaginäre Reise auch in bezug auf die Erde, das Element des Stiers, machen. Entspannen Sie sich, wie vorher beschrieben. Fühlen Sie die Erde, auf der Sie liegen. Spüren Sie die Erde, wie fest und weich zugleich sie ist, wie warm. Das Gras fühlt sich an wie eine zarte und duftende Decke. Sie fühlen Ihren Körper, wie er flach auf der Erde liegt. Sie werden immer sensibler und spüren, wie kräftige Energieströme von der Erde in Ihren Körper fließen – Ströme, die Ihnen Kraft und Ruhe geben. Sie fühlen sich stark durch die Kraft der Erde. Sie sind ganz ruhig und entspannt. Losgelöst von Alltagsproblemen vermögen Sie Ihren Assoziationen, Ihren Imaginationen zu folgen. Sie fühlen sich eins mit der Erde, mit der Natur.

Für diese Natur-Meditationen gibt es keine festen Regeln. Sie können sich der Natur öffnen, wie, wann und wo Sie wollen. Planen Sie nichts, lassen Sie sich tragen, überraschen. Empfinden Sie mit offenem Bewußtsein.

Ein schönes Buch für Natur-Meditationen, das Ihnen viele Tips und Hinweise geben kann, ist das Taschenbuch „Du spürst unter deinen Füßen das Gras" von Else Müller*.

Geführte Stier-Meditation

Bei dieser Meditation ist es besonders wichtig, dem Platz, wo Sie sich hinlegen, viel Aufmerksamkeit zu schenken. Es sollte wirklich Ihr Platz sein, der Ihnen Sicherheit und Geborgenheit gibt und die notwendige Ruhe ausstrahlt. Vielleicht haben Sie ihn äußerlich vorbereitet, für eine weiche, angenehme Unterlage gesorgt, Räucherstäbchen entzündet und das äußere Licht ein wenig verdunkelt zum Zeichen dafür, daß Sie nun auf eine innere Reise gehen. Mit oder ohne solche äußeren Vorbereitungen bleibt es für alle Fälle wichtig, für die nötige innere Einstellung zu sorgen, sich noch einmal bewußt auf der Unterlage zu fühlen, alle Falten und Unbequemlichkeiten sorgfältig zu beseitigen und dann die Augenlider bewußt zu schließen, sich damit von der Welt der äußeren Bilder für einige Zeit zu verabschieden. Und so richtet sich die Aufmerksamkeit nun ganz von selbst mehr nach innen. Zwar spüren Sie die sichere Unterlage, die Sie trägt, die Aufmerksamkeit aber zieht sich vom Außen mehr und mehr zurück und wandert nach innen. Und auch wenn Sie die Arme und Beine noch ganz deutlich auf der Unterlage spüren und sich auch gern und bereitwillig diesem Untergrund anvertrauen, ist es doch vor allem das Vertrauen in die ganze Situation, das Vertrauen auch zu Ihrer Phantasie und Ihren inneren Bildern, Ihrer inneren Welt, mit einem Wort, das Sie nun auszufüllen beginnt. Und es ist gleichgültig, ob Sie jetzt schon oder erst in einigen Augenblicken die Entspannung zu spüren beginnen. Es kann sehr wohl sein, daß sich gerade dann der Körper noch einmal meldet, mit einem Drang, zu schlucken etwa, einem Zittern der Augenlider oder einem Zucken irgendwo. Diese und ähnliche Zeichen der Entspannung zeigen uns lediglich an, daß wir schon unterwegs sind auf der inneren Reise. Und dann verwundert es auch nicht,

---

*siehe Anhang

daß sich der Körper immer schwerer anfühlt, während der Atem eher leichter und sanfter wird. Aber gerade als Sie das denken, kann es sein, daß Sie einmal ganz tief einatmen müssen und dann beim Ausatmen besonders deutlich spüren, wie Sie loslassen können und tief und immer tiefer sinken in die Unterlage und in Ihre eigene innere Mitte. Genausogut kann es aber sein, daß Sie schon vorher so tief hinab in die Entspannung gesunken waren, daß solch ein tiefer Atemzug gar nicht mehr notwendig ist und alles schon geschieht und eigentlich schon geschehen ist und Sie dahintreiben mit diesen Worten und den Tönen der Musik, und fast ist es, als hörten Sie die Musik nicht nur, sondern würden sie auch einatmen. Ja, es kann sein, daß Sie schlucken müssen dabei, die Musik schlucken und einatmen, und dann wundert es Sie auch gar nicht mehr, wenn die Musik sich so anhört, ja anfühlt, als sei sie in Ihnen und außen zugleich. Musik zu atmen und Töne zu trinken, mitzufließen und sich wohlzufühlen, die Geborgenheit der Unterlage zu spüren, die Sicherheit der Führung, dem Klang der Worte und der Töne auf dem Weg nach innen, durch Gedankenschluchten und Problemberge vielleicht, jedenfalls tiefer hinab, immer tiefer, und die Töne und die Worte, sie hören nicht auf, sondern geleiten Sie sicher und sanft, und so sind Sie immer umgeben von dieser Begleitung, beschützt und geführt, und doch sind es Ihre eigenen Gedanken und Gefühle, ja, Ihre eigenen Bilder, die aufsteigen, während Sie auf diesem Weg hinab in die Tiefe der Entspannung gleiten; die Bilder und Gedanken, sie kommen gerade aus dieser Tiefenschicht, jener Tiefe, in die wir nur langsam hinabgleiten, jenes Reich der Märchen und Bilder, der Töne, Schwingungen und Gefühle auch. Vieles kann nun geschehen, und Sie müssen gar nichts dafür tun; nur daliegen und sein, sich fühlen und die Töne, Worte und Bilder – Entspannung und Loslassen – die Gedanken und die Sorgen des Alltags. Sie mögen noch dasein, besonders jetzt, wo wir an sie denken; aber sie sind auch weit weg, gleichsam wie hoch da droben an einer fernen Oberfläche, während wir immer tiefer hinabsinken in unsere Mitte, in jenes Reich der Bilder und Phantasien. Die inneren Töne und äußeren Worte, die uns begleiten, sinken zu uns, und wir sinken selbst und lassen es geschehen, geben uns dem Moment hin und seinem Zauber. Jeder Augenblick ist wertvoll, jede Erfahrung kostbar, und es tut gut, sich dessen bewußt zu sein, den Moment zu kosten, die Musik zu atmen, Worte zu trinken, sich zu öffnen und hereinzulassen, ja, hereinzuholen, voll zu werden und sich doch noch weiter zu öffnen, um aufnahmebereit für noch tiefere Ebenen zu werden, empfangsbereit und offen – und ruhend in der eigenen Mitte -, der Mittelpunkt einer sicheren und beständigen Welt, der Mittelpunkt der eigenen Welt. Und während Sie so auf den Schwingen der Töne und den Flügeln der Worte tiefer sinken in Ihre eigene Welt, formen sich vor Ihrem inneren Auge Bilder einer Landschaft, die zu der Stimmung von Geborgenheit und Harmonie passen. Ja, es scheint fast so, als würden Ihre Gefühle und die Empfindungen einfach in Bilder übersetzt. Bilder, die eigentlich Gedanken sind – oder Gedanken, die genausogut Bilder sind und Gefühle zugleich, Bilder einer Landschaft von natürlicher Anmut und Harmonie; und es ist ganz gleichgültig, ob Sie diese Landschaft zuerst mehr von oben im Überblick sehen oder schon gleich mitten in ihr sind: in einer Wiese, die Sie, sonnenbeschienen und vor Leben strotzend, geradezu einlädt zum Verweilen. Und während die Bilder nun immer klarer und deutlicher werden, Sie die Blumen auf der Wiese erkennen und die Landschaft im Hintergrund, formen sich auch noch die anderen hierher gehörenden Empfindungen in Ihnen aus, und es ist, als könnten Sie den Duft der Wiese riechen und den leichten Luftzug spüren, der das Gras um Sie sanft bewegt. Auch der feste und doch nicht harte Wiesenboden nimmt unter Ihren Füßen Gestalt an. Sie wandern durch dieses fruchtbare Bauernland, wenden sich einem Feldweg am Rande der Wiese zu, der leicht aufwärts führt auf einen sanften Hügel. Es macht Freude, durch dieses lebendige, schöne Bauernland zu spazieren. Und als Sie die Kuppe des Hügels erreicht haben, schweift Ihr Blick weit ins Land über andere Hügel, die sich aneinanderreihen so weit das Auge reicht, wie ein samtener, lebendiger Teppich, der nur selten von dunkelbraunen Feldern unterbrochen wird. Aus der Ferne sehen diese Felder wie Tafeln bester Schokolade aus. Zu Ihrer Linken schlängelt sich ein Fluß durch die Hügellandschaft. Die braunen Hänge seines gegenüberliegenden Ufers sind mit Weingärten übersät. Sie können sich gut vorstellen, was für ein ausgezeichneter Wein in einer solchen Landschaft reifen muß, ja, fast ist Ihnen, als könnten Sie der Zeit um ein halbes Jahr vorausgreifen und den guten Tropfen schon im Munde zergehen lassen. Der Fluß selbst setzt mit seinem dunklen Grün einen deutlichen Kontrast zum Braun der Weingärten und auch zum satten Grün der Wiesen. Seine Farbe gleicht dem tiefen Grün des Smaragdes und ganz besonders, wenn es im Sonnenlicht funkelt. Ein langes Smaragdband, das sich durch eine liebliche Gartenlandschaft zieht, die Gesundheit und Sattheit atmet, aber auch der Fleiß der Bauern, deren Gemütlichkeit ansteckt und die Sinne erfreut, die Sicherheit und Frieden ausstrahlt. Ihr weiterer Spaziergang führt Sie nun den Hügel auf der anderen Seite wieder hinab und auf einen anderen, ebenso grünen Hügel zu. Auf dessen Höhe erhebt sich eine schon aus solcher Entfernung eindrucksvolle Burg. Sie krönt den Hügel und eigentlich die ganze Landschaft, in die sie sich einfügt und die sie zugleich beherrscht. So führt der Weg wie zum Mittelpunkt der Landschaft, eben zu jener Burg, und Sie folgen ihm gern. Zu Ihrer Rechten pflügt ein Bauer sein Feld. Selten noch haben Sie so bewußt erlebt, wie die scharfen, silbern blitzenden Pflugscharen ins Erdreich dringen und es aufreißen. Fast hat es etwas Schmerzhaftes, und doch ist es die Voraussetzung für alles Wachsen und Gedeihen, das diese Landschaft schon jetzt im Mai so fruchtbar erscheinen läßt. Es ist auch eine Zeit, die vieles von sich aus aufbrechen läßt, und wie Sie weitergehen, spüren Sie auch etwas von dieser frühlingshaften Kraft in sich aufsteigen. Die Burg ist nun deutlich nähergerückt, und nur noch ein sanfter Anstieg trennt Sie von ihr. Trotz der beherrschenden Stellung hat sie doch gar nichts Bedrohliches; im Gegenteil scheint sie das Land zu beschützen, so wie sie wohl einmal den Bewohnern in ihren festen Mauern Schutz gewährt hat. Nichts Aggressives geht von den starken runden Mauern aus, und selbst die beiden Türme ragen friedlich in den blauen Frühlingshimmel. Von dem Aufstieg und wohl auch von der schnell an Kraft gewinnenden Sonne ist Ihnen nun richtig warm geworden, und als Sie am Burg-

graben angekommen und die Zugbrücke hochgezogen finden, legen Sie sich zum Ausruhen ins Gras, gerade so schräg, daß die Strahlen der Frühlingssonne Sie fast senkrecht treffen und Sie doch auch noch bequem liegen können. Nicht weit von Ihnen ruhen ein paar Kühe aus, friedlich wiederkäuend. In der Wärme der Mittagssonne fallen die Augen wie von selbst zu, und die Bilder, die eben noch außen waren, sind nun innen: die mächtige Burg, die das Land bewacht und sichert und selbst noch gesichert hinter dem breiten Burggraben liegt, und es ist, als verschwimme die Zeit vor Ihrem inneren Auge, und eine Szene entwickelt sich von damals, als die Burg noch ihren Zweck erfüllte. Und Sie haben fast den Eindruck, einer ihrer Bewohner zu sein. Von einem der Türme blicken Sie gerade hinunter in den geräumigen Innenhof der Burg, in dem ein Fest vorbereitet ist. Und wenn Sie sich umwenden, sehen Sie Menschen, die Gutsbesitzer der Umgebung wohl, mit Kutschen und zu Pferd dem Burghügel zustreben. Im Innenhof ist schon alles für ihren Empfang bereit. Spieße mit halben gebratenen Tieren, deren Duft bis zum Turm hinauf weht und große Schalen, die den Reichtum des umliegenden Landes widerspiegeln – die Tische haben schwer zu tragen unter der Last der Speisen -, und Sie spüren schon die Freude auf das kommende Festmahl. Die Gäste versammeln sich allmählich im Innenhof, und auch Sie steigen hinab, begrüßen und werden gegrüßt und suchen sich Ihren Platz in der geselligen Runde. Nun werden die Schätze der Speisekammern von Bediensteten gereicht, guter Wein fließt reichlich aus den uralten Fässern, und alle lassen es sich nach Herzenslust munden. Ihnen ist, als schmecken Sie in den Früchten die Sonne, in der sie gereift sind, und in den knusprig gebratenen Fischen den nahen Fluß Ihrer Heimat. Das grobe Brot duftet nach der Erde, die es hervorgebracht hat, und das Fleisch ist saftig und voll Kraft. Der Wein aber ist wie das Blut des Landes, und schon bald spüren Sie seine Wirkung in Ihrem Blut, und es fühlt sich angenehm und warm an. Musik setzt ein, und dann beginnt man auch schon zu tanzen, und Sie sind ein Teil von alledem, drehen sich mit der Musik oder dreht die Musik Sie? Und lachen mit Ihrem Partner, stimmen in die Lieder mit ein, genießen das Leben im Schutz der festen Burg, spüren den Frieden über allem und die Lebenslust in den Menschen und in sich. Alles ist in Ordnung und am richtigen Ort, und Sie fühlen sich geborgen in der Sicherheit Ihres Besitzes, voll Dank auch an dieses Land, das Sie so vortrefflich ernährt und leben läßt, ja, es ist etwas wie Zärtlichkeit, Liebe sogar, was Sie mit dieser Erde verbindet. Es ist Ihr Platz in der Welt, da ist kein Suchen und kein Sehnen mehr. Sie sind hier am richtigen Ort, inmitten Ihrer Lieben, haben sich dieses Leben verdient, haben Besitz angehäuft und Ehren gesammelt und so Frieden und Sicherheit gefunden. Um Sie herum rauscht das Fest, und auch in Ihnen drinnen ist dieses feierliche Gefühl, in Harmonie und Sinnlichkeit verbunden zu sein mit allen, die Ihrem Herzen nahestehen. Sie sind nun ganz bei sich und diesem Gefühl in Ihrer Mitte, und das äußere festliche Treiben tritt vor diesem Gefühl zurück, alles Äußere, ja der ganze Burghof, verschwimmt wie hinter einem Schleier. Die Nebel der Zeit kehren zurück, und Sie kehren zurück zu Ihrem angenehmen Platz auf der sonnigen Wiese am Burggraben. Das Gefühl ist noch dasselbe, wohlig warm und geborgen. Doch jetzt sind Sie wieder der einzige Mensch weit und breit. Nur die Kühe grasen und kauen in einiger Entfernung, und die Frage steigt in Ihnen auf, ob Sie in diesem Leben Ihren Platz bereits gefunden haben. Und auch die andere Frage kommt nun hoch: Haben Sie die Gruppe von Menschen gefunden, in der Sie Ihr Leben verbringen wollen? Wie ist diese Gruppe oder wie sollte sie sein? Und die dritte, nicht minder wichtige Frage: Ist Ihnen der eine Mensch schon begegnet, mit dem Sie wirklich sein wollen? Diese wichtigen Fragen des Lebens kommen nun zusammen in der einen: „Wo ist mein Platz im Leben und wie ist er?" Sie können sich viel Zeit für diese Frage und ihre Beantwortung nehmen, so viel, wie Sie wollen und brauchen, und das Ende dieser geführten Meditation ist somit Beginn einer neuen, noch wichtigeren – der Meditation über Ihren Platz im Leben: „Wo ist mein Platz?"*

---

*Diese Meditation ist auch auf Kassette/CD erhältlich bei carpe diem (siehe Anhang)

Obertonsingen

Diese Form der Singmeditation ist an sich viel einfacher, als man auf Anhieb meinen möchte. Sie erfordert keinerlei musikalische Vorkenntnisse oder gar Gesangsausbildung. Das Wichtigste ist tatsächlich der Mut, die Töne, die ohnehin in uns sind, laut werden und den eigenen Resonanzkörper mitschwingen zu lassen. Vor allem anfangs ist es leichter, in der Gruppe zu singen. Das Ganze ist so einfach und dabei so ausdrucksvoll und wirksam, daß es schwer in Worte zu fassen ist. Man kann mit jedem beliebigen Ton beginnen, also etwa einem „A". Nach einem tiefen Einatmen läßt man das „A" erklingen und gibt ihm Raum. Ganz von selbst wird dieser Ton verschiedene Körperbereiche in Resonanz versetzen. Wir brauchen das nur geschehen zu lassen. Singt man in einer Gruppe, wird immer ein Klang im Raum schwingen bleiben, und das Luftholen stellt dann nur eine relative Unterbrechung dar. Mit der Zeit wird sich der Ton wie von selbst verändern oder man kann ihn auch bewußt variieren. Wichtig bleibt bei allen klanglichen Ausflügen, körperlich entspannt zu bleiben und dem Schwingen möglichst viel Raum in sich zu geben – mit anderen Worten, viele Saiten in sich mitschwingen zu lassen. Tatsächlich kann man bei dieser Meditation erleben, wie viele Saiten man hat und wie sie von den unterschiedlichen Tönen ganz unterschiedlich angesprochen werden. Schon nach kurzer Zeit ist es mit dieser Meditation selbst Menschen, die sich vorher für unmusikalisch gehalten haben, möglich, ausdrucksvolle Klanggebilde und -muster entstehen zu lassen. Singen und besonders diese Art des unstrukturierten, freien Singens hat darüber hinaus eine ausgesprochen lösende Wirkung auf die Psyche, und es ist gar nicht unwahrscheinlich, daß tiefe und lang verschüttete Gefühle dabei aufsteigen und freiwerden.

In der Gruppe führt diese Meditation darüber hinaus auf eine angenehme und einfache Art zu einer der tiefsten Erfahrungen überhaupt: Mit sich selbst in Einklang gebracht durch die Töne aus der eigenen Tiefe, findet der Meditierende meist sehr bald auch in Einklang mit der Gruppe; ein gemeinsamer Gruppenrhythmus entsteht. Diese Art von Resonanz mit sich selbst und den anderen aber ist eines der beglückendsten Gefühle überhaupt. Es holt uns auf sanfte Art ins Hier und Jetzt und läßt uns die zeitlose esoterische Wahrheit erleben, daß das Ganze mehr ist als die Summe seiner Teile. Es ist auch jenes Gefühl, daß man alles geschehen lassen kann, was man will, und daß man mit allem, was geschieht, einverstanden ist. Dieses Gruppengefühl ist darüber hinaus eines der Grundanliegen des Stier-Prinzips.

Seinen Platz finden

Lernaufgabe des Stierprinzips ist unter anderem, den persönlichen Platz in der Welt zu finden und aus dieser Sicherheit heraus den Mut zu Beweglichkeit aufzubringen. Konkret ausgeführt ist die Platzsuche eine symbolische Übung, um den, im übertragenen Sinne gemeinten, „Platz in der Welt" zu finden.

In vielen Kulturen galt es als ganz selbstverständlich, seinen eigenen Platz zu haben. Bei den alten Indianern war die Suche des persönlichen Kraftplatzes ein wesentlicher Schritt bei der Visionssuche, jener Suche nach dem individuellen Sinn des Lebens, der den Indianern in Form einer Vision offenbart wurde. Wenn man an diesen persönlichen Kraftplätzen meditierte, konnte man sich ihrer Meinung nach besonders gut für die Welt, die jenseits der materiellen liegt, dem Nagual, wie diese bei ihnen heißt, öffnen. Man verband sich an diesem besonderen Ort mit einer Energie, die einem selbst entsprach, und damit symbolischer Ausdruck des eigenen Platzes im kosmischen Gefüge ist.

Die instinktive Gabe, den richtigen Platz im kosmischen Organismus zu erkennen, ist den Menschen weitgehendst verlorengegangen. Nach Ansicht der Indianer, die sich eine Verbindung mit diesem uralten Wissen bewahrt haben, besitzen diesen Instinkt, der zum harmonischen Funktionieren des kosmischen Gefüges notwendig ist, vor allem die Tiere, die mit einer inneren Sicherheit in völligem Einklang mit dem übergeordneten Ganzen handeln. Für ein Tier gibt es kein Zögern oder Abwägen, es erfüllt seine Aufgabe einfach aus ganzem Herzen, aus seiner Mitte heraus und weiß eben, wo sein Platz ist, während wir Menschen uns meist wie Sand im Getriebe der Welt verhalten. Unser Traum von Friede und Harmonie (als venusische Qualitäten auch dem Stierprinzip zugeordnet) kann erst in Erfüllung gehen, wenn jeder mit Freude und aus ganzem Herzen seinen Platz in der Schöpfung annimmt. Das beinhaltet vor allem eine Neuorientierung in bezug auf die Wertsysteme, mit denen wir zur Zeit leben, die natürlich auch unser eigenes Selbstwertgefühl bestimmen (ebenfalls ein Stier-Thema). Wir müssen erkennen, daß alles gleich-wertig und gleich-gültig ist. Im Tierreich kämen wir gar nicht auf den Gedanken, einem Vogel mehr oder weniger Wert beizumessen als einem Hund. Das Wesentliche ist, daß jeder an seinem Platz steht und dort die Verantwortung für seine Aufgabe als Teil des Ganzen trägt. Diese Gewißheit, eingebettet zu sein in die kosmische Ordnung, ein Teil dieses großartigen Schöpfungsplanes zu sein und seinen Platz darin zu haben, kann dem Stierprinzip jene Sicherheit und Geborgenheit geben, die ihm Mut zu mehr Beweglichkeit gibt.

Die Suche nach einem persönlichen Kraftplatz in der konkreten Welt kann auf verschiedene Arten geschehen:

Sie können zum einen in Ihrer Wohnung nach Ihrem Platz suchen, was den Vorteil hat, daß Sie ihn oft aufsuchen werden, zum Beispiel, wenn Sie meditieren. Falls Sie nicht schon Ihren (Lieblings-) Platz in Ihrer Wohnung haben, warten Sie eine Zeit ab, in der Sie alleine sind, und gehen Sie ganz langsam durch alle Räume und versuchen Sie alle Gefühle, Empfindungen und Gedanken bewußt wahrzunehmen und lassen sie konkret werden, indem Sie sie laut aussprechen. Nehmen Sie dabei auch Ihre Hände zu Hilfe und formen mit der linken Hand eine zum Boden hin geöffnete Schale. Die linke Hand ist die empfangende, und Sie können mit ihr die Energie besser wahrnehmen. Die rechte Hand legen Sie auf Ihren Bauch, knapp unter dem Nabel. Gehen Sie so durch Ihre Wohnung und „hören" Sie auf Ihren Bauch. Lassen Sie sich einfach von Ihrem Platz „rufen". Es lohnt auch, wenn Sie Ihre Wohnungseinrichtung umstellen müssen, um an Ihren Platz heranzukommen, denn er kann ein hervorragender Kraftspender für Sie werden.

Wenn Sie Ihren Platz gefunden haben, können Sie ihn, wie es die Indianer tun, räuchern. Dazu nehmen Sie eine feuerbeständige Schale oder zum Beispiel auch eine schöne Muschel. Geben Sie etwas getrockneten Lavendel, Thuja und Salbei in die Schale und zünden Sie die Kräuter an. Besorgen Sie sich auch eine möglichst große Feder, mit der Sie die angebrannten Kräuter anfachen und den Rauch in den Raum fächeln. Gehen Sie dann mit der Räucherschale dreimal im Uhrzeigersinn um Ihren Platz: einmal, um ihn zu reinigen (das ist Aufgabe des Salbei), einmal, um ihn zu weihen (das macht der Lavendel), und einmal, um ihn mit Kraft aufzuladen (das bewirkt Thuja).

Wann immer Sie meditieren oder einfach Ruhe suchen oder in Ihrer Mitte sein wollen oder wenn Sie nachdenken, suchen Sie Ihren Kraftplatz auf. Vielleicht ist es sogar möglich, daß Sie Ihren Kraftplatz zu Ihrem Arbeitsplatz machen.

Sie können die Kraftplatzsuche in Ihrer Wohnung auch noch durch eine Imaginationsreise erweitern:

Kraftplatz-Imagination

Setzen oder legen Sie sich also auf Ihren Kraftplatz, entspannen Sie sich und machen eine der Ihnen zusagenden Vorbereitungsübungen.

Schließen Sie die Augen und lassen Sie sich tragen von der Kraft Ihres Platzes, geben Sie sich seiner Magie hin und lassen Sie sich einhüllen von der Ruhe, die Sie umgibt, die sich immer mehr und mehr ausbreitet wie ein wunderschönes lichtes Nebelmeer. Fließen Sie mit Ihrem Atem, dem endlosen Strom des Lebens. Vertrauen Sie sich ganz Ihrem Atem an, geben Sie sich seinem Fluß ganz hin. Und so tauchen Sie ein ins Reich der Phantasie, aus dem Bilder auftauchen, erst verschwommen, dann immer deutlicher. Sie sehen sich, wie Sie in einem schwach beleuchteten Höhlengang stehen. Sie wissen, daß Sie sich in einem Labyrinth befinden, aber Sie haben keine Angst, denn Sie wissen auch, daß Sie auf Ihre innere Stimme, Ihre inneren Führer vertrauen können, denn diese kennen den Weg, den Sie gehen müssen, ganz genau. Und so lassen Sie sich führen, um dorthin zu gelangen, wo Sie immer schon, seit Urgedenken hin wollen. Beachten Sie alles, was Ihnen auf diesem Weg begegnet, wem Sie begegnen, was Sie auf Ihrem Weg finden. Überall erhalten Sie Botschaften, die Ihre Wegweiser sind. Irgendwann kommen Sie zum Ausgang des Höhlenlabyrinthes. Sehen Sie sich nun genau um, wo Sie angekommen sind, es gibt keinen Platz, der für Ihre Ankunft unmöglich wäre. So können Sie sich am Dach eines Hauses ebenso wiederfinden, wie an einem glitzernden Meeresstrand oder auf einer sonnenüberfluteten Waldlichtung, auf einem Berg ebenso wie im Turm einer Kathedrale oder auf dem Mond ...

Lassen Sie nun alles auf sich wirken, sehen Sie sich um, öffnen Sie alle Ihre Sinne und lassen sich von Ihrem Platz rufen. In aller Deutlichkeit lassen Sie ihn vor Ihrem inneren Auge auftauchen. Wenn das innere Bild Ihres Platzes klar und deutlich steht, können Sie beginnen ihn ganz nach Ihren Wünschen zu gestalten. Bauen Sie sich darauf ein Haus und legen Sie sich einen Garten an, errichten Sie eine Kirche oder graben Sie sich eine Höhle. Stellen Sie sich diese Vorgänge ganz konkret vor. Schaffen Sie sich den Ort des absoluten Wohlbefindens mit allem, was Ihr Herz begehrt. Genießen Sie alles in vollen Zügen. Suchen Sie sich auch die für Sie richtige Beschäftigung, machen Sie Ihren Platz auch zum optimalen Arbeitsplatz, wo Sie nach Herzenslust schöpferisch tätig sein können. Spüren Sie, wie der Platz Sie bei all Ihren Tätigkeiten fördert. Wenn Sie auf Anhieb keinen befriedigenden Bereich finden, wo Sie tätig sein wollen, dann probieren Sie einfach alles mögliche aus, bis Sie gefunden, wonach Sie gesucht haben, jenen Bereich, wo Sie wachsen und fruchtbar sein können. Und wie Sie dann so Ihre Aufgabe, Ihren Platz in der Welt, die Sie sich geschaffen haben, einnehmen, erstrahlt alles um Sie in einem wunderbaren Licht und Sie erkennen, daß Sie die ganze Zeit über vor einer geheimnisvollen Tür standen, die Sie nie zu öffnen gewagt hatten. Nun aber gehen Sie auf diese Tür zu und öffnen sie vorsichtig. Sie betreten einen Raum, der eigentlich keiner ist, weil er unbegrenzt und unendlich erscheint. Hier in diesem wunderbaren Raum ist alles, was jemals existiert hat und jemals existieren wird. Es ist da und es ist jetzt da. Und alles ist für Sie da. Hier können Sie alles erfahren, über unsere und die andere Welt, die hinter den Schleiern von Raum und Zeit liegt. Sie können hier alle Zeiten bereisen und alle Grenzen überschreiten. Hier sind die Antworten auf alle Ihre Fragen. All Ihr Verlangen und Begehren wird hier gestillt ...

Zufrieden und an Geist, Seele und Körper gesättigt kehren Sie zurück ins Alltagsbewußtsein. Sie nehmen das Gefühl mit, daß Sie Ihren Platz gefunden haben und jederzeit an ihn zurückkehren können, um Kraft zu tanken, denn er liegt in Ihnen, wie auch das Geheimnis der Welt in Ihnen liegt und auch die Lösung aller Rätsel des Lebens.

Kochen als Meditation

Das Stierprinzip hat einen starken Bezug zur Ernährung, vor allem was den Genußaspekt davon anbelangt. Diese Vorliebe kann gut als Ausgangspunkt für eine meditative Übung und Erfahrung genommen werden.

Eine Beschreibung dieser Übung ist kurz und einfach: Machen Sie einfach alles, was Sie tun, bewußt und aufmerksam. Betrachten Sie den Kochvorgang einmal ganz genau. Das alleine kann schon einen völlig neuen Blickwinkel, eine umfassendere Wahrnehmung dieser Tätigkeit ermöglichen:

Kochen ist im eigentlichen Sinne gesehen ein Umwandlungsprozeß, dessen wesentlichster Bestandteil der Umgang mit den vier Elementen, Erde, Wasser, Luft und Feuer ist.

Wenn Sie beispielsweise Brot backen, finden Sie das Erdelement symbolisch im Getreide bzw. im Mehl; um den Teig anzurühren fügen Sie das wäßrige Element dazu. Wenn der Teig dann aufgeht, heißt das nichts anderes, als daß die Hefe Luft produziert. Nun fehlt nur noch das vierte Element, der Energieaspekt, das Feuer, das den Teig erst in Brot verwandelt. Wenn wir das Brot dann essen, nimmt es wieder den umgekehrten Weg und wird in unserem Körper in die vier Elemente zerlegt: in Wasser, Kohlendioxid (also Gas, das dem Luftelement entspricht), es kann zu Energie (Feuerelement) und Bestandteil unseres Körpers (Erde) werden. Die Elemente gehen dann irgendwann zurück in den großen Kreislauf der Natur: Kohlendioxid atmen wir in die Luft hinaus; das wässrige Element geht über die Nieren wieder in den Kreislauf des Wassers zurück; die Energie, das Feuerelement, verbrauchen wir, geben sie als Wärme ab; auch das Erdelement kehrt beim Fasten oder am Lebensende in den Kreislauf der Erde zurück.

Machen Sie sich diese Abläufe bewußt. Beim Kochen gilt wie bei jeder anderen Tätigkeit: je bewußter, aufmerksamer und liebevoller Sie diese Arbeiten verrichten, um so vollkommener und für Ihre Umwelt „heilsamer" wird das Ergebnis sein, weil dieses natürlich Spiegel und Ausdruck der eigenen inneren Einstellung ist. Speisen, die lieblos und achtlos zubereitet wurden, werden mit diesen immateriellen „Zutaten" ebenso gewürzt wie mit Salz oder anderen Gewürzen.

Achten Sie auf solche Dinge und versuchen Sie, das Kochen zu einer meditativen und schöpferischen Übung zu machen, in die Sie Aufmerksamkeit, Bewußtheit und Liebe einfließen lassen.

Ergänzend zum meditativen Kochen können Sie auch Geschmacksinnsübungen durchführen: Beginnen Sie damit, daß Sie sich den Geschmack jener Speise, die Sie gerade kochen, oder irgendeiner anderen genau vorstellen. Ihre Geschmacksempfindung sollte so lebendig und wirklich sein, als hätten Sie gerade einen Bissen der Speise im Mund. Machen Sie diese Geschmacksübung so oft, bis Sie jederzeit jede beliebige Geschmacksempfindung hervorrufen können.

Lernen Sie auch, darauf zu hören, welche Nahrungsmittel Ihr Körper zu welcher Zeit verlangt. Wenn Sie die Geschmacksvorstellungsübung beherrschen, können Sie beobachten, welcher Geschmack auftaucht, wenn Sie hungrig sind. Spüren Sie dann jedem Bissen, den Sie von dem entsprechenden Nahrungsmittel genommen haben, nach, ob es auch wirklich das Richtige war; verzichten Sie auf den weiteren Genuß, wenn sich auch nur das leiseste ungute Gefühl breitmacht.

Bedenken Sie, daß jede Nahrung Bestandteil Ihres Körpers wird („Was man ißt, das ist man.") und lassen Sie deshalb nur Bestandteil werden, was mit Ihnen harmoniert.

Sie können auf diese Art und Weise Ihren Körper, seine Bedürfnisse und damit sich selbst besser kennenlernen und Ihre Aufmerksamkeit und Sensibilität schulen.

Meditatives Essen

So wie Sie mit Aufmerksamkeit und Liebe kochen, sollten Sie auch essen. Man sollte jeder Nahrung mit Achtung begegnen und eingedenk sein, daß Lebewesen, seien es nun Pflanzen oder Tiere, sich geopfert, ihr Leben hergegeben haben, um uns das Leben zu ermöglichen. Achtung meint auch in diesem Fall, daß man die Nahrung in Ruhe genießt und der Nahrungsaufnahme echte Aufmerksamkeit entgegenbringt, daß jeder Bissen bewußt wahrgenommen wird. Man erspürt dabei die jeweilige Kraft, die den Nahrungsmitteln innewohnt. Der bewußte Umgang mit dieser Kraft führt dazu, daß man sie auch für sich selbst besser verwerten kann und seine eigenen Kräfte damit stärkt.

Reigentanz

„Mit der Erschaffung des Universums ist auch der Tanz entstanden als eine Verschmelzung der Elemente. Der Rundtanz der Sterne, die Konstellation der Planeten in ihrer Relation zu den Fixsternen, die Schönheit ihrer Ordnung und die Harmonie all ihrer Bewegungen sind Spiegelbild des uranfänglichen Tanzes zu Beginn der Schöpfung. Der Tanz ist die reichste Gabe der Musen an den Menschen. Wegen seines göttlichen Ursprungs hat er einen Platz in den Mysterien, ist geliebt von den Göttern und wird ihnen zu Ehren von den Menschen gepflegt." Soweit der römische Dichter Lucian über den Tanz.

Seit Urgedenken ist Tanz eine Form, um in andere Bewußtseinszustände zu gelangen. Die Palette reicht dabei von den südamerikanischen Trance-Tänzen über „erdige" Volkstänze bis zu Discotanzexzessen.

Dem Stierprinzip entsprechen Volkstänze und dabei vor allem die Reigentänze, die seinem Gruppengefühl entgegenkommen: Sich an den Händen fassen, einen Kreis bilden, sich gemeinsam bewegen, jeder hat seinen Platz und seine

Bewegungen, die sich harmonisch in das Zusammenspiel einfügen. Die Teil-Nehmer gehen in Resonanz, schwingen sich aufeinander ein, es entsteht ein Einklang zwischen Erde, Mensch und Tanz als Ausdruck davon, daß alles von einer transzendenten Macht bewegt wird.

Wenn Sie den Tanz als Medium zu Ihrer Mitte verwenden, können Sie das auf sehr vielfältige Weise tun.

Erlernen Sie alte Volkstänze oder entwickeln Sie eigene Tanzrituale. Oder bilden Sie eine Gruppe, die ein bestimmtes Thema in eine tänzerische Form bringen soll, wo jeder einen Teilaspekt des Themas tanzt.

Man kann fast alles in Bewegung und Tanz umsetzen: Tanzen Sie Ihre Freude, Ihre Liebe, Ihre Angst, den Tod, das Leben, die Sonne, den Mond, die Geburt, ein Tier ...

Lassen Sie sich tanzen, wie beispielsweise die Indianer sich von ihrem Tierverbündeten* tanzen lassen.

Tanzen Sie einfach Ihr Leben; betrachten Sie das ganze Leben als Tanz, wie dies die Schamanen tun, wenn sie sagen: „Tanze Deinen Traum wach."

Erd-Ritual

Dieses alte indianische Ritual ist vor allem ein Heilungsritual, wobei Heilung hier im weitesten Sinne zu verstehen ist, als das Heil-sein, In-Einklangsein mit sich und der Welt. Heil sein bedeutet bei den Indianern immer, seinen Platz in der Welt zu finden, seinen Traum wachzutanzen und sich damit harmonisch in den großen Schöpfungsplan einzufügen.

Das Erdritual ist gut dazu geeignet, wieder in wirklichen Kontakt mit unserer „Großen Mutter", der Erde, zu kommen.

Für die Ausführung des Erd-Heilungs-Rituals braucht man allerdings immer jemanden, der schon länger mit schamanischen Ritualen vertraut ist.**

Zur Durchführung dieser Zeremonie wählt der Leiter des Rituals einen unge-

---

* Das ist der Geist eines Tieres, das jedem Menschen als Schutzgeist zur Seite steht und hilft.
** Nähere Informationen und Kontaktadressen erhalten Sie in Lu Lörlers Buch: „Die Hüter des alten Wissens. Schamanisches Heilen im Medizinrad" (siehe Anhang)

störten Platz in der wilden Natur mit einem nahe gelegenen Gewässer. Der Ort wird geweiht und geräuchert, die Kräfte der vier Himmelsrichtungen, die den Indianern heilig sind, werden gerufen und um Mithilfe gebeten. Dann wird ein Erdloch ausgehoben, das einen halben Meter tief ist und Körperlänge hat. Die Grube wird mit Farnwedeln oder frischen Blättern ausgelegt und ebenfalls geräuchert. Der Initiand wird daraufhin nackt in die Erde gebettet, bis nur noch sein Kopf herausragt.

Während der folgenden Stunden, die man wie in einem Grab in der Erde liegt, durchlebt man viele Ängste; altes Leid und schmerzliche Situationen tauchen wieder auf, man begegnet den eigenen Grenzen, bis ein Wandlungsprozeß eintritt und man sich der Erde total hingibt, sich quasi auflöst, bis das Gefühl entsteht, daß der Körper in seine Bestandteile zerfällt und Zelle für Zelle mit dem Leib der Mutter Erde verschmilzt. „Mensch, du bist aus Erde, und zu Erde wirst du wieder werden": Dieser Satz wird in diesem Ritual zu einem eindrucksvollen Erlebnis, das dann die Erfahrung der Wiedergeburt, der Erneuerung ermöglicht.

Wenn sich diese Erfahrung als glückliches Strahlen im Gesicht des Initianden zeigt, wird er behutsam aus seinem Erdgrab befreit und zu der nahen Wasserstelle geführt und gereinigt. Damit ist das Ritual beendet.

Die einfachere Erdenergieübung können Sie alleine folgendermaßen ausführen: Legen Sie sich draußen auf eine Wiese, und beginnen Sie mit folgender Atemübung: Atmen Sie tief ein und zählen im Sekundenrhythmus bis zwölf, dann halten Sie zwölf Sekunden den Atem an, atmen auf zwölf Sekunden wieder aus und halten den Atem zwölf Sekunden an. Versuchen Sie dabei, dem Bedürfnis, nach Luft zu schnappen, nicht nachzugeben, und wiederholen Sie diese Atmung siebenmal. Konzentrieren Sie sich ganz auf die Erde, auf den Boden, auf dem Sie liegen. Spüren Sie so lange die Berührungspunkte Ihres Körpers mit der Erde, bis Sie das Gefühl haben, mit ihr zu verschmelzen. Geben Sie sich der Erde ganz hin, vertrauen Sie sich ihr ganz an. Schicken Sie mit jedem Ausatmen Ihre kranke und verbrauchte Energie tief in die Erde hinein und lassen Sie sie vom Feuer, dem

Herzen der Erde, läutern. Bei jedem Einatmen nehmen Sie dann die gesunde und reine Kraft der Erde mit Dankbarkeit in sich auf.

Wunscherfüllungs-Meditation

Legen oder setzen Sie sich bequem hin, entspannen Sie sich, indem Sie langsam mit Ihrer Aufmerksamkeit, beginnend bei den Füßen, Körperteil für Körperteil von seinen Anspannungen befreien. Lassen Sie los, lassen Sie sich fallen, geben Sie sich ganz der Unterlage hin, die Sie trägt. Wenn Sie dann einen Zustand großer Ruhe erreicht haben, stellen Sie sich vor, in welcher Lebenssituation Sie in drei Monaten leben wollen. Beginnen Sie mit der Vorstellung, wie Sie Ihren Körper, Ihr Aussehen, Ihre Ausstrahlung gerne hätten; dann stellen Sie sich vor, in welchem seelischen und mentalen Zustand Sie sich befinden möchten. Stellen Sie sich auch die materiellen Dinge vor, die Sie glauben für Ihr Wohlbefinden zu benötigen. Denken Sie dabei nicht, wie schön es wäre, wenn Sie das alles hätten, sondern gehen Sie davon aus, daß Sie es haben. Sie wünschen sich nicht, Sie stehen inmitten Ihres verwirklichten Wunschbildes. Fühlen Sie, daß Sie den Wunsch bereits erfüllt haben. Wenn Sie dann meinen, daß Sie sich alles plastisch und real genug vorgestellt haben, beenden Sie Ihre Meditation mit dem Gefühl der Sicherheit, daß Sie erreicht haben, was Sie erreichen werden.

Sie werden staunen über die Kraft Ihrer Gedanken, mit der Sie vieles verwirklichen können. Wichtig bei dieser Übung ist aber, daß Sie sich bewußt darüber sind, daß immer, wenn Sie etwas nehmen, auch etwas dafür geben müssen. So wie früher die Menschen für eine gute Ernte den Göttern geopfert haben, so fordert das Schicksal auch heute noch seine Opfer, zum Beispiel in Form von Lernschritten, die man vollziehen muß.

Außerdem sollten Sie bei dieser Übung über jenen weisen Satz meditieren, der warnt: „Bedenke, worum Du bittest, es könnte Dir gewährt werden." Suchen Sie nach Beispielen aus Ihrem Leben, wo Sie erfahren haben, daß ein Wunsch, den Sie unbedingt erfüllt haben wollten, Ihnen dann, als er erfüllt worden war, als

Unglück erschien, das Sie nun möglichst schnell wieder los sein wollen, weil es Ihnen wohl ähnlich ergangen ist wie dem Zauberlehrling in Goethes Ballade, der die Geister, die er rief, nicht mehr los wurde.

Zwillinge

Zeitraum: 21. Mai – 21. Juni
Symbol: II
Element: Luft
Planetenherrscher: Merkur
Prinzip: Intellekt, Kommunikation, Sprache, Funktionalität.
Kernsatz: „Ich kann."

Die Zwillinge sind das Zeichen, das im letzten Frühlingsdrittel herrscht. Die Kraft des Tages strebt ihrem Höhepunkt zu. Die Bäume stehen in voller Pracht und strecken sich dem Himmel entgegen. So zieht es auch die Zwillinge in den Außenraum. Sie durchbrechen die Begrenzungen, die der Stier geschaffen hat, und versuchen damit, ihren Erlebnisbereich auszudehnen. Neugierig begibt sich der Zwilling-Geborene auf Entdeckungsreise, um die Welt der Erscheinungsformen zu erforschen. Dazu muß er damit beginnen, zu zergliedern und zu analysieren. Hier beginnt die Polarisierung der Einheit, die Aufspaltung in Subjekt und Objekt, jedoch ohne die beiden Pole einer Wertung zu unterziehen. Im Zwilling-Menschen herrscht noch eine Harmonie der Gegensätze. Er benötigt das Aufspalten, das Zergliedern und Ordnen, um sich im Außenraum zu orientieren, um durch Bezeichnen und Benennen die Angst vor den neuen Erfahrungen zu bannen.

Im Zwilling-Zeichen finden wir damit auch die Geburt der Sprache, die uns als wichtigstes Instrument dazu dient, mit der Umwelt in Beziehung zu treten, Kontakte und Verbindungen herzustellen. Kontakte und das Erfassen von Wirklichkeit bleiben beim Zwilling-Menschen jedoch noch an der Oberfläche seiner Persönlichkeit. Bevor er sich tiefer damit befassen kann, treibt ihn die Neugierde bereits weiter. Es geht ihm mehr darum, die Konturen der Dinge zu erfassen als deren Inhalte. Sein Erkennen der Welt hat etwas Scherenschnitthaftes und reicht nicht in die Tiefe. Der Zwilling-Geborene begegnet daher allem unverbindlich. Er identifiziert sich ausschließlich mit seinem Intellektualismus und neigt dazu, alles zu relativieren. Dies treibt er so weit, bis alles sich ins Gegenteil verkehrt und keine Werte mehr bestehen bleiben. Er selbst verliert dann jeden Halt, und alles erscheint ihm sinnlos.

Hierin liegt die große Gefahr für den Zwilling. Seine Aufgabe ist es, die ungeheure, ihm zur Verfügung stehende Flexibilität positiv einzusetzen. Mit ihrer Hilfe kann er die Fähigkeit zu einer wertneutralen Einstellung entwickeln, einen Überblick erhalten, die Synthese finden und diese Erkenntnisse der Umwelt vermitteln. Diese Tendenz zeigt sich bereits im Planetenherrscher des Zwillings-Zeichens. Er ist der Merkur, der in der griechischen Mythologie als Götterbote Hermes Vermittler zwischen Himmel und Erde war.

Die Zwillinge sind das erste Luftzeichen im Tierkreis. Und wie uns im Stier die Erde in Beziehung zu allen anderen Lebewesen setzt – die Erde, aus der wir kommen, in der wir wurzeln – so verbindet uns auch die Luft mit allen anderen Lebewesen. Es ist immer dieselbe Luft, die wir atmen, Freund wie Feind. Die Luft ist außerdem das Trägerelement unserer Sprache. Die Schwingungen, die wir beim Sprechen erzeugen, pflanzen sich in der Atmosphäre fort. Die Luft ermöglicht uns damit die verbale Kommunikation und verhilft zu einer Verbindung mit allen Dingen. Wir erleben dadurch eine Ausdehnung unserer Beziehungen. Und so zeichnet sich der Zwilling-Geborene durch die ständige Suche nach neuen Kontakten aus, um durch diese Erweiterung des Seins zu wachsen.

Charakteristische Eigenschaften des Zwilling-Menschen sind daher geistige und motorische Flexibilität sowie Interesse an allem, ohne sich damit zu identifizieren, denn das würde ihn am Weitergehen hindern, am Suchen nach neuen Erfahrungen und Eindrücken. Der Zwilling ist höchst anpassungsfähig und vermeidet ernsthafte, tiefgehende Auseinandersetzungen. Seine Umgebung mit all ihren Problemen vermag ihn nicht lange zu fesseln, denn anderswo erregt ständig Neues seine Aufmerksamkeit.

ZWILLINGE-MEDITATIONEN

Die Zwillinge sind das Zeichen des Intellekts, der Benennung von Dingen, der Kommunikation und der Sprache. Auf der körperlichen Ebene werden den Zwillingen die Lungen zugeordnet. Zwei große Gruppen unterschiedlicher Meditationsformen entsprechen deshalb dem Zwilling-Prinzip: Wort- und Atem-Meditationen.

Mantra-Meditation

Das Wort *Mantra* kommt aus dem Sanskrit und bedeutet soviel wie heilige Silbe oder heiliges Wort. Mantra-Meditationen bauen auf der Macht der Worte auf, die unser Innerstes mit der Außenwelt in Verbindung bringen und genauso kraftvoll von außen auf uns einwirken können. Mantras sind jedoch eine besondere Form der Worte. Sie haben einen tiefen religiösen Gehalt und können die Fähigkeit besitzen, uns für das Göttliche zu öffnen.

Der Lama A. Govinda* erklärt: „Mantras sind weder magische Beschwörungsworte, deren innewohnende Macht die Gesetze der Natur aufhebt, noch sind sie Formeln für die psychiatrische Therapie oder zur Selbsthypnose. Sie besitzen keine irgendwie eigene Macht, sondern sind Mittel zur Erweckung und Konzentrierung bereits vorhandener Kräfte der menschlichen Psyche. Sie sind archetypische Laut- und Wortsymbole, die ihren Ursprung in der natürlichen Struktur unseres Bewußtseins haben."

Die Wirksamkeit von Mantras läßt sich also durch ihre Bedeutung als archetypisches Symbol erklären, das uns Zugang zu tiefen Regionen unserer Psyche ermöglicht. In der Transzendentalen Meditation (TM) werden Mantras als „Fahrstuhl ins Unterbewußtsein" gedeutet.

---

*siehe Anhang

Eine Rolle spielt jedoch auch die Schwingung der Silben. In der Hindu-Theorie wird davon ausgegangen, daß die Grundstruktur unserer Welt Schwingungen sind, die sich in der Materie konzentrieren und im kosmischen Klang ihre zarteste Ausprägung haben.

Unabhängig von allen diesen Erklärungsversuchen steht jedoch fest, daß Mantra-Meditationen sehr wirksam sind und uns einem kosmischen Bewußtseinszustand näherbringen können.

Die Wahl des richtigen Mantras ist ein wichtiger Vorgang. In einigen Meditationsschulen wird dieses Problem dadurch erleichtert, daß Ihnen ein erfahrener Lehrer ein ganz persönliches Mantra zuteilt. In der TM etwa wird Ihnen Ihr Mantra während einer feierlichen Zeremonie fast konspirativ zugeflüstert. Sie dürfen es niemandem verraten, weil es dann angeblich seine Wirkung verliert. Diese Vorgehensweise ist unter den Fachleuten umstritten. Viele Lehrer halten von dieser Geheimnistuerei nichts und empfehlen, sich ein Mantra aus dem großen Schatz der heiligen Worte auszuwählen. Dabei ist es egal, aus welcher Sprache das Mantra stammt. Wichtig ist nur, daß es für Sie persönlich eine Bedeutung hat. Wir schlagen Ihnen im folgenden eine Reihe von Mantras vor, Sie können sich für eines davon entscheiden.

Rama ist eines der zugleich einfachsten wie wirkungsvollsten Mantras aus dem Hinduismus. Es stammt von dem Sanskritwort „ram" ab, das übersetzt „sich freuen" bedeutet. Mit dem heiligen Wort *Rama* richten wir unsere Aufmerksamkeit auf den Quell immerwährender Freude tief in uns. Mahatma Gandhi hat mit diesem Mantra meditiert. Erweiterte Formen dieses heiligen Wortes sind *Om Sri Ran jai Ran jai jai Ran* („Es möge Freude herrschen") und

> *Hare Rama Hare Rama*
> *Rama Rama Hare Hare*
> *Hare Krishna Hare Krishna*
> *Krishna Krishna Hare Hare*

Die Übersetzungen: *Hare* – der unser Herz in Besitz nimmt; *Rama* – der uns mit unendlicher Freude erfüllt; *Krishna* – der uns zu sich zieht. In dieser Formel wird Gott in drei verschiedenen Namen angerufen.

Das Bittgebet *Om namah Shivaya* ist im Süden Indiens weit verbreitet. Mit ihm wird der Gott Shiva angerufen, damit er der Selbstsucht ein Ende bereite. Übersetzt heißt dieses Mantra: „Ich ergebe mich Shiva."

Aus dem buddhistischen Bereich stammt die Anrufung des „Juwels im Lotus des Herzens": *Om mani padme hum*, in der das Herz mit der Lotusblüte verglichen wird, die im Buddhismus eine tiefe spirituelle Bedeutung hat. Der Lotus ist ein Symbol vollkommener Reinheit. Mit diesem Mantra können wir daher unser Bewußtsein von allen Schlacken befreien, um es klar leuchten zu lassen und zu öffnen.

Barukh attah Adonai stammt aus dem jüdischen Glauben und bedeutet etwa: „Gesegnet seist du, o Herr."

Das bekannteste Meditationswort der Welt ist OM (gesprochen „Aum"). Es beinhaltet die drei Elemente A, U und M, die für das Wachbewußtsein, das Traumbewußtsein und den Zustand des Tiefschlafs stehen. In ihrer Synthese entsteht das Mantra OM und damit ein übergeordnetes kosmisches Bewußtsein. OM ist ein vollkommenes Symbol für die unpersönliche Gottheit, für die Einheit. In dieser Silbe finden wir deshalb eine der wirkungsvollsten Meditationshilfen überhaupt. OM ist eng verwandt mit dem Wort *Amen*, das daher ebenfalls als Mantra verwendet werden kann. (Nur am Rande: Auch das Sprechen von Gebeten, wie es in der christlichen Tradition üblich ist, ist eine Form der Wortmeditation, besonders ausgeprägt im katholischen Rosenkranz-Beten.)

Wenn Sie sich für ein Mantra entschieden haben, sollten Sie es so schnell nicht mehr wechseln.

Meditieren Sie zweimal täglich mit Ihrem Mantra, am besten morgens nach dem Waschen und vor dem Frühstück sowie am Abend. Jeweils 20 Minuten sind ausreichend. Beginnen Sie Ihre Meditation mit Entspannungstechniken und der

Suche nach Ihrem persönlichen Schwerpunkt, wie wir es im Kapitel „Die Praxis der Meditation" (s. S. 43 ff.) beschrieben haben. Sitzen Sie in der von Ihnen bevorzugten Meditationsstellung, schließen Sie die Augen und versuchen Sie, sich von den Umwelteinflüssen zu lösen. Wiederholen Sie Ihr Mantra ständig in Gedanken oder sprechen Sie es laut aus. Wenn Ihnen etwas durch den Kopf geht, lassen Sie es geschehen, richten dann aber gleich wieder Ihre Aufmerksamkeit auf Ihr Mantra. Sie beenden die Meditation, indem Sie tief ein- und ausatmen, Ihren Körper bewegen und dann die Augen öffnen.

Ein wichtiges Buch über Mantra-Meditation ist „Mantram" von Eknath Easwaran*, nach dem wir Ihnen die verschiedenen Mantras beschrieben haben. Eine der am weitesten verbreiteten Schule für Mantra-Meditation ist die der Transzendentalen Meditation.

Metapher-Meditation

Diese Meditationsart bedient sich eines Wortes als Auslöser für Meditationsketten. Metaphern sind gleichnishafte Ausdrücke, die Aussagen bildhaft machen und verstärken. Maria Brunnhuber* erklärt die Wirkungsweise dieser meditativen Übung so: „Die Metapher-Meditation bringt Worte, die wir oft nur so dahinsagen, in Beziehung zur eigenen Person, verbindet abstraktes Denken mit der Bilderwelt der Seele, löst festgefahrene oder leergewordene Formeln auf, hilft, persönliche Erfahrungen anzunehmen, zu verarbeiten und darzustellen." So trägt die Metapher-Meditation dazu bei, Inhalte Ihres Unbewußten ans Tageslicht zu bringen.

Mit Metaphern können Sie allein oder in einer Gruppe meditieren. Wählen Sie zuvor ein Wort, das Sie bildhaft beschreiben wollen, etwa „Glück", „Leben", „Angst", „Treue". Begeben Sie sich in Ihre meditative Lieblingsstellung. Suchen Sie Ihren Schwerpunkt und atmen Sie bewußt. Lassen Sie dann Ihr „Stichwort" in Ihr Bewußtsein eindringen, es anfüllen, und assoziieren Sie bildhaft, was dieses Wort bedeutet. Zum Beispiel können diese Bilder entstehen:

---

*siehe Anhang

- Glück ist wie der Luftzug, den ein Schmetterlingsflügel verursacht.
- Leben ist wie die weiße Gischt, die auf den Wellen zum Ufer getragen wird.
- Liebe ist wie die Wärme, die von einer Kerzenflamme ausgeht.
- Angst ist wie die kalte Dunkelheit einer feuchten Winternacht.
- Treue ist stark wie die Rüstung eines mittelalterlichen Ritters.

Erlauben Sie Ihren Gedanken, beliebig zu wandern. Folgen Sie ihnen und beobachten Sie die Bilder, die aus Ihrer Seele aufsteigen. Aber analysieren Sie nicht und werten Sie nicht. Verhalten Sie sich wie ein staunendes Kind, das überall Wunder entdecken kann. Beenden Sie diese Meditation in der üblichen und bewährten Art: tief atmen, sich dehnen, rekeln und strecken, langsam die Augen öffnen und in die Gegenwart zurückkehren.

Yogi-Vollatmung

Die Yogi-Vollatmung gilt als eine der Grundlagen der Atemübungen im Yoga. Sie können diese Übung im Stehen, Sitzen oder Liegen durchführen. Entspannen Sie sich und suchen Sie Ihren Schwerpunkt im Hara. Richten Sie Ihre Aufmerksamkeit auf den Atem. Fühlen Sie ihn und folgen Sie seinem Rhythmus. Atmen Sie nun aus und langsam durch die Nase wieder ein. Zählen Sie beim Einatmen in Gedanken bis 8 und versuchen Sie dabei quasi in einer geschmeidigen Wellenbewegung, Bauchbereich, mittleren Brustbereich und den oberen Teil der Lungenflügel ganz zu füllen. Danach beginnen Sie die Ausatmung. Lassen Sie zuerst den Bauch einsinken, ziehen Sie dann die Rippen zusammen und senken Sie am Schluß die Schultern. Lassen Sie die Luft durch die Nase vollständig ausströmen. Verharren Sie nun einige Sekunden lang und beginnen Sie dann wieder mit dem ruhigen, wellenförmigen Einatmen, das Ihre Lungen von unten nach oben gleichförmig füllt.

Durch diese Atmung werden Sie einen Zustand ausgeglichener Ruhe, der Harmonie, der Sicherheit und des Friedens erreichen.

Ha-Atmung

Die Ha-Atmung ähnelt der Yogi-Vollatmung. Sie bringt Harmonie in Körper, Geist und Seele und hat durch die Betonung des Ausatmens eine psychische Reinigungswirkung. Wir lernen loszulassen, die Atemluft von uns zu geben, und werden uns des Atem-Rhythmus bewußt.

Stehen Sie mit gespreizten Beinen in der Hara-Stellung. Atmen Sie in derselben Weise durch die Nase ein wie beim Yogi-Vollatmen. Ihre Lungenflügel füllen sich gleichmäßig und wellenförmig von unten nach oben mit Luft. Während des Einatmens heben Sie die Arme langsam senkrecht über den Kopf. Zählen Sie dabei bis 8. Wenn Ihre Lungen ganz gefüllt sind, verharren Sie einige Sekunden lang mit erhobenen Armen, dann machen Sie eine plötzliche Bewegung nach vorn und lassen die Arme fallen. Gleichzeitig atmen Sie heftig durch den Mund aus, indem Sie ein befreiendes „Ha" rufen. Der Ton entsteht nicht in der Kehle, sondern löst sich durch das Ausatmen.

Sie können diese Übung einige Male wiederholen. Sie ist auch als kurze streßlösende Möglichkeit in Momenten großer Anspannung nützlich.

Dhikr-Meditation

Diese Methode stammt aus dem Erfahrungsschatz der Sufis und ihrer Derwische. Es ist eine meditativ-suggestive Technik, die in verschiedenen Formen angewendet wird.

Die erste Form ist das persönliche Dhikr vor dem Einschlafen und nach dem Aufwachen. Es lautet:

Ich bekenne, da ist kein Herr außer Gott,
dem Alleinen, der keinen Seinesgleichen hat,
Ihm sei alles anvertraut, Er in allem gelobt.
Er ist mächtig über alles.

Vor dem Einschlafen, wenn Sie schon im Bett liegen, wiederholen Sie diese Formel zuerst laut, dann immer leiser, und bis zu hundertmal. Sie stehen am Abend, dem Ende des Tages, auch am Ende Ihrer physischen und psychischen Aktivitäten. Im Schlaf sind Sie hilflos und auf das Vertrauen zu Gott angewiesen. Mit diesem Dhikr bitten Sie um seine Hilfe.

Am Morgen, nach dem Waschen, aber vor dem Frühstück, meditieren Sie in einer aktiveren Form. Setzen Sie sich in Ihrer bevorzugten Meditationshaltung nieder oder stehen Sie mit leicht gespreizten Beinen aufrecht. Beginnen Sie dann damit, laut die Meditationsformel zu sprechen, dann immer leiser und schließlich stimmlos, aber mit um so größerer innerer Entschlossenheit. Sprechen Sie diese Formel bis zu hundertmal. Es ist ein Loblied auf die Freuden wie die Gefahren des bevorstehenden Tages. Nach den Erfahrungen der Sufis verleiht Ihnen diese Meditation ein Gefühl innerer Sicherheit und Stärke. Nehmen Sie dieses Gefühl mit in den Alltag.

Beim Abzählen der Wiederholungen der Meditationsformel hilft Ihnen eine der gebräuchlichen islamischen Gebetsschnüre. Sie können sich aber auch mit einem katholischen Rosenkranz behelfen.

Die zweite Form der Dhikr-Meditation wird von den Sufis in der Gemeinschaft begangen, kann aber auch allein ausgeführt werden. Ihre Formel lautet: *La ilah ill´Allah* – Es gibt keinen Gott außer Gott. Bei dieser Übung stehen Sie mit locker hängenden Armen. Beim ersten „La ilah" neigen Sie den Kopf, beim ersten „ill´Allah" neigen Sie den Oberkörper. Beim zweiten „La ilah" heben Sie den Oberkörper, beim zweiten „ill´Allah" heben Sie den Kopf, usw.

Sie können die Formel selbst aufsagen und dabei das Tempo immer mehr beschleunigen, bis Sie sich erschöpft fühlen. Besser und sehr empfehlenswert ist es aber, wenn Sie diese Übung zusammen mit einem spirituell erfahrenen Lehrer und in der Gruppe machen. Hinweise auf Sufi-Kontaktadressen finden Sie im Anhang.

Die Formel für die dritte Dhikr-Form lautet *Allahu akbar* – Gott ist groß. Meditieren Sie nach dieser Formel erst dann, wenn Sie die beiden ersten Dhikr-Formen schon jeweils mindestens eine Woche lang geübt haben. Auch hier gilt, daß es sehr empfehlenswert ist, diese Meditation unter Anleitung eines erfahrenen Lehrers in einer Gruppe zu üben.

Sie sprechen im Stehen nach Entspannung, Schwerpunktsuche und Loslösen von allen Gegenwartssorgen mit zum Himmel erhobenen Händen die Formel „Allahu akbar". Dann wiederholen Sie „Gott ist groß", werfen sich dabei auf die Knie und berühren mit der Stirn den Boden. Anschließend stehen Sie beim nächsten „Allahu akbar" wieder auf. Beim Aufstehen atmen Sie ein, beim Niederwerfen aus. Diese Dhikr-Meditation ist sehr anstrengend. Sie soll nicht länger als eine Viertelstunde dauern. Brechen Sie sie aber sofort ab, wenn Sie erschöpft sind oder Kreislaufprobleme bekommen. Beachten Sie bitte generell, daß sich Dhikr-Meditationen nur beschränkt für Autodidakten eignen.*

Geführte Zwillings-Meditation 1

Legen Sie sich also, nachdem Sie für äußere Ungestörtheit gesorgt haben, bequem hin, die Beine nebeneinander, die Arme locker seitlich vom Körper. Sie können sich auch gut mit einer leichten Decke zudecken und dadurch Ihr Geborgenheitsgefühl noch vertiefen. Jetzt schließen Sie die Augen und lassen sie geschlossen, denn alles, was jetzt geschieht, wird innen geschehen. Sie werden eine weite Reise machen, doch ausschließlich nach innen. Die wirklichen Abenteuer sind immer innen – und so bleiben die Augen wie von selbst zu, und unsere inneren Augen übernehmen die Führung –, und tatsächlich gibt es innen mindestens ebensoviel zu sehen wie außen. Wir brauchen nur an irgend etwas zu denken, und schon erscheint es vor unserem inneren Auge. Unsere Gedanken und Phantasien funktionieren einfach so: Kaum denken wir an ein gelbes Postauto, fährt es auch schon durch unsere innere Welt. Ja, es ist im Gegenteil schwer, diesen Prozeß abzuschalten. Wir können uns noch so vornehmen, daß jetzt kein Postbote aus dem gelben Auto steigt, im selben Moment, wo wir an ihn denken, ist der Postbo-

---

*Ein Buch zur Einführung ist „Islamische Sufi-Meditationen für Christen" von Heinz Gstrein (siehe Anhang).

te auch schon da, geboren in unserer Phantasiewelt steigt er aus seinem gelben Auto, und ganz ähnlich ist es mit allen Gedanken und Vorstellungen. Die innere Welt ist mindestens so vielfältig und bunt wie die äußere, ja, noch vielfältiger, denn in der inneren Welt können wir uns sogar Dinge vorstellen, die es außen gar nicht oder noch nicht gibt. So nämlich werden alle Erfindungen gemacht. Sie entstehen, wie alles andere auch, zuerst innen, und die äußere Gestalt wird später nach dem inneren Bild geschaffen. Wir aber bleiben jetzt ganz bei unseren inneren Bildern und betreten die vielfältigen Landschaften unserer Phantasie, und es ist jetzt gerade eine sehr belebte Landschaft, eine Frühlingswiese mit all ihren geschäftigen Insekten, und Sie gehen durch diese Wiese, gehen mit lockeren Schritten, tief und voll atmend über die Wiese. Das Wetter ist freundlich, es weht ein leichter Wind, und Sie fühlen sich luftig und frei, fühlen sich so heiter wie die Stimmung um Sie herum, sind in entspannter, angenehmer Bewegung wie die unzähligen weißen Wolken, die sich vom Wind sanft über den hellblauen Frühlingshimmel treiben lassen. Die Luft ist vom Summen der Bienen erfüllt, und Sie nehmen sich einen Moment, um deren geschäftigem Treiben zuzusehen. Gerade verschwindet eine in einem violetten Blütenkelch – die ganze Blume zittert einen Moment, wird von innen durchgeschüttelt, und schon erscheint wieder das Hinterteil der Biene, und, ehe Sie sich versehen, kommt schon die nächste Blüte dran. Sie folgen der Biene auf ihrem Ausflug und besuchen mit ihr die verschiedensten Blumen mit den unterschiedlichsten Düften, und Sie nehmen diese Düfte in sich auf – das ist sehr gut möglich, denn unsere inneren Sinnesorgane sind sogar noch empfindlicher als die äußeren –, und so erleben Sie auch die Qualität des feinen Blütenstaubes und das sanfte Schwingen der Blumenkelche, wenn die Biene in ihrem Inneren arbeitet. Die Blumen wechseln – und mit ihnen der Duft – ihre Farbe und auch ihre Form – jede ist für sich ein kleines Wunder – und Sie verweilen nirgends lange – folgen der Biene auf ihrem geschäftigen Weg durch diesen heiteren Junitag. – Jetzt fallen sogar ein paar vereinzelte Regentropfen – wie aus heiterem Himmel –, aber die Tropfen sind nicht kalt, sondern angenehm lau, und die Sonne wird auch bald wieder hinter dieser etwas größeren Wolke hervorkommen und die paar Tropfen im Nu wieder trocknen. Mit dem kurzfristigen Wetterwechsel wechselt auch die Stimmung auf der Wiese, der leichte Wind wird deutlich spürbar; auch die Wolken am Himmel scheinen nun schneller zu ziehen, und das Summen der Wiese wird schwächer – Sie haben nun auch Ihre Aufmerksamkeit von der Biene gelöst und folgen statt dessen einem gelben Schmetterling auf seinem zappeligen Flug von Blüte zu Blüte – gerade hat er sich auf einer Margerite niedergelassen – deutlich spüren Sie dabei sein sprunghaftes Wesen, das ihn nirgends länger als einen kurzen Moment verweilen läßt. Fast könnte er treulos erscheinen, dieser schimmernde Zitronenfalter, dabei ist es nur die Verlockung des Augenblicks, die ihn weiterträgt – es gibt so viele Blumen und Plätze – sie alle lassen sich verbinden durch seinen unendlichen Zickzackflug. Fast ist es, als trüge der Zitronenfalter Botschaften von Ort zu Ort, so bestimmt folgt er seinem seltsamen Weg – darin ist er dem Briefträger vom Anfang ähnlich, dessen gelbes Auto auch im beständigen Wechsel hielt und wieder losfuhr, von Besuch zu Besuch. Und tatsächlich trägt auch der Schmetterling Botschaften, den Samen der Blüten nämlich – jenen Blütenstaub, der wie unbeabsichtigt an ihm hängenbleibt. Und so verbindet er auf seine spielerische Art tatsächlich all die besuchten Blüten in einem tieferen Sinne miteinander – bringt sie alle zusammen und kümmert sich doch selbst kaum darum. Darin wiederum gleicht er dem Wind, der ebenfalls den Blütenstaub mit sich trägt und so nicht nur die Blumen, sondern auch die Gräser und Stauden, die Sträucher und mächtigen Bäume miteinander verbindet und ganz nebenbei befruchtet. Und wenn der Wind auch manchmal heftiger wird und die Pflanzen beutelt und biegt, so ist er doch lebenswichtig für sie – ohne die von ihm leichthin gestifteten Verbindungen und Beziehungen müßte das Leben vieler Pflanzen und auch unsere Wiese zugrundegehen. – Und wie Sie so durch die Wiese streifen zwischen all den Blumen und Kräutern, Gräsern und kleinen Stauden, erleben Sie den Wind nun ganz anders, ganz neu, spüren fast seine Bedeutung, die er mit seiner leichten, luftigen Art zu überspielen sucht – er nimmt sich wohl selbst nicht so wichtig – doch das macht nichts und paßt gerade zu ihm – Sie erkennen nun sein Gewicht für das Ganze – die ganze blühende Wiese und all das Wachsen der Natur – ohne Verbindungen und Beziehungen wäre die Wiese sehr bald langweilig, leblos und tot.

So aber hängt alles zusammen – wenn auch auf kaum wahrnehmbare Weise. Sie haben es nun durchschaut und gehen in Gedanken versunken weiter – in jene Richtung, in der Sie am Wiesengrund einige hohe Pappeln stehen sehen und größere Büsche kurz davor. Vorsichtig setzen Sie Fuß vor Fuß, um das harmonische Gefüge der Wiese möglichst wenig zu stören – dieses große Gewebe aus Pflanzen und Insekten, Wind und Regentropfen, aus weichem Erdboden und wärmender, kraftspendender Sonne – und diese Sonne wärmt nun auch Sie wieder auf Ihrem Weg zum Wiesenrand – sie hat die spärlichen Regentropfen längst getrocknet und hüllt die ganze Landschaft in warmes Frühlingslicht. – Bei den Sträuchern angekommen, suchen Sie sich einen angenehmen Platz zum Ausruhen – dort, unter dem großen Holunderbusch, wo das Gras so dick ist, daß es ein bequemes Lager bildet – dort lassen Sie sich nieder, legen sich hin, den Kopf auf ein etwas erhöhtes Graspolster. – Über Ihnen wölben sich nun die Äste des Holunderbusches wie eine Kuppel gegen den blauweißen Himmel, und Sie riechen den frischen Duft der weißen Blütendolden. Und noch ein anderer bekannter Duft mischt sich darunter – ja, tatsächlich, dort neben Ihnen stehen auch einige Pfefferminzpflanzen und ein paar Schlüsselblumen. Doch jetzt wandert Ihr Blick zurück zum Baldachin aus Holunderzweigen über Ihnen, und wieder erscheint Ihnen alles wie ein großes, zusammenhängendes Gewebe – die Zweige und grünen Blätter – die weißen Blütendolden dazwischen und die weißen Wolken auf dem blauen Hintergrund – und der Himmel – wirklich wie ein großes, weites Zelt – und der Holunderbusch wie ein kleines Zelt und Sie darunter und im Mittelpunkt von allem – der Mittler zwischen Himmel und Erde, Holunderbusch und Körper, Gras und Wolken – und so gehen langsam Ihre Augen zu, und das Gewebe der alles verbindenden Beziehungen und Verhältnisse bleibt – wohl, weil es auch in Ihnen lebt, auch in Ihnen alles verbunden ist, zusammenhängt und Teil des einen großen Musters ist. Es ist Ihnen, als spürten Sie den Wind, den guten Bekannten, nun auch in sich – und tatsächlich ist er da – ist die Luft in Ihnen – strömt durch Nase und Mund herein und verteilt sich über die Bronchien bis in die allerfeinsten Verzweigungen der Lungenbläschen – die ganze Brust ist durchströmt von Luft – frischem Wind, und durch die hauchdünnen Wände der Lungenbläschen gelangt die Essenz des Windes, jenes Prana, die Lebensenergie, von der der Sauerstoff nur ein kleiner Teil ist, in Ihr Blut, in die roten Blutkörperchen, und diese tragen die Essenz des Lebens über all die unzähligen, sich unendlich verzweigenden Blutgefäße bis zur letzten Zelle des Körpers – und tatsächlich stehen so alle Zellen miteinander in Verbindung – atmen dieselbe Luft – fast so, wie auch die Lebewesen auf der Wiese von derselben Luft atmen – und eigentlich alle Lebewesen auf der Welt. – Und Sie spüren die Verbundenheit all Ihrer Körperzellen über die frische Luft, die Sie einatmen. Es ist wirklich ein einziges großes Gewebe aus verbundenen Zellen, die zusammen arbeiten und leben. – Und da ist noch so ein Netz, das sich durch den ganzen Körper zieht, ähnlich dem Geflecht der Blutgefäße, das Netzwerk der Nerven nämlich. Es beginnt in feinsten Verästelungen schon direkt unter der Haut – die unzähligen haarfeinen Nervenfasern dringen in die Tiefe des Körpers und verbinden sich mit anderen zu größeren Nervenbahnen und Kanälen, werden zu richtigen Ästen und streben zum Rücken, wo sie eigenartige Zentren bilden, die die ganze Wirbelsäule hinaufreichen bis zum Gehirn, dem letzten und größten Zentrum. Auch auf dieser Ebene hängt alles mit allem zusammen, steht in Verbindung. – Alles hält lebendige Beziehung zueinander, Informationen und Energieimpulse jagen hin und her und halten die komplizierte und doch so harmonische Ordnung im Gleichgewicht. Und das Nervengeflecht ist der Vermittler dieser Harmonie. Es verbindet, wie die Lunge, außen und innen, oben und unten. – Und nun wird Ihnen das große Gewebe auf allen Ebenen bewußt – nicht nur innen – auch draußen steht alles in Beziehung – auf der Wiese auch, aber nicht nur dort. – Jetzt taucht der Feldweg am Rande der Wiese vor Ihrem inneren Auge auf, und wie Sie ihm aus der Luft weiter folgen, wird er bald breiter und trifft schließlich auf eine kleine geteerte Straße, und die führt auf eine Hauptstraße – und sie schweben darüber, verfolgen das ganze Schauspiel aus der Luft – und es ist dasselbe Schauspiel, das Sie schon von den Nerven im eigenen Körper und Ihrer Lunge kennen. Die Hauptstraße trifft auf andere große Straßen, und sie wird zu einer mehrspurigen Autobahn, und die Autos sausen auf ihr dahin wie eben noch die roten Blutkörperchen durch die Gefäße und die Impulse über die Nervenbahnen. Die Autobahn endet ebenfalls in einem wahren Gewirr von Straßen und Wegen – die große Stadt scheint das Gehirn für die Straßen zu sein, der große Knotenpunkt, wo alles zusammenkommt und von wo aber auch alles wieder auseinanderläuft und sich in alle vier Winde verteilt. – Auch hier also hängt alles mit allem zusammen, steht in Verbindung, hält Beziehung zueinander und miteinander – wieder das große Gewebe der Wirklichkeit.

Und andere Ebenen der Verbundenheit tauchen auf aus Ihrer eigenen Tiefe – oder kommen sie von draußen herein? – gleichgültig – da ist schon wieder der Postbote von Anfang mit seinem gelben Auto – und auch er ist Teil eines solchen riesigen Netzes – seine Briefe und Päckchen sind die roten Blutkörperchen und die Impulse in den Nervenbahnen – ja, das ist ein noch viel größeres Netzsystem als das der Straßen und Wege, denn diese selbst sind ja nur ein kleiner Teil davon. Auch Schiffe auf unzähligen Wasserstraßen auf den verschiedensten Meeren der Welt gehören dazu, und all die Flugzeuge helfen mit, Städte, Länder und Kontinente zu einem großen Netz zusammenzuschließen. Auf ihren Fluglinien reisen Briefe und Nachrichten um die ganze Welt. – Und da hängt noch ein anderes Netz an diesem Gewebe, noch größer und weiter, und vor allem reisen die Nachrichten in ihm viel schneller, und so schließen sie die Welt noch enger zusammen. Das Telegraphennetz erlaubt Nachrichten in Sekundenschnelle von einer Stadt zur anderen, ja, von Kontinent zu Kontinent zu schicken, ja, es reicht sogar bis in den Weltraum hinaus und macht ihn so zum Teil des großen, weltumspannenden Netzes der Vermittlung zwischen den Teilen des Ganzen.

Sie spüren die Verbundenheit nun in sich im kleinen – Ihrem Körper – und draußen im großen – der Welt. Aber auch auf allen Ebenen dazwischen besteht dasselbe Netz und verbindet und vermittelt. Da sind all die Menschen miteinander verbunden, die Zeitung lesen und vor allem jene, die dieselbe Zeitung haben, nehmen sie doch dieselbe Information auf. Und auch all die Fernsehzuschauer sind miteinander verbunden und die Leser desselben Buches untereinander und mit dem Autor. Und die Börse verbindet all jene, die in irgendeiner Form mit Wirtschaft zu tun haben. Im Kleinen sind natürlich auch all jene Menschen miteinander in Verbindung, die denselben Vortrag, dieselbe Musik hören und dieselbe Meditation machen. Und natürlich sind auch all jene verbunden, die unter demselben Urprinzip geboren sind, wie etwa dem des Zwillings, des verbindenden, in Beziehung setzenden Prinzips. –

Lösen Sie sich nun allmählich wieder von den inneren Bildern und tauchen Sie allmählich auf, ohne irgend etwas zu vergessen, was Sie auf Ihrer Bilderreise erlebt haben. Ja, Sie können es anschließend sogar aufschreiben. Auch das würde gut zum Zwilling passen. Jetzt aber lassen Sie sich Zeit, nehmen langsam, aber bewußt Ihren Atem wieder unter Kontrolle und atmen einmal tief durch, bewegen die Finger ein wenig und strecken und räkeln sich, und dann erst öffnen Sie die Augen und orientieren sich wieder ganz bewußt.

Das ist nur eine Möglichkeit unter vielen, sich dem Zwillingsthema in einer geführten Meditation zu widmen. Diese eine Variante können Sie auch auf Kassette, gesprochen und mit geeigneter Meditationsmusik unterlegt, bekommen. Es lohnt sich, diese Meditation oft zu wiederholen, und es schadet gar nichts, wenn Sie den Text dann schon kennen; im Gegenteil, gerade dann sind Sie in der Lage, wirklich in die Tiefe zu gehen und Ihre eigene Beziehung zu diesem Thema zu erleben. Es geht hier ja gerade nicht um Überraschung und Abwechslung für unseren Intellekt. Das mag für Unterhaltung wichtig sein. Bei Meditationen, und das gilt nicht nur für die geführten, sondern für jede Form, geht es genau um das Gegenteil. Der ‚Intellekt soll beiseite bleiben, und das erreicht man hauptsächlich durch Techniken, die dem Intellekt langweilig sind, bestenfalls sterbenslangweilig. Ob wir nun bei der Zen-Meditation immer unseren eigenen gleichen Atem beobachten, ständig versuchen, bei der Mantra-Meditation an dieselbe Silbe zu denken, oder eben immer wieder dieselbe geführte Meditation hören, ist dann gleichgültig. Und doch kann es nach längerer Zeit sein, daß man seinen eigenen Bezug zu einem Thema geklärt hat und in der ganzen Tiefe versteht, und dann kann es hilfreich sein, sich ein neues Thema zu wählen.

So können Sie etwa ein mythologisches Thema wählen und über den antiken Zwillingsmythos von Castor und Pollux oder Romulus und Remus meditieren.*
Legen Sie sich dabei am besten wieder zur Meditation hin und lassen sich die Geschichte langsam vorlesen, wobei Sie in die einzelnen Figuren und ihre Rollen hineinschlüpfen sollten, wie bei unserer obigen Meditation.

Genauso können Sie mit dem Zwillingsmärchen von den Goldkindern** verfahren. Lassen Sie es sich erzählen und meditieren dabei. So gibt es noch viele Themen, die Sie nutzen können, wenn Sie mit der grundsätzlichen Technik einmal vertraut sind. Dazu empfiehlt sich für den Anfang allerdings am besten die oben vorgegebene Meditation.

Geführte Zwillings-Meditation 2

Merkur (Hermes): Die Vorbereitungen zu unserer Reise zum Merkur sind sehr einfach: Suchen Sie sich einen vor Störungen geschützten Platz, bequem und aufrecht sitzend oder entspannt liegend, die Beine nebeneinander, die Arme locker seitlich vom Körper und schließen die Augen – alles weitere wird sich nun innen abspielen, vor Ihrem inneren Auge – und es kann und wird viel passieren – und das ist auch gut so – zumal wir keine Angst zu haben brauchen, denn Merkur, der Gott, der das Zwillingszeichen regiert, ist ja auch der Gott der Reisen und der Reisenden, und so wird er uns beistehen und leiten.

Und Sie lassen jetzt erst einmal los von allen Problemen des Tages, allen Gedanken und Erwartungen – es gibt nichts zu tun – Merkur wird sich uns wie von selbst enthüllen – wir brauchen nur unsere Reise zu beginnen, schon ist er zur Stelle.

---
* Liz Greene: „Astrologie und Schicksal", Der Zwillingsmythos (siehe Anhang)
** Grimms Märchen. Die Goldkinder.

Allmählich spüren Sie auch schon, wie der Körper schwerer wird und die Gedanken dafür leichter und fließender – bereiter auch, auf diese Reise zu gehen, und obwohl die Beine schwer und unbeweglich auf dem Boden aufliegen, wird das innere Gefühl leichter, ja, manchmal fast schwebend. Und die Hände, auch sie liegen ganz bewegungslos neben dem Körper, und doch sind sie sehr bewußt, wie mit Bewußtsein angefüllt. Und wie Sie sie so mit Bewußtsein anfüllen, fühlen sich Ihre Hände so eigenartig an – ganz anders als gewohnt und doch angenehm – ist es Energie oder nur Wärme, was dieses eigenartige Gefühl bewirkt – oder einfach eine Folge des Bewußtseins, das sich hier nun zentriert – fast könnte man glauben, sie – die Hände – würden leichter, und wenn sie wollten, könnten sie jederzeit hochsteigen – aber genausogut könnten sie auch schwerer – viel schwerer – werden, wenn das Bewußtsein sie weiter ausfüllt, und es ist eigentlich ganz gleichgültig, wie schwer oder auch leicht Ihre Hände werden, sie fühlen sich einfach anders an, und es kann sehr gut sein, daß Sie die Veränderung erst einmal äußerlich nur sehr wenig wahrnehmen, und das ist in Ordnung, denn dieser Vorgang ist ja vor allem ein innerer. Und auch sind die Hände nun eigentlich gar nicht so wichtig, sie geben nur sehr häufig das erste Zeichen, daß die Reise begonnen hat, aber es ist gleichgültig, und ebensogut kann es die Schwere in den Beinen sein, die anzeigt, daß die Reise nach innen schon längst begonnen hat oder das Zittern der Augenlider, ein eigenartiger Schluckreflex auch manchmal oder einfach die Stille, die in uns entsteht, wenn wir so ruhig daliegen – die Reise hat schon begonnen, und es geht sehr leicht – wir brauchen auch gar nicht bis zum Olymp zu reisen, um Merkur zu finden, sondern sind im Gegenteil ganz auf der Erde, ja, unter der Erde eigentlich, im dämmrigen Licht einer Grotte. – Hier nämlich, im antiken Griechenland, genauer in der Felsgrotte des Berges Kyllene, steht die Wiege des Merkur, hier hat ihn Maia als Folge ihrer heimlichen Liebesnacht mit dem Göttervater Zeus zur Welt gebracht. Den Moment der Geburt aber haben wir gerade verpaßt und sehen nun den jungen Gott, bereits zum Knaben herangewachsen, die Grotte verlassen. Er muß es sehr eilig gehabt haben heranzuwachsen, und schon die erste Gelegenheit, wo sich Mutter Maia nur einen Augenblick abwandte, hatte er auch sogleich genutzt, um sich davonzustehlen. In Windeseile, wie er auch schon herangewachsen ist, springt er nun quicklebendig ins sonnige Licht seines ersten Lebenstages hinaus. Wie er so offensichtlich vor Lebensenergie strotzt und abenteuerlustig und vor allem neugierig auszieht, um die Welt kennenzulernen, wirkt er so anziehend, daß Sie ihm dicht auf den Fersen folgen, ihm dabei immer näherkommend, und ja, Sie schlüpfen einfach in ihn hinein, schließlich spüren Sie ja auch genug von ihm in sich, und so fällt es leicht, in seine Haut zu schlüpfen – er – Hermes – der junge Gott zu sein.

Sie spüren nun all seine jugendliche Kraft, die Abenteuerlust und Neugierde, den Mut auch. – Als die Sonne den Zenit erreicht, liegt die heimatliche Grotte schon weit zurück, und das fühlt sich sehr gut an. Sie sind eben frei und beweglich, und das nutzen Sie nach Herzenslust aus. Wie Sie so wohlgemut durch die sonnige griechische Landschaft ziehen, den Duft der Kräuter einatmend, den leichten Wind angenehm auf der Haut spürend, wird Ihr Blick vom verlassenen Panzer einer Schildkröte angezogen – und sofort ist da auch schon die passende Idee. Mag die Schildkröte ihr Haus nicht mehr gebraucht haben, für Merkur kommt es gerade recht, und unversehens schnitzen und bauen Sie sich eine Leier daraus. Wie es einem jungen Gott entspricht, ist das Werkzeug ebenso magisch schnell zur Hand, wie das handwerkliche Geschick schon mitgebracht ist, und auch die Fähigkeit, auf der fertigen Leier sogleich kunstfertig zu spielen, muß ein Geschenk der Götter sein. Die Musik fließt Ihnen geradezu aus den Händen und begleitet den weiteren Weg durch trockenes, sonnenbeschienenes Land, an Zypressenhainen vorbei geht der Weg – Abenteuer liegen in der Luft – sie ist überhaupt voller Leben, diese Luft, die Sie atmen – nicht nur zahllose Insekten beleben sie – nein, auch jeder Atemzug für sich scheint voller Leben zu sein. Die würzige Luft verbindet Sie mit all den Insekten, die Sie umschwirren, und mit der ganzen Landschaft – Innen und Außen stehen in Verbindung, und es ist die eine Luft, die diese Verbindung schafft, es ist die Lust, sie einzuatmen. So viele Kräuter tragen in dieser Landschaft mit ihrem Duft zum Reichtum der Atemluft bei – der Duft der Zitronenmelisse ist gerade besonders intensiv. – Und voller Unternehmungsdrang streifen Sie durch dieses Land, das nur mit Büschen und Sträuchern überzogen ist. Mit Ihren geschickten Händen schieben Sie die Zweige mühelos auseinander, und plötzlich enden die Büsche, und Sie stehen vor einer von Buschland eingeschlossenen Weidefläche, auf der eine kleine Rinderherde friedlich grast. Und sogleich weiß Merkur in Ihnen, daß es sich um die Herde des Halbbruders Apoll handelt; und trotzdem oder eigentlich gerade deswegen reift der Gedanke zu einem verwegenen Streich in Ihnen: die Herde zu entführen. „Stehlen" könnte man es auch nennen, aber Ihnen geht es doch viel mehr um den Streich, und auch ist es eine gute Gelegenheit, gleich einmal den Kontakt zu den Göttern herzustellen und die eigenen Rechte anzumelden.

Sehr geschickt treiben Sie die Herde durch den schmalen Weg, der Sie hergeführt hat, und die Töne der Leier helfen dabei; sie scheinen die Tiere zugleich zu beruhigen und zu führen, und so dauert es gar nicht lange, bis Sie einen sicheren Ort gefunden haben, wo sich die Herde mühelos verbergen läßt. In aller Ruhe legen Sie sich nun gleich bei der Herde unter einen Olivenbaum, schließen die Augen und sind dankbar für den Augenblick und die gut genutzte Gelegenheit. – Und so bringen Sie einen der Stiere als Dankopfer dar. Vor Ihrem inneren Auge vollzieht sich das Opferritual. Für sich selbst nehmen Sie einen kleinen Teil des Fleisches, und den Rest bekommen die Flammen des Opferfeuers zu Ehren der Olympischen Götter – Ihrer Familie.

Und ist es der zum Himmel aufsteigende Rauch oder der allesverbindende Wind, schließlich bemerkt Apoll den Diebstahl, und nun ist es für Sie Zeit, sich im Olymp zu melden. Als Kind des Göttervaters bedarf es nur eines Gedankens, und schon finden Sie sich inmitten der Versammlung der Götter. Anfangs macht es Spaß, den Diebstahl auf die Ihnen eigene charmante Art zu leugnen und von der richtigen Spur abzulenken – zu verlockend ist es, mit den Worten und ein bißchen auch mit der Wahrheit zu spielen, die ersteren und auch die letztere ein wenig zu wenden und zu verdrehen – und sei es im Munde der anderen – Worte und Zahlen sind doch eigentlich Spielzeuge – und mit Spielzeugen sollte man doch auch spielen, sie entsprechend handhaben.

Als Sie aber merken, daß die anderen dieses Spiel sehr viel ernster nehmen, geben Sie alles zu – zu weit wollen Sie es ja auch nicht treiben, nicht wirklich streiten. Alle sind erleichtert, als Sie nach dem so geschickten Verwirrspiel mit einem Schuß Selbstironie zu der kleinen Entführung stehen. Niemand kann Ihnen da wirklich böse sein, und sogleich fahren Sie fort, in Ihrer gewitzten Art und mit raffiniertem diplomatischem Geschick, den Nachteil in einen Vorteil zu verwandeln – aus der Schande eine Ehre für sich und die Götter zu machen. Und als Sie schelmisch gestehen, daß Sie das Opfer ganz gerecht in zwölf Teile geteilt und elf zu Ehren der Olympischen Göttergesellschaft verbrannt und nur den zwölften, Ihnen zustehenden Teil, behalten hätten, haben Sie endgültig gewonnen. Die Götter und selbst Zeus sind von so viel frechem Witz und Verhandlungsgeschick geradezu entwaffnet. Weil Ihnen Ihr Platz im Olymp damit schon sicher ist, nutzt der Göttervater gleich die Gelegenheit und macht Sie, auf Ihre schon gezeigten, angeborenen Fähigkeiten vertrauend, zu seinem Boten, der von nun an zwischen dem Himmel der Götter und der Erde der Menschen zu vermitteln hat, die beiden Ebenen solcherart verbindend.

Um dieser Aufgabe als Vermittler noch besser gerecht zu werden, bekommen Sie jetzt den geflügelten Helm und die geflügelten Sandalen, die in Windeseile und wenn notwendig noch flinker von Ebene zu Ebene tragen, die Schritte und die Gedanken im wahrsten Sinne des Wortes beflügelnd.

Diese Aufgabe als Götterbote gefällt Ihnen und steht Ihnen auch so gut, daß keiner der anderen Götter auch nur daran denkt, Einspruch gegen Sie, den neuen Gott, das neue Prinzip, zu erheben. So wichtig ist Ihre Rolle schon jetzt, Verbindungen müssen überall geschaffen werden – Sie spüren diese Notwendigkeit mit Leib und Seele – und machen sich auch gleich auf den Weg – denn ja – auch die Wege sind natürlich Ihr Revier, führen sie doch die Menschen zueinander, verbinden Städte und Länder miteinander. Aber nicht nur die geraden Wege sind Merkurs Pflicht und Aufgabe, auch die gewundenen und verschlungenen Wege unterstehen Ihnen, und selbst die krummen Wege scheuen Sie nicht. Auch manche halbe Wahrheit kann wichtige Verbindungen schaffen, und selbst die Lüge bewirkt immer noch Verbindung, wenn auch auf falsche Weise. Wie der Handel, bei dem die Waren ja von Hand zu Hand wandern, gehört so auch der Diebstahl in Merkurs Reich, schafft doch auch er eine Verbindung, wenn auch eine illegale.

Und Sie spüren die Freude über all die Möglichkeiten in Ihrem Revier – Bewegung und Verbindung sind Ihnen Aufgabe und Berufung, nicht etwa juristische Einschätzung oder gar moralisierende Bewertung. Geschickte Diplomatie kann solche Rücksichten nicht nehmen, und schließlich gilt es ja, die extremsten Gegensätze zusammenzubringen, schließlich sind Sie der Gott der Händler und der Diebe. Austausch ist die Devise – Vermitteln die Aufgabe – und dabei kommt Ihnen Ihre natürliche Neutralität zugute und auch die Fähigkeit, die Relativität aller Dinge und Standpunkte zu erkennen. Bei all den vielfältigen Aufgaben bleiben Sie heiter und locker in Ihrem Vorgehen und Verhandeln, und so kommt es, daß Ihnen niemand wirklich böse sein kann, auch wenn Ihre Verpflichtungen des öfteren die Grenzen der Gesetzlichkeit und vor allem der Moral und des geziemenden Ernstes verletzen. Schließlich ist es niemals Ihre Absicht, zu verletzen um des Verletzens willen oder zu schaden um des Schadens willen, im Gegenteil, Sie wollen nur Bewegung ins Spiel bringen, damit alles gut läuft – und „gut" bedeutet nun einmal: gut geölt, leicht und locker. Daß solche Aktivitäten nicht allzu tief gehen, braucht nicht Ihre Sorge zu sein, dafür gibt es andere Prinzipien, andere Götter. Sie sind einfach gern heiter und überall dabei und verbinden, was sich auf Ihre Art verbinden läßt. Kommunikation und Vermittlung sind Ihr Reich, und wenn einmal heftiger Streit aus einer Verbindung wird, ist es immer noch Zeit, Mars das Feld zu räumen. Geht auf der anderen Seite eine Verbindung über den Flirt hinaus und wird zur Liebe, tritt Merkur bereitwillig zugunsten von Venus zurück. Er ist der Herr an der Oberfläche, was zu tief geht, ist ihm fremd und auch, was zu schwer wiegt; mit leichter Hand vermitteln Sie Beziehungen und wachen über den Verkehr zwischen den Menschen, weisen ihnen den Weg – und oft genug neue Wege, wie etwa in Wissenschaft und Forschung.

Aber auch die Wege, die zu den menschlichen Urfragen führen, unterstehen Ihnen, und so ist Merkur auch der Führer der Seelen in die Unterwelt – und auch der Vermittler des letzten Wissens, der dreimal große Hermes ist er, der den Kernsatz aller Esoterik auf seine smaragdene Tafel geschrieben hat: „Das, was oben ist, ist wie das, was unten ist." Wer könnte diese Wahrheit „Wie oben – so unten" auch besser vermitteln als Merkur-Hermes, der Vermittler zwischen Himmel und Erde. Als Hermes-Toth untersteht ihm auch jener geheimnisvolle Weg des Tarot ... und alle anderen Wege, die Umwege aber auch und alle Abkürzungen – mit allem haben Sie zu tun, und alles interessiert Sie, und so spüren Sie nun all das Merkuriale in sich immer noch deutlicher werden, spüren, wie es auch Ihnen Freude macht, zu vermitteln und Dinge und Menschen in Beziehung zu setzen, wie Merkur in Ihnen und in Ihrem Leben wirkt und schon immer wirkte. – So erleben Sie nun all die Neugierde in sich – die Lust, den Mut aber auch, neue Wege zu suchen, zu finden und zu gehen – und ebenso die Freude, andere auf neue Spuren zu bringen, Türen zu öffnen, Wege zu weisen, Richtung zu geben – überall dabeizusein – Bewegung zu machen – zu verbinden, was zusammengehört – und auch das, was nicht zusammengehört. – Hin- und herzureisen zwischen Oben und Unten. – Zu vermitteln zwischen göttlichen Prinzipien und menschlichen Bedürfnissen. –

Die letzte Wahrheit und das Spiel mit all den Halbwahrheiten – und so schauen Sie sich auch all die Beziehungen in Ihrem Leben an – die notwendigen und die überflüssigen. –

Und all die Halbwahrheiten. –

Und auch jene letzte, in diesem Moment faßbare Wahrheit ... Nehmen Sie sich nun Zeit, viel Zeit, um Merkurs Handschrift in Ihrem Leben zu entdecken und die Chancen zu erkennen, die sein Prinzip bietet.*

---

*Beide Meditationen sind auch auf Kassette/CD erhältlich bei carpe diem. (siehe Anhang)

Atem-Meditation

Unser Atem hat eine einzigartige Zwischenstellung zwischen Körper und Seele – er verbindet beide miteinander, weshalb er auch sehr gut unter das Zwillingsprinzip paßt, dessen Anliegen es ja auch ist, zu verbinden und zu vermitteln. Diese Mittlerstellung rückte den Atem zu allen Zeiten in den Mittelpunkt des menschlichen Interesses und machte ihn auch zum wichtigen Fahrzeug auf dem spirituellen Weg. Der Zusammenhang zwischen Atem und Leben muß den Menschen von Anfang an bewußt gewesen sein, beginnt doch in den meisten Schöpfungsgeschichten das Leben mit dem Atem: Etwa wenn Gott dem aus roter Erde geformten Körper des Adam sein Leben einhaucht oder wenn im hinduistischen Mythos die ganze Schöpfung als Brahmas Aus- und Einatmen beschrieben wird. Schon der frühen Menschheit muß die Notwendigkeit des Atems zum Leben einsichtig gewesen sein, sicherlich deutlicher jedenfalls als die Beziehung etwa zum Herzschlag.

Der Atem ist aber nicht nur von Anfang an Symbol des Lebens, sondern auch der grundlegendste Ausdruck der Polarität. Zwischen den beiden Extremen der Atemwelle, dem Ein und dem Aus, der Fülle und der Leere spielt sich das polare Leben ab. Jene Momente, wo der Atemfluß stillsteht, liegen damit außerhalb der Polarität, und tatsächlich haben wir im Tod mit dem Ende des Atems auch das Ende der polaren Welt, und ein Erlebnis der Einheit geschieht, wie inzwischen vielfach belegt (etwa von dem amerikanischen Arzt Raymond Moody oder der Schweizer Sterbeforscherin Elisabeth Kübler-Ross). Stillstand des Atems muß aber nicht in jedem Fall das Ende des Lebens bedeuten, wohl aber das Ende der Polarität. So ist bekannt, daß manche Yogis den Atem willentlich anhalten können, wenn sie sich in tiefe Trance versetzen. Sie nehmen dann allerdings nicht mehr teil am Leben der Polarität, sind nicht mehr auf der selben Ebene mit uns. Beschreibungen aus jenen Bereichen, in die solche entwickelten Menschen in Zeiten des Atemstillstands gelangen, ähneln in gewisser Weise jenen der reanimierten Patienten, die mit Hilfe moderner Medizin gerade noch einmal zurück ins Leben geholt wurden. All diese Berichte zeichnen sich durch das Fehlen der

Gegensatzspannung der polaren Welt aus und beschreiben Einheitserfahrungen in den verschiedensten Versionen. Die Einheit aber ist ja das Ziel aller *Medi*-tation, und kurze Begegnungen mit ihr sind nicht selten der Grund, warum Menschen auf den Weg der Meditationen gelangen. Wer einmal von der Einheit gekostet hat, erkennt in ihr den tieferen, den eigentlichen Grund des Lebens und widmet gern seine Zeit der weiteren Suche nach ihm.

Interessant sind in diesem Zusammenhang auch medizinische Untersuchungen an Meditierenden, die einen eindeutigen zeitlichen Zusammenhang ergaben zwischen Perioden des Atemstillstands und Erlebnissen der Transzendenz.

Es verwundert daher nicht, daß der Atem in vielen Meditationstechniken erhebliche, wenn nicht gar zentrale Beachtung erfährt. So dreht sich in einer der beiden Hauptschulen des Zen alles um die Beobachtung des eigenen Atemflusses. Allmählich beruhigt sich dabei der Atem immer mehr. Um so sanfter und weniger er aber wird, desto mehr löst sich der Meditierende von der polaren Alltagswelt und kommt damit der Einheit näher. Zur Zen-Tradition gehören aber noch einige andere Elemente, die eine Zuordnung zum Zwillingsprinzip verbieten, und so wird die Zen-Meditation dann dort, nämlich unter dem Steinbockprinzip, besprochen.

Unter das Zwillingsprinzip gehört dagegen wieder die Dhikr-Meditation der Sufis. Eine ihrer Formen beruht auf einem rhythmischen Kreistanz einer Gruppe von Meditierenden, bei dem spezielle Mantras gesungen werden. Auch hier spielt der Atem eine zentrale, wenn nicht gar die entscheidende Rolle, wird er doch durch die monotone Bewegung der Gruppe in eine bestimmte Form gebracht.

Es ist spannend zu beobachten, wie sich der Atem der Teilnehmer durch gemeinsames Bewegen und Singen in kürzester Zeit synchronisiert. In ähnlich nachhaltiger Weise beeinflußt auch der Wirbeltanz der Derwische die Atmung und kann so ebenfalls zu Erfahrungen der Einheit führen. Bei aller tanzenden Bewegung bleibt die Mitte des Meditierenden doch in vollkommener Ruhe; erfährt man diese Ruhe in der Mitte, ist man auch der Einheit nahe.

Die beiden letztgenannten Meditationsformen aus der Tradition der islamischen Sufis sollen hier nicht näher ausgeführt werden; um sie in der Praxis auszuüben, bedarf es sowieso erfahrener Anleitung.

Schließlich haben auch alle Meditationstechniken, die mit Mantramsingen einhergehen, auch erhebliche Auswirkungen auf den Atem, da die Silbenfolge der Mantras und die Länge derselben den Atem in ein bestimmtes Muster bringt. Gleiches gilt auch für Rezitationen, wie sie im Zendoge üblich sind, aber auch im Hinduismus, bei Indianerritualen und etwa auch bei den Litaneien und Anrufungen im katholischen Ritual. All diese Formen sollen hier aber nicht näher beschrieben werden, denn als Ganzes betrachtet gehören sie doch eher unter andere Urprinzipien, wie etwa das Mantramsingen unter das Stierprinzip. Bei solchen Zuordnungen geht es ja vor allem darum, diejenigen Meditationen zu finden, die dem jeweiligen Prinzip am nächsten liegen. Dem Stierprinzip aber liegt das Singen nahe, und daß es dabei auch ums Atmen geht, ist sekundär und beim Singen meist gar nicht bewußt. Dem Zwillingsprinzip liegt dagegen das Atmen an sich nahe und folglich auch Meditationen, wo es im Vordergrund steht.

Vokalatmen

Ganz Ähnliches gilt für das sogenannte Vokalatmen. Auch Töne sind ja Schwingungen und können durchaus heilende Wirkung entfalten, wie wir aus zahlreichen Ritualen von den Schamanen bis zur christlichen Kirche wissen.

Beim Vokalatmen beginnt man am besten mit einer Entspannung, an die sich tiefes Atmen anschließt. Beim Ausatmen öffnet man dann den Mund, und der Ausatemstrom formt den Vokal A, wobei der im Körper mitschwingende Bereich deutlich zu spüren ist. Nun läßt man einige Minuten „A" erklingen, das nur durch die kurzen Einatemphasen unterbrochen wird. Diese Meditation macht noch mehr Spaß, wenn man sie zu mehreren erlebt. Dann entsteht ein ununterbrochenes Schwingungsfeld, das nicht einmal durch das Luftholen unterbrochen wird, da die verschiedenen Teilnehmer zu unterschiedlichen Zeiten einatmen. Auf das „A" folgt sodann das „E", und wir erleben, daß nun ein ganz anderer Bereich unseres

Körpers ins Mitschwingen gerät. Ähnliches gilt für die folgenden Vokale „I", „O" und „U". Natürlich kann man die einzelnen Töne auch ineinander übergehen und so eindrucksvolle Klangmuster wachsen lassen. Besonders in der Gruppe kann diese Meditationsart zu einem tiefen und lange anhaltenden Erlebnis werden.

Rebirthing

Die wohl tiefgreifendste Atemmeditation ist die unter dem Namen „Rebirthing" populär gewordene Hyperventilationstechnik.

An sich ist auch diese Technik uralt – schon in ältesten indischen Schriften finden sich entsprechende Beschreibungen, aber auch in den Aufzeichnungen Israel Regardies über die Golden-Dawn-Rituale zu Beginn dieses Jahrhunderts findet sich eine genaue Beschreibung dieser Meditation. Es empfiehlt sich durchaus nicht, diese Technik von Anfang an alleine, d.h. ohne kompetente Führung durchzuführen.

Die Gründe, warum wir sie trotzdem hier aufführen, sind folgende:
1. Bei allen möglichen anderen Atemmeditationen kann – z.B. wenn Angst oder erhebliche Anspannung hinzukommen – Hyperventilation unbeabsichtigt passieren. In solchen Fällen ist es hilfreich zu wissen, daß es das als eigene Atemtechnik gibt und daß subjektiv bedrohlich erscheinende Begleitumstände, wie Verkrampfung oder Engegefühle durchaus zum Ablauf der Hyperventilationstechnik gehören und gerade mit Hilfe des Weiteratmens durchschritten werden können.
2. Hyperventilationen kommen im täglichen Leben gar nicht so selten vor und werden dann meist medizinisch mit Spritzen usw. wegbehandelt. In solchen Fällen läge eine große Chance darin, ganz bewußt und freiwillig diese Meditationstechnik zu nutzen, um sich von den entsprechenden Ängsten zu lösen.
3. Diese Technik ist wie kaum eine andere geeignet, schnell und sehr tiefgreifend Zugang zu den eigenen inneren Energien zu bekommen und kann als Vorstufe für viele andere ruhigere Meditationsformen geeignet sein und so den Weg zur eigenen Mitte bereiten helfen.

Im Verlaufe des Rebirthing kommt es zu einer regelrechten Energieüberschwemmung des Organismus durch intensives Atmen. Dadurch können alte, vielleicht schon seit langem verschüttete Kanäle wieder geöffnet und zum Teil wundervolle Energieerlebnisse empfunden werden. Zumindest die ersten Schritte in diesem Bereich sollte man aber unbedingt an der Seite eines erfahrenen Atemtherapeuten gehen.

Himmel-Erde-Atmung

Eine weitere Atemmeditation, die dem Planetenherrscher des Zwillings, Hermes-Merkur, dem Vermittler zwischen Götter- und Menschenwelt, entspricht, ist die Himmel-Erde-Atmung.

Setzen oder stellen Sie sich bequem hin. Nehmen Sie die Unterlage, durch die Sie mit dem Unten, der Erde, in Verbindung sind, genau wahr. Spüren und ertasten Sie sie ganz genau, vertrauen Sie sich ihr vollkommen an. Je inniger Sie mit diesem Punkt verbunden sind, je sicherer Sie hier stehen, um so besser können Sie in den Himmel wachsen.

Nun wenden Sie Ihre Aufmerksamkeit dem Atem zu. Holen Sie den Atem vom Steißbein oder den Füßen, je nachdem, ob Sie sitzen oder stehen, ganz hoch bis in Ihren Kopf, bis zur Fontanelle, wo sich das Scheitel-Chakra befindet. Stellen Sie sich dabei vor, daß Ihre Fontanelle wie ein Trichter zum Himmel hin geöffnet ist. Lassen Sie Ihren Atem an dieser Stelle in den Kosmos strömen. Wenn Sie dann ausatmen, lassen Sie Ihren Atem im Körper abwärts sinken, bis zu jenem Punkt, wo Sie die Erde berühren. Schicken Sie den Ausatem dabei tief in die Erde, bis in ihren Mittelpunkt, wo er vom Feuer der Erde gereinigt wird. Wenn Sie nun wieder einatmen, holen Sie die gereinigte Energie, die Kraft der Erde in sich herein und lassen sie wieder hochströmen bis zur Fontanelle, und weiter darüber hinaus. Beim Ausatmen lassen Sie dann die Kraft des Himmels in sich einfließen. Üben Sie so lange, bis Ihnen diese Achse der Himmel-Erde-Verbindung ganz bewußt geworden ist und Sie sich wie eine Brücke fühlen zwischen Mikro-

kosmos und Makrokosmos, zwischen unten und oben.

Enlightenment intensive

Diese von dem Amerikaner Jeff Love zuerst beschriebene Meditationsform wird vor allem in Gruppen bzw. zu zweit durchgeführt, eignet sich aber auch als Meditation für den einzelnen. Die Idee entstammt der Zen-Tradition und hier vor allem der Rinzai-Richtung, die mit Koans arbeitet. Ein Koan ist eine logisch unlösbare Aufgabe, die der Zen-Meister dem Schüler stellt, wie z.B.: „Höre das Klatschen der einen Hand." Der Schüler meditiert so lange über diesem „Problem", bis er durch die Ebene des Intellekts hindurchbricht zu jener transzendenten Wirklichkeit, wo sich das Problem im wahrsten Sinne des Wortes in „Nichts" auflöst. Dem ist das Vorgehen beim Enlightenment intensive nahe verwandt. Hier wird mit der immer gleichen und immer wiederkehrenden Frage gearbeitet: „Wer bin ich?" Lange Zeit wird der Intellekt Antworten auf diese Frage produzieren, das Ziel aber ist, daß er es irgendwann aufgibt und man durch all die rationalen Antworten hindurch auf jene Ebene stößt, auf der wir wissen, wer wir sind.

Im Gegensatz zum klassischen Enlightenment intensive, das in Seminarform über einige Tage, meist vier, durchgeführt wird, kann man sich sehr wohl auch selbst in Form einer täglichen Meditation mit dieser Frage konfrontieren. Man beginnt also, indem man sich selbst fragt: „Wer bin ich?" Dann läßt man „alle möglichen" Antworten aus sich aufsteigen. Sobald man den „Faden" verloren hat oder zu anderen Gedanken abschweift, kommt man zurück zur Frage: „Wer bin ich?" usw.

Die Zeit ist bei dieser Meditationsform ein wichtiger Faktor, denn sie gewinnt mit jeder Wiederholung der Frage an Kraft. Gerade wenn der Intellekt ermüdet, wird es erst recht wichtig. So kann man diese Meditation natürlich täglich zweimal eine halbe Stunde durchführen, wird aber mit täglich zwei Stunden noch tiefere Erfahrungen machen. Die Haltung sollte sich an der des Zazen, der Meditation im Sitzen, orientieren. Um so gerader und aufrechter der Sitz, desto besser (s. Kap.

Die Haltung, S. 47). Natürlich ist diese Technik auch im Liegen durchführbar, allerdings fördert diese Haltung das Träumen, auf das es hier gerade nicht ankommt. Es geht keinesfalls darum, in Wunschträumen sich auszumalen, wer man alles sein könnte, sondern um harte intellektuelle Anstrengung, eben die konkrete Beantwortung der Frage: „Wer bin ich?" Der beste Einstieg in diese Technik gelingt sicherlich über die Teilnahme an einem Enlightenment-intensive-Seminar, das sich einige Tage ununterbrochen und ausschließlich dieser Meditationstechnik widmet.

Runen-Meditation

Da dem Zwillingsprinzip der Umgang mit Sprache und Schrift entspricht, können alte Schriftzeichen hier gut als Wegweiser in unsere Mitte verwendet werden. Für unseren Kulturkreis bieten sich dazu vor allem die Runen an, die alten Schriftzeichen der Germanen.

Das Wort Rune bedeutet Geheimnis, Rat, geheime Beratung. Bei den Germanen, die wie die Kelten eine hohe Achtung vor der Macht des geschriebenen Wortes hatten, waren die Runen deshalb viel mehr als bloße Schriftzeichen. Sie wurden vor allem für religiöse bzw. magische Zwecke eingesetzt; erst im späteren Verlauf der Geschichte verloren die Schriftzeichen ihre vorrangige Bedeutung als Kommunikationsmittel zwischen Götterwelt und Menschen.

Aus dieser Vermittlerfunktion zwischen Himmel und Erde, zwischen Göttern und Menschen ergab sich die Verwendung der Runen als Hilfsmittel bei der Befragung des Orakels. Laut Edda, der Mythensammlung der Nordgermanen, ist das Orakel mit Runen so alt wie die Welt selbst. Es wird dort erzählt, wie drei alte weise Frauen, die Nornen, an den Wurzeln des Weltbaumes Yggdrasil sitzen und mit Hilfe von Runen-Orakeln das Schicksal der Welt bestimmen.

„Eine Esche weiß ich, sie heißt Yggdrasil,
die hohe, umhüllt von hellem Nebel;
von dort kommt der Tau, der in Täler fällt,

immergrün steht sie am Urdbrunnen.
Von dort kommen Frauen, vielkundige,
drei, aus dem Born, der beim Baume liegt:
Urd heißt man eine, die andre Werdandi –
Sie schnitten ins Scheit – Skuld die dritte;
Lose lenken sie, Leben koren sie
Menschenkindern, Männergeschick."

All jene, denen sich durch Meditation der Zugang zum intuitiven Wissen auftut, werden in das Wesen der Runen eindringen können. Ihnen „raunen Runen rechten Rat". Man muß ins Reich des Unbewußten eintauchen, um den archetypischen Bedeutungen der Runen zu begegnen.

Es gibt eine Vielzahl von Möglichkeiten, um mit Runen zu meditieren. Eine davon ist eben das Runenorakel: Unsere Vorväter hatten die Runen auf Buchen-Stäbe geritzt (daher kommt auch unser Wort Buchstabe). Sie warfen diese Holzstäbe, und aus der Lage der Runen lasen sie Anweisungen und Weissagungen, die ihr Leben betrafen.

Sie können sich nun ebenfalls Ihre eigenen Runen herstellen: Ritzen Sie die Schriftzeichen in Holzstäbe oder Steine oder malen sie auf Kärtchen. Sie können sie aber auch als Beilage eines Runenbuches kaufen.

Nachdem Sie Ihre Runenzeichen vorbereitet haben, beginnen Sie mit deren Betrachtung. Sehen Sie sich die Form an, prägen Sie sich ein, versuchen Sie, das Zeichen mit Ihrer Körperhaltung nachzustellen, fühlen und horchen Sie dabei in sich hinein. Lesen Sie auch die entsprechenden Interpretationen der jeweiligen Runen und nehmen Sie sie in Ihre Meditation mit.

Erst, wenn Sie sich mit jeder einzelnen Rune befaßt haben, über jede wenigstens einmal meditiert haben, versuchen Sie sich im Orakeln.

Dazu legen Sie Ihre Runensteine verdeckt vor sich hin. Schenken Sie ihnen Ihre ganze Aufmerksamkeit und machen vielleicht eine Atemübung. Wenn Sie dann in meditativer Stimmung sind, mischen Sie die Steine mit den Runen. Berühren Sie dabei jeden einzelnen Stein wenigstens einmal, damit sich Ihre und seine Energie vermischen können. Dann nehmen Sie die linke, die empfangende Hand und lassen Sie sich von den Steinen „rufen". Versuchen Sie, genau zu erspüren, welche Rune von Ihnen gewählt werden will. Auf diese Art nehmen Sie drei Runensteine auf.

Der erste Stein steht für die Vergangenheit, das Fundament, auf dem Sie nun aufbauen müssen. Hier zeigt sich die Beschaffenheit Ihrer „Wurzeln", Ihrer Standfestigkeit. Nur der Baum, der fest und sicher im Boden wurzelt, kann hoch hinaus in den Himmel wachsen.

Der zweite Stein gibt Ihnen Auskunft über die Gegenwart, den momentanen Stand der Dinge, der zum Handeln auffordert.

Die dritte Rune zeigt mögliche Folgen für die Zukunft. Versuchen Sie, nachdem Sie über die drei Runen meditiert haben, die dreigeteilte Botschaft zu vereinen. Bilden Sie aus den Runen ein Wort, sprechen Sie die einzelnen Laute aus und horchen Sie, wo sie Sie berühren. Meist ist die Erkenntnis um so richtiger, je einfacher sie ist. Bedenken Sie auch, daß es häufig das erste Gefühl, der erste Eindruck, der erste Gedanke ist, der den richtigen Weg zur Interpretation zeigt.

Stellen Sie eine Verbindung her zwischen den Runen, die Sie gewählt haben und dem Schicksal, das Sie gewählt haben. Versuchen Sie herauszufinden, in welcher Form Ihnen vielleicht genau diese Runenzeichen schon öfters begegnet sind, als Namen oder deren Anfangsbuchstaben, Worte, Zeichen, Körperhaltungen, in Träumen ... Schenken Sie Ihrem Orakel so lange Ihre Aufmerksamkeit, bis Sie glauben, der Ur-Bedeutung der Runenzeichen ganz nahe gekommen zu sein.

Lassen Sie sich beim Umgang mit Runen vor allem von Ihrer Intuition leiten, und finden Sie Ihre eigene Art, damit umzugehen. Sie werden staunen, wie viele neue, Ihnen entsprechende Möglichkeiten Sie dabei entdecken werden.*

---

*Zur Deutung und Arbeit mit Runen: Igor Warneck, „Runen-Welten" (enthält auch eine Anleitung zum Selbermachen von Runensteinen) (siehe Anhang)

Tastsinn-Übung

Auf der körperlichen Ebene sind dem Zwillingsprinzip neben den Lungen auch Arme und Hände, und damit auch der Tastsinn zugeordnet.

Da wir in der Regel mit unserem Bewußtsein und mit unserer Aufmerksamkeit nicht bei der Sache sind, die wir mit unseren Händen tun, ist eine Tastsinnübung eine gute Möglichkeit, um den Automatismus auf diesem Gebiet zu mildern.

Grundsätzlich wäre es natürlich das beste, die Aufmerksamkeit ständig auf jene Dinge zu richten, die man gerade tut oder berührt. Immerwährende Bewußtheit, das bewußte Sein im Hier und Jetzt ist ja „Ziel" von Meditation. Versuchen Sie also so oft wie möglich wirklich zu fühlen, was Sie in Händen halten oder berühren.

Um das zu lernen, können Sie auch folgende Übung machen: Nachdem Sie sich zehn bis zwanzig verschieden geformte Steine gesucht und Sie auf Ihrem Meditationsplatz vor sich ausgebreitet haben, bereiten Sie sich auf die innere Reise vor:

Zünden Sie sich ein Räucherstäbchen an, entspannen Sie sich, machen Sie eine der Atemübungen, die schon beschrieben wurden, und richten Sie dann Ihre ganze Aufmerksamkeit auf die Steine. Betasten und befühlen Sie jeden einzelnen, einen nach dem anderen. Versuchen Sie durch die Berührung auch das Wesen jeden Steines zu erfassen, denn auch Steine sind Lebewesen. Wenn Sie alle Steine befühlt haben, schließen Sie die Augen und nehmen jeden Stein nochmals in Ihre Hände und prüfen Sie, ob Sie ihn wiedererkennen. Vielleicht ist Ihnen auch einer der Steine besonders sympathisch oder „ruft" Sie, dann nehmen Sie ihn in Gedanken mit in Ihre Meditation. Lassen Sie sich seine Geschichte erzählen, wie das für die Indianer selbstverständlich war. Für sie nämlich sind die Steine unsere „Brüder", unsere ältesten Verwandten. Ihrem Glauben nach ist in den Steinen die Evolutionsgeschichte der Erde eingeprägt, sie sind so das Gedächtnis der Welt und werden mit besonderer Ehrfurcht behandelt. Nach Ansicht der Indianer hat jeder Mensch einen Verbündeten im

Reich der Steine, der dem Menschen als Hilfe in seinem Leben zur Seite steht.*
Es wäre also durchaus möglich, daß Sie bei dieser Übung Ihren Steinverbündeten gefunden haben.

Namensmeditation

Eine der großen Leidenschaften des Zwillingsprinzips ist die Namengebung. Alles, was ihm in der Umwelt begegnet und sein Interesse erweckt, benennt er.

Und deshalb hat er natürlich einen besonderen Bezug zu den Namen der Dinge. Als Zwilling oder wenn Sie über das Zwillingsprinzip meditieren, können Sie daher Namen als Eingangstor in Ihre innere Welt verwenden.

Wenn Sie also diese Meditationstechnik versuchen wollen, beginnen Sie am besten mit Ihrem eigenen Namen: Bevor Sie sich in Meditation begeben, sollten Sie sich erst mal über seine sprachliche Bedeutung informieren. Betreiben Sie also etwas Sprachforschung.**

Lesen Sie vielleicht auch noch über die Rune, die dem Anfangsbuchstaben Ihres Namens entspricht, nach. Nehmen Sie dann alles, was Sie in Erfahrung gebracht haben, mit in Ihre Meditation. Lassen Sie die inneren Bilder dazu in sich aufsteigen. Erfühlen Sie, wieviel von Ihrem Wesen schon in Ihrem Namen enthalten ist; denn da es keinen Zufall gibt, haben Sie auch Ihren Namen nicht zufällig erhalten. Auch er enthält eine Botschaft an Sie, die Sie herausfinden können. Das gleiche gilt natürlich auch für Ihren Familiennamen. Durch ihn können Sie vieles über Ihre Wurzeln, Ihre Geschichte und Ihren Platz in einem bestimmten sozialen Umfeld erfahren.

Viele Menschen haben eine Abneigung gegen ihren Namen. Wenn Sie zu diesen gehören, versuchen Sie herauszufinden, warum das so ist: Haben Sie das Gefühl, daß

---

* Näheres zu diesem Thema finden Sie in Lu Lörlers Buch „Die Hüter des alten Wissens. Schamanisches Heilen im Medizinrad" (siehe Anhang)
** Es gibt zahlreiche Namenslexika für Vor- und Familiennamen, in denen Sie die Bedeutung und Geschichte von Namen erfahren können. Wenn Sie sich über Namen hinaus für Bedeutung und Herkunft von Wörtern interessieren, können Sie sich ein etymologisches Wörterbuch besorgen.

Ihr Name zu „groß" oder zu „klein" für Sie ist; entsprechen Sie ihm nicht oder entspricht er Ihnen nicht. Finden Sie heraus, wo er trotz oder gerade wegen Ihrer Abneigung zu Ihnen paßt und gehört, wo er Ihnen Ihre Schattenseiten zeigen kann.

Lassen Sie bei dieser Namenserkundungsreise wieder vor allem Ihre innere Stimme zu Wort kommen und nicht so sehr Ihren analytischen Intellekt.

Ganz ähnlich wie mit Ihrem Namen oder dem Ihrer Freunde können Sie mit einfachen Wörtern verfahren.

Unsere schnellebige Zeit mit ihrem Hang zur Oberflächlichkeit hat uns auch die Sicht für die tiefgründige Bedeutung der Sprache gekostet. Wir befinden uns meist inmitten einer Kommunikationslawine – es wird viel geredet und wenig wirklich gesagt.

Es lohnt sich aber, wieder bewußter mit Sprache umzugehen. Suchen Sie nach den ursprünglichen Bedeutungen der Wörter[*]; deuten Sie die Wörter und füllen Sie sie mit Leben. Wie die Runen müssen Wörter nicht nur leere Zeichen sein, auch sie können Leben und Individualität haben. Wörter transportieren nicht nur vordergründige Informationen, sie enthalten auch archetypische Botschaften für uns.

Ein Beispiel, um auf diese Art und Weise mit Sprache umzugehen, wäre das Wort „Aufgabe": Um unsere Aufgaben im Leben zu erfüllen, müssen wir vieles aufgeben. Wir müssen immer wieder neu beginnen und Altes hinter uns lassen, um auf unserem Lebensweg weiterzukommen und unsere Aufgaben erfüllen zu können.

Auf diese oder ähnliche Art können Sie das Spiel mit Wörtern zu einer Meditationstechnik machen. Vertrauen Sie auch dabei wieder Ihrer inneren Stimme und lassen Sie sie nicht von Ihrem Intellekt übertönen.

Lebensmotto

Setzen oder legen Sie sich in Ihrer bevorzugten Meditationsstellung hin. Entspannen Sie sich mit einer der weiter vorne beschriebenen vorbereitenden Übungen; lassen Sie Ruhe in sich einkehren.

---

[*]Dabei ist Ihnen ein etymologisches Wörterbuch eine sehr gute Hilfe.

Dann beginnen Sie mit folgender Atemübung: Atmen Sie tief und bewußt ein, verbinden Sie das Einatmen mit der Vorstellung, daß Sie sich dabei mit vibrierendem weißem Licht füllen, das Sie mit Ihrem Atem in sich aufnehmen. Beim Ausatmen geben Sie alle verbrauchte und unreine Energie nach außen ab. Atmen Sie auf diese Art und Weise so lange, bis Sie das Gefühl haben, daß Sie voll reiner weißer Lichtenergie sind.

Dann holen Sie beim Einatmen den Atem hoch in Ihren Kopf, zur Fontanelle, und öffnen sich wie ein Trichter der kosmischen Energie. Gleichzeitig mit diesem Nach-oben-geöffnet-Sein erweitert sich Ihre Wahrnehmung, die Grenzen, die Ihnen Ihr Körper setzt, werden bedeutungslos.

Sie genießen diesen Zustand des erweiterten Bewußtseins und senden nun die Frage nach der Lernaufgabe für Ihr Leben hinaus ins All. Bitten Sie um eine Botschaft aus dem Kosmos, aus Ihrer eigenen Mitte.

Lauschen Sie auf Ihre innere Stimme und versuchen Sie dann, die Eindrücke, die Sie erhalten haben, zu verbalisieren und damit zu konkretisieren. Es können dabei Bilder, Symbole oder auch etwa Sprichwörter in Ihren Gedanken auftauchen.

Schreiben oder zeichnen Sie sich nach Beendigung der Meditation diese Symbole Ihres Lebens auf und nehmen sie als Thema für weitere Meditationen.

Krebs

Zeitraum: 22. Juni – 22. Juli
Symbol: ♋
Element: Wasser
Planetenherrscher: Mond
Prinzip: Seele, Mütterlichkeit, Fruchtbarkeit, Impression.
Kernsatz: „Ich fühle"

Der nächste Schritt im Entwicklungszyklus des Tierkreises wird durch das Sternzeichen Krebs symbolisiert. Die Sonne hat jetzt ihren höchsten Stand erreicht. Es ist die Zeit der längsten Tage und der kürzesten Nächte, aber auch der Sonnenwende, und es beginnt die Reduzierung der alles durchpulsenden Sonnen- und Lebenskraft, die ihren Höhepunkt überschreitet und sich wieder nach innen richtet. Ferner ist es die Zeit der entstehenden Frucht, der mütterlichen Empfängnis, der Fruchtbarkeit überhaupt.

Im Zeichen des Krebses herrscht der Mond. Er steht in einem direkten Zusammenhang mit dem Zyklus der Frau und daher mit der Schwangerschaft. Ihm unterstehen alle wäßrigen Prozesse in der Natur: die Gezeiten der Meere, die Pflanzensäfte, die Flüssigkeit des Drüsensystems, das Fruchtwasser.

Krebs ist das erste Wasserzeichen im Tierkreis und repräsentiert das Ur-Wasser, in dem alles Leben seinen Ursprung hat. Der Astrologe und Psychotherapeut Roberto Sicuteri erläutert das Krebs-Prinzip: „So wird der Krebs zum Symbol des Reichs der Mütter, des mütterlichen Urgrundes der Welt." Im Krebs-Zeichen ist der Archetypus der Mutter beinhaltet, in der das neue Leben keimt, noch unbewußt, geschützt und geborgen. In diesem Zeichen vereinigen sich Vergangenheit und Gegenwart, „ähnlich der Mutter, die eine Verbindung zwischen der Menschenrasse und dem Neugeborenen, in der sie sich fortsetzt, darstellt" (Sicuteri).

Das Element Wasser repräsentiert die seelischen Kräfte. Und da dieses Element im Krebs zum ersten Mal auftritt, steht es hier für die ungeformte, ungeschützte Seele. So wie der Widder den Neuanfang auf der materiell-existentiellen Ebene vollzog, geschieht dies im Krebs auf der psychischen Ebene. Es herrscht hier noch eine starke Dominanz des Unbewußten.

In der Tiefenpsychologie C. G. Jungs werden dem Krebs-Prinzip die archetypische Grundstruktur der Psyche und das persönliche Unbewußte zugeordnet. Daraus ergeben sich auch die Lernschritte, die in diesem Zeichen vollzogen werden sollen:
- das Entdecken der Seelenkräfte und die Strukturierung dieser unbewußten Energien der Psyche,
- das Auftauchen aus den Ur-Gewässern des kollektiven Unbewußten, das zur Entdeckung des Individuums führt.

Wenn wir die bisher genannten Bilder, die für das Krebs-Prinzip stehen, auf den Menschen anwenden, der unter diesem Zeichen geboren wurde, können wir die Eigenschaften, die diesem Zeichen zugeordnet sind, leicht verstehen. Der Krebs-Mensch ist ein weiches, gefühlsbetontes Wesen, ausgestattet mit viel Phantasie, Einfühlungsgabe und anpassungsfähig wie das Wasser. Wie das Krebs-Tier, das sich gern rückwärts bewegt, hat der Krebs-Geborene eine starke Beziehung zu Vergangenheit und Tradition.

Da das Krebs-Prinzip symbolhaft für die Mütterlichkeit steht, haben diese Menschen immer eine starke Beziehung zur Mutter, im positiven wie im negativen Sinn. Letzterer äußert sich entweder in Abhängigkeit von der Mutter oder sogar in ihrer Ablehnung. Aus diese Tatsache müssen Krebs-Menschen lernen, daß es nicht so sehr um die persönliche Mutter geht, sondern vielmehr um die Verwirklichung mütterlicher Werte an sich.

Der immense Gefühlsreichtum des Krebses erzeugt bei ihm oft den Zustand

des Ausgeliefertseins an seine seelischen Impressionen, ein Überschwemmtwerden durch Empfindungen. Es heißt dann, der Krebs sei launisch, und das ist er auch, im wahrsten Sinne des Wortes, denn „Laune" kommt von „luna", dem lateinischen Wort für Mond, also für den Himmelskörper, der im Zeichen des Krebs herrscht. Wie der aufgehende Mond, setzt der Krebs seine verletzbare Seele den Gefahren der rauhen Außenwelt aus, um sich gefühlsmäßig orientieren zu können. Dann zieht er sich – vergleichbar dem abnehmenden Mond – wieder in Stille und Dunkelheit zurück, um die seelischen Erfahrungen zu verarbeiten.

KREBS-MEDITATIONEN

Der Krebs ist gefühlsbetont sowie weich und anpassungsfähig wie das Wasser. Vorsichtig öffnet sich seine Seele neuen Erfahrungen; er zieht sich dann aber erschreckt in die Geborgenheit zurück, wo er anschließend das verarbeitet, was er gerade erlebt hat. Geborgenheit ist ein wichtiger Bereich im Krebs-Prinzip. Krebs-Meditationen werden daher auch in einer geborgenen, kuscheligen Atmosphäre vorbereitet. Dort erfährt der Krebs noch einmal die Situation neuen Lebens, wie es im Mutterleib geschützt und behütet ist. Einige Krebse rollen sich bezeichnenderweise vor der Meditation zwischen Kissen und Decken in der Embryo-Stellung zusammen und verharren einige Zeit in dieser Position. Andere legen sich ein feines Seidentuch über den Kopf, das sich sanft im Rhythmus ihres Atems bewegt.

Suchen auch Sie nach Situationen und Hilfsmitteln, die Ihnen ganz stark das Gefühl der Geborgenheit, des Beschütztseins geben, und versenken Sie sich vor der Meditation in diese Atmosphäre. Spüren Sie, wie Sie sich vollsaugen mit Wärme, Sicherheit und warmer, angstfreier Energie, und beginnen Sie dann mit den eigentlichen meditativen Übungen.

Mutterleib-Meditation

Diese Meditation wird am besten abends vor dem Einschlafen praktiziert. Im Raum brennt ein sanftes Licht, das wärmend wirkt. Sie sitzen auf dem Bett und benötigen weder Mantra noch Musik; Ihre Meditation ist die Stille. Entspannen Sie sich und lauschen Sie der Stille, die alles erfüllt. Nur Ihr rhythmisches Atmen ist leise zu hören. Folgen Sie diesem Rhythmus und lassen Sie sich von ihm tragen. Wenn Sie nach vorn sinken oder zur Seite, so lassen Sie das ruhig geschehen. Vielleicht rollen Sie sich zusammen wie das Kind im Mutterleib. Sie sollen das nicht provozieren, aber wenn es geschieht, auch nichts dagegen unternehmen.

Manchmal werden ein paar Gedanken auftauchen. Sie bleiben gleichgültig und kümmern sich nicht darum, verdrängen diese Gedanken nicht, aber beschäftigen sich auch nicht mit ihnen, sondern nehmen sie einfach zur Kenntnis und kehren dann sofort wieder in die Geborgenheit und Wärme der tiefen Stille zurück, die Sie sicher umhüllt. In dieser Situation kann Sie nichts stören, weder Geräusche noch Gedanken oder Sorgen. Wie im Schoß der Mutter ruhen Sie in allumfassender Geborgenheit.

Nach zehn bis zwanzig Minuten tauchen Sie langsam wieder auf, atmen tief ein und aus, strecken und rekeln sich wie nach einem langen, erfrischenden Schlaf. Wenn Sie abends meditiert haben, lassen Sie sich entspannt und geborgen in den Schlaf hinübergleiten. Am nächsten Morgen wachen Sie dann voller neuer Kraft auf, die Ihnen hilft, das Alltagsleben zu bewältigen.

Spiegel-Meditation

Der Mond, Planetenherrscher im Krebs, spiegelt das Licht der Sonne wider. Der Spiegel wird damit zum Symbol des Krebs-Prinzips. Osho* hat eine entsprechende Meditation beschrieben:

Setzen Sie sich in einem dunklen Raum vor einen Spiegel. Zünden Sie eine Kerze an, deren Schein nur Ihr Gesicht erhellt. Im Spiegel darf die Flamme nicht zu sehen sein. Entspannen Sie sich, atmen Sie bewußt und richten Sie Ihre Aufmerksamkeit auf Ihren Schwerpunkt. Starren Sie dann 40 Minuten lang unentwegt in Ihre Augen im Spiegel. Blinzeln Sie nicht, auch wenn die Augen zu schmerzen beginnen und Ihnen Tränen kommen. Starren Sie weiter in den Spiegel.

Diese Übung sollten Sie täglich wiederholen. Schon nach zwei bis drei Tagen stoßen Sie auf ein seltsames Phänomen: Ihr Gesicht bewegt sich im Spiegel, nimmt neue Formen an. Manchmal wird es total verändert aussehen, und Sie erkennen sich im Spiegelbild nicht wieder. Laut Osho sind dennoch alle Masken ein Bild Ihrer Persönlichkeit, Projektionen, die aus Ihrem Unterbewußten aufsteigen.

---

*siehe Anhang

Nach drei bis vier Wochen täglicher Spiegel-Meditation geschieht bei vielen Menschen etwas, was noch viel seltsamer ist: Auf einmal ist der Spiegel leer, Sie sehen gar kein Gesicht mehr. Das ist der Moment, in der Sie der Transzendenz nahekommen. Vor Ihnen öffnet sich die totale Leere, in der alles enthalten ist. Schließen Sie in diesem Augenblick die Augen.

Nach der 40-minütigen Spiegel-Meditation atmen Sie tief ein und aus, blinzeln wieder mit den Lidern, schneiden ein paar Grimassen, rekeln und strecken sich. Dann kehren Sie zurück in den Alltag.

Osho empfiehlt, diese Meditation stur durchzuhalten und die Grenzen zum Unbewußten gleichsam zu sprengen. Wir müssen von dieser Vorgehensweise abraten, falls Sie allein, ohne Lehrer und nicht in der Gruppe, meditieren. Wenn diese Meditation eine zu große Qual wird oder beginnt, Sie zu schrecken, brechen Sie die Übung ab.

Kleine innere Widerstände sollten Sie jedoch ertragen, denn nur, wenn Sie diese überwinden, können Sie in tiefere Bereiche Ihrer Persönlichkeit vorstoßen. Wie stark Sie sind und wie weit Sie gehen wollen, müssen Sie selbst entscheiden. Im Laufe Ihrer meditativen Übungen wird es Ihnen mit der Zeit ohnehin immer leichter fallen, immer tiefer in Ihr Unterbewußtsein vorzustoßen.

Mond-Meditation

Beginnen Sie mit dieser Übung einige Nächte vor Vollmond. Am besten geht das in einer lauen Sommernacht, die Sie draußen erleben können. Setzen Sie sich in Ihrer bevorzugten Meditationsstellung so hin, daß der Mond mit seinem sanften Licht in Ihr Gesicht scheint. Entspannen Sie sich, richten Sie Ihr Bewußtsein auf den Schwerpunkt im Hara und atmen Sie richtig mit dem Zwerchfell.

Schauen Sie dann in den Mond. Wiegen Sie sich leicht hin und her und lassen Sie sich von seinem Licht umfluten und erfüllen. Erlauben Sie dem Mondlicht, sich in Ihnen auszubreiten und dort seine sanfte, beruhigende Wirkung zu verströmen. Versuchen Sie, den Mond mit einem inneren, unhörbaren Laut zu charakterisieren. Spüren Sie seine Vibrationen, seine Energie. Denken Sie an die alte

Sage, daß Frau Mond in jeder Nacht alle freigelassenen Erinnerungen und vergessenen Träume der Menschheit in sich sammelt. In ihrem silbernen Kelch bewahrt sie diese auf und gibt sie beim ersten Licht des neuen Tages als Tau an die Erde zurück. Diese Tränen des Mondes nähren und erfrischen alles Leben.

Wiederholen Sie diese Meditation jeden Abend bis zum Vollmond, und Sie spüren, wie Sie jedesmal mehr erfüllt werden vom sanften Schein des Erdtrabanten. Nehmen Sie dieses Gefühl tief in sich auf und lösen Sie es in der letzten Nacht durch einen behutsamen Tanz und akzentuiertes Atmen. Atmen Sie die Mond-Energien mit einem befreienden HUH aus.

Wasser-Imagination 1

Wasser ist das Element, das dem Krebs zugeordnet wird. Imaginationen, die sich mit den klaren hellen Wassern dieses Prinzips befassen, entsprechen dem Krebs. Beginnen Sie alle diese Meditationen mit den Formeln des autogenen Trainings:

Ich liege ganz schwer und entspannt auf dem Boden. – Ich fühle meinen Körper ganz bewußt und intensiv. Ich fühle, wie schwer ich bin. Ich bin gelöst und ruhig. Meine Hände und Arme sind schwer. Mein Nacken und meine Schultern sind ganz schwer. Meine Füße und Beine sind ganz schwer. – Mein Gesicht ist entspannt und gelöst. – Ich lasse alles los und gebe alle Spannung ab. – Ich bin ganz ruhig und entspannt...

Im nächsten Schritt lassen Sie sich von Ihren Imaginationen forttragen. Wählen Sie eine der folgenden Imaginationen. Sie können passend dazu eine Meditationsmusik mit Wassergeräuschen (das Wogen des Meeres, das Plätschern einer Quelle) abspielen.

Das erste Imaginationsbeispiel: Ich liege ganz entspannt auf dem Rücken. Das Wasser eines klaren Sees trägt mich. Fast habe ich kein Gewicht mehr. Ich spüre leichte Wellen und Vibrationen. Eng schmiegt sich das Wasser an meinen Körper an. Ich weiß, daß alles Leben aus dem Wasser kommt, und spüre, wie ich von diesen Lebenskräften durchströmt werde. Das Wasser ist mein Verbündeter. Es umhüllt mich, es trägt mich. Ich fühle eine tiefe Ruhe in mir...

Wasser-Imagination 2

Ich stehe am Rand des Meeres. Die Wellen tragen weiße Gischt auf den Sand. Gleichmäßig kommen und gehen die Wogen, wie mein Atem. In der Hand halte ich einen Zauberstab. Er ermöglicht es mir, in das Meer hineinzuschreiten. Ich beginne langsam zu gehen. Ich fühle die Feuchtigkeit, als eine erste Welle meinen Fuß umschmeichelt. Tiefer gehe ich in das Meer hinein. Der Sand am Grund des Meeres ist weiß. Es ist hell um mich herum. Ich sehe alles. Ich sehe die Tiere und Pflanzen des Meeres. Ich spüre das Wasser, wie es mich umhüllt, wie es mir hilft, mein Gewicht zu tragen. Es befreit mich von allen Lastern dieser Welt. Ich bin leicht und frei. Ohne Angst gehe ich weiter. Ich sehe einen großen Fisch, der langsam seine Bahn zieht. Nur leicht bewegen sich seine Flossen. Vor mir liegt eine wunderschöne Muschel am Meeresgrund. Ruhig öffnen und schließen sich ihre Schalen. Alles in einem Rhythmus: die Energien, die das Wasser durchströmen, das Öffnen und Schließen der Muschel, mein Atem. Ich möchte die Muschel zart berühren, in die Hand nehmen. Verbirgt sich in ihr ein großes, wundersames Geheimnis? Ich beuge mich nach vorn und berühre die Muschel...

Geführte Krebs-Meditation

Legen Sie sich bequem hin, am besten auf eine weiche Unterlage, und decken Sie sich mit einer Wolldecke zu; die Beine liegen nebeneinander, die Arme seitlich vom Körper, und Sie entspannen sich, lassen die Arme und Beine einfach fallen – vertrauen sie und sich der Unterlage an, die Sie trägt, und lassen sich tragen – fühlen, wie Sie getragen werden, sich anvertrauen können – spüren die Weichheit der Unterlage, die Geborgenheit, die sie Ihrem Körper gibt – spüren auch die Decke, die Sie in Wärme und Sicherheit hüllt. Und so fühlen Sie sich wohlig und behaglich, geborgen und beschützt, der Unterlage und der ganzen Situation hingegeben, und Ihre Aufmerksamkeit richtet sich mehr und mehr nach innen, und die Augenlider werden immer schwerer – Sie empfinden geradezu ihr Gewicht – und wenn sie nicht schon längst von selbst zugefallen sind, tun sie es jetzt ganz mühelos und eigentlich von selbst. Die Augen sind nun geschlossen und bleiben auch zu. Alle Aufmerksamkeit richtet sich nach innen und bleibt innen. Und statt all der äußeren Eindrücke werden nun innere Empfindungen deutlicher. So spüren Sie etwa, wie sich Ihre Brust mit dem Atem periodisch hebt und senkt – dieser Rhythmus, der Ihr Leben schon so lange begleitet – jetzt wird er Ihnen ganz bewußt, und Sie spüren und erleben, wie er Sie trägt – durch das Leben und jetzt in diesem Moment. – Im sanften Auf und Ab wiegt der Atem den Körper, und Sie lassen sich wiegen. – Und nicht nur innere Empfindungen melden sich nun, auch innere Bilder werden deutlicher und klarer. – Und vor dem inneren Auge können Sie nun das Auf und Ab des eigenen Atems auch sehen, und es entspricht dem Auf und Ab der Wellen eines Sees, an dessen Ufer Sie sitzen. Zwar ist es ganz windstill um Sie herum, und doch sind da die Wellen, die rhythmisch ans Ufer klatschen – klein sind sie und eher beruhigend als aufregend, harmonisch in ihrem regelmäßigen Wechsel von Kommen und Gehen. Und Sie sitzen da an diesem Ufer, es ist warm und angenehm, und betrachten das periodische Spiel der kleinen Wellen des Sees. Hinter Ihnen und links und rechts ist Wald, lebendiger und dichter Wald – Urwald wohl am ehesten – und vor Ihnen der See und über Ihnen, und sich in ihm spiegelnd, die untergehende Sonne – eine warme, wohl tropische Sonne, die sich anschickt, den Himmel mit den Farben ihres Abschieds zu schmücken. Auch der See vermittelt ein tropisches Gefühl; die schwimmenden Blumen auf seiner Oberfläche wirken wie Seerosen und könnten genausogut Lotosblumen sein, und in der Tiefe des Wassers erkennen Sie ein dichtes Gewirr von Schlingpflanzen – dazwischen Fische – ein üppiges Leben in der Tiefe, und fasziniert schauen Sie dem sanften Treiben dieser Unterwasserwelt zu. Alle Bewegungen sind langsam und getragen im Wasser, sowohl die der Fische als auch das sanfte Wiegen der Schlingpflanzen – das klare, warme Wasser scheint alles zu dämpfen und zu beruhigen und doch zu verbinden im gemächlichen Hin und Her seiner Strömung, deren Ursache im Dunkeln liegt und die doch alles rhythmisch bewegt und verbindet. Diesem getragenen Rhythmus hat sich das Unterwasserleben angepaßt, und selbst die großen Fische – Karpfen vielleicht –, die im Schutze der Wasserpflanzen stehen, hüten sich, die beschauliche Harmonie zu stören – und diese Stimmung ergreift auch Sie, wie Sie so am Ufer sitzen und sich dem ruhigen Treiben ausliefern. – Den Rhythmus der kleinen Wellen spüren Sie auch in sich im Atem und überhaupt, und auch der große Rhythmus von Tag und Nacht ist innen und außen zugleich. Und während die Sonne nun glutrot im See untergeht, geht auch in Ihnen etwas unter – ein wenig sterben Sie mit der Sonne und diesem Sommertag. Und dieses Sterben hat etwas Vertrautes und Schönes sogar – der Himmel bereitet dem scheidenden Tageslicht ein farbenprächtiges Abschiedsfest, und auch den See taucht das letzte Licht in warme Rottöne. In diesem Sterben aber bereitet sich schon die neue Geburt vor, und Sie brauchen sich nur noch umzuwenden und können miterleben, wie sich der volle Mond über die dunkle Kulisse des Urwaldes erhebt – noch ist sein silbernes Licht schwach und von kräftigerem Rot der scheinenden Sonne überstrahlt. Doch die Zeit ist nun auf seiner Seite, und der ewige Rhythmus des Kommens und Gehens gibt ihm nun sein Recht und die Kraft, zu siegen für eine Nacht – die Nacht dieses Vollmondes eben – und danach wird er wieder der Sonnenkraft des Tages unterliegen und so fort und so fort ... Und Sie bleiben nun mit der wachsenden Mondkraft, wenden sich dem Licht der Nacht zu, und vieles ändert sich damit – zwar wird es nicht eigentlich dunkler, doch das Licht wird ganz anders: Die warmen Rottöne werden vom kühlen Mondlicht verdrängt, das silbern auf den Blättern der Bäume schimmert. Der Urwald wird noch geheimnisvoller dadurch – es ist, als würden nun auch die Töne, die aus seiner Tiefe an Ihr Ohr dringen, geheimnisvoller und irgendwie dunkler – fordernd und lockend einerseits, und ängstigend und abstoßend zugleich. – Das magische Licht des Mondes hat nun seinen Siegeszug endgültig begonnen, und während es alles silbern erhellt, macht es dadurch auch die tiefe Dunkelheit des Urwaldes erst offensichtlich – faszinierend ist sie, die Tiefe des Waldes, doch auch so respekteinflößend, daß Sie sich entschließen, ihr fern zu bleiben, um lieber am freien Ufer des großen Sees entlangzugehen. Auch der See ist nun in silbernes Licht getaucht, die letzten feinen Schleier des Abendrotes sind über ihm verblaßt, und es ist angenehm, an seinem Ufer

entlangzuschlendern – hier draußen zwischen See und Urwald ist alles so friedlich – die Tiefe des Sees und die des Waldes sind nah, aber nicht bedrohlich – der Mond erhellt freundlich den Uferweg, und aus der Ferne klingt Ihnen ein schwaches Rauschen oder eigentlich mehr ein Murmeln wie von fließendem Wasser entgegen. Tatsächlich erreichen Sie bald die Mündung eines kleinen Flusses – das war das Murmeln, mit dem sich das dunkle Wasser aus dem Wald friedlich in das Silber des Sees mischt – einen Moment betrachten Sie dieses Schauspiel, bevor Sie dem schmalen Weg weiter am Flußufer entlang folgen. – Der Fluß wird allmählich schmaler, und der dunkle Wald kommt näher heran – allerdings steht der volle Mond nun schon so hoch, daß sein Silberschein durch die Baumkronen bis hinunter zum dicht bewachsenen Boden reicht und eine üppige Vegetation beleuchtet – auf allen Ebenen ist Wachsen und Wuchern – miteinander, übereinander und gegeneinander – Schlingpflanzen und Lianen auf den Bäumen und Büsche und Farne zwischen ihnen. Kaum ist eine Pflanze abgestorben, wird sie von anderen überwuchert und zu deren Dünger – Wachsen und Eingehen nebeneinander – Leben und Tod verbinden sich in diesem chaotischen Gewirr des Urwaldes – und Sie sind Zeuge – gehen weiter flußaufwärts, und eigentlich ist Ihr Fluß nun keiner mehr, sondern ein lebhaft dahinplätschernder Bach, hin und wieder springt er über mächtige Stufen hinab, und Sie müssen sogar ein bißchen klettern, um seinem Lauf weiter folgen zu können. Sie nehmen das jedoch gern in Kauf und sind jetzt entschlossen, bis zur Quelle weiterzugehen, und weit kann es eigentlich nicht mehr sein – so klein und schmal ist der Bach nun schon. – Und wirklich kommen Sie schon bald auf eine kleine Lichtung, wo das Bächlein ein Bassin bildet inmitten von Kräutern und Stauden. Frauenmantel reicht bis ans Ufer heran, und die Ränder der Lichtung sind von Brombeerranken und Heckenrosen wie abgeschlossen gegen den Wald. Das Bächlein aber entspringt ein wenig höher, über dem Bassin, hinter einem Vorhang von Ranken und herabhängenden Pflanzen und ergießt sich in hohem Bogen in das aufnahmebereite Becken. – Sie brauchen nur ein paar Stufen hinaufzuklettern und den grünen Vorhang ein wenig hochzuheben – und können auf die Quelle blicken – und sie liegt in einer kleinen Höhle, die nur ein bißchen größer ist als Sie selbst. Zögernd lüften Sie den lebendigen Vorhang noch ein Stück, und jetzt schlüpfen Sie unter ihn und sind direkt bei der Quelle – zu Ihren Füßen kommt sie glucksend aus einer kleinen Spalte im Fels – fließt durch die Höhle und den Vorhang, bevor sie hinabspringt und ihre Reise in die Welt antritt. Sie folgen ihr mit den Augen, bequem an die runden Felsen der Höhlenwand gelehnt. – Es ist dunkler hier drinnen, aber nicht ganz – zwischen den Ranken des Vorhangs dringt ein wenig Mondlicht zu Ihnen herein und wirft wenige schwache Lichtstreifen auf den Höhlenboden – an dem einen dieser Lichtflecken blinkt es für einen Moment auf, und als Ihre Hand nach den Blitzen greift, findet sie eine halb offene Muschel; deren Perlmutt im Innern mag wohl geglänzt haben. Als Sie jetzt das spärliche Licht in die Muschel fallen lassen, schimmert es matt im Mondlicht – im Innern ist eine Perle, von der das geheimnisvolle Funkeln herrührt. Wie gebannt ruht der Blick auf dem funkelnden Kleinod, und Sie sind so bewegt über den wunderbaren Fund, daß Sie Tränen aufsteigen spüren – die Gedanken verschwimmen im Glitzern des Perlmutts – dieser Fund kann kein Zufall sein – war auch hier in dieser Höhle einmal Meer? – Und hat das Meer die Muschel hier für mich zurückgelassen? – Natürlich, überall war einmal Meer, und alles Leben kommt aus ihm und auch die Muschel, die Perle und ich selbst – und wirklich hat alles in solch einer Höhle begonnen, die voll von Meerwasser ist und die schützt und birgt, wärmt und aufnimmt – und verschiedene andere Situationen tauchen vor Ihrem inneren Auge auf – Situationen von Geborgenheit und Wärme, Schutz und Vertrauen – das Gefühl im Mutterleib eben – das Schweben in jener warmen Vertrautheit des Fruchtwassers und weitere Situationen von Nähe und Vertrautheit mit anderen Menschen – an geliebten und vertrauten Plätzen, voll Wohlgefühl und Harmonie – das Gefühl von Einheit mit Mutter Erde – und tiefe Verbundenheit mit der Natur – Situationen, die Sie kennen, aber fast schon vergessen hatten, werden nun wieder lebendig in Ihnen – und Sie genießen Schutz und Sicherheit tief in der Großen Mutter. – Es ist weich und angenehm hier – und dann auch allmählich ein wenig eng – und da ist das Gefühl, irgendwann diese schützende Höhle verlassen zu müssen,

Mutter Erde verlassen zu müssen und geboren zu werden – so wie das Wasser der Quelle hinauszufließen in die Welt und zum Licht – dem Licht begegnen – nach der Nacht und dem Bad im Fruchtwasser im Licht des Tages zu baden – all das sehen und erleben Sie im Funkeln der Perle, und dabei bekommen Sie nun große Lust, wirklich hinaus ans Licht zu dringen, zumal Sie nicht mehr wissen, wie lange Sie schon hier drin sind, und so legen Sie die Muschel mit ihrer Perle zurück ins Wasser der Quelle, öffnen vorsichtig den lebendigen Vorhang aus herabhängenden Pflanzen und den Ihrer Augenlider und blicken hinaus ins Licht, und es ist, als sähen Sie die Welt zum ersten Mal – mit neuen Augen und in einem neuen Licht – Ihre Welt, den Platz, wo Sie sich zum Meditieren hingelegt haben, und ihre eigene Umgebung – und es ist ein gutes Gefühl, neu geboren zu sein – in eine so alte Welt.

So tauchen Sie nun weiter auf; nachdem Sie die Augen schon geöffnet haben, nehmen Sie auch Ihre Arme und Beine wieder in Ihren bewußten Besitz und räkeln und strecken sich ausgiebig. Zum Schluß orientieren Sie sich ganz bewußt in Raum und Zeit und machen sich klar, daß Sie all das auf Ihrer Reise in die Krebs-Welt Erlebte natürlich und leicht erinnern und diese Reise auch jederzeit wiederholen können.

Die hier vorgeschlagene Meditation ist natürlich nur eine von vielen Möglichkeiten, sich mit der Symbolik des Urprinzips „Krebs" zu beschäftigen.* Es ist etwas schwieriger und aufwendiger, sich selbst solche Meditationen zu suchen oder zusammenzustellen. Eine gute Möglichkeit wäre etwa, sich der Krebs-Mythologie auf diese Art meditierend zu nähern, indem man sich z. B. in Meditationshaltung begibt und sich die Geschichte des griechischen Helden Achill, ein typisches Krebs-Geschehen, vorlesen läßt und dabei mit in die Bilder geht. Entsprechend ist es auch möglich, ein Krebs-Märchen wie „Jorinde und Joringel"** meditierend zu erleben und dadurch das darin ruhende Problem zu lösen.

---

*Diese Meditation ist auch auf Kassette/CD erhältlich bei carpe diem. (siehe Anhang)
**Über die den jeweiligen Tierkreiszeichen zugeordneten Mythen und Märchen finden Sie mehr in dem Buch „Das senkrechte Weltbild" von N. Klein und R. Dahlke. (siehe Anhang)

Samadhi-Satori-Tank

„Samadhi" ist ein indisches Wort und steht für einen Zustand von Erleuchtung und Befreiung. Dieser Zustand entzieht sich im wesentlichen der Beschreibung durch Worte. In einem aber sind sich alle einig, die ihn erlebt haben: Er ist von einer unbeschreiblichen Glückseligkeit, von einem bis dahin nicht gekannten Gefühl von Freiheit, Ungebundenheit und Frieden. Samadhi bedeutet geradezu Frieden mit sich und mit der Welt. Es hat ebenso mit der absoluten Leere, dem Nirvana der Buddhisten, wie auch der absoluten Fülle, dem unbegrenzten menschlichen Potential zu tun. In der Meditation ist es die Erfahrung der Transzendenz. Wer je diesen Zustand erlebt hat, wird ihn nie vergessen, und nicht selten verändert solch eine Erfahrung unser Leben nachhaltig. Das Wort „Satori" meint etwas sehr Ähnliches, wenn nicht das gleiche, nur kennen wir es vor allem aus der Zen-Tradition, und dort betont es besonders den Augenblick, das Blitzartige dieser Bewußtseinserfahrung im „Hier und Jetzt".

Ein Samadhi-Tank ist ein schalldichter Raum, gefüllt mit Salzwasser. Durch die fast perfekte Außenreizabschirmung und durch die Salzlösung, in der der Körper gleichsam schwebt, verliert man sehr bald das Gefühl für die sonst ständig auf uns wirkende Schwerkraft. Es ist, als wäre man wieder in die schützende Gebärmutter zurückgekehrt und triebe schwerelos im Urmeer, dem Fruchtwasser. Die Bittersalzlösung ist von einer Zusammensetzung und Temperatur, die uns auch praktisch alle taktilen Reize auf der Haut sehr schnell verlieren lassen. Durch die „hermetische" Abgeschlossenheit des Tanks und das zusätzliche Augenschließen erreichen uns bald auch keinerlei optische Reize mehr. Schließlich verhindert die Schallisolation auch noch die akustischen Außenkontakte. Solcherart von allen äußeren Reizen, die sonst unser Leben bestimmen, abgeschirmt, richtet sich das Bewußtsein nach innen. Das Fehlen praktisch aller Sinneseindrücke kann zu einer unvergleichlichen Entspannung führen, einer Entspannung, die noch unendlich tiefer als jene des tiefen Schlafes sein kann. Voraussetzung dafür ist allerdings Angstlosigkeit vor dem Allein- und Abgeschlossensein und Vertrauen in die Situation.

Das eigentliche Feld des Samadhi-Tanks aber, zu dem er ja auch ursprünglich gebaut wurde, liegt im psychischen Bereich. Durch die völlige Ausschaltung aller Ablenkungsmöglichkeiten von außen werden wir frei für innere Erfahrungen, für Reisen in unsere ebenso unbekannte wie geheimnisvolle Innenwelt. Ohne alle ständigen Licht- und Tonreize entsteht ganz von selbst ein Zustand von Meditation. Ohne äußere Eindrücke fällt plötzlich aller äußere Druck von uns, das Gefühl für die Zeit verschwindet und mit ihm alle Hetze und Getriebenheit – Zeitlosigkeit aber fühlt sich an wie die Ewigkeit. Durch das schwerelose Schweben kann es auch sein, daß nicht nur die Bindung an die Zeit, sondern auch jene an den Raum verschwindet – grenzenlose Ungebundenheit ist die Folge. In diesen Erfahrungsmöglichkeiten liegt das eigentliche Geheimnis des Tanks, von diesen Erlebnissen hat er seinen Namen bekommen. In jenen gelösten Bewußtseinszuständen kann es geschehen, daß jetzt, wo alle äußeren Bilder abgeschaltet sind, die inneren Bilder in großer Klarheit und Eindringlichkeit aus uns aufsteigen. In der ungewöhnlich tiefen Ruhe und Gelöstheit mobilisieren wir auch unbewußt große Regenerations- und Heilungskräfte aus den Tiefen unserer Seele und bekommen wieder Kontakt mit unserer inneren Stimme, unserer Intuition.

Mondrhythmus-Meditation
Alles Leben ist Rhythmus. Sonne und Mond sind vor allem jene Gestirne, die draußen die Rhythmik unseres Lebens bestimmen: Die Sonne durch Tag-und-Nacht-Rhythmus und die Jahreszeiten, der Mond durch die Gezeiten, den Zyklus der Frauen und den Rhythmus in den Gemütsverfassungen, wobei der Mond als Nachtgestirn viele seiner Rhythmen, von denen wir abhängig sind, im Schutz der Dunkelheit, das heißt in unserem Inneren, bestimmt.

Wir kennen all die Beispiele von Mondsüchtigen und Schlafwandlern, die der Vollmond plagt, nicht umsonst kommt auch das Wort „Laune" von luna – dem Mond; im Englischen bezeichnet man Verrückte auch als lunatics.

Allerdings wird unsere Resonanz auf die Natur, das Schwingen in ihrem Rhythmus durch die technischen Errungenschaften immer geringer, wir sind nicht mehr im Gleichklang, in Harmonie mit unserem Lebensbereich. Dem Winter entkommen wir mit dem Flugzeug, zu allen Jahreszeiten können wir jedes Nahrungsmittel kaufen. Der sich veräußernden Kraft des Sommers folgt keine nach innen gehende Ruhe mehr im Winter. Die Nacht machen wir mit künstlichem Neonlicht zum Tag.

Um wieder in etwas mehr Einklang mit einem Rhythmus der Natur zu kommen, können Sie folgende Meditation versuchen:

Bevor Sie mit der Übung beginnen, besorgen Sie sich einen Mondkalender oder eine Monduhr, wo Sie die jeweiligen Mondphasen ablesen können. Am besten, Sie beginnen diesen Meditationszyklus, der auf jeden Fall einen ganzen Mondzyklus lang dauert, bei Neumond. Setzen oder legen Sie sich auf Ihren Meditationsplatz und beginnen Sie mit einer Gewissenserforschung. Sie sollten dabei herausfinden, welche Schwäche, Angst oder Verhaltensweise Sie aufgeben wollen. Erforschen Sie Ihr Gewissen aber so genau, daß Sie sicher sein können, daß Sie die jeweilige Schwäche wirklich weggeben wollen und können, und daß Sie sie nicht noch für Lernaufgaben Ihres Lebens brauchen. Dann erforschen Sie Ihr Gewissen weiter nach einer Verhaltensweise oder Eigenschaft, die Sie gerne in sich wachsen lassen würden. Bleiben Sie auch dabei im Bereich Ihrer Möglichkeiten, kleine Schritte sind oft wirksamer als große, weil sie leichter durchführbar sind und Erfolgserlebnisse Sie ermutigen. Wenn Sie Ihre Gewissenserforschung abgeschlossen haben, beginnen Sie nun mit dem zunehmenden Mond zu meditieren: Sie lassen dabei die Eigenschaft, die Sie ausbauen wollen, in sich wachsen, wie der Mond draußen wächst und von Tag zu Tag zunimmt. Stellen Sie sich dabei immer möglichst konkret Situationen vor, in denen Sie Ihre Wunscheigenschaft schon zur Vollendung gebracht haben. Machen Sie diese Meditation jeden Tag ein- bis zweimal. Beobachten Sie sich im alltäglichen Leben, in welcher Form die angestrebte Verhaltensweise schon Gestalt annimmt. Bei Vollmond sollten Sie dann den Höhepunkt erreicht haben. Sie meditieren auf Ihre Weise über den Mond und danken ihm, daß er Sie auf Ihrem Wachstumsprozeß begleitet und unterstützt. Nach Vollmond wenden Sie sich dem abnehmenden Mond und jener Angst, Schwäche oder Verhaltensweise zu, die Sie weggeben (Sie geben Weg frei für Neues) wollen. Gehen Sie dabei genauso vor, wie Sie es beim zunehmenden Mond getan haben, nur daß Sie eben den umgekehrten Weg gehen und abnehmen lassen, immer freier werden von Ihrer Schwäche, Ihrer Angst, die Ihren Lebensfluß behindert.

Bei Neumond machen Sie wieder eine Dankmeditation für den Mond. Sie können den Zyklus nun von neuem mit dem gleichen Inhalt, wenn Sie es für notwendig halten, beginnen, oder Sie wählen sich neue Inhalte.

Meditation über das innere Kind

Der Mond, Planetenherrscher im Tierkreiszeichen Krebs, repräsentiert im Horoskop neben dem Aspekt der mütterlichen Weiblichkeit auch das Kind, das wir bis zur Pubertät ganz real sind und das dann im Laufe des Erwachsenwerdens zum inneren Kind wird, was bedeutet, daß es in uns die kindlichen Eigenschaften der Unschuld und des Urvertrauens lebendig erhält und uns im weiteren Leben damit versorgt, damit wir aufgrund der vielen „schlechten" und leidvollen Erfahrungen, die zum Prozeß der Reifung gehören, nicht Mißtrauen an Stelle von Urvertrauen und Berechnung an Stelle von Unschuld setzen.

Als Kinder werden wir von außen, von unseren Eltern oder der Umwelt, weitgehendst mit allem versorgt, was wir zum Leben brauchen. Um (er-)wachsen zu können, brauchen wir nicht nur materielle Nahrung, sondern auch seelische, wir brauchen Liebe und Zuwendung einer Bezugsperson, wir wollen geliebt werden. Als Kind betrachten wir daher die ganze Welt als verlängertes Mutterprinzip. Es ist, als schwämmen wir noch immer im Fruchtwasser und Mutter Erde schenkte uns ihre Geborgenheit.

Wenn wir Hunger haben, werden wir gefüttert, wenn wir Liebe wollen, werden wir liebkost. Es ist daher nicht verwunderlich, daß wir Schwierigkeiten haben, diesen komfortablen Zustand, in dem wir auch noch unsere Schutzengel sehr spürbar zur Seite haben, nur ungern aufgeben. Die Abnabelung, der erste selbständige Atemzug, ist auf jeder Ebene erst einmal schmerzhaft. Das ist wohl auch der Grund dafür, daß sich vielfach hinter der Maske eines „Erwachsenen" noch ein bedürftiges Kleinkind findet, das sich standhaft wehrt, das Reich der Mütter, das Meer des Unbewußten zu verlassen, wo es so lange, mit einigen Enttäuschungen zwar, aber im großen und ganzen doch sehr sicher und bequem, gelebt hat. Da der Weg aber erst einmal aus dem „Paradies" herausführt, um es dann, weiser und reifer geworden, erst richtig sehen und schätzen zu können, ist es sinnvoll, jeden neuen Tag, jede neue Aufgabe als Anlaß zum Erwachsenwerden zu nehmen. Wenn Sie im oben erwähnten Sinne vor einer neuen Aufgabe zurückschrecken, nehmen Sie das als Ausgangspunkt für eine Meditation, in der Sie üben, mit den verschiedenen Teilen Ihrer Persönlichkeit an die Aufgabe heranzugehen und nicht nur mit dem des ängstlichen, bedürftigen Kleinkindes. Die Schamanen der Indianer lehren uns, daß jeder Mensch vier spezielle Energiezentren, also Kräfte, zur Bewältigung seines Lebens zur Verfügung hat. Sie nennen sie die „vier Schilde", weil sie wie Schutzschilde die vier Seiten eines Menschen decken. Ihre Lehre sagt auch, daß jeder Mensch lernen muß, mit allen vier Schilden beziehungsweise mit allen vier Teilen der Persönlichkeit zu agieren:

- mit dem Ostschild, das die heile, unberührte göttliche Kraft im Menschen darstellt, dem heilen inneren Kind, das das Leben als großes Spiel sieht; es ist dies die Kraft der Kreativität.
- mit dem Westschild, das die Kraft des Intuitiven und Imaginären repräsentiert (bei der Frau findet sich diese Kraft in ihrem Animus, ihrem inneren Mann; beim Mann in seiner Anima, seiner inneren Frau).
- mit dem Nordschild, mit dem wir mit sicherem Instinkt und gesundem Menschenverstand verantwortlich handeln und unseren Platz in der Welt einnehmen.

- mit dem Südschild, durch das wir Kontakt mit unserer Seele haben; hier steht uns die Kraft des Kindes, die Fähigkeit, zu vertrauen und immer wieder Unschuld zu erlangen, zur Verfügung.*

Man kann sich nun leicht vorstellen, daß manche Schilde besser für den direkten und erwachsenen Umgang mit der „realen" Welt geeignet sind als andere. Jeder der vier Schilde oder Persönlichkeitsanteile reagiert auf die äußere Welt anders. Am Beispiel der neuen zu bewältigenden Aufgabe sähe das so aus, daß der Ostteil der Persönlichkeit begeistert wäre, ein neues „Lebensspiel" ausprobieren zu können. Der Nordteil würde sofort einen Plan machen, Prioritäten setzen, sich Gedanken über die Übernahme der neuen Verantwortung machen und die eigene Rolle in dem Ganzen bestimmen. Der Westteil würde auf die Kraft seiner Intuition und der inneren Bilder vertrauen und versuchen, unter dieser inneren Führung die Aufgabe zu erfüllen. Der Südteil würde im Idealfall aus dem Hintergrund das Vertrauen ins Gelingen beisteuern.

Der Südschild ist jedoch am wenigsten dazu geeignet, sich direkt und konkret mit der neuen Aufgabe zu konfrontieren, obwohl wir gerade ihn fast automatisch als erste Reaktion einsetzen, das heißt, wir erwarten erst einmal, daß jemand oder etwas anderes unsere Aufgabe erfüllt und Verantwortung übernimmt, wie wir es aus unserer Kindheit von den Eltern gewöhnt waren. Wir stehen damit als „kleines Kind" in einer für uns viel zu großen Welt der Erwachsenen und reagieren erst einmal ängstlich. Dazu kommt, daß das Kind in uns durch die Erziehung, die in unserer Zeit vor allem leistungsorientiert ist, verunsichert ist. So verwandelt sich dann das Urvertrauen in Ängstlichkeit, und wir sind der Welt immer weniger gewachsen. Mit Meditation können wir diesen Teil unserer Persönlichkeit wieder heilen und ihn an seinen richtigen Platz stellen, wo er uns „Rückendeckung" gibt in Form von Vertrauen in unsere Fähigkeiten und in die Fülle des Lebens.

---

* Eine ausführliche Beschreibung der vier Schilde finden Sie in dem Buch von Lu Lörler: „Die Hüter des alten Wissens. Schamanisches Heilen im Medizinrad." (siehe Anhang)

Lassen Sie in dieser Meditation als ersten Schritt Ihre Kindheit vor Ihrem inneren Auge vorbeiziehen. Betrachten Sie vor allem jene Situationen genau, die Ihnen viel Schmerz bereitet haben, die Ihr Urvertrauen am schwersten erschüttert haben. Dann sollten Sie sich aber auch auf die Suche machen nach jenen guten und für Sie wichtigen Ergebnissen, die sich gerade aus den schmerzvollen Erfahrungen ergeben haben. Erkennen Sie die Notwendigkeit des Schmerzes, weil wir ohne Leid zu träge sind, uns weiterzuentwickeln. Versuchen Sie also das hintergründige Erziehungsmodell des Schicksals zu erkennen, und verfolgen Sie den Weg, der Sie zu dem gemacht hat, was Sie jetzt sind.

Meditieren Sie auch darüber, in welchen Situationen Ihres Lebens Sie wie ein „bedürftiges Kleinkind" reagieren; sind es immer ähnliche Ängste, die Sie von neuen Aufgaben abhalten, wo wollen Sie keine Verantwortung übernehmen, sondern schieben diese auf einen Mutter- oder Vaterersatz ab? Wenn Sie nun eine neue Aufgabe in Ihrem Leben gestellt bekommen, nehmen Sie diese mit in Ihre Meditation, und spielen Sie sie mit Ihren verschiedenen Persönlichkeitsanteilen, wie beispielsweise mit den vier Schilden der Indianerlehre, durch, und verwandeln Sie Ihre Ängstlichkeit in Vertrauen, das aus dem Hintergrund wirkt und Sie fähig macht, der Welt wieder mit Offenheit zu begegnen.

Gefühlswahrnehmung

Das Entdecken und Erkennen von Gefühlen ist eine der Aufgaben des Krebs-Prinzips. Meditation kann diesen Vorgang der Auseinandersetzung mit der eigenen Gefühlswelt erleichtern.

Vor allem für den Krebs gibt es kaum etwas, das sein Leben so stark beeinflußt wie seine Gefühlssituation.

Grundsätzlich verführt das Leben in unserer Zeit dazu, die Gefühlswelt zugunsten von Vernunft und Intellekt zu unterdrücken. Die unterdrückten negativen Gefühle werden zu dunklen Schattenbereichen gleich einem Riesenmülleimer, den wir mit uns herumschleppen. Aber auch unsere Wunschvorstellungen für die

Zukunft stellen sich vor das wirkliche Erleben, wie es ja schon das Wort sagt, und werfen ihre Schatten. Beide Schattenbereiche lassen uns die Realität in einem falschen Licht erscheinen und machen es schwierig, die echten Gefühle des Augenblicks zu erkennen und zu realisieren. Mit wacher Wahrnehmung und Übung können Sie sich wieder an Ihre wahren Gefühle anschließen. Beginnen Sie folgendermaßen:

Legen oder setzen Sie sich in Ihrer gewohnten Meditationshaltung hin, entspannen Sie sich, und lassen Sie Ruhe in sich einkehren. Beobachten Sie einfach Ihren Atem, sein Kommen und Gehen, sein Fließen. Lassen Sie sich von Ihrem Atem in immer größere Ruhe tragen. Der Atem ist wie ein Fluß, und Sie fließen in ihm und lassen sich mitnehmen ins Meer. Sie werden vom Meer aufgenommen und getragen. Hier am Sammelplatz aller Gefühle öffnen Sie die Schleusen Ihrer Seele und beobachten nun, was Sie empfinden. Wie den Fluß des Atems lassen Sie alle Gefühle in sich aufsteigen und fließen, lenken und werten sie nicht und beeinflussen sie nicht. Am Anfang erscheint es Ihnen vielleicht, als würden Sie gar nichts fühlen, dann empfinden Sie einfach, wie Sie da so liegen, allein und in tiefer Ruhe; es werden dann auch andere Empfindungen aus dem Meer der Gefühle auftauchen, Erinnerungen an Situationen, in denen Sie glücklich oder traurig waren, Traumbilder ...

Diese Gefühle werden nun wiederum Gefühle auslösen, und so geben Sie sich diesem endlosen Strom hin. Versuchen Sie dabei nicht zu denken, lassen Sie sich ganz passiv treiben. Nachdem Sie nun eine Weile Ihrem Gefühlsstrom nachempfunden haben, gehen Sie einem herausragenden Gefühl nach. Achten Sie darauf, warum Sie mit Freude, Liebe, Haß, Wut, Trauer ... reagieren, ob es Vergangenheits- oder Zukunftsschatten oder echte momentane Gefühle sind. Den Schatten nehmen Sie schon den Großteil ihrer Ladung, indem Sie sie als solche erkennen. Mit einiger Übung werden Sie auf diese Art die echten Gefühle, die der augenblicklichen Situation entsprechen, erkennen lernen.

Diese echten Gefühle wollen zum Ausdruck kommen. Äußern Sie Ihre Empfindungen erst in sich, genießen Sie den Vorgang des Fühlens, ganz gleich welcher

Art die Gefühle sind, freuen Sie sich, daß Sie die Fähigkeit zu fühlen haben, spüren Sie die Lebendigkeit, die sich dadurch in Ihnen ausbreitet. Je mehr Sie innen zu Ihren Gefühlen stehen, um so leichter wird es Ihnen auch fallen, für diese im Außen einzustehen. (Denn gerade die unrealisierten Gefühle sind es, die bei Krebsgeborenen zu jenen „Gefühlsüberschwemmungen" führen, die die Außenwelt als Launen fürchtet.)

Versuchen Sie also die Früchte dieser Meditation im Alltagsleben zu ernten. Sie haben durch die Meditation Ihre echten Gefühle besser kennengelernt, können Sie besser von den Schatten unterscheiden; lernen Sie nun ein Gefühl, das Sie auf seine „Echtheit" geprüft haben und das nach Ausdruck verlangt, direkt und schnell zu realisieren. (Natürlich sollten Sie sich aber so weit unter Kontrolle haben, daß Sie immer wissen, was Sie tun!) Ein spontaner Gefühlsausdruck verhindert, daß man dann lange Zeit einem Schattengefühl nachhängt, das man allen möglichen anderen Menschen oder Situationen anlastet.

Ahnenmeditation

Das Krebs-Prinzip symbolisiert nicht nur die Gebärmutter, das Fruchtwasser, das uns als Ungeborene genährt hat, sondern auch die Familie, die Ahnen, das Volk, aus dem wir kommen. Es ist der Schoß der Familie im weitesten Sinne, der uns genährt hat. Die Beziehung, die wir zu unseren Eltern, unserer Familie, unseren Ahnen, aber auch zu unserem Volk haben, ist für unser Wachstum von großer Bedeutung. Da wir nicht zufällig bei unseren Eltern geboren wurden (unsere Seele hat sich für ihre Entwicklung den für sie optimalen Nährboden in unseren Eltern gewählt), zeigt uns unsere Familie die wesentlichsten Ansatzpunkte für unser seelisches Wachstum.

Es ist daher aufschlußreich und kann zu wichtigen Erkenntnissen führen, wenn wir die eigene Familie in unsere Meditation einschließen.

Beginnen Sie mit Ihrer Mutter, mit der Sie am engsten verbunden waren, und nehmen Sie sie mit in Ihre Meditation. Lassen Sie sie in Gedanken vor

Ihnen erscheinen, betrachten Sie sie ganz genau, rufen Sie sich möglichst viele Erinnerungen, die Sie mit ihr verbinden, ins Gedächtnis, Situationen, die Sie mit ihr erlebt haben ... Versuchen Sie dann Ihre Mutter nicht als Ihre Mutter, sondern einfach als Menschen zu sehen. Schauen Sie sich ihr Leben an, achten Sie dabei besonders auf ihre unerfüllten Lebensträume, denn diese sind der Ansatzpunkt für die Lernaufgaben und Probleme, die Sie ebenfalls in Ihrem Leben zu bewältigen haben werden. Sie sollten versuchen, die Utopien Ihrer Mutter, die eigentlich die Ihren sind – da Sie ja, wie gesagt, Ihre Mutter nicht zufällig bekommen haben – Realität werden zu lassen. Suchen Sie deshalb das Ende jenen roten Fadens, der Ihre Entwicklung mit der Ihrer Mutter verbindet, den Sie in Ihrem Leben wieder aufnehmen müssen. Beleuchten Sie dabei alle Lebensbereiche: Beruf, Ehe, Arbeit, Sexualität ... Meditieren Sie darüber so oft und so lange, bis Sie wenigstens in die Nähe eines Aha-Erlebnisses kommen.

Auf die gleiche Weise verfahren Sie mit allen übrigen Familienmitgliedern oder Verwandten, die Ihnen gefühlsmäßig für Ihr Leben bedeutsam erscheinen.

Meditieren Sie auch über das Volk, aus dem Sie kommen. Die Mentalität, die in dem Land herrscht, aus dem Sie kommen, kann über Sie ebenfalls sehr aufschlußreich sein.

All das zu betrachten und dann auch in Beziehung zu sich zu setzen erfordert natürlich ein beträchtliches Maß an Ehrlichkeit sich selbst gegenüber und die Bereitschaft, Verantwortung für das eigene Leben auf ganzer Linie zu übernehmen, beides Eigenschaften, vor denen wir uns im wesentlichen gerne drücken, was dann eben dazu führt, daß wir unsere Utopien, Schwächen, Ängste und Wünsche, unsere Schatten, „leben lassen", sie auf unsere Partner oder Kinder projizieren.

Wiederholen Sie deshalb diese Meditation immer wieder einmal, Sie werden dabei immer wieder auf Bereiche stoßen, die Sie nie beachtet haben, die aber wichtig für Sie sind.

Meditieren Sie so oft, bis Sie mit Ihren Eltern, Ihrer Familie, Ihrem Volk wirklich ausgesöhnt sind, bis Sie ein Gefühl der Dankbarkeit für ihre Schwächen empfinden, weil eben diese Schwächen Ansatzpunkt und Wegweiser für Ihr eigenes Leben sind.

Einfühlen

Wie der Mond für das Licht der Sonne, so ist der Krebs Projektionsfläche für die Ausstrahlung anderer Wesen. Weich und empfangend nimmt er Stimmungen und Eindrücke auf, ist damit Repräsentant für das urweibliche Prinzip.

Aus der Eigenschaft des Einfühlens kann auch eine Meditation entstehen: Wählen Sie einen Gegenstand, einen Stein, eine Muschel – oder ein Lebewesen, einen Baum, eine Pflanze, ein Tier oder auch einen Menschen. Es sollte Sie nur irgendein Gefühl mit dem von Ihnen Gewählten verbinden, wobei es keine Rolle spielt, ob dieses Gefühl ein positives oder ein negatives ist. Wenn möglich, nehmen Sie das gewählte Meditationsobjekt mit an Ihren Meditationsplatz, oder wenn sie beispielsweise einen Baum dazu bestimmt haben, können Sie an seinen Stamm gelehnt meditieren. Ansonsten imaginieren Sie Gegenstand oder Person.

Begeben Sie sich also in Ihre Meditationshaltung, und tauchen Sie ein in tiefe Ruhe. Langsam beginnen Sie dann das von Ihnen auserkorene Meditationsobjekt oder den Menschen auf Ihre innere Leinwand zu projizieren. Lassen Sie das innere Bild möglichst konkret und plastisch werden. Öffnen Sie sich für das Wesen oder Objekt, und bitten Sie, daß es sich auch für Sie öffnet. Schlüpfen Sie in dieses andere Wesen oder Objekt, und versuchen Sie die Wirklichkeit aus dessen Augen, mit seinen Sinnen zu erfahren, wie sich sein Leben lebt. Begleiten Sie Ihr Meditationsobjekt ein Stück seines Lebensweges, und versuchen Sie sein Wesen zu verstehen, indem Sie spüren, daß Sie ein Teil von ihm und es ein Teil von Ihnen ist.

Sehr hilfreich ist diese Meditationstechnik, wenn Sie glauben, von einem anderen Menschen Unrecht erfahren zu haben, oder wenn Sie wütend oder haßerfüllt auf einen Menschen reagieren. Dann nehmen Sie diesen Menschen mit in Ihre Meditation, und versuchen Sie die Welt aus seinen Augen zu sehen, zu fühlen, wie er fühlt, zu denken, wie er denkt. Sie werden schnell bemerken, wie Haß, Wut und Ablehnung verschwinden, weil Sie verstehen, weil Sie den anderen als Teil in sich selbst kennengelernt haben.

Diese Meditation eignet sich auch gut, um sie mehrmals täglich zu üben. Immer, wenn Sie einem Gegenstand oder einer Person begegnen, wo Sie etwas berührt, versuchen Sie sich meditativ einzufühlen und ihr Wesen zu erfassen, es zu sich in Beziehung zu setzen. Es kann eine schöne Möglichkeit sein, die eigene Wirklichkeitserfahrung zu erweitern.

Löwe

Zeitraum: 23. Juli – 22. August
Symbol: ♌
Element: Feuer
Planetenherrscher: Sonne
Prinzip: Individualität, Expression, Kraft, Selbstbehauptung.
Kernsatz: „Ich bin."

In dem Zeitraum, in dem die Sonne das Sternzeichen Löwe durchwandert, herrscht Hochsommer. Die Früchte der Natur entfalten sich zu ihrer vollen Reife. Der Same, der im Zeichen Widder gerade aufgebrochen war, bringt im Löwen seine individuellen Anlagen zur Geltung. Alle Lebendigkeit steht jetzt am Höhepunkt. Das Zeichen Löwe ist im Tierkreis das zweite Feuerzeichen: männlich, aktiv. Die Sonne, das Zentralgestirn unseres Sonnensystems, ist hier zuhause. Und wie die Sonne als Licht- und Wärmespender das Leben auf der Erde möglich macht, so symbolisiert das ihr zugeordnete Zeichen die Lebenskraft schlechthin.

Der Gefühlsreichtum, der im Krebs noch im Unbewußten gewirkt hat, wird in dieser Phase ans Tageslicht gebracht und zum emotionalen Ausdruck der Individualität. Im Löwen findet laut Roberto Sicuteri* der „Übergang vom Unbewußtsein zum Bewußtsein, vom Nicht-Ich zum Ich" statt. Im Krebs wurde der empfängliche, fruchtbare Urboden geschaffen. Im Löwen begegnet uns jetzt die Sonne als die schöpferische Urkraft. Hier erfährt sich der Mensch im Zenit seiner Individualität und lernt aus diesem Bewußtsein des „Ich bin ich" zu handeln, sich selbst auszudrücken und zu einer eigenständigen Persönlichkeit heranzureifen.

---

*siehe Anhang

Die Sonne ist der Mittelpunkt unseres Sonnensystems, und der Löwe will ebenfalls immer im Mittelpunkt des Geschehens stehen. Er versucht zu führen, zu herrschen, die anderen an seiner überquellenden Lebenskraft zu beteiligen und sie zu überstrahlen. Der Löwe wird alles tun, um seinen Glanz und seine Stärke zu mehren. Der Löwe-Geborene ist ein Einzelkämpfer. Gruppen erträgt er nur, wenn er das Kommando übernehmen kann. Er besitzt ein starkes Vertrauen in seine reichlich vorhandene Kraft und zeigt ein starkes emotionales Verhalten. Er plant nicht und lebt stets voll aus der Situation heraus.

In der so betont ausgeprägten Individualität des Löwen liegen aber auch sein Problem und seine Lernaufgabe. Er darf diese Individualität nicht so weit treiben, daß es zu einer „aggressiven Inflation des Ich" kommt, wie der Psychotherapeut Roberto Sicuteri warnt: „Im Löwen kann der Individuationsprozeß, das heißt die Bewußtwerdung um die vervollkommnungsfähige Subjektivität, zu einem höchst egozentrischen Individualismus führen, wobei das eigene Ich als ritueller Bezugspunkt genommen wird."

Dem Löwen fehlt ein soziales Bewußtsein, und dieses Gefühl der gesellschaftlichen Unsicherheit versucht er mit seinem Verhalten zu kompensieren. Er übernimmt die Führung in einer Gruppe, weil es noch nicht fähig ist, sich in das soziale Gefüge einzugliedern. Daraus ergibt sich für den Astrologen Dane Rudhyar das Grundverhalten des Löwen: Die „dramatische Veräußerlichung der Personalität, um soziale Anerkennung und erhöhte Selbstsicherheit als soziales Wesen zu erwerben".

Löwe-Meditationen

Im Löwen, geprägt vom Energiestrom unseres Zentralgestirns Sonne, bricht sich Lebensfreude und Kreativität Bahn. Meditationsformen, in deren Zentrum emotionale Selbstdarstellung sowie Licht und Liebe stehen, sind deshalb die Übungen des Löwe-Prinzips.

Meditatives Malen

In jedem Menschen steckt ein großes kreatives Potential. Oft jedoch verbirgt es sich in tieferen und schwer zugänglichen Schichten des Bewußtseins. Die Methode des meditativen Malens ist eine Möglichkeit, die eigene Kreativität zu entdecken und ans Tageslicht zu bringen.

Besorgen Sie sich große Papierbögen, Wachsmalkreiden, Graphitstifte oder – am besten – Fingerfarben. Zum meditativen Malen eignet sich besonders gut eine spezielle Musik wie die „Music for Zen Meditation" oder eine andere, die Ihnen persönlich gut gefällt.

Beginnen Sie nun mit Entspannungsübungen, wie wir sie in dem Kapitel „Die Praxis der Meditation" (s. S. 43 ff.) vorschlagen. Atmen Sie bewußt mit Unterstützung des Zwerchfells und zentrieren Sie Ihre Aufmerksamkeit auf Ihren Schwerpunkt im Nabelbereich. Werden Sie sich Ihres Körpers bewußt, der Energieströme, die Sie durchfließen. Lassen Sie sich vom Rhythmus Ihres Atems einfangen. Alltagsprobleme und Sorgen sind jetzt für Sie unwichtig.

Am besten ist es, wenn Sie beidhändig malen. Sie planen kein Motiv, wollen kein Kunstwerk herstellen, sondern lassen sich tragen von den Energien Ihres Körpers, von den Schwingungen der Musik, die im Hintergrund läuft. Es geht um nichts. Meditatives Malen ist zweckfrei, ist eine Forschungsreise in Ihr eigenes Unterbewußtsein, zu den Zentren Ihrer Kreativität. Sie können vorher nicht wis-

sen, was Sie dort entdecken werden. Sie werden nicht vom Intellekt gesteuert, sondern lassen einfach Bild- und Farbvorstellungen aus der Tiefe Ihrer Persönlichkeit aufsteigen.

Malen Sie so lange, bis Sie keine Lust mehr haben, bis Sie sich erschöpft, aber wohlfühlen. Atmen Sie mehrfach tief ein und aus, stoppen Sie die Musik, rekeln und strecken Sie sich. Wenn Sie nun Ihre Bilder betrachten, werden Sie feststellen, wie vielfältig die Formen, wie unterschiedlich die Farben sind. Hier offenbart sich in einer „psychedelischen Kunst", die ohne Drogen zustande kam, ein neuer Bereich Ihrer Persönlichkeit.

Sie können jetzt in einer ruhigen meditativen Übung (siehe Kapitel „Die Praxis der Meditation", S. 43 ff.) Ihre Gemälde zum Meditationsgegenstand machen. Lassen Sie Ihre Gedanken in Ihren Bildern aufgehen und verfolgen Sie so den Weg der aufsteigenden Farb- und Bildvorstellungen zurück bis in ihre Quelle im Unterbewußtsein. Sie können diese Übung aber auch mit dem Malen bewenden lassen.*

Meditatives Tanzen

Bewegungen sind ein wichtiges Bindeglied zwischen Körper und Geist. Sie erschließen den eigenen inneren Rhythmus und öffnen uns zur Außenwelt. Schon immer waren Tanzformen Bestandteil meditativer Erfahrungen. Bewegungstechniken ermöglichen die Erfahrung des kosmischen Bewußtseins bei den Wirbeltänzen der Sufis ebenso wie bei den ägyptischen Sternentänzen, welche die Bewegungen der Gestirne nachzuvollziehen suchten.

Viele westliche Menschen allerdings haben ein verkrampftes Verhältnis zu ihrem Körper und ihren Bewegungen. Diese Störungen sind nicht angeboren, sondern erworben. Schon C. G. Jung hat festgestellt, daß kleine Kinder in einer Weise offen und selbstvergessen tanzen, wie es auch die Primitiven in ihren zeremoniellen Tänzen tun. Meditativer Tanz hat deshalb nichts mit Konventionen, aner-

---
* Wenn Sie über meditatives Malen mehr wissen möchten, sollten Sie nachschauen in: Guido Martini: „Malen als Erfahrung" (siehe Anhang)

zogenen bzw. trainierten Bewegungsformen oder mit Ästhetik zu tun, sondern ist ein Ausdruckstanz ohne Ziel und Zweck, der uns Zugänge zu den Inhalten unseres Unterbewußtseins gibt und dabei hilft, unerforschte Tiefen unserer Personalität auszuloten.

Meditativer Tanz verbindet die weichen, fließenden Bewegungen des Yin-Prinzips mit den harten, zustoßenden Gesten des Yang. Er ist ein integrierter, kreativer Tanz, den Sie nicht mit dem Intellekt steuern, sondern den Sie intuitiv geschehen lassen.

Beginnen Sie diese meditative Übung mit den Methoden, die wir im Kapitel „Die Praxis der Meditation" (s. S. 43 ff.) beschrieben haben. Positionieren Sie sich in der Hara-Stellung, atmen Sie mit Unterstützung des Zwerchfells und spüren Sie die Verbindung zum Himmel und zur Erde. Suchen Sie Ihren Schwerpunkt, der etwa auf der Höhe des Nabels liegt. Versenken Sie sich in diesen Schwerpunkt und achten Sie auf Ihre Atmung. Folgen Sie deren Rhythmus und spüren Sie die tiefe Entspannung, die sich in Ihnen breitmacht. Alle Sorgen, alle Verbindungen zur hektischen Alltagswelt bleiben ausgesperrt hinter der Tür Ihres Zimmers.

Wählen Sie sich eine Musik, die Ihnen besonders sympathisch ist. Es spielt keine Rolle, ob es sich um eine sanfte, fließende Melodie oder um harten Rock-Rhythmus handelt. Wählen Sie einen Titel, der Ihrer persönlichen Stimmung entspricht.

Bleiben Sie zunächst in der Hara-Stellung stehen und richten Sie Ihre Aufmerksamkeit auf die Musik. Lassen Sie sich von den Tönen umspülen, spüren Sie die Schwingungen in der Melodie, werden Sie selbst zu Musik. Sobald Sie sich eins fühlen mit den Tönen, die Sie umgeben, beginnen Sie mit dem Tanz. Sie tanzen nicht selbst, sondern lassen sich tanzen. Sie folgen der Musik, reiten gleichsam auf den Wellenkronen der Melodien, sind frei, ungezwungen, offen. Mit der Musik fließt Ihr Atem. Ihre Bewegungen kommen aus der Hüfte. Sie lassen sich gehen.

Niemand sieht Sie. Sie tanzen nur für sich und spüren, wie die Musik Sie in ruhigen, meditativen Bewegungen trägt. Sie merken, wie sich Spannungen in harten Gesten lösen, und beginnen, sich sehr wohlzufühlen.

Wenn die Musik zu Ende ist, setzen Sie sich in die von Ihnen bevorzugte Meditationsstellung und achten einige Minuten lang auf das, was in Ihnen passiert. Ihre Aufmerksamkeit wird nicht von Äußerlichkeiten beansprucht, sondern ruht tief in Ihrem Inneren.

Licht-Meditation

Die Sonne ist, wie schon gesagt, das Zentralgestirn unseres Sonnensystems. Von ihr kommt alles Licht, und sie ist der Planetenherrscher im Löwen. Ohne Sonne gäbe es kein Leben auf unserem Planeten. Sie ist das Symbol und die Realität der Lebensfreude und der Licht-Energien. Mit folgender meditativen Übung können Sie sich dem Licht der Sonne öffnen und dadurch die lichten Schwingungen im Inneren Ihrer Persönlichkeit entdecken und zum Leben erwecken.

Suchen Sie sich einen Platz, von dem aus Sie die Sonne sehen können. Setzen Sie sich in Ihre bevorzugte Meditationsstellung, entspannen Sie sich, suchen Sie Ihren Schwerpunkt und atmen Sie richtig mit Unterstützung des Zwerchfells (Hinweise im Kapitel „Die Praxis der Meditation", S. 43 ff.). Lösen Sie sich von allen alltäglichen und kleinen, menschlichen Problemen. Fühlen Sie sich entspannt und unbelastet.

Schließen Sie die Augen und wenden Sie Ihr Gesicht der Sonne zu. Spüren Sie die Wärme und sehen Sie durch die geschlossenen Lider die feuerroten Energieströme der Sonne. Richten Sie Ihre Aufmerksamkeit auf diese Energie. Lassen Sie sie tief in Ihr Innerstes eindringen, sich von der unermeßlichen Lebenskraft der Sonne durchfluten und tragen. Fühlen Sie, wie sich die Sonnenenergien mit Ihren Energien zu einem warmen, angenehmen Strom vereinigen. Folgen Sie diesem Strom auf dem Weg durch Ihren Körper.

Beenden Sie die Licht-Meditation, indem Sie Ihren Kopf von der Sonne abwenden, mehrfach ein- und ausatmen, Grimassen schneiden, sich rekeln, strecken und dann die Augen öffnen.

Sie können diese Meditation hervorragend im Urlaub am Strand durchführen. Im Winter und bei bewölktem Himmel reicht für die Licht-Meditation auch eine Lampe aus. Schließen Sie in allen Übungen dieser Art die Augen und visualisieren Sie das Licht auf einer inneren Leinwand.

Liebe-Meditation

Wie die Sonne im Mittelpunkt unseres Planetensystems steht, ist auch der Löwe gern Mittelpunkt seiner Umwelt. Doch ebenso wie die Sonne Lebensenergie ausstrahlt, soll auch der Löwe liebevolle Wärme an seine Umwelt abgeben. Eine Methode dies zu erfahren, ist die meditative Übung der Liebe.

Die Schwingungen der Liebe sind eng verwandt mit den Energieströmen, die beim Meditieren entstehen. Liebe und Meditation haben dieselbe Wurzel. Einige Meditationsmeister glauben sogar, daß Meditation ohne Liebe genauso unmöglich ist wie Liebe ohne meditative Erfahrungen.

Setzen Sie sich für die Liebe-Meditation in Ihrer bevorzugten Meditationsposition in einen abgedunkelten Raum. Suchen Sie Ihren Schwerpunkt, atmen Sie richtig, entspannen Sie sich. Richten Sie dann, wenn Sie alle Sorgen und alltäglichen Probleme abgeschüttelt haben, Ihre Aufmerksamkeit auf Ihr Herz-Chakra. Das ist der Punkt, wo Ihre Energieströme knapp oberhalb des Herzens fließen. Machen Sie sich diesen Punkt bewußt, spüren Sie ihn als den Quell, von dem Ihre Liebe in starken Schwingungen ausgeht.

Verströmen Sie Ihre Liebe, füllen Sie den ganzen Raum mit Ihren Liebesenergien aus. Sie werden merken, daß sich etwas verändert: Ihre Aura verstärkt sich, ein Gefühl der Wärme umgibt Sie. Überall ist Liebe, Ihre Liebe. Ihr Bewußtsein verwandelt sich zu sanfter, warmer und alles durchdringender Liebe. Wiegen Sie Ihren Körper in den Liebesschwingungen, die tief in Ihnen ihren Ausgangspunkt haben und alles berühren. Werden Sie zur Liebe.

Beenden Sie die Liebe-Meditation mit tiefem Atmen. Rekeln und strecken Sie sich, öffnen Sie die Augen und kehren Sie zurück in das „Hier und Jetzt". Nehmen Sie Ihre liebevolle Ausstrahlung mit in den Alltag. Sie werden feststellen, daß Ihre Umwelt diese Energien spürt und positiv darauf reagiert.

Sonnengebet

Das Sonnengebet („Surya Namaskar") ist eine indische Yoga-Übung, die aus zehn Abschnitten besteht, welche sehr schnell hintereinander – aber ohne Eile – mehrfach wiederholt werden. Mit seiner Hilfe werden körperliche Bewegungen und der Geist zu einer Einheit verschmolzen. Bevor Sie mit dem Sonnengebet beginnen, sollten Sie sich darüber im klaren sein, daß die Übungen zwar leicht klingen, aber zumindest in der ersten Zeit Ihren Körper, Ihren Knochenapparat und Ihre Muskeln stark beanspruchen. Sollten Sie im Hinblick auf Ihren gesundheitlichen Zustand Bedenken haben, empfiehlt es sich, rechtzeitig Kontakt mit einem Arzt aufzunehmen.

Achten Sie beim Sonnengebet besonders aufmerksam auf Signale Ihres Körpers. Speziell Schmerzen sind ein Hinweis darauf, daß Sie sich zuviel zumuten. Brechen Sie dann sofort die Übung ab und verkürzen Sie in den nächsten Tagen die Übungszeiten. Wenn Sie sich etwa zehn Minuten nach dem Sonnengebet nicht frisch, wach und entspannt fühlen, haben Sie etwas falsch gemacht. Müdigkeit und Muskelkater sind ein Signal dafür, daß Sie die Übung langsamer angehen sollten.

Für das Sonnengebet brauchen Sie ein quadratisches Tuch von etwa 55 Zentimetern Kantenlänge. Breiten Sie das Tuch auf dem Boden aus. In Augenhöhe und in Blickrichtung hängen Sie ein Bild an die Wand, das Ihnen besonders viel bedeutet. Es kann ein Portrait, eine Fotografie oder ein beliebiges Gemälde sein. Sie können sich auch selbst, etwa mit der Methode des meditativen Malens, ein Bild herstellen. Wenn möglich, sollten Sie sich für diese meditative Übung eine Stelle in Ihrem Meditationsraum suchen, die von der Sonne beschienen wird.

Beginnen Sie das Sonnengebet in der Hara-Stellung (siehe Kapitel „Die Praxis der Meditation", S. 47 ff.). Entspannen Sie sich, richten Sie Ihre Aufmerksamkeit auf den Schwerpunkt und atmen Sie richtig mit Unterstützung des Zwerchfells.

Erste Stellung: Stellen Sie sich aufrecht mit geschlossenen Füßen und Knien vor das Tuch. Ihre Zehen berühren die Tuchkante. Legen Sie die Hände zusammen wie im Gebet. Die Ellbogen sind leicht angewinkelt, die Daumenballen liegen auf dem Brustbein. Heben Sie die Brust und ziehen Sie den Leib so weit wie möglich herein und nach oben. Konzentrieren Sie sich nun auf Ihren Körper und beginnen Sie, sich von den Zehen bis zum Scheitel zu versteifen. Vollziehen Sie diese Anspannung zunächst mit dem Bewußtsein und lassen Sie dann Ihre Muskeln folgen. Dabei atmen Sie ein und halten die Luft an. Wenn Sie alle Körperpartien angespannt und dabei das Gesicht erreicht haben, lächeln Sie. Ihr Blick ruht auf dem Bild an der Wand. Empfinden Sie Ihren Körper in dem Bewußtsein, daß Ihnen Gutes geschieht.

Zweite Stellung: Lassen Sie die Hände mit durchgedrückten Knien (am Anfang dürfen Sie die Knie auch leicht beugen) zu Boden sinken und legen Sie sie parallel zu den Kanten des Tuchs auf das Tuch. Versuchen Sie, mit der Nase oder mit der Stirn die Knie zu berühren. Atmen Sie dabei heftig und vollständig alle verbrauchte Luft aus.

Dritte Stellung: Ihre Hände liegen unverrückbar auf dem Tuch. Sie atmen tief ein und halten die Luft an. Lassen Sie sich nun auf Ihr rechtes Knie nieder und recken Sie den Kopf so hoch wie irgend möglich. Der Oberschenkel des rechten Beins steht senkrecht. Sie stützen den Fuß mit den Zehen am Boden ab. Den linken Oberschenkel ziehen Sie waagrecht an Ihren Leib. Das Knie berührt die Brust. Die Zehen des linken Fußes berühren den Rand des Tuchs. Sie hocken in einer Art Startstellung am Boden (Beim zweiten Durchgang wechseln Sie die Beine: Das linke stützt Sie ab, das rechte berührt Ihren Leib. In der dritten Runde ist es wieder umgekehrt usw.)

Vierte Stellung: Sie halten immer noch die Luft an. Die Hände ruhen fest an ihrer Ausgangsposition auf dem Tuch. Jetzt heben Sie den Körper und stellen das Bein, das gegen Ihren Leib gepreßt war, neben das andere Bein. Dann strecken Sie sich wie ein umgekehrtes V nach oben. Fußflächen und Handflächen bleiben fest am Boden. Diese Stellung entspricht einer Art nach oben gestrecktem Liegestütz.

Fünfte Stellung: Die Hände bleiben auf dem Tuch, und Sie lassen Ihren Körper flach auf den Boden fallen. Dabei atmen Sie aus. Stirn, Nase, Brust, Knie und Zehen berühren den Boden, nicht aber Hüften oder Unterleib. Die Ellbogen ragen neben dem Körper nach oben.

Sechste Stellung: Nun machen Sie die Arme gerade. Ihr Oberkörper richtet sich auf. Sie atmen ein, werfen den Kopf in den Nacken und blicken nach oben.

Siebte Stellung: Sie recken das Gesäß nach oben, ziehen den Kopf ein und bilden wieder das umgekehrte V aus der Stellung vier. Sie halten den Atem an.

Achte Stellung: Sie nehmen ein Bein nach vorn, die Zehen berühren das Tuch. Auf dem anderen Bein knien Sie. Diese Stellung entspricht der Stellung drei. Sie halten den Atem noch immer an.

Neunte Stellung: entspricht der zweiten Stellung. Sie atmen aus.

Zehnte Stellung: ist gleichzeitig wieder die erste Stellung. Sie atmen ein.

Diese zehn Stellungen des Sonnengebets wiederholen Sie zu Beginn etwa 15 mal. Sie benötigen dafür etwa fünf Minuten. Später, wenn Sie mehr Übung haben, sollten Sie hintereinander in etwa zehn Minuten 40 ganze Sonnengebete ausführen können.

Ein etwas altmodisches, aber immer noch empfehlenswertes Buch über „Das Sonnengebet" stammt von Rajah von Aundh*; darin finden Sie u.a. auch Abbildungen der einzelnen Stellungen.

Geführte Löwe-Meditation

Suchen Sie sich Ihren Platz für diese Meditation – jenen Platz, an dem Sie sich wohlfühlen können und an dem Sie ungestört sind – vielleicht in der Mitte des Raumes oder dort, wo Sie sich am ehesten in Ihrer Mitte fühlen können. Legen Sie

---

*siehe Anhang

sich dann bequem auf den Rücken, die Beine ausgestreckt, die Arme locker seitlich vom Körper und schließen die Augen. Und mit diesem Augenschließen verabschieden Sie sich gleichsam von der äußeren Welt und öffnen sich der inneren, Ihrer inneren Welt der Vorstellungen und Muster, der Gedanken und Träume, Farben und Töne – jener Welt, die Sie auch jede Nacht umfängt und empfängt – die Hälfte Ihres Lebens ausmacht und doch normalerweise so wenig Beachtung erhält – diese innere Welt bekommt nun die ganze Aufmerksamkeit, und die Reise hat schon längst begonnen, denn alle Empfindungen im Körper gehören genauso dazu wie alle Töne von außen, und Sie spüren nun Ihren Körper sehr bewußt, den Druck der Unterlage, die Sie trägt und der Sie sich anvertrauen, in die Sie mit jedem Ausatmen ein Stückchen tiefer sinken – spüren auch das Fließen der Musik und das Fließen des Atems – Ihr eigener Atem und die Töne der Musik fließen gleichsam in Sie hinein – fließen wie in Ihre Mitte, und Sie spüren sie nun, wo Sie sich ihr zuwenden, immer deutlicher – irgendwo in Ihrer Brust, ja in der Mitte Ihrer Brust. Und nicht nur die Töne der Musik – auch die Wellen des Atems fließen nun hierher in diese Mitte oder gehen sie von hier aus? – Es ist gleichgültig. Sie spüren diese Mitte – Ihre Mitte – und öffnen sich dieser Erfahrung nun immer mehr. Erleben sich selbst und Ihren Körper aus der Mitte heraus – alles kreist um Sie, der Atem und diese Stimme, die Töne und selbst die Gedanken, die immer wieder auftauchen, Gedanken kommen und gehen wie die Atemzüge und diese Worte, und Sie lassen es geschehen – lassen alles geschehen, was von selbst geschieht – die Töne der Musik und die Schwere des Körpers, das Gefühl von Mitte – die Leichtigkeit auch, die Sie bei jedem Einatmen spüren und die Schwere, mit der Sie in jedes Ausatmen hineinsinken – alles geschieht um Sie und für Sie, und Sie nehmen es wahr aus der Mitte. Die Leichtigkeit, die das Einatmen mit sich bringt, trägt Sie, und bald fühlen Sie sich von ihr wie aufgehoben und weggetragen – und die Schwere, die das Ausatmen bringt, läßt Sie tiefer sinken – und beides ist angenehm – gehört zusammen – und kreist wie alles um Ihre Mitte – Leichtigkeit und Weite, die das Einatmen bringt und Loslassen und Fallenlassen mit dem Ausatemstrom.

Die Weite nimmt immer mehr zu, und so kann es geschehen, daß sich die Grenzen Ihres Körpers jetzt oder ein wenig später aufzulösen scheinen, und es schadet nichts – auch in den Träumen geschieht so etwas ja ganz gefahrlos, und wir sind nun in diesem Land der Träume, in seiner Weite und Vielfalt und damit auch seinen Möglichkeiten. Auf jeden Fall werden Sie allmählich spüren, wie sich Ihre Brust weitet und der innere Raum sich ausdehnt, Grenzen werden belanglos, und Freiheit breitet sich aus. Oben, unten und links und rechts verschwimmen in der Gleichgültigkeit des Augenblicks – Gedanken und Töne, Bilder und Vorstellungen können kommen und gehen, und Sie lassen es geschehen – bleiben bewußt in Ihrer Mitte – gestern, heute und morgen verschwimmen im Hier und Jetzt – alle Wichtigkeit dieser Welt liegt in diesem Moment, Ihrem Ein- und Ausatmen, dem Ton des Jetzt, jedem einzigen Wort und der Weite der Mitte – diese Mitte, die alles enthält und zugleich leer ist, die aus allem befreit und doch an den Augenblick fesselt – sie ist es auch, die immer wieder die Aufmerksamkeit einfängt, nur um sie dann in ihrer Weite aufgehen zu lassen.

Und wie Sie nun all das annehmen, einfach geschehen lassen, sich gehen lassen in die Weite des inneren Raumes und die Freiheit der inneren Traum- und Bilderwelt, verschwindet allmählich all das Gewohnte um Sie herum, und eine andere, fremde und doch immer vertrauter werdende Welt taucht um Sie auf. Sie liegen auf einer weichen Unterlage ausgestreckt, und alles ist warm und angenehm und seltsam vertraut – es ist die Sonne selbst, die Sie zu wärmen beginnt, ohne Sie aber voll zu treffen, denn da sind grüne Fächer zwischen Ihnen und der Sonne – es sind Blätter, die fächerförmigen Blätter hoher Palmen, die ein weites, durchlässiges Dach über Ihnen bauen. Ein leichter Luftzug spielt mit den Blättern und bewegt sie vor der Sonne, so daß es ständig blitzt und funkelt und Sie Ihren Blick lieber wieder zur Seite wenden, wo sich nun das eindrucksvolle Bild einer Wüstenoase vor Ihnen entfaltet. Palmen stehen da am Ufer eines kleinen Teiches und werfen nur wenig Schatten, denn fast senkrecht steht die Sonne über allem. Hier bei Ihnen, auf Ihrem Lager im Schatten, ist es angenehm warm –

dort draußen aber herrscht flimmernde Hitze. Flaches Land, so weit der Blick reicht, und er reicht endlos – verliert sich erst im flimmernden Licht des Horizontes – eine Welt aus rötlich-gelbem Sand und vibrierender Hitze. Hier ist es dagegen grün, und alles lebt, das Wasser des kleinen Sees scheint wahre Wunder zu wirken – zwischen den Palmen stehen einige Orangenbäume, und die großen, reifen Früchte wirken wie künstliche Farbbälle in dem tiefen Grün. Noch weiter hinten scheinen auch Ölbäume zu wachsen. Die Palmen bilden eine Art natürlichen Baldachin und ermöglichen in ihrem Schutz das Leben der Oase. Dort draußen ist kein Leben, nur Hitze – gleißende Hitze über gelbem Sand und unter einem wolkenlosen, tiefblauen Himmel, in dessen Zenit die alles beherrschende Sonne steht. Ihre Strahlen brennen erbarmungslos auf die schutzlose Wüste und machen aus ihr ein flimmerndes Meer – wie ein beweglicher Spiegel fast – und als Sie einen Moment in diesen Spiegel schauen, beginnt er tatsächlich zu leben – ist es eine Fata Morgana oder Wirklichkeit? – Dort am Horizont zieht eine Karawane – bepackte Kamele – ein endloser Zug – sie scheinen direkt auf die Oase, auf Sie selbst also, zuzukommen. Und es muß wohl doch eher eine Fata Morgana sein oder ein Traum – Ihr Traum sogar, denn nun sind Sie plötzlich bei dieser Karawane und ziehen mit ihr. Ganz deutlich spüren Sie das Schaukeln des Kamels unter sich und lassen sich von ihm wiegen. Sie sind nicht irgendwer bei dieser Karawane, sondern ihr Führer und sogar der Herrscher über dieses Sonnenland. So ist Ihr Kamel auch besonders geschmückt, und Ihr Sattel ist eigentlich schon fast eine Sänfte, so bequem und fast geräumig, mit hoher Lehne und weichen Polstern. Das Schaukeln erinnert an ein Schiff in der sanften Dünung des Meeres, und tatsächlich schaukelt Ihr lebendes Wüstenschiff Sie sanft über die flachen Dünen des Sandmeeres. Sie fühlen sich wohl inmitten der Kamele und Treiber, Ihrer Untergebenen. Die Lastkamele tragen schwer an den Schätzen, die Sie mit nach Hause bringen von der langen, abenteuerlichen Reise, und die Menschen des Zuges sind guter Dinge und voller Freude in Erwartung der nahen Heimat. Die Karawane beschleunigt nun den Schritt – auch edle Pferde ziehen mit, majestätisch anzuschauen, wie sie tänzeln und dabei ihr seidiges Fell in der Sonne glänzen lassen. Sie spüren Lust, auf dem stolzesten von ihnen in die Stadt einzureiten, aber für den Herrscher geziemt sich der erhabene Sitz auf dem Kamelthron mehr, und so bleiben Sie und lassen sich weiter nach Hause wiegen. Und bald tauchen wirklich in der Ferne aus dem flimmernden Sandmeer vage Umrisse von Mauern auf und werden rasch fester und verläßlicher, als sich die Karawane auf sie zu bewegt – die Heimat mit ihren stolzen Festungsmauern und darüber die Türme des Schlosses – majestätisch und schön zugleich – Freude, heimzukehren an ihren Platz – in die Mitte des Reiches – und selten haben Sie es so gespürt, wie in diesem Moment der Heimkehr, daß Sie eins sind mit Ihrem Reich – eins mit diesem Land und seinen Menschen.

Und als Sie sich nun dem großen Stadttor nähern, drängen sich da schon die Menschen zur Begrüßung – gespannt und in freudiger Erregung – sie winken und schwenken Palmblätter – und Sie winken Ihrerseits zurück – spüren dabei die Würde des Herrschers, aber auch die Verantwortung für all diese Menschen und Ihr Land. Der Zug windet sich langsam durch die Straßen auf den flachen Schloßhügel zu, und Sie spüren nun auch in Ihrer Mitte die Spannung und Freude auf das Wiedersehen mit Ihren Lieben. Da taucht schon das Schloß auf, und die Karawane zieht in den geräumigen Hof. Es kostet Sie Beherrschung, all die dem König angemessene Würde zu bewahren und zuerst die angetretenen Würdenträger zu begrüßen. Das Wesentliche geschieht dabei mit Blicken – Sie lesen in den Gesichtern und danken für die in Ihrer Abwesenheit erwiesene Treue. Einen hohen Verwalter des Reiches, Ihren Vertreter, müssen Sie allerdings mit einem einzigen, aber eindeutigen Blick erst wieder auf seinen Platz weisen. Es hat etwas Beruhigendes, daß immer noch ein einziger Blick von Ihnen genügt, um die Ordnung wiederherzustellen.

Dann haben Sie endlich den offiziellen Teil hinter sich und begeben sich in den Innenhof des Schlosses, wo Ihre große Familie Sie erwartet. Es ist ein bewegendes Durcheinander von Umarmungen und Freude, und Sie fühlen sich wohl in

Ihrem Kreis, genießen es, die eigene und die Freude Ihrer Kinder sich vermischen zu lassen. Nun nicht mehr König, sondern Kind unter Kindern – den Augenblick der Freude genießend – inmitten all Ihrer Lieben loszulassen von den Anstrengungen der Reise und die Spannung vieler Abenteuer einfach abfallen zu sehen in der Geborgenheit dieser Menschen, deren Mitte Sie sind. Sie lieben sie von Herzen, Ihre Kinder, die die eigenen glücklichen Kindertage in diesem herrlichen Innenhof wieder lebendig werden lassen – und die Frauen Ihrer Familie, die Ihr Leben teilen und denen Sie, jeder einzelnen, auf besondere Art zugetan sind. In Ihrem Kreis begeben Sie sich nun in die Badegemächer des Schlosses, wo Sie sich von den überstandenen Strapazen erholen wollen. Wie oft tauchen diese Bilder auf der langen, staubigen Reise vor Ihrem inneren Auge auf – und es ist ein einziger Genuß, jetzt wirklich hier zu sein – sich im Wasser zu entspannen, beim Murmeln von Springbrunnen, mit der Musik hinter kunstvollen Wänden verborgener Künstler. Sie genießen es, der Mittelpunkt von allem zu sein und sich nach Herzenslust verwöhnen zu lassen – mit den verwirrenden Düften von kostbaren Essenzen und Ölen, mit zauberhaften Tönen und Berührungen, und Sie lassen sich forttragen von all dem in das Land Ihrer Träume – die Musik begleitet Sie, und das Plätschern der Wasserspiele bildet die Kulisse für Ihren königlichen Traum – Sie sind in Ihrer Mitte – spüren sich und alles von dort. Das Leben geschieht hier oder es geschieht nicht. Alles geht von hier aus – und kann Sie nur hier erreichen – Düfte – Töne – Berührungen – Sie sind in Ihrer Mitte oder sind nicht – alles ist hier möglich – und nichts ist notwendig. Diese Wirklichkeit ist die einzige Wirklichkeit – nichts wirkt, es sei denn, es wirke hier. Und Sie lassen sie auf sich wirken – die Macht der Mitte, und es ist die Mitte der Welt – genau hier hat alles begonnen vor unendlicher Zeit – und all diese unendliche Zeit verschwindet plötzlich in diesem Gedanken, und Sie erkennen, daß es sie nie gab, daß Sie nun nichts mehr trennt vom Anfang allen Seins – von der Mitte der Welt, die Ihre eigene ist.

Diese Erfahrung, die Mitte von allem zu sein, bleibt in Ihnen, auch als Sie nun allmählich aus Ihrem Traum auftauchen und wieder die Unterlage unter sich zu spüren beginnen, jenen Untergrund, der Sie trägt und während dieser ganzen Meditation getragen hat. Und Sie spüren sich weiter im Mittelpunkt – im Mittelpunkt Ihres Lebens und erleben zugleich die Mitte Ihres Körpers.

Ganz deutlich wird Ihnen nun auch, wo Sie in Ihrem jetzigen realen Leben im Mittelpunkt des Geschehens stehen, und auch, wo Sie noch gern in die Mitte des Geschehens treten würden. Sie spüren es ganz eindeutig aus der Mitte Ihres Herzens – erleben deshalb auch sehr klar, welche von den Träumen und den Wünschen vom Herzen kommen, aus Ihrer Mitte also und welche eher von oben, vom Kopf. –

Welche Träume sind Ihnen wichtig, und welche sind zentral, weil sie aus Ihrem Zentrum kommen und Sie in der Mitte berühren?

Während Sie mit diesen Empfindungen spielen, erleben Sie zugleich die Kraft, die in Ihrer Mitte liegt und die Stärke damit auch, die zentralen Träume und Wünsche zu Ihrer Wirklichkeit zu machen – Ihre Lebensenergie in diese Richtung zu lenken. Auch Vertrauen in sich selbst, zur eigenen Mitte, wächst aus eben dieser Mitte. Sie sind allein in Ihrer Mitte – auch wenn Sie über Ihr Herz mit der Mitte aller anderen Wesen verbunden sind – allein – alles in einem – alles in Ihnen – aller Mut – alle Kraft – und alle Macht auch, die Aufgabe zu bewältigen – die Welt zu bewältigen und sich zu stellen.

Und dieses Gefühl können Sie mitnehmen, wenn diese Meditation nun bald zu Ende geht und Sie sich wieder mit offenen Augen in der äußeren Welt orientieren.[*]

Herzensmeditation

Diese, von dem Naturheilkundler und Meditationslehrer Siegfried Scharf[**] begründete Meditationsform, hat über ihre generelle Eignung für den westlichen Menschen noch einen speziellen Bezug zum Löwe-Prinzip, da sie die Mitte des Menschen, eben das Herz, besonders in den Vordergrund stellt. Eigentlich han-

---
[*]Diese Meditation ist auch auf Kassette/CD erhältlich bei carpe diem. (siehe Anhang)
[**]Scharf, Siegfried, „Die Praxis der Herzensmeditation" (siehe Anhang)

delt es sich um die Kombination östlicher Mantram-Meditationen mit dem Herzensgebet der Ost-Kirche. Man wählt sich als Mantram den Namen Christi und wiederholt ihn in stillem Bewußtsein immer wieder. Dieses „Im Bewußtsein" erfährt hier aber eine besondere Richtung, denn man denkt die Worte „Jesus Christus" im eigenen Herzen. Das klingt viel komplizierter, als es ist. Unser Denken bedarf ja immer eines Bildes oder Musters im Hintergrund. Um „Baum" denken zu können, müssen wir ein Bild eines Baumes in uns haben. Nun geht es aber gar nicht darum, daß wir uns Jesus Christus in seiner Menschengestalt oder in irgendeiner konkreten Gestalt vorstellen, sondern wir benutzen nur den Klang seines Namens als Mantram. Dabei ist es ganz gleichgültig, ob wir den Namen in Buchstaben vor unserem inneren Auge geschrieben sehen, ob wir ihn in uns erklingen hören oder eher ein Gefühl dafür in uns entwickeln. Was immer es ist, es ist in Ordnung, und wir lassen es in unserem Herzen geschehen.

Dafür ist es auch nicht nötig, sich die genaue Lage des Herzens von einem Arzt beschreiben zu lassen. Das Herz ist da, wo Sie es fühlen und sich vorstellen, und es schadet nichts, wenn Sie es eher ein wenig mehr zur Mitte hin annehmen. Die Esoterik spricht ja auch vom „Wahren" Herzen, und das liegt genau in der Mitte der Brust.

Der ganze Prozeß sieht also so aus, daß Sie sich einen geeigneten Meditationsplatz suchen, wo Sie ganz ungestört und möglichst bequem und möglichst gerade für ca. 30 Minuten sitzen können. Dann legen Sie die Hände auf die Knie oder auf den Schoß und schließen die Augen. Nachdem ein wenig Ruhe in den Körper eingekehrt ist, beginnen Sie nun, Ihr Mantram „Jesus Christus" im Herzen zu denken, zu sehen, zu hören, es sich, wie auch immer, vorzustellen und bleiben dabei. Ein schöner Ausdruck wäre: Sie lassen das Mantram in Ihrem Herzen schwingen. Sie brauchen dazu übrigens nicht einmal Christ zu sein. Ein Mantram wirkt durch seinen Klang, und der Klang dieses Namens ist für alle Wesen auf dieser Welt heilsam, in dem Sinne, daß er uns heilt, ganz und gesund werden läßt. Tatsächlich setzt diese Meditation eine auch im körperlichen Bereich sehr bald spürbare Heilungstendenz in Gang, weshalb Siegfried Scharf diesem Aspekt auch noch ein eigenes zweites Buch* gewidmet hat, in dem er von entsprechenden Erfahrungen berichtet und noch spezielle Hinweise gibt.

Wenn Sie das Mantram verlieren, was bei noch nicht geübten Menschen in der Regel ständig geschieht, nehmen Sie, sobald Sie Ihr Abschweifen bemerken, das Mantram einfach wieder auf und machen mit ihm weiter. Dieser Prozeß wird sich während der halben Stunde endlos wiederholen, und es gibt keinen Grund, sich daran zu stören. Man kann nicht gut oder schlecht meditieren, sondern nur da, wo man gerade steht. Wenn also statt des Mantras ständig Ärger über Ihren Partner oder die Steuererklärung hochsteigt, ist das völlig in Ordnung; lediglich sollten Sie, wenn Sie es merken, nicht dabei verweilen, sondern zu „Jesus Christus" zurückkehren. Im allgemeinen dauert es sehr lange, meist Jahre, bis die Abschweifungen merklich weniger werden. Ehrgeiz beim Meditieren wirkt ungefähr wie Angst bei der Liebe. Dem Aufgehen und der Weite der Liebe kann die Enge der Angst immer nur im Wege stehen. Deshalb sollten Sie es auch zeitlich nicht übertreiben, zweimal pro Tag 30 Minuten ist für die meisten Menschen gut; aber natürlich ist Meditieren etwas viel zu Individuelles, als daß eine Zeitangabe allen Meditierenden gerecht würde. Probieren Sie es selbst aus, aber hüten Sie sich vor Ehrgeiz.

Auch so ein heiliger Name wie der des Jesus Christus wird auf dem Weg zur Mitte auch weniger Heiles, oft sogar Dunkles, ans Tageslicht des Bewußtseins fördern. Das ist gut so, und man kann darüber froh sein, aber alles braucht seine Verdauungszeit. Nach einem guten Essen sollte man ja auch einige Zeit bis zum nächsten verstreichen lassen, und es wird neben all dem Lichten und Schönen auch so mancher Schatten bei der Meditation auftauchen. Geben Sie sich Zeit, Licht und Schatten zu verdauen und den Erfahrungen der Meditation Zeit, sich in Ihrem Alltag zu setzen. Wir meditieren ja nicht, um zweimal am Tag ein wenig Ruhe zu finden, sondern um diese Ruhe immer in uns zu spüren und um die gefundene eigene Mitte immer seltener zu verlieren. Gerade dafür aber ist der

---

* Scharf, Siegfried, „Die Praxis der Herzensmeditation" (siehe Anhang)

Wechsel von Ruhe und Aktivität notwendig. Wer nämlich zehn Stunden am Tag meditiert, wird leicht zum Gegenteil von Ruhe, er wird extrem sensibilisiert und damit empfindlich und offen für alle Umweltreize. Eine moderne Großstadt sollte man in dieser Hinsicht nicht unterschätzen; sie hat mit einer einfachen Meditationsklause im Himalaja offensichtlich wenig gemeinsam.

Gerade in solch einer Großstadt ist es aber von unschätzbarem Wert, seinem Tag einen Rahmen, seinem Leben einen Rhythmus und sich selbst eine Mitte zu geben. Dafür ist die Herzensmeditation wundervoll.

Spiele als Meditation

Spiele waren zu keiner Zeit ausschließlich für Kinder da, auch wenn Kinder ihnen am besten gerecht werden. In vielen Spielen zeigen sich zentrale Lebensbereiche abgebildet und auf ihre Symbolik reduziert. Nicht nur ein so durchsichtiges, modernes Spiel wie Monopoly, auch das altehrwürdige Schach macht das deutlich. Der esoterische Charakter und Ursprung wird in vielen Spielen, besonders kleiner Kinder, deutlich, wenn wir etwa an „Himmel und Hölle" denken, aber auch in Erwachsenenspielen kommt er noch oft zum Ausdruck.

So gehen fast alle gebräuchlichen Kartenspiele auf das Tarot zurück, das ursprünglich den Einweihungsweg im ägyptischen Tempel beschrieb, weshalb auch manchmal noch die Rede von den Tarotsäulen ist. An jeder Säule des Tempels hing wohl eine der archetypischen Abbildungen und enthüllte den an ihnen vorbeigeführten Schülern die Symbolik der nächsten Entwicklungsstufe.

Besonders am kindlichen Spiel können wir ablesen, worauf es beim Spielen ankommt. Das kleine Kind geht völlig im Spiel auf. Es nimmt es für Wirklichkeit, bzw. das Spiel ist seine Wirklichkeit, und so ist das Kind automatisch ganz im Augenblick. Vergangenheit und Zukunft verschwimmen und kommen zusammen in diesem einen Punkt des Hier und Jetzt. Auch der Raum wird ja durch fast alle Spiele neu definiert, sei es durch Spielbretter oder andere Pläne und damit in greifbare Nähe gerückt.

Das Hier und Jetzt ist aber das erklärte Ziel fast aller Meditationen. Es geht eben gerade um den ewigen Augenblick und die eigene Mitte. Kinder sind beim Spielen praktisch immer in dieser Mitte oder ihr wenigstens sehr nahe, was wir schon daran sehen, daß sie über dem Spiel alles andere vergessen, selbst die für uns Erwachsenen viel wichtigeren Dinge wie Essenszeit und Schulaufgaben. Dieses „in die eigene Mitte finden" und Aufgehen in der Tätigkeit des jeweiligen Moments ist es, was wir Erwachsene wieder lernen müssen und im Spielen lernen können.

„So Ihr nicht wieder werdet wie die Kinder, ins Himmelreich könnt Ihr nicht kommen ..."

Noch etwas anderes, Wesentliches, schaffen Spiele: Sie öffnen uns im übertragenen Sinne. Bei allen Regeln ist ihr Ausgang doch ein grundsätzlich offener. Ihr Ziel ist zwar prinzipiell festgelegt, aber die Art und Weise, wie es erreicht wird, mit welchen persönlichen Eigenarten, ist weitgehend offen. Insofern sind Spiele grundsätzlich Abbildungen des Lebens, dessen Ziel ja auch (mit dem physischen Tod) feststeht, dessen Weg zu diesem Ziel aber ein ebenso offener ist. Darin liegt wohl auch der Grund, warum Spiele oft in eine so todernste Stimmung umschlagen. In diesem Zusammenhang sprechen die Inder von Lila, dem kosmischen Spiel. Unser Wort „Spiel-Raum" zeigt uns genau diesen Sachverhalt, deutet es doch auf einen Raum offener Möglichkeiten hin.

Mit diesen wenigen Vorausgedanken können Sie fast jedes beliebige Spiel zu Ihrer Meditation machen. Achten Sie nur einmal beim nächsten „Mensch ärgere Dich nicht" darauf, wo Sie mit Ihren Gedanken sind, wie Sie die Spielentwicklung aufnehmen, wenn Sie kurz vor dem Ziel hinausgeworfen werden usw. In all diesen Spielsituationen spiegeln sich archetypische Lebenssituationen wider, und mancher Vater, der sich nur den Kindern zuliebe zum „Mensch ärgere Dich nicht" herabgelassen hatte, erlebt in dem fünften Hinauswurf kurz vor dem Ziel seine eigene Sisyphus-Lebenssituation wieder und verliert alle Lust am Weiterspielen.

Meistens aber neigen Erwachsene, vielleicht aus dieser Angst vor der tiefen Symbolik, dazu, sich gar nicht einzulassen. Das macht sie für Kinder leicht zu Spielverderbern. Nicht aus der eigenen Mitte spielend, kommen sie selbst nicht zu dem Augenblick und verderben dann alles mit Redewendungen wie: „Jetzt mach aber zu, Du mußt ins Bett."

Insofern können wir Erwachsenen am Spiel nicht nur sehr viel lernen, sondern auch viel erleben. Das Löwe-Prinzip hat eine besondere Neigung zum Spiel und auch zum Augenblick, allerdings auch zum Gewinnen.

Besonders geeignet sind Spiele, die ganz bewußt den esoterischen Bereich mit einschließen*. Allerdings mögen einfache Kinderspiele, die mehr auf den Genuß des Augenblicks zielen, dem Löwe-Prinzip noch näher kommen.

Eine passende Bilder-Meditation aus dem Spiele-Bereich wäre auch noch die kontemplative Betrachtung der achten Tarot-Karte, „Die Kraft", jenes kleine Bild, auf dem eine zarte Frau mit ihren beiden Händen einem Löwen das Maul öffnet. Lassen Sie einfach einmal Ihre Assoziationen dazu hochkommen. Wie steht es mit Ihrer Kraft? Wen beherrschen Sie mit Ihrer Kraft und wer beherrscht Sie? Was ist es, das da noch stärker als die Löwe-Kraft ist? Wo spüren Sie es in sich? ...

Augen-Meditation

„Wär´ nicht das Auge sonnengleich, die Sonne könnt´ es nicht erblicken", faßte schon Goethe die Analogie von Sonne, dem herrschenden Gestirn im Löwen, und Auge in Worte.

Nehmen Sie daher einmal die Augen als Ausgangspunkt einer Meditation: Suchen Sie sich für diese Meditationstechnik einen Partner. Setzen Sie sich beide an Ihren Meditationsplatz, entzünden Sie ein Räucherstäbchen, und machen Sie sich ruhige sanfte Meditationsmusik. Mit einer Atemübung lassen Sie sich in einen meditativen Zustand fließen. Dann setzen Sie sich gegenüber und beginnen sich gegenseitig ins Auge zu schauen. (Bei Frauen wäre das linke Auge das „Sonnen-

---

* „Erkenne Dich selbst", „Samsara", „Karma" (siehe Anhang)

auge", bei Männern das rechte.) Starren Sie unentwegt zwanzig Minuten lang, wenn möglich ohne dem Drang nach Blinzeln nachzugeben, ins Auge Ihres Meditationspartners. Sie werden mit der Zeit auf ein ähnliches Phänomen wie bei der Spiegelmeditation stoßen: Das Gesicht Ihres Partners wird sich verändern, es kann zu einer furchtbaren Fratze werden, oder Sie werden ihn als Greis oder als Kind sehen, oder Sie entdecken Gesichtszüge, die Ihnen aus früheren Leben bekannt erscheinen. Sie werden natürlich auch Ihren eigenen Schatten in seinen Augen sehen können, ist Ihr Partner doch gleichsam Projektionsfläche, eine Leinwand für Ihr eigenes Inneres.

Nach zwanzig Minuten beenden Sie diese Meditation, indem Sie beide kräftig ein- und ausatmen, die Augen kurz schließen und entspannen. Bewegen Sie Ihren Körper, und tauchen Sie wieder auf im Hier und Jetzt.

Mandala-Malen

Mandala bedeutet im Sanskrit wörtlich Kreis, Zentrum; es ist damit symbolischer Ausdruck des Wesens des Universums, Sinnbild für das Eine, das alles in sich einschließt. Ein Mandala zeigt, wie aus dem Einen die Vielfalt wächst und hinter jeder Vielfalt wieder das Eine liegt. Es gibt daher keine bildliche Darstellung, die der Meditation besser entspricht als ein Mandala. Sowohl beim Mandala als auch bei Meditation geht es um den Weg in die Mitte, aus der alles kommt, zu der alles hinstrebt, in der alles enthalten ist.

Das Malen von Mandalas ist deshalb auch eine der ältesten Meditationstechniken. Die Form des Mandalas finden wir als „Grundmuster" des Universums überall: Unsere Erde ist ein Mandala; überhaupt alles auf unserem Planeten besteht aus Mandalas, da alles aus Atomen besteht, und jedes Atom wiederum ist ein Mandala. Auch die Planetenbahnen um die Sonne zeichnen ein Mandala. Suchen Sie sich also eines der vielen Mandalas für eine Meditation aus:

Besorgen Sie sich Material, das Sie zum Zeichnen und zum Malen benötigen. Überlegen Sie sich genau, womit Sie am liebsten umgehen, nehmen Sie alles bei dieser Auswahl wichtig. Dem Löwe-Prinzip entsprechend würden Sie feurige Farben wie Rot, Gelb, Orange, Violett ... wählen.

Nehmen Sie nun eines der Blätter aus dem in der Fußnote erwähnten Mandala-Buch oder -Malblock und Ihre Malfarben, und setzen Sie sich an Ihren Meditationsplatz. Machen Sie sich eine schöne Meditationsstimmung mit Räucherstäbchen, passender Musik ... Beginnen Sie dann mit dem Malen.*

Lassen Sie sich ganz einnehmen von dieser Tätigkeit, lassen Sie „es" malen. Stellen Sie jeden vordergründigen Kunstanspruch zurück, und malen Sie aus Ihrer Mitte heraus. Betrachten Sie sich selbst als Werkzeug, mit dem gemalt wird.

Wenn Sie mit dem Malen fertig sind, können Sie über das Bild meditieren. Dazu setzen Sie sich aufrecht und bequem hin und betrachten Ihr Mandala, das Sie in Augenhöhe vor sich aufgestellt oder befestigt haben, mit dem „weichen Blick" (der Blick ist dabei auf „unendlich" eingestellt). Behalten Sie das Mandala einfach im Auge, ohne es angestrengt anzuschauen oder anzustarren. Immer, wenn Sie merken, daß andere Gedanken Sie ablenken, kehren Sie sanft mit Ihrer Aufmerksamkeit wieder zurück zur Mitte des Mandalas.

Meditieren Sie ungefähr zwanzig Minuten lang auf diese Art und Weise.

---

*Dahlke, Ruediger: „Mandalas der Welt", „Mandala-Malblock", „Arbeitsbuch zur Mandala-Therapie", „Malblock zur Mandala-Therapie" (siehe Anhang)

Jungfrau

Zeitraum: 23. August – 22. September
Symbol: ♍
Element: Erde
Planetenherrscher: Merkur
Prinzip: Vernunft, Anpassung, Planung, Analyse.
Kernsatz: „Ich prüfe."

Wenn sich der Sommer dem Ende zuneigt, steht die Sonne im Zeichen der Jungfrau. Es ist die Erntezeit, und die Erde opfert die Früchte, die sie hervorgebracht hat. Der erste Halbbogen des Tierkreises läuft aus: der keimende Samen im Widder, die Blütezeit im Stier, das Mit-der-Umwelt-in-Verbindung-Treten im Zwilling, die Empfängnis im Krebs, das Reifen der Frucht im Löwen, die Ernte in der Jungfrau.

Analog zu dieser Entwicklung in der Natur kann man auch den Entwicklungsweg des Menschen betrachten. So wird im Tierkreiszeichen der Jungfrau der Trend zur Individualität, der im Löwen seinen Höhepunkt gefunden hat, verwertet und nutzbar gemacht. Im Symbol der Sphinx, die auf dem Körper eines Löwen das Haupt einer Jungfrau trägt, stellt dies der Astrologe Dane Rudhyar* dar: „Die Kraft der Lenden des Löwen verwandelt sich im Haupt der Jungfrau zu Verstand und Unterscheidungskraft. Aus dem emotionalen, schöpferischen Gedankendrama wird reflektiertes, analytisches Verstehen. Ein anhaltender Abkühlungsprozeß ist im Gange. Der Raum überwältigt das Feuer. Die Vielen überwältigen den Einen. Die Beziehung triumphiert über die individuelle Ausstrahlung."

Im Zeichen der Jungfrau beginnt ein Aussteuerungsprozeß zwischen dem Ich und der Umwelt. Der überschwenglichen Lebenskraft des Löwen wird Einhalt

---

*siehe Anhang

geboten, bevor sie sich gegen ihn selbst richtet, wie die Sonne, die alles verbrennt.

Mit ihrem kühlen, sachlichen Verstand – es herrscht wieder der Planet Merkur – setzt die Jungfrau dem bedingungslosen emotionalen Ausdruck Grenzen. Sie opfert dabei einen Teil ihrer Individualität, um der Entwicklung zu sozialer Verantwortung Platz zu machen. Auch im Symbol der Ernte-Jungfrau finden wir diese Bedeutung. Die Mutter Erde gibt ihre Früchte und wird wieder zum jungfräulichen Boden, der bereit ist, einen neuen Samen aufzunehmen. In der Jungfrau geht, so der Psychotherapeut Roberto Sicuteri*, „die subjektive und individuelle Lebensbetrachtung zu Ende, während eine erweiterte, altruistische Weltschau ihren Anfang nimmt".

Verständlich ist, daß am Ende dieses ersten großen Entwicklungszyklus durch die Hälfte des Tierkreises ein Erdzeichen steht, in dem das bisher Erlernte verwertet wird und Substanz gewinnt. Als Erdzeichen und mit dem Planetenherrscher Merkur kommt es in der Jungfrau zum sachlichen und konkreten Ausdruck von Intelligenz. Die Umwelt wird beobachtet und erforscht; es wird analysiert und diagnostiziert. Aus dem Zwang heraus, nie die Übersicht verlieren zu dürfen, entsteht der Wunsch nach Ordnung, der in Pedanterie eskalieren kann.

Ein weiterer Aspekt des Jungfrau-Prinzips ist das Dienen, die Hingabe. Rudhyar* sagt dazu: „Im Jungfrau-Zeichen beugt sich der Einzelmensch einer kollektiven Sache und einer kollektiven Disziplin, dient und verliert sich, bringt willentlich Opfer" – wie das der Saat, die zu Brot wird, mit dem die Hungrigen gespeist werden.

Im Zeichen der Jungfrau muß der Mensch Gehorsam gegenüber den allumfassenden kosmischen Gesetzen und gegenüber der menschlichen Gemeinschaft lernen. Es verlangt Ehrfurcht vor der menschlichen Spezies und gibt ihm die Chance, zu erkennen, daß die Göttlichkeit erst gewonnen werden kann, wenn die eigene Seele überwunden wird.

---

*siehe Anhang

Jungfrau-Meditationen

Die Jungfrau ist das Zeichen der Beobachtung und Wahrnehmung. In diesem Prinzip wird Ordnung geschaffen, um die Übersicht zu bewahren. Die Jungfrau steht in Opposition zum Chaos des Fische-Zeichens. Bei ihr geht es um Reinigung. Alle Meditationsformen, die dazu dienen, Ordnung und Reinheit zu schaffen, sind deshalb für die Jungfrau prädestiniert.

Meditatives Waschen

Diese Übung gilt als Vorübung aller Jungfrau-Meditationstechniken, kann aber auch eigenständig durchgeführt werden. In ihr verbinden sich äußere Reinigung und ein Fortspülen aller seelisch-geistigen Verschlackungen.

Meditatives Waschen findet am besten unter der Dusche statt. Sorgen Sie dafür, daß Sie für 10 bis 15 Minuten nicht gestört werden. Bereiten Sie sich im Bad innerlich auf eine meditative Übung vor: Dazu gehören Entspannung, das Loslassen von äußeren Problemen und die Zentrierung der Aufmerksamkeit. (Wir haben das im Kapitel "Die Praxis der Meditation", S. 47 ff., beschrieben.)

Beginnen Sie anschließend unter der Dusche damit, sich ganz bewußt zu reinigen. Fangen Sie oben mit den Haaren an und enden Sie unten bei den Zehen. Konzentrieren Sie sich voll und ganz auf den Vorgang des Reinigens. Bereiten Sie jede Bewegung bewußt vor und beobachten Sie aufmerksam alles, was Sie tun. Ihre Aufmerksamkeit ist total auf die Gegenwart gerichtet. Sie spüren, wie Sie mit jeder Waschbewegung mehr Reinheit gewinnen, wie alle Schmutzpartikel und die unsichtbaren Spuren der Umweltverschmutzung von Ihrer Haut gespült werden. Die Poren werden frei und atmen. Mit der äußeren Reinigung geht eine innere einher. Alle Schlacken werden aus Geist und Seele gewaschen. Bewußt werden Sie gewahr, welcher Unterschied zu vorher ist. Sie sind nun innerlich und äußerlich völlig rein. Sie genießen das Gefühl der Sauberkeit, fühlen sich geläutert und aufnahmefähig für alle Schwingungen, alle Energieströme.

Sie können diese Übung auch auf der Ebene der Imagination durchführen. Dazu setzen Sie sich in Ihre bevorzugte Meditationsstellung, entspannen sich, atmen richtig und suchen Ihren Schwerpunkt. Dann stellen Sie sich den Vorgang der Reinigung vor. Ganz bewußt imaginieren Sie alle Reinigungsbewegungen und das Gefühl innerer und äußerer Sauberkeit.

Satipatthana-Meditation

Diese buddhistische Meditation stammt aus Burma, wo Satipatthana schon im Kindergarten unterrichtet wird. Sie löst Automatismen, und zwar dadurch, daß sie jede Aktivität, jede Handlung bewußtmacht. Mit Satipatthana lernt man, seine Gedanken, Gefühle, Absichten, Vorurteile und Einstellungen zu erkennen und intensiver zu erleben. Indem wir uns unseres täglichen Handelns völlig bewußt werden, lösen wir uns von mechanistischen Verrichtungen und entdecken eine übergeordnete Kraft, deren Rhythmus in allen Aktivitäten steckt. Wir verlieren die Oberflächlichkeit und stoßen in tiefere Schichten des Erlebens vor.

Satipatthana beginnt mit speziellen Übungen. Später bedarf es solcher Techniken nicht mehr. Jede Aktivität wird bewußt ausgeführt, jedes Ziel konzentriert angesteuert.

Die erste Übung findet im Meditationssitz statt. Schließen Sie Ihre Augen und achten Sie ganz bewußt auf Ihren Atem. Wenn Sie einatmen, denken Sie: "Jetzt atme ich ein." Wenn Sie ausatmen, denken Sie: "Jetzt atme ich aus." In den Atempausen konzentrieren Sie sich auf Ihre Sitzhaltung. Bewußt nehmen Sie wahr, welche Muskeln eingesetzt sind, wo Sie den Boden berühren.

Die zweite Übung beschäftigt sich mit dem Gehen. Ihre Aufmerksamkeit ist auf die Füße gerichtet. Sie bewegen sich im Zeitlupentempo und machen sich die Absicht bewußt, die vor jeder Bewegung stehen muß. Unhörbar formulieren Sie jeden Abschnitt des Gehens: "Jetzt verlagere ich das Gewicht auf den linken Fuß."

– "Ich hebe das rechte Knie an, die Muskeln im Oberschenkel spannen sich." – "Ich bewege den linken Fuß nach vorn", usw.

Die dritte Übung findet im Alltag statt. Beginnen Sie sofort nach dem Aufwachen damit. Sie sagen sich: "Ich bin mir aller Dinge, die ich tue, völlig bewußt." Begleiten Sie dann jede Ihrer Absichten, indem Sie sie verbalisieren: "Jetzt stehe ich auf. Dazu werde ich gleich mein rechtes Bein aus dem Bett schwingen", usw.

Alle Dinge, auch die kleinsten und alltäglichsten, nehmen Sie bewußt wahr. Sie tun alles mit Aufmerksamkeit. Nichts geschieht mehr, ohne daß Sie Ihre Gedanken, Ihre Vorstellungen und Gefühle beobachten.

In einer späteren Phase des Satipatthana brauchen Sie nicht mehr alles innerlich zu verbalisieren, was Sie tun. Ihr Bewußtsein wird dann von allein so aufmerksam sein, alles zu beachten und vieles zu verstehen. Wenn Sie sich trotzdem noch bei einer unbedachten Handlung oder einem anscheinend unkontrollierten Wort ertappen, sagen Sie sich "STOP" und gehen zurück zu dem Punkt, den Sie als letzten bewußt wahrgenommen haben.

Schreib-Meditation

Planetenherrscher in der Jungfrau ist der Merkur, der das Prinzip der Analyse beinhaltet. Ihm entspricht das Schreiben als eine Form der analytischen Wahrnehmung. Beim schriftlichen Fixieren von Sachverhalten, beim Notieren von Psychogrammen erfährt man oft eine neue, tiefere Klarheit. Diese Erkenntnis wird in der Technik der Schreib-Meditation genützt. Schreiben findet nie losgelöst von der Personalität, findet nie im luftleeren Raum statt. Es kann nie objektiv sein, sondern beinhaltet immer Subjektivität und spiegelt unbewußte Inhalte Ihrer Psyche wider.

Setzen Sie sich in Ihrer bevorzugten Meditationsposition nieder und halten Sie einen Block und ein Schreibgerät bereit. Es kann ein weicher Bleistift, ein dicker Faserschreiber, ein Pinsel oder ein schöner Füllfederhalter sein. Entspannen Sie sich, suchen Sie Ihren Schwerpunkt und achten Sie auf Ihren Atem (siehe Kapitel "Die Praxis der Meditation", S. 43 ff.). Sobald Sie in einer meditativen

Grundstimmung sind, können Sie eine der folgenden Möglichkeiten realisieren.

Erste Möglichkeit: Schreiben Sie ganz langsam einen Text ab, der Ihnen etwas bedeutet, Sie tief in Ihrem Innersten angerührt hat. Das kann ein Gedicht sein, ein Psalm, ein Liedtext, Beschreibungen der Tarot-Karten, ein Märchen oder ein Orakelspruch aus dem chinesischen Weisheitsbuch "I Ging". Schreiben Sie ganz bewußt, beobachten Sie jeden Buchstaben mit aller Aufmerksamkeit, nehmen Sie die Aufstriche, die Abstriche, den Fluß der Schrift wahr.

Zweite Möglichkeit: Beschäftigen Sie sich mit einem Thema, das Ihnen wichtig ist. Das kann ein Phantasie-Thema sein oder etwas sehr Reales. Formulieren Sie, was Ihnen zu diesem Thema einfällt. Ordnen Sie Ihre Gedanken noch nicht, lassen Sie einfach in Ihr Schreibwerkzeug fließen, was aus Ihnen kommt.

Dritte Möglichkeit: Entspannen Sie sich. Alle Gedanken, die kommen, akzeptieren Sie, analysieren aber nicht und werten nicht. Sie lassen die Gedanken fließen, halten nichts fest, wollen nichts erreichen. Beobachten Sie Ihren Gedankenfluß aufmerksam, so werden Sie bemerken, daß sich manche Gedanken wiederholen. Wie in einem Kreisverkehr ziehen Sie immer wieder an Ihrem inneren Auge vorbei. Solche Gedanken schreiben Sie auf.

Vierte Möglichkeit: Öffnen Sie sich Ihrem Unterbewußtsein mit Hilfe Ihrer Träume. Schreiben Sie Träume auf, an die Sie sich erinnern können. Notieren Sie alles, auch Kleinigkeiten, und schreiben Sie nicht nur Stichworte auf.

Fünfte Möglichkeit: Meditieren Sie mit geschlossenen Augen. In Ihrem Schoß liegt ein Schreibblock, Sie halten einen Stift in der Hand. Alles, was an Ihrem inneren Auge vorbeifließt, schreiben Sie auf, ohne die Augen zu öffnen.

Schreib-Meditation geht vor allem in Gruppen gut. Wenn Sie allein Schwierigkeiten damit haben sollten, empfiehlt es sich, einen Partner zu suchen.

Meditatives Arbeiten

Ähnlich wie in den Satipatthana-Meditationen, wird durch das meditative Arbeiten eine Bewußtseinserweiterung stimuliert, die zur Erfassung übergeordneter Realitäten führen kann. Meditatives Arbeiten ist eine Abwandlung, die sich besonders für die leistungsorientierte Grundhaltung der westlichen zivilisierten Welt eignet.

Voraussetzung hierfür sind Achtsamkeitserfahrungen, wie sie im Kapitel „Die Praxis der Meditation" (S. 43 ff.) beschrieben wurden oder in den ersten beiden Übungen der Satipatthana-Meditation. Sie lernen dabei, bewußt gewahr zu werden. Übertragen Sie das auf Ihren Arbeitsalltag. Am Fließband, bei der Hausarbeit, beim Autofahren – in fast allen Arbeitsbereichen können Sie Ihre Gedanken wie auf einem Monitor beobachten und die daraus folgenden Handlungen bewußt begleiten. Jeder Handgriff, jede Bewegung, jeder Denkvorgang wird von Ihnen beobachtet. Sie lassen keine Automatismen mehr zu, die sich losgelöst von Ihrer Persönlichkeit entwickeln, sondern nehmen alles, was Sie tun, bewußt wahr. Wenn es möglich ist, versuchen Sie, Ihre Sinnesorgane auf die eine Handlung, die Sie gerade tun, zu fokussieren. Alles andere interessiert Sie nicht, und Sie lassen sich nicht davon ablenken. Sie tun eine Sache, aber die tun Sie voll und ganz. Sie verzetteln sich nicht mehr, versuchen nicht, auf allen Hochzeiten zu tanzen, sondern begrenzen sich selbst und erfahren darin eine persönliche Erweiterung.

Karma-Yoga

Karma-Yoga gehört – neben Bhakti-, Jnana- und Raja-Yoga – zu den vier Hauptpfaden indischer Yoga-Tradition. Es ist, sagt Swami Vivekananda*, „ein ethisches und religiöses System, dessen Ziel die durch Selbstlosigkeit und gute Werke erlangte Freiheit ist".

Der Ausdruck „Karma" hat seine Wurzel in dem Sanskrit-Wort *Kri*, das „tun" bedeutet. Karma-Yoga ist deshalb ein sehr arbeitsreicher Weg zum kosmischen Bewußtsein. Die dahinterstehende Theorie geht davon aus, daß wir durch freies und selbstloses Handeln Wissen und Erkenntnis erlangen. In jeder Aktivität steckt eine psychische Dimension. Äußeres Tun hat innere Wirkung – unabhängig davon,

---

*siehe Anhang

ob wir gut oder böse handeln. Entscheidend ist, daß wir für jeden Augenblick unseres Lebens die Verwirklichung in Aktivität suchen. Nur daraus können wir Ruhe gewinnen. Indem wir Böses tun, gelingt es uns, das Böse zu überwinden, indem wir handeln, erschließt sich uns die Bewußtseinsebene, in der alles Handeln überflüssig wird.

Der Karma-Weg ist kein leichter Weg. Wer ihn geht, „muß durch bloße Arbeit, ohne die Hilfe einer Lehre oder Theorie, zu den gleichen Problemlösungen kommen, die sich Jnana durch Verstand und Inspiration, der Bhakta durch Liebe erringt" (Vivekananda*). Die Früchte seiner Arbeit zu ernten, bleibt dem Karma-Yogi meist verwehrt.

Karma-Yoga verlangt, aktiv und bewußt sich dem Mechanismus der alltäglichen Arbeitswelt auszusetzen. Der Karma-Yogi beteiligt sich an Produktion, Machtstreben und Kämpfen, ohne davon zu profitieren. Er widersetzt sich, wo er Freiheit und Gerechtigkeit bedroht sieht, versucht Gutes zu tun und nimmt das Risiko negativer Folgen in Kauf. Sein Ziel ist jedoch nicht die Arbeit als solche, sondern die höhere Erkenntnis, die er gewinnen will, indem er sich den Aktivitäten dieser Welt ausliefert.

Er sieht die Welt als ein Geflecht von Wirkungsmechanismen, als ein vernetztes System aus Aktion und Reaktion. Indem er sich an diesem System beteiligt, erkennt der Karma-Yogi die allumfassende Einheit, die sich scheinbar hinter den Gegensätzen verbirgt, sie in Wirklichkeit aber durchdringt.

Der Karma-Weg erfordert sehr viel Selbstlosigkeit und beansprucht viel Zeit. Die meisten Menschen werden auf diesem ungeebneten Pfad im Laufe ihres Lebens nur wenige Schritte weit kommen. Nur ein einziger Mensch hat nach Ansicht der indischen Meister das Ziel des Karma-Weges erreicht: Buddha. Trotzdem ist das kein Hinderungsgrund, die Arbeit aufzunehmen, die im totalen Bewußtsein, der kosmischen Erkenntnis ihr Ende findet.

---

*siehe Anhang

Geführte Jungfrau-Meditation

Legen Sie sich bequem hin, die Beine ausgestreckt nebeneinander, die Arme locker seitlich vom Körper, und schließen die Augen; denn alles weitere wird sich nun innen abspielen – in Ihnen und vor Ihrem inneren Auge. Vorerst aber spüren Sie die Unterlage, auf der Sie liegen, die Sie trägt und der Sie sich anvertrauen, machen sich die Schwere Ihres Körpers ganz bewußt – spüren Ihren Rücken auf dem Untergrund und Ihr Gesäß, wie es breit aufliegt, Ihren Hinterkopf auch, der schon ein wenig in die Unterlage gesunken ist – und Sie lassen ihn weiter sinken, lassen ihn los, lassen alles los – geben alles Gewicht ab an die Unterlage, die es bereitwillig aufnimmt – geben auch alle Gedanken und etwaigen Probleme einfach ab an diesen Augenblick – lassen los und lassen sich tragen – den Körper von der Unterlage – die Gefühle und Empfindungen von der Musik – Ihre Gedanken aber, die lassen Sie tragen und leiten von meiner Stimme – und richten sie nun auf Ihre Waden und Fersen – zu jenen Punkten eben, wo Sie mit Ihren Beinen den Untergrund berühren – spüren auch hier das Gefühl, Grund unter sich zu haben, getragen zu sein und doch alles ganz genau mitzuerleben – bewußt zu sein und zu bleiben – auch wenn Sie nun allmählich schon tiefer sinken in die Unterlage und in die Entspannung – und es ist nicht wichtig, daß Sie sehr tief sinken – wichtig ist, daß Sie wach bleiben – und alles bewußt erleben. Nicht die Tiefe der Entspannung zählt, sondern einzig die Tiefe Ihrer Erfahrung und die klare Bewußtheit, mit der Sie Ihre Reise in Ihre Tiefe erleben, und sie hat längst begonnen, diese Reise – im Körper spüren Sie die Schwere – und er ist entspannt und an die Unterlage abgegeben – und doch könnten Sie ihn sehr wohl kontrollieren – könnten jetzt einen tiefen Atemzug machen und sich weit und tief in den Ausatem hineinfallen lassen – und kaum denken Sie es, schon geschieht es von selbst – die Gedanken haben Kraft auf dieser Ebene der Entspannung – Sie erleben es jetzt – Sie brauchen nur an Ihre Augen zu denken, und schon spüren Sie sie sehr deutlich.

Das Zentrum der Welt – Ihrer Welt – wandert mit den Gedanken in Ihre Augen – und die werden Ihnen ganz bewußt hinter den geschlossenen Lidern. Sie spüren die Augäpfel selbst – und auch die Muskeln um die Augen – und dann lassen Sie alle Spannung und Anstrengung, die hier vielleicht noch sitzt, einfach los – und Entspannung, warme, weiche Entspannung breitet sich aus – und Sie lassen es geschehen.

Und nun wenden Sie sich Ihrem Hinterkopf zu – machen sich die Stelle, wo Ihr Kopf auf der Unterlage ruht, bewußt – und dann lassen Sie auch hier los – lassen Ihren Kopf wirklich ruhen – und spüren, wie sich die Kopfhaut entspannt.

Nun wenden Sie sich Ihrem Mund zu – und spüren ihn – und dabei auch Ihr Kinn – ohne sich zu bewegen – und es kann genausogut sein, daß sich kleine Bewegungen in diesem Bereich ganz von selbst ergeben – Sie spüren Ihre Mundpartie – und lassen dann auch hier los – übergeben auch diesen Teil von sich – und spüren die Entspannung – dieses eigenartige Gefühl, das sich nun sogleich auch hier ausbreitet.

Ähnliches geschieht jetzt auch an der Stirn, wie von selbst – Sie brauchen nur an Ihre Stirn zu denken, und schon geschieht es – die Aufmerksamkeit zentriert sich hier, und das eigentümliche Entspannungsgefühl breitet sich nun auch hier aus – breit und weich wird die Stirn – und angenehm. Hinter ihr entstehen wohl all die Gedanken – und Sie fühlen sich jetzt der Quelle der Gedanken sehr nahe – erleben gleichsam mit, wie Gedanken über Gedanken aus der Tiefe der Stirn aufsteigen – und Sie sind Zeuge – Beobachter dieser Gedankenquelle, die unaufhörlich in Ihrer Tiefe sprudelt. Die Gedanken steigen wie Blasen und wie von selbst aus dieser Quelle auf, doch können Sie sie auch lenken – fast genauso wie Ihren Atem. Auch er fließt ja ständig und ununterbrochen – doch gerade jetzt können Sie ihn auch bewußt machen und einmal voller Achtsamkeit atmen. – Genauso fließt der Strom der Gedanken ununterbrochen – und doch können Sie ihn sich jetzt bewußt machen und sogar auch lenken – und Sie richten diesen Strom der Gedanken einmal zurück auf sich selbst – auf seine eigene Quelle – den Ursprung der Gedanken –. Dabei dringen Sie wie von selbst ein in die Tiefe Ihrer Stirn – in Richtung der Mitte Ihres Kopfes – seltsamerweise folgt das Gefühl der Entspan-

nung Ihnen auf dem Weg nach innen. Die weiche, warme Entspannung, die Sie im Gesicht und im ganzen Kopfbereich wahrgenommen haben, sinkt nun gleichsam mit nach innen – und Sie spüren, wie sich dadurch auch in der Kopfmitte Entspannung ausbreitet – von allen Seiten fließt dieses Gefühl von Loslösung nach innen – in die Mitte des Kopfes zu jener Quelle der Gedanken. Das Erstaunliche ist, daß die Entspannung auch außen erhalten bleibt, während sie gleichzeitig immer tiefer nach innen dringt und Sie nun schon Ihr ganzes Gehirn bewußt wahrnehmen und die Entspannung, die sich jetzt hier ausbreitet. – Außen und Innen kommen zusammen in der Mitte – der ganze Kopf fühlt sich nun so anders an – und doch eigentlich angenehm. – Vieles wird nun möglich aus diesem gelösten Gefühl heraus – und es ist Ihnen ein leichtes aus der Mitte des Loslassens heraus, dieses Entspannungsgefühl auch in den übrigen Körper fließen zu lassen. Wie ein dicker, zäher Tropfen tropft dieses Gefühl nun hinunter – zuerst in Hals und Nacken – um dann die Schultern zu erreichen – und von hier aus die Arme – bis hinunter zu den Fingerspitzen. Zugleich sinkt der Tropfen auch in die Brust hinab – bis zum Herzen und weiter zum Sonnengeflecht. Selbst der Rücken wird nun noch weicher und breiter – und die Entspannung dringt sogar bis in die Tiefe des Bauches – bis zu den Därmen, die ebenfalls alle Anspannung aufgeben. – Ins Becken bahnt sich dann der dicke, zähe Tropfen der Entspannung seinen Weg, auf dem er Loslassen und Hingabe verbreitet und alles wie mit wohliger Wärme durchtränkt wird. – Nachdem sich auch im Beckenbereich das Harte und Angestrengte der warmen Entspannung ergeben hat, greift dieses befreiende Gefühl auch auf die Beine über und drückt bis zu den Füßen, ja bis in die Zehenspitzen hinunter. – Der ganze Körper ist nun so anders, und Sie spüren allmählich die Möglichkeiten, die Ihnen dieser Zustand eröffnet – lassen sich einfach tragen von den Tönen und den Wellen der Entspannung, von diesen Worten auch und Ihren eigenen Gedanken, und aus all dem entwickelt sich nun eine Vorstellung, das Bild einer Landschaft – Ihrer Landschaft – aus Ihrer eigenen Phantasie, und diese Worte leiten Sie dabei – und Ihre Phantasie erfüllt die Worte mit Leben. Immer deutlicher steigt aus den Tiefen Ihrer Phantasie das Bild einer alten Kulturlandschaft auf – einer Gartenlandschaft eigentlich. Sie sehen zwischen den erntereifen Feldern lange Reihen von Obstbäumen, deren Zweige sich unter der Last der Früchte biegen – und dazwischen vereinzelte Gemüsebeete. Bauern und ihre Helfer sind mit Erntearbeiten beschäftigt – und Sie betrachten es mit Wohlwollen – gehen auf einem Spazierweg durch diese Landschaft. Die Farben vermitteln ein Gefühl von Geborgenheit – wie Heimat fast. Das Gelb der Kornfelder – das Braun der schon abgeernteten Gemüsebeete und dazwischen die grünen Obstbäume – selbst der bedeckte hellgraue Himmel paßt dazu – und Sie gehen forsch weiter auf dem sandigen Weg in Richtung auf ein etwas größeres Gebäude, das Sie eigenartig berührt – es erinnert Sie an etwas Vertrautes – etwas, das mit Ihnen zu tun hatte oder immer noch hat. – Wie Sie nun allmählich näherkommen, nimmt das Gebäude immer konkretere Gestalt an, aber erst, als Sie direkt davorstehen, erkennen Sie mit Überraschung die Inschrift über der Eingangstür: „Mein Haus" steht da einfach – und Sie wissen im selben Moment, daß es stimmt – Sie stehen vor Ihrem ganz persönlichen Haus, das Ihnen vieles, wenn nicht alles, über Sie selbst enthüllen kann. – Ein bißchen erschrocken fast wagen Sie jetzt den Schritt durch die Tür – und finden sich in einer geräumigen Vorhalle, aus der verschiedene messingbeschlagene Türen führen. Sie nehmen gleich die Tür zu Ihrer Rechten und gelangen in eine ausgedehnte Bäderanlage. Eine ausgiebige Reinigung ist Ihnen durchaus angenehm, bevor Sie sich weiter auf Entdeckungsreise durch Ihr Haus begeben – und so vertrauen Sie sich gern den Dienern an, die bereitstehen, Sie durch die Stufen der Reinigung zu begleiten.

Zuerst lassen Sie sich zu einem Becken führen, dessen körperwarmes Wasser angenehm nach Ihnen unbekannten Essenzen duftet. Kaum haben Sie sich entkleidet und sich wohlig in der geräumigen Wanne gerekelt, wird das Wasser lebendig. Aus unzähligen, kaum sichtbaren Öffnungen sprudelt es und beginnt den ganzen Körper zugleich zu massieren. Wie ein Wunder kommt Ihnen dieses Becken vor, denn die Stärke der Massage läßt sich tatsächlich mit Gedanken steuern

– und so regeln Sie die Massagestrahler gerade nach Ihren Bedürfnissen. Sie brauchen nur daran zu denken – und schon stellt sich die Stärke des Druckes, aber auch die Temperatur des Wassers, auf Ihre Bedürfnisse ein. – So erleben Sie sehr bewußt, wo Ihr Körper viel Druck und intensive Berührung verträgt und wo er empfindlicher ist. – Bald ist Ihnen, als lösten die Wasserwirbel Ihre äußere Haut auf – jedenfalls dringen sie bis in die Haut ein und reinigen sie porentief. All den Schmutz, ja auch all die alte und verbrauchte Haut tragen die Strudel davon, denn es gibt in der Gegend Ihrer Füße auch einen starken Abfluß – Sie spüren deutlich den Sog, mit dem all das Überflüssige abgesaugt wird. – Ihr Körper fühlt sich nun nicht nur sauber, sondern auch weich und geschmeidig an – und gerade im rechten Moment läßt das Sprudeln wieder nach – und Sie werden, aus dem Becken steigend, in ebenso warme wie weiche Handtücher gehüllt. Ein Badediener führt Sie nun ein paar Schritte weiter zu einem ganz ähnlichen Becken, allerdings ist es anstatt mit Wasser mit dunkelbrauner Heilerde gefüllt, d.h. eigentlich mit Heilschlamm, der würzig und wohltuend duftet. Wie ein verschlingendes Moor nimmt das Becken Ihre Füße auf, und Sie sind ein bißchen froh über das sichere Gefühl, das Ihnen der Boden des Beckens vermittelt. Zuerst ist es gar nicht so leicht, sich der Heilerde ganz anzuvertrauen, bis nur noch der Kopf auf einem entsprechenden Polster herausschaut. Als Sie aber einmal die warme Geborgenheit der Erde spüren, gelingt es Ihnen auch hier sehr schnell, loszulassen von allen Ängsten und Vorbehalten und sich ganz der heilenden Wirkung zu öffnen. Die weit offenen Hautporen lassen die Heilerde ganz an sich heran, und Sie nehmen sich, was Sie brauchen, aus dem umgebenden Erdreich – erleben seine verläßliche Kraft und Festigkeit – und in dieser Kraft auch Vertrauen. Schon kleinste Bewegungen gegen die Erde kosten enorm viel Kraft – Sich-Anvertrauen aber gibt Kraft – und so lassen Sie los von allem Wollen und genießen die umfassende Wirkung der Heilerde. Als die Badediener langsam Wasser in das Becken leiten und die zähe Masse so immer dünnflüssiger wird, fällt Ihnen der Abschied von Mutter Erde schon fast schwer. Aber es ist auch schön, den Wechsel zu Wasser zu erleben und dabei wieder saubergewaschen zu werden. Auch merken Sie, daß es auf wunderbare Weise möglich ist, der wegfließenden Erde all das Harte und Verbrauchte aus dem eigenen Innern mitzugeben – und Sie tun das jetzt ausgiebig. Und als die Erde ganz verschwunden ist, spüren Sie, daß auch das Wasser bereit ist, Überflüssiges aus dem Innern mitzunehmen – und so lassen Sie all die überlebten Gefühle und Stimmungen los, die Sie nur beschweren und an die Vergangenheit binden. – Solchermaßen befreit und gereinigt, verlassen Sie dann auch dieses Becken und lassen sich wieder in die warmen Tücher hüllen. Sie gehen nun leicht und beschwingt und spüren förmlich in dieser Leichtigkeit, wieviel Schweres, Hartes und Verbrauchtes mit dem Wasser und der Erde geblieben ist.

Jetzt werden Sie in einen runden Raum geführt, in dem es sehr heiß ist – und kaum haben Sie sich einen bequemen Platz zum Ausruhen gesucht, ist Ihnen, als würde es noch heißer – und Sie nehmen wahr, wie heißer Dampf allmählich von unten her den Raum erfüllt und aufsteigt. Schweißperlen bilden sich auf Ihrer Stirn – und Sie schwitzen, das ist der Sinn dieses Raumes, alles heraus, was Sie nicht mehr brauchen. – Obwohl die Hitze immer noch zunimmt, fühlen Sie sich wohl, spüren geradezu, wie Sie loslassen können von vielem Überlebten – spüren, wie die Hitze Altes nach draußen treibt, Ihre Poren von innen öffnet und sich die Schweißperlen den Weg an die Oberfläche suchen. Sie lassen los, geben der Hitze, was sie fordert – dabei geht es Ihnen gut, und als Sie dann ziemlichen Durst bekommen, ist sogleich einer der Diener mit einem köstlichen frischen Getränk zur Stelle. So etwas haben Sie noch nie getrunken, aber es tut außerordentlich gut, ist wohl die entsprechende Reinigung für die innere Welt der Därme und Körperhöhlen. Sie empfinden nämlich wirklich, wie sich die kostbare Flüssigkeit durch Ihren Körper nach unten bewegt und dabei einiges in Bewegung bringt. Nach kurzer Zeit fühlen Sie den Drang, auch auf dieser Ebene Wasser zu lassen, und der Diener liest Ihnen sogleich den Wunsch von den Augen ab, zeigt Ihnen den entsprechenden Raum nebenan. Und wieder lassen Sie los, der Trank hat sie von innen so richtig durchgespült – und Sie lassen dankbar wegfließen, was er gelöst und überflüssig gemacht hat. Auch die Därme scheint der Trank in Bewegung gebracht zu haben – und Sie geben auch diesem Impuls nach – und lassen auch den Inhalt aus den dunklen Höhlen und Nischen des Darmes los, jene dunklen Massen aus dem unbewußten Reich der Unterwelt. Es ist zum Staunen, wieviel Dunkles sich da in Ihnen verborgen hatte. – Hatten Sie sich nach den Bädern schon erleichtert gefühlt, ist nun ein Gefühl in Ihnen, wie auf Wolken zu schweben. Es war die rechte Zeit, all das Alte loszuwerden. Solchermaßen befreit und zugleich gestärkt, werden Sie nun in eine Art Schleuse geführt, in der Sie stehend von weichen Wasserstrahlen eingehüllt sind. Sie fühlen sich wie in den Arm genommen von allen Seiten – und so überraschend, wie diese sanfte Flut über Sie hereingebrochen ist, so plötzlich hört sie auch schon wieder auf, und statt dessen bläst nun ein warmer, trockener Wind – und Sie stehen in seinem Zentrum – angenehm warme Luftstrudel nehmen Sie auf und umarmen Sie. – Während Ihre Haut schnell trocknet, ist Ihnen, als wehe der Wind durch Sie hindurch und löse auf seine Art auch die letzten verstockten Energien im Innern, um Sie davonzutragen auf seinen sanften Schwingen. – Als sich der Wind legt, sind die Diener wieder mit Ihren Kleidern zur Stelle, und im Nu sind Sie wieder angekleidet. Selbst die Kleider scheinen nun reiner – und überhaupt haben Sie das Gefühl, ein neuer Mensch zu sein, als Sie nun den Bäderbereich verlassen. – Sie spüren neue Kraft und eine Energie, die natürlich schon immer in Ihnen war, die Sie aber noch nie so greifbar erlebt haben. Der Diener führt Sie nun direkt vor eine Tür, auf der in Messing dieses sonderbare „M" mit dem verschlungenen Endstrich prangt, das Ursymbol der Jungfrau. In einem Halbkreis darübergebogen steht: „Mein persönliches Märchen", und Sie wissen sofort, daß Sie selbst hier gemeint sind – hinter dieser Tür beginnt wirklich Ihr eigenes Märchen. Sie können und werden es gleich mit eigenen Augen sehen, ja Sie werden es sogar selbst erleben. Das Knacken, mit dem sich die Musik abschaltet, ist Ihr Zeichen, die Tür zu Ihrem Märchen zu öffnen. Auf der Ebene, auf der wir nun angekommen sind, werden sich die Bilder problemlos und leicht aneinanderfügen. Alle Symbole und Gestalten – bekannte und noch unbekannte – stehen hier bereit, um Ihr Märchen um Sie zu inszenieren. Machen Sie sich auf den Weg ... in Ihr eigenes Märchen! *

Erntedank-Meditation

Die Jungfrau erntet und erkennt dadurch, was sie gesät hat. So endet die Zeit dieses Tierkreiszeichens auch mit dem uralten Erntedankfest.

Den Erntegedanken kann man somit als Meditationsthema verwenden. Jeder Tag kann so zu einem Erntedankfest werden.

Setzen oder legen Sie sich am Ende des Tages auf Ihren Meditationsplatz. Lassen Sie sich Zeit, am Ort Ihrer Meditation anzukommen. Spüren Sie die Unterlage, die Sie trägt, und Ihren Körper, der Ihnen wieder einen Tag lang gedient hat. Lenken Sie Ihr Bewußtsein in Ihre Füße und danken Sie ihnen, daß sie Sie getragen haben, Sie durch sie in Kontakt mit der Erde waren, für das *Steh-*Vermögen, und daß Sie durch diesen Kontakt mit der Erde, der Materie, die Möglichkeit haben zu ver-*stehen*.

Dann wandert Ihr Bewußtsein in die Waden und Oberschenkel. Sie danken auch diesen Teilen Ihres Körpers, durch die Sie die Fähigkeit besitzen, sich in der Welt zu bewegen und fortzuschreiten.

Und Sie wandern weiter mit Ihrem Bewußtsein in Ihren Unterleib, danken ihm, daß Sie mit seiner Hilfe alles Alte und Verbrauchte ausscheiden können, und für all die sexuellen Freuden, die Sie durch ihn erleben können.

Dann richten Sie Ihr Bewußtsein auf Bauch und Brustkorb, den Sitz Ihrer Organe, die unermüdlich für Sie arbeiten. Schicken Sie Ihren Dank auch dorthin. Und ebenso in Ihre Arme und Hände, die Sie zu einem *hand-*lungsfähigen Wesen machen. Machen Sie sich auch Ihren Hals bewußt und danken ihm dafür, daß er so vieles schluckt und daß er Ihren Kopf trägt und bewegt und damit Ihren Horizont erweitert.

Danken Sie auch Ihrem Rücken, der Sie aufrecht stehen läßt, Symbol dafür ist, daß Sie zwar aus der Erde kommen, aber in den Himmel hochwachsen können, und der so viele Bürden trägt.

---

* Diese Meditation ist auch als Kassette/CD erhältlich bei carpe diem. (siehe Anhang)

Abschließend lenken Sie Ihr Bewußtsein in Kopf und Gehirn, die Schaltzentrale und den Sitz des Denkens, und schicken Sie auch da Ihren Dank hin.

Nachdem Sie nun Ihren Körper mit Bewußtsein erfüllt haben, richten Sie Ihre Aufmerksamkeit auf den vorangegangenen Tag. Lassen Sie Ihn wie auf einem inneren Bildschirm an Ihnen vorbeiziehen und achten Sie darauf, was Sie alles in Form von Taten, Gedanken und Gefühlen gesät und dafür geerntet haben.

Versuchen Sie alles, auch die „negativen" Erfahrungen, als Geschenk des Lebens anzunehmen, und machen Sie sich bewußt, daß Sie alles, was Sie an Erlebnissen und Erfahrungen geerntet haben, irgendwann, in irgendeiner Form auch gesät haben.

Und wie zur Zeit der Jungfrau die Felder abgeerntet werden, wieder Brachland geschaffen wird, daß wieder neue Samen aufgehen und wachsen können, lassen Sie das auch in Ihrem Inneren geschehen. Erlassen Sie alle Schulden, materieller oder seelischer Art („... vergib uns unsere Schuld, wie auch wir vergeben unseren Schuldigern ..."), die andere Ihrer Meinung nach bei Ihnen haben, und machen Sie sich damit bereit, wieder Neues zu empfangen.

Danken Sie dem Leben für alle Erfahrungen, die Ihre Lehrmeister sind, und verweilen Sie noch in diesem Bewußtsein der Demut und des Dankes, bevor Sie diese Meditation beenden.

Reinigungsatmen

Nachdem Sie Ihren Meditationsraum frisch gelüftet haben, begeben Sie sich in Ihre bevorzugte Meditationsstellung. Sie schließen die Augen und lassen los vom Alltagsgeschehen und geben sich Zeit, im Hier und Jetzt, an Ihrem Meditationsplatz anzukommen. Machen Sie sich die Unterlage, auf der Sie sitzen oder liegen, bewußt. Spüren Sie Ihren Körper. Und wie Sie so mit dem Bewußtsein in Ihrem Körper sind, werden Sie immer ruhiger und entspannter. Sie fühlen Ihren Körper und beobachten ihn gleichzeitig, so als könnten Sie ihn auch von außen wahrnehmen; dabei erkennen Sie jene Stellen, in denen die Energie leicht und gut fließt, und auch jene, in denen die Energie stockt, die Sie deshalb manchmal schmerzen. Machen Sie sich diese Stellen bewußt, beurteilen und analysieren Sie aber nicht. Dann wenden Sie Ihre Aufmerksamkeit auf ähnliche Art und Weise auch Ihren Gefühlen zu. Wo fließen Ihre Gefühle frei, wo können Sie sie ausleben und zulassen, und wo bleiben Sie mit Ihren Emotionen immer wieder hängen? Lassen Sie sich genug Zeit und beobachten Sie wertfrei; alles, was Sie wahrnehmen oder fühlen, ist gut und richtig, so wie es ist. Nach einer Weile wenden Sie sich Ihrem Denken zu. Wo bleiben Ihre Gedanken immer wieder an alten „Programmen" hängen, wo machen Sie immer die gleichen Fehler, wo ist Ihr Denken nicht Ihr Denken, sondern das der anderen? Schauen Sie sich auch das ganz wertfrei an. Versuchen Sie es mit allen Sinnen wahrzunehmen, fühlen Sie alles auch in Ihrem Körper. Nehmen Sie einfach wahr, empfinden Sie, statt zu benennen oder zu bewerten. Dann richten Sie langsam Ihre Aufmerksamkeit auf Ihren Atem. Beginnen Sie sich bei jedem Einatemzug vorzustellen, daß mit ihm weißes, reines Licht in Sie einströmt, Sie erfüllt und reinigt. Mit jedem Ausatmen geben Sie verbrauchte, unreine Energie nach außen ab. Atmen Sie tief durch die Nase ein und durch den Mund aus. Atmen Sie auf diese Weise so lange, bis Sie sich von weißem Licht ganz erfüllt und gereinigt fühlen und die Energie in Ihnen überall wieder frei fließen kann. Wenn Sie ungefähr zehn Minuten so geatmet haben, bleiben Sie noch eine Weile ruhig liegen, bevor Sie wieder in das Alltagsbewußtsein zurückkehren.

Origami

Origami ist die japanische Kunst des Papierfaltens. Wie Ikebana, die Kunst des Blumensteckens, ist Origami Ausdruck fernöstlicher Ästhetik, die einer meditativen Haltung den Dingen des Lebens gegenüber entspringt. „Es ist die Eigentümlichkeit der Ostasiaten, daß mit Kleinem, Unscheinbarem angefangen wird, daß nichts selbstverständlich ist, sondern so lange geübt werden muß, bis keine Halbheit besteht, bis es ganz eigen wird. Die ersten Schritte sind die schwersten. Wer da versagt, bleibt

stecken. Es ist keine Schule der Geläufigkeit, keine Fingerübung, sondern Wesenserfahrung. Das Technische ist einzugliedern, doch nicht zu überschätzen." *

So wird auch Origami, hat man sich die technischen Grundformen erst einmal angeeignet, zu einer Meditation im Tun und führt damit zur „Wesenserfahrung".

Die Geschichte von Origami ist eine sehr alte. Bevor die Kunst des Papierfaltens auch seine weltliche Anwendung fand (vor allem in Form von gefalteten Liebesbriefen und Glücksbringern), wurde sie für religiöse Zwecke eingesetzt. Die komplizierteren Regeln für das Orikata (= Figurenfalten), wie es früher hieß, wurden in der Priesterkaste der japanischen Shinto-Religion von Generation zu Generation weitergegeben. Die danach angefertigten kunstvollen Papiermuster und -bänder sind auch heute noch bei religiösen Zeremonien und kultischen Handlungen bedeutende Symbolträger.

Zu den wichtigsten gefalteten Symbolfiguren gehören beispielsweise die Lotosblume als Sinnbild der Reinheit und Unsterblichkeit; die Kirschblüte, Zeichen der Liebe und Symbol des Krieges, weil sie abfällt, ehe sie verwelkt; und vor allem der Kranich, der „kaiserliche Vogel". Er ist Sinnbild des tausendjährigen Lebens und war früher dem Kaiser und seiner Familie vorbehalten. Heute ist der Kranich ein allgemeines Glückssymbol für Gesundheit und langes Leben. So wurden für die Opfer von Hiroshima Tausende Papierkraniche gefaltet, die überall von den Decken der Krankenhäuser hingen, um zur Heilung der Verwundeten beizutragen.

Es gibt eine Vielzahl dieser Symbolfiguren. Beherrscht man das Falten der traditionellen Grundformen, kann man sich von den Vorlagen lösen und das Entwickeln eigener Strukturen zu einer Meditation werden lassen.**

---

* Gusty L. Herrigel: „Zen in der Kunst der Blumenzeremonie" (siehe Anhang)
** In den folgenden Büchern von Irmgard Kneißler finden Sie die wichtigsten Faltanleitungen und weitere Informationen über die Kunst des Papierfaltens: „Kreatives Origami" und „Das Origami-Buch" (siehe Anhang)

Eine Meditationsgeschichte

Nehmen Sie die folgende Geschichte, nachdem Sie sie gelesen haben, in die Meditation mit.

Der Heilige und die Prostituierte:

In einer Stadt in Indien lebte einst ein Sadhu. Er war sehr angesehen, und unter seinen Schülern befanden sich viele Könige, Künstler, Wissenschaftler und andere bedeutende Leute. Dieser Sadhu hielt sich sehr streng an die Regeln der Reinheit. Er aß weder Fleisch noch Fisch, weder Knoblauch noch Zwiebeln. Er trank und rauchte nicht. Dreimal am Tag betete er. Es schien, als wiederhole er ständig das Mantra. Seine Augen waren geschlossen, und er öffnete sie nur, wenn er jemanden empfangen mußte.

Der Sadhu wohnte im ersten Stock eines Hauses, und im selben Stockwerk des gegenüberliegenden Hauses lebte eine Prostituierte. Jeden Tag ging die Prostituierte ihrem Beruf nach, sang und tanzte und tat all die Dinge, die Prostituierte tun. Und obwohl der Sadhu enthaltsam lebte und körperlich rein war, war er von ihr besessen.

Er beobachtete sie fortwährend und dachte: „He, das ist der zweite Kerl, der sie heute besucht hat. Und jetzt kommt der dritte. Da geht der vierte. Schau, sie umarmt ihn!" Den ganzen Tag beobachtete er die Prostituierte und dachte darüber nach, wie schlecht und sündhaft sie doch sei. „Warum muß ein reiner Mensch wie ich gegenüber einer erbärmlichen Prostituierten wohnen?" fragte er sich immer wieder.

Wenn die Prostituierte dagegen etwas Zeit für sich hatte, sah sie immer zu dem Sadhu hinüber und wurde von Reue erfüllt. Sie dachte: „Wie heilig und rein er ist. Ich hingegen – in welch elendem Zustand befinde ich mich. Ach, ach! Es gibt keinen Ausweg für mich."

Auf diese Weise verstrichen viele Jahre, und eines Tages starben sie beide. Der Sadhu starb, umgeben von seinen Schülern, und sein Begräbnis wurde sehr feierlich begangen. Sein Körper wurde mit Kostbarkeiten bedeckt, und man verbrannte Sandelholz und Weihrauch. Die Prostituierte starb jedoch allein, und man bemerkte ihren Tod erst, als ihr Leichnam bereits zu stinken begann. Letzten Endes kamen die Stadtbeamten und versprühten DDT im Haus. Dann zogen sie den Leichnam ins Freie und begruben ihn ohne irgendeine Zeremonie.

Die Seelen des Sadhu und der Prostituierten kamen in die nächste Welt, wo sie bei der Paßkontrolle des Dharma, der Rechtschaffenheit, geprüft wurden. Man sah ihre Akten durch und gab jedem einen Zettel mit der Anweisung, wohin sie nun zu gehen hatten. Auf dem Zettel der Prostituierten stand „Himmel", und auf dem Zettel des Sadhu stand „Hölle".

Der Sadhu war außer sich. Er schrie: „Was ist das für eine Gerechtigkeit? Ihr schickt eine verdorbene Prostituierte in den Himmel und einen reinen Menschen wie mich in die Hölle! Welche Erklärung habt ihr dafür?"

Der Paßbeamte sagte: „Komm mit." Er zog die Akten hervor und zeigte sie dem Sadhu. „Es stimmt, daß du deinen Körper sehr rein gehalten und viele religiöse Zeremonien und Rituale vollzogen hast", erklärte er. „Deshalb wurde dein Körper nach deinem Tod mit größter Achtung behandelt und mit höchsten Ehren begraben. Dies hier ist jedoch die Abrechnung für deine Gedanken. Tag für Tag hast du gedacht: ‚Sie ist ein verdorbenes Geschöpf. Sie ist so schlecht. Sieh dir nur all die Männer an, die zu ihr kommen.'"

Dann nahm der Paßbeamte die Akten der Prostituierten hervor. „Hier stehen ihre Gedanken", sagte er. „Jeden Tag dachte sie bei sich: ‚O Sadhu, du bist so rein und erhaben. O Sadhu, heiliger Mann, rette mich, befreie mich.' Sicher, ihr Körper hat unreine Handlungen ausgeführt und wurde als Folge davon respektlos behandelt und wie der Leichnam eines Armen bestattet. Aber da ihre Gedanken gut und rein waren, ist sie in den Himmel geschickt worden. Weil du aber immer nur über Sünde und Gottlosigkeit nachgedacht hast, mußt du in die Hölle".*

---

* Aus: Muktananda, „Der Weg und sein Ziel. Ein Handbuch für die spirituelle Reise" (siehe Anhang)

Waage

Zeitraum: 23. September – 23. Oktober
Symbol: ♎
Element: Luft
Planetenherrscher: Venus
Prinzip: Ausgleich, Harmonie, Ästhetik.
Kernsatz: „Ich gleiche aus."

Mit dem Sternzeichen Waage beginnt die zweite Hälfte des Sonnenjahres. Der Mensch beendet hier, so der Psychotherapeut und Astrologe Roberto Sicuteri*, „seinen evolutiven (= entwicklungsgeschichtlichen) Alleingang und beschreitet den Weg der Unio, der Vereinigung mit dem Du". Er beginnt, sich in ein größeres Ganzes einzugliedern, indem er ein Du sucht, eine Gemeinschaft, in der er als Zelle wirken kann. Das Selbst und die Mauern, die er in den vorangegangenen sechs Entwicklungsschritten aufgebaut hat, werden eingerissen. Er öffnet sich für die Umwelt. Emotion und eigenes Handeln werden zurückgestellt und durch Denken ersetzt, mit dem das Nicht-Ich für den Waage-Menschen erfahren werden kann.

Ebenso wie in der herbstlichen Tag- und Nachtgleiche ein harmonischer Ausgleich zwischen Sommerhitze und Winterkälte besteht, so sind Ausgleich, Harmonie und Gerechtigkeit Hauptanliegen des Waage-Zeichens. Das Symbol der Waage repräsentiert die Vereinigung zweier Pole, die durch ihr Gleichgewicht die Einheit in der Zweiheit herstellt.

Die Waage ist aber auch ein Meßinstrument. Beim Wiegen wird ein Gegenstand mit einem allgemein anerkannten Standardgewicht verglichen. Die Waage

---
*siehe Anhang

wird damit zum Zeichen des Bewertens und zum Symbol für das Urteil, so wie der Waage-Mensch auch alle Dinge, Vorgänge und Menschen bewertet, abwägt und sich dabei an sozialen, idealen und ästhetischen Maßstäben orientiert. In der Idee vom rechten Maß, der Ausgewogenheit, der Harmonie finden wir auch den ausgeprägten Schönheitssinn der Waage begründet.

Planetenherrscherin in der Waage ist die Venus – jetzt allerdings nicht mehr die erdgebundene, sinnliche Venus des Stier-Zeichens, sondern die himmlische Venus des Luft-Zeichens, die ihre Wirksamkeit mehr in geistigen Bereichen entfaltet als im sinnlichen Genuß. Sie gilt als die Vertreterin der schönen Künste und der idealen, geistigen Liebe im Unterschied zur fleischlichen, sinnlichen Liebe. Genauso wird im Verlauf des Jahresrhythmus durch das Schwinden der Tagkraft und durch das Wachsen der Nachtkraft das rein naturgebundene Leben immer stärker vom geistigen durchwirkt.

Als Zeichen der Partnerschaft versucht die Waage mit der Umwelt durch Liebesbeziehungen in Verbindung zu kommen. Sie sucht das Du als Ergänzung, um mit ihm ihr Wesen in einer harmonischen Ganzheit erfahren zu können.

Jede Disharmonie verursacht der Waage Leid. Deshalb versucht sie stets zwischen den beiden Polen abzuwägen, in dem Wissen, daß jedesmal ein Ungleichgewicht entsteht, wenn sie sich für eine Seite entscheidet. Hier liegt ihre Entscheidungs- und Handlungsschwäche begründet. Die Waage kann zum Chamäleon werden, da sie aus ihrem Bedürfnis heraus, mit allem in Harmonie zu sein, ständig versucht, sich ihrer Umwelt anzugleichen und vollständig in ihr aufzugehen.

Dieses „In-der-Umwelt-Aufgehen" ist das Wesen des Waage-Verhaltens. Menschliche Beziehungen sind für die Waage sehr wichtig, denn sie erfährt sich im Kontakt mit dem Du. So symbolisiert in der Tiefenpsychologie das Zeichen Waage auch den auf das Du projizierten eigenen Schatten.

Die Aufgabe der Waage besteht darin, ihre Abhängigkeit von Harmonie in alltäglichen Bereichen, die oft nur eine Scheinharmonie ist, zu überwinden, um die wahre Harmonie auf einer geistigen Ebene zu finden.

Waage-Meditationen

Im Waage-Prinzip werden Harmonie, Liebe, das Du, Kunst und Ästhetik deutlich. Die Waage-Meditationen entsprechen diesen Grundtendenzen.

Friedens-Meditation

Harmonie, ein tief empfundener Gerechtigkeitssinn und der Wunsch nach Frieden sind Kennzeichen der Waage. Folgende Friedens-Meditation kann all dies freisetzen.

In Ihrem bevorzugten Meditationssitz beginnen Sie die Vorbereitungen für diese Übung: Sie entspannen sich, sammeln sich, richten Ihre Aufmerksamkeit auf Ihren Atem und Ihren Schwerpunkt.

Aller Haß, alle Streitigkeiten, jede Ungerechtigkeit bleiben in dieser Meditation weit entfernt. Sie spüren in sich eine mächtige Energie-Strömung, die Frieden und Harmonie trägt. Horchen Sie tief in sich hinein, spüren Sie Ihre inneren, positiven Schwingungen. Harmonie und Frieden füllen Sie ganz aus. Lassen Sie diese friedliche Energie fließen, sich von ihr umspülen und öffnen Sie sich, damit diese Atmosphäre von Harmonie alles ausfüllen kann. Sie beginnen, Frieden zu verströmen.

Wie ein weicher, wallender Nebel legen sich Friede und Harmonie über den Raum, in dem Sie meditieren. Langsam bewegt sich dieser Strom vorwärts, umfaßt alle Menschen, die Ihnen nahestehen, umfaßt Ihre Freunde wie Ihre Feinde – erreicht die ganze Welt.

Still sagen Sie sich: "Ich empfinde Frieden und Harmonie für alle Lebewesen, für alle Pflanzen und Dinge. Ich bin friedlich und tolerant. Jedem kann ich die Freiheit geben, so zu leben, wie er will."

Sie werden feststellen, daß diese friedliche Strömung es Ihnen ermöglicht, den wahren, göttlichen Kern in jedem Menschen zu erkennen. Und Sie werden merken, daß sich diese Ausstrahlung nach Ende der meditativen Übung fortsetzt. Ihr tief empfundener Wunsch nach Frieden und Harmonie überträgt sich auf Ihr Gegenüber, auf das Du, Aggressionen werden überflüssig. Die positive Energie, die Sie verströmen, gelangt zu Ihnen zurück.

Sie beenden diese Meditation auf die übliche Art und Weise: Sie atmen mehrfach tief ein und aus, rekeln und strecken sich, öffnen die Augen und kehren zurück ins Hier und Jetzt.

Nadabrahma-Partnermeditation

Diese Meditationsform ist eine alte tibetanische Technik. Sie soll mit nüchternem Magen zu beliebigen Tageszeiten ausgeführt werden. Osho* hat eine Version für Paare entwickelt:

Die Paare sitzen sich gegenüber und halten sich über Kreuz an den Händen. Über Ihrem Kopf liegt ein Bettlaken. Der Raum ist verdunkelt, nur vier Kerzen brennen. Osho empfiehlt, bestimmte Räucherstäbchen anzuzünden, die nur für diese Partnermeditation verwendet werden. Wenn Sie mit Ihrem Meditationspartner sehr vertraut sind, ist es am besten, keinerlei Kleider anzuhaben. Entspannen und sammeln Sie sich und summen Sie dann etwa eine halbe Stunde lang gemeinsam mit geschlossenen Augen. Empfinden Sie die Vibration des Summens, wie sich die Schwingungen gegenseitig durchdringen und verstärken. Sie werden spüren, wie sich Ihre Energien mit denen des Partners treffen, ineinander verschmelzen und sich vereinigen. Bleiben Sie nach dem Ende der Meditation noch etwa 15 Minuten lang ruhig sitzen.

Metta-Meditation

Das Wort „metta" stammt aus dem Indischen und bedeutet „selbstlose Liebe". Metta-Meditation ist eine Meditation der Liebe zum Mitmenschen. Sie gehört zum zweiten Glied des buddhistischen Pfades und kann ergänzt werden durch eine Medi-

---

*siehe Anhang

tation des Mitleids und der Mitfreude sowie durch eine Meditation des Gleichmuts.

Bei der Metta-Meditation setzt eine Art „geistige Zentrifugal-Bewegung" ein, wie Liselotte M. Boden* in ihrem Buch „Meditation und pädagogische Praxis" schreibt. Indem wir das Gefühl der Liebe und Güte immer schneller um unser Zentrum kreisen lassen, entsteht so etwas wie eine Fliehkraft, die diese Energien nach außen abgibt.

Beginnen Sie diese Meditation der Liebe für Ihre Mitmenschen in Ihrem bevorzugten Meditationssitz. Sammeln Sie sich, beobachten Sie Ihre Atmung und suchen Sie Ihren Schwerpunkt (Hinweise dazu im Kapitel „Die Praxis der Meditation", S. 43 ff.). Der Raum kann abgedunkelt sein. Zünden Sie eine Kerze an und erinnern Sie sich an einen Augenblick, in dem Sie ein tiefes Gefühl mitmenschlicher Liebe empfunden haben. Bewahren Sie dieses Gefühl in sich, lassen Sie es in Ihrem Inneren strömen und pulsieren. Wünschen Sie sich selbst Liebe, Glück und Harmonie. Sie sind sich bewußt, daß Sie sich diese Gefühle wünschen dürfen, denn nur, wenn Sie selbst davon durchdrungen und völlig entspannt sind, können Sie Liebe weitergeben.

Stellen Sie sich nun ein verehrungswürdiges Wesen vor und geben Sie ihm von Ihrer tief empfundenen Liebe ab. Wünschen Sie ihm alles Gute, verströmen Sie Ihre innere Harmonie auf dieses Wesen. Sie haben dabei immer noch viel Kraft, einen mächtigen Strom liebevoller Energie in sich. Jetzt sind Sie sich dessen richtig bewußt: In Ihnen war diese Kraft immer vorhanden, aber der Streß und die Ängste des Alltags hatten sie verschüttet. Freuen Sie sich darüber, daß Sie diese Energien nun entdeckt haben und damit liebevoll friedlich nach außen wirken können.

Geben Sie diese Kraft weiter, reichen Sie Ihre Liebe dem Du. Beginnen Sie mit einem guten Freund, mit Ihrem Partner. Senden Sie Ihm einen starken Strahl Ihrer friedvollen und selbstlosen Liebe. Geben Sie von Ihrer Liebe einem gleichgültigen Individuum. Konzentrieren Sie sich darauf, diese Energien abzugeben, lassen Sie sie strömen. Immer noch haben Sie genug Liebe übrig, um damit auch

---

*siehe Anhang

jemanden beschenken zu können, mit dem Sie in Spannungen leben. Lassen Sie Ihre Liebe, den tiefen inneren Frieden, zu dessen Gunsten los. Geben Sie, denn Sie verlieren nichts. Ihr Reservoir ist unerschöpflich. Jetzt können Sie sogar Liebe an Ihre Feinde abgeben.

Beenden Sie diese meditative Übung mit tiefem Atmen, rekeln Sie sich, öffnen Sie die Augen, kehren Sie zurück in einen Alltag, in dem das tiefe Gefühl Ihrer Liebe, die Empfindung von Harmonie und Frieden weiterwirken.

Kunst-Meditation

Jedes Kunstwerk ist in einem meditativen Prozeß entstanden. Sein Urheber drückt in ihm Inhalte aus, die jenseits der Oberflächlichkeit liegen. Umgekehrt ist es deshalb möglich, aus der Betrachtung von Kunstwerken in eine meditative Versenkung zu gelangen. Die Inhalte des Kunstwerks werden dabei gleichsam zurückverfolgt zu ihrem unbewußten Ursprung. Sie können zu Musik, Lyrik, Prosa und zu Bildern meditieren. Entscheidend ist, daß Sie eine innere Tiefe in dem Kunstwerk verspüren können. Oberflächliches oder sich vor allem an den Intellekt Wendendes ist nicht besonders gut geeignet.

In seinem Buch „Die Führung zur Meditation" erwähnt Klemens Tilmann*
- die Passionen von Johann Sebastian Bach, Friedrich Händels „Messias",
- Gedichte von Rainer Maria Rilke, Joseph von Eichendorff, Hermann Hesse, Angelus Silesius,
- Bilder von Giotto, Fra Angelico, Lochner, Grünewald, Dürer, van Eyck, van Gogh, Rouault und japanische sowie chinesische Malerei.

Geeignet sind aber auch Meditationsmusik, Balladen, Sinn- und Orakelsprüche aus Weisheitsbüchern wie dem „I Ging" oder Tarot-Erläuterungen, Sufi-Erzählungen und mystische oder religiöse bildhafte Darstellungen.

Beginnen Sie Ihre Kunst-Meditation, indem Sie sich sammeln, allen äußeren Streß ablegen und richtig atmen. Versuchen Sie nicht, dem Kunstwerk mit Ihrer

---

*siehe Anhang

Vernunft nahezukommen. Fühlen Sie sich in das Kunstwerk hinein, seien Sie offen für alle Schwingungen, die von der Musik, von den Gedichten, Texten und Bildern ausgehen. Lösen Sie sich von Ihrem Ich und nehmen Sie am Innenleben des Künstlers teil, das sich in seinem Werk ausdrückt. Sie werden dann fähig sein, Tiefen zu erkennen, die Ihnen bislang verborgen geblieben waren. Lassen Sie sich von dieser Erfahrung tragen.

Oft fällt diese Art der Meditation am Anfang schwer. Gewöhnt daran, alles verstandesmäßig zu sezieren, zu analysieren und zu kritisieren, ist es nicht so einfach, sich Kunstwerken auf einem anderen, intuitiven Weg zu nähern. Lassen Sie sich davon aber nicht beunruhigen. Nach einiger Zeit wird es Ihnen gelingen, jedes Kunstwerk in einer meditativen Grundeinstellung zu betrachten. Am Anfang sollten Sie das allein und in einem ruhigen, störungsfreien Raum versuchen. Vielleicht reichen einige Kerzen als Lichtquelle. Später gelingt Ihnen diese Kunst-Meditation auch in öffentlichen Museen oder im Konzert.

Zen in der Kunst der Blumenzeremonie

In jedem Kunstwerk vereinigen sich zwei Aspekte: die vernunftmäßige, praktische Ausführung und eine transzendentale Tiefe, die über jeden Intellekt hinausgeht. In der westlich-zivilisierten Welt nähern wir uns der Kunst meist intellektuell, verstandesbetont, im Osten dagegen ist sie schon immer Ausdruck der kosmischen Einheit, und Kunst wird daher meditativ erfahren. Jede fernöstliche Kunstrichtung muß aus diesem Grund vor ihrem mystischen Hintergrund betrachtet werden. Es geht dabei nicht nur um Technik und perfekte Ausführung, sondern wesentlich ist der innere Gehalt.

Zen in der Kunst der Blumenzeremonie war lange Zeit eine geheime, nie veröffentlichte Weisheitslehre, die mündlich vom Meister auf den Schüler übertragen wurde. Erst in unserem Jahrhundert setzte sich ein Lehrer über das Schweigegebot hinweg. D. B. Takeda veröffentlichte in Japan ein bislang noch nicht ins Deutsche übersetztes vierbändiges Werk über „Ikebana", dem Namen, unter dem Zen in der

Kunst der Blumenzeremonie bekannt wurde. Ikebana bedeutet sinngemäß übersetzt: „Lebendige Pflanzen in wassergefüllten Behältern am Leben erhalten". Es ist in seinem wahren Sinn allerdings etwas ganz anderes als die Blumensteck-Techniken, die an unseren Volkshochschulen gelehrt werden. Hinter dem ursprünglichen, echten Ikebana steht eine intensive meditative Grundhaltung, und die Technik des Blumensteckens ist lediglich der sichtbare Ausdruck dieses Prozesses.

Die Blumenkunst erfordert eine langsame innere Wandlung, eine meditative Erweiterung des Bewußtseins und Zugang zu kosmisch-mystischen Erlebensbereichen. „Es ist keine Schule der Geläufigkeit, keine Fingerübung", stellt Gusty L. Herrigel fest, „sondern Wesenserfahrung. Das Technische ist einzugliedern, doch nicht zu überschätzen. Herzensübungen, harmonische Ganzheit von Leib, Seele und Umwelt sind das Entscheidende." In der Blumenkunst wird die Dreieinigkeit der Welt aus Himmel, Mensch und Erde symbolisiert. In jedem Arrangement der Äste und Zweige soll sie verdeutlicht werden. Die Form des Gestecks entsteht nicht auf der Grundlage technisch-ästhetischer Vorbereitung, sondern tief in unserem Inneren. Jedes Arrangement entspricht unserer Entwicklung. Ästhetik ist nicht Voraussetzung, sondern Folge. „Die äußere Form", sagt der Meister Bokuyo Takeda, „soll man bei der Arbeit von innen her suchen."

Die Tradition berichtet von zehn Tugenden, die gleichzeitig als Voraussetzung und Ergebnis der Beschäftigung mit der Blumenkunst gelten. Sie lauten sinngemäß:
1. Erweitern Sie Ihr Bewußtsein.
2. Erfahren Sie die kosmische Einheit aus dem „Nichts" und dem „All".
3. Suchen Sie eine ruhige und klare Gesinnung. Ohne Denken gibt es keine Lösung.
4. Lösen Sie sich von allen Sorgen und Alltagsproblemen.
5. Gehen Sie schonend und vertraut mit den Pflanzen um. Sie symbolisieren das Wesen der Natur.
6. Achten und lieben Sie alle Menschen.

---
*Herrigel, Gusty L.: „Zen in der Kunst der Blumenzeremonie" (siehe Anhang)

7. Füllen Sie den Raum mit Harmonie und Ehrfurcht.
8. Im Blumenstecken lebt eine religiöse Erfahrung im Sinne einer Rückbesinnung auf das Wesentliche. Öffnen Sie dafür Ihren Geist.
9. Stellen Sie Einklang zwischen Körper und Seele her.
10. Ihre Individualität steht nicht im Mittelpunkt. Seien Sie frei von allem Bösen.

Die Technik des Blumensteckens können Sie als Ikebana-Kurs an fast jeder Volkshochschule lernen. Der meditative Gehalt dieser Kunst wird Ihnen dort allerdings nur sehr selten vermittelt. Ihn müssen Sie selbst mitbringen und entwickeln, dann wird Zen in der Kunst der Blumenzeremonie für Sie vielleicht zu einem Weg in die Transzendenz.

Nähere Informationen über diesen Weg finden Sie in dem erwähnten Buch von Gusty L. Herrigel: „Zen in der Kunst der Blumenzeremonie".

Doch werden Sie auch nach Lektüre dieses Buches die ganze Tiefe des Ikebana allein kaum ausloten können. Dazu bedarf es eines Meisters, der Sie führt.

Sie können die Grundidee des Zen in der Kunst der Blumenzeremonie jedoch erahnen, wenn Sie als Vorübung eine Pflanzen-Meditation versuchen. Legen Sie sich einige Zweige bereit und sammeln Sie sich in Ihrer bevorzugten Meditationsstellung. Atmen Sie bewußt und werden Sie sich Ihres Schwerpunkts gewahr, wie wir es im Kapitel „Die Praxis der Meditation" (s. S. 43 ff.) beschrieben haben. Erkennen Sie in den Zweigen das Wesen der Natur und arrangieren Sie ein Kunstwerk, in dem sich Ihr innerstes Wesen und die innere Ausstrahlung der Pflanze vereinigen. Gehen Sie sensibel mit den Zweigen um, versuchen Sie, deren Spannung und Stärke, deren Nachgiebigkeit und sanfte Flexibilität zu erspüren. Dafür müssen Sie nicht visuell beobachten. Erfühlen Sie die Pflanze mit Ihren Händen und Fingern, mit Ihrem Innersten. Erkennen Sie sich in den Zweigen wieder, die ebenso ein göttliches Symbol auf dieser Erde sind wie Sie.

Geführte Waage-Meditation

Legen Sie sich bequem und entspannt hin, die Beine nebeneinander, die Arme seitlich vom Körper, und vertrauen sich der Unterlage an. Dann strecken Sie sich, strecken den ganzen Körper durch wie in einem einzigen Krampf, die Muskeln spannen sich an und werden hart, und Sie merken, wie dabei die Berührungsfläche mit der Unterlage geringer wird, und dann lassen Sie alle Muskeln auf einmal los und erleben, wie Sie wieder tiefer in die Unterlage sinken, wie Ihr Rücken breiter wird und die Muskeln weicher. Mit dem Loslassen der Spannung im Körper lösen sich auch andere Spannungen, und Sie genießen es einfach, dazuliegen und geschehen zu lassen, was von selbst geschieht, während die Töne der Musik vorbeifließen und diese Worte Sie mühelos erreichen, der Körper einfach ausruht, in die Unterlage gesunken und losgelassen. Und so, wie sich der Körper der Unterlage anvertraut, können auch Sie sich nun der Situation anvertrauen, die Töne kommen und gehen, wie der Atem kommt und geht – und diese Worte. Mit dem Ausatmen sinken Sie noch tiefer in die Unterlage, mit dem Einatmen fühlen Sie sich leichter werden, und die Töne der Musik begleiten Sie.

So wie der Atem kommt und geht, kommen und gehen auch die Gedanken, und Sie führen diese Reise, fließen mit den Tönen und Worten und gleiten immer tiefer in die Entspannung, tiefer in die innere Welt der Vorstellungen und Bilder, der Phantasien und Träume, und trotz all der Eindrücke und Empfindungen ist da auch Stille und innere Ruhe in Ihnen, und Sie erinnern sich an jenes Erlebnis in Ihrem Leben, das Ihnen das tiefste Gefühl von innerem Frieden beschert hat. Und wie Sie an diese Erfahrung zurückdenken, taucht die entsprechende Situation wieder ganz plastisch vor Ihrem inneren Auge auf und wird lebendig in Ihrem Erleben. Es ist jetzt – und Sie spüren diesen tiefen inneren Frieden in sich, in Ihrer Mitte. Die damalige Situation ist ganz präsent – ist jetzt – und das Gefühl von Ruhe und Frieden füllt Sie aus. Die Töne kommen und gehen und fließen gleichsam durch Sie hindurch – auch sie scheinen den Frieden zu spüren und in ihm zu schwingen, und die Worte vertiefen noch die innere Ruhe, so wie auch der Atem, der kommt und geht und in seinem friedlichen Fließen der inneren Stille so ähnlich wird. Die Situation ist vertraut, und Vertrauen zur eigenen Mitte breitet sich nun über den ganzen Körper aus, und auch wenn die Erinnerung an die konkrete Situation sich nun allmählich zurückzieht, bleibt doch das tiefe Empfinden des inneren Friedens zurück und erfüllt Sie. Vor Ihrem inneren Auge taucht nun allmählich die Vorstellung der Farbe Blau auf – aus dem Dunkel schält sie sich heraus und wird klarer und eindrucksvoller – jenes Blau, das sie mögen, ist es – und es füllt nun schon fast Ihre ganze Umgebung aus – und dann atmen Sie es auch ein – holen dieses Blau zu sich herein und erlauben ihm, sich auch innen im Körper und auch im Bewußtsein auszubreiten. Alle Bereiche des Körpers, die Blau brauchen, saugen es auf – und für alle ist genug da – und jetzt erleben Sie die Qualität von Blau – spüren seine beruhigende kühle Ausstrahlung und lassen sie auf sich wirken – und dabei ist es ganz gleichgültig, ob Sie das Blau mehr sehen oder spüren oder sonst irgendwie wahrnehmen oder einfach wissen, daß es da ist, weil es Blau gibt und Sie daran denken können und alles, woran Sie denken können, im selben Moment vor Ihrem inneren Auge da ist. Und wenn Sie nun zum Beispiel an eine andere Farbe denken, etwa das kräftige Grün eines gepflegten Rasens, so taucht auch diese Farbe sogleich vor Ihrem inneren Auge auf und wird deutlicher und klarer. Und wenn Sie sich nun tatsächlich die Rasenlandschaft eines großen, gepflegten Parks vorstellen, entwickelt sich auch diese sofort aus dem Grün des Rasens. Das Bild eines weitläufigen französischen Parks nimmt immer konkretere Formen an – gepflegte Rasenflächen werden von Blumenbeeten aufgeteilt, die sie wie lebendige, blühende Ornamente durchziehen und ebenmäßige Muster formen. Alleen aus kugelförmigen Bäumen säumen die größeren Wege – und Sie gehen selbst auf einer dieser Alleen. Es ist ein schöner Tag – lau und von der herbstlichen Nachmittagssonne in wundervolles Licht getaucht – die schräg einfallenden Sonnenstrahlen spielen auf den schon buntgefärbten Blättern und verhelfen den Bäumen und Statuen des Parks zu langen

Schatten. Die Luft ist würzig und ein wenig feucht – schon angefüllt mit der Schwere der kommenden Jahreszeit – und doch auch erfüllt vom Duft der Herbstblumen, die die Wege säumen und blühen, als gäbe es nur Sonne und Licht – und heute. Die leichte Eleganz des Parks und das Gefühl luftiger Weite läßt Ihren Schritt beschwingter werden. An Statuen der griechischen Götterwelt vorbei – dort steht Aphrodite in einer weiten Tunika aus weißem Marmor – lenken Sie den Schritt auf einen der kleinen Wege, der zu einem Teich führt. Ganz nahe am Ufer lädt eine Bank zum Verweilen ein – so nahe, daß Sie Ihr Gesicht deutlich auf der spiegelblanken Wasserfläche erkennen.

Und ist es die besondere Stimmung dieses Momentes oder liegt es an den vielen Marmorgestalten aus der griechischen Mythologie – jedenfalls fällt Ihnen Narziß ein, wie er selbstvergessen sein eigenes Spiegelbild betrachtet und sich in sein Ebenbild verliebt. Und auch Sie genießen Ihr Bild dort vor sich im Wasser, mögen Ihr Gesicht und Ihre ganze Erscheinung in diesem Moment – erkennen in diesem zauberhaften Augenblick, daß alles, was Sie bisher erlebt haben, sich in Ihrem Gesicht spiegelt und daß es gut und in Ordnung ist. Und so verharren Sie in dieser Stellung auf Ihrer Bank und betrachten sich – und es mag gut sein, daß Ihnen in diesem besonderen Moment einiges über sich klar wird. Wenn Sie sich dann wieder erheben, spüren Sie, daß etwas geschehen ist, etwas Bedeutsames. Sie haben sich im Spiegel gesehen und erkannt und haben Ihr Gesicht angenommen. Viel Gegensätzliches vereint sich darin – helle und dunkle Züge verbinden sich zu dem einen Ausdruck – Ihrem Gesicht. Und wie Sie nun auf dem kleinen, blumengesäumten Weg zwischen den Götterstatuen zurückschlendern, können Sie diese Gegensätzlichkeit überall erkennen. Rechts von Ihnen etwa sehen Sie Helios, den strahlenden Sonnengott, und ihm direkt gegenüber, zu Ihrer Linken, steht Selene, die liebliche Mondgöttin. Und auch die beiden nächsten Figuren bilden bei aller Gegensätzlichkeit doch ein Paar – der harte Kriegsgott Ares-Mars blickt da hinüber zu Venus, der lächelnden Liebesgöttin. Der strenge, einschränkende Kronos, der Gott der Zeit, findet sein Gegenüber im großzügigen, toleranten Göttervater Zeus.

Überall in der Schöpfung finden sich diese Gegensätze, und es macht Ihnen Spaß, nun zu erkennen, wie sie zusammengehören und erst vereint Harmonie ergeben. Die anmutige Eleganz der Parklandschaft fördert noch Ihr Gefühl für Harmonie und die Lust, sie überall zu entdecken. Sie nähern sich nun einer weiten Fläche, die durch eigenartige Muster geprägt wird. Von einer leichten Anhöhe überblicken Sie ein großes Labyrinth aus Rasenflächen, kleinen Hecken und Blumenbeeten. Alles ist von einer undurchsichtigen Harmonie durchdrungen, deren letzter Ausdruck die Mitte des Labyrinths ist. Ein Busch, der zu einer vollkommenen Kugel zurechtgeschnitten ist, bildet diese Mitte, umrandet von weißen Blumen, die aus der Ferne wie Lilien wirken. Wie Sie so, in diesen Augenblick versunken, stehen, spüren Sie einen eigentümlichen Drang, diese Mitte zu erreichen. Es ist fast, als hätte etwas in Ihrer Mitte Sehnsucht nach dieser Mitte dort draußen im Zentrum des großen Garten-Mandalas – und schon lenken Sie Ihre Schritte zum Eingang des Labyrinths, den zwei zu Säulen gestutzte, dichte Büsche markieren. Einerseits macht es Ihnen kindlichen Spaß, den kreisförmigen Wegen zu folgen, andererseits geht auch ein gewisser symbolischer Ernst von der Form dieses Labyrinths aus. Und plötzlich nimmt der Ernst noch zu, als sich nämlich der Weg gabelt und Sie einen Moment lang ratlos vor der Kreuzung stehen. Es ist ja nur ein Spiel, und doch lastet die Schwere der Entscheidung auf Ihnen. Schließlich, weil Sie auch nicht gleich aufgeben wollen, nehmen Sie den rechten Weg und folgen ihm. Kaum aber hat sich der Unwillen über die aufgezwungene Entscheidung gelegt, stehen Sie vor noch größeren Problemen. Ihr Weg endet in einem kleinen Rondell, von dem nun sogar drei weitere Wege ausgehen. Wieder ein Moment der Ratlosigkeit – Entscheidungen zu treffen war ja noch nie Ihre große Stärke – und nun solch ein Spiel! Während Sie noch darüber nachsinnen, was Sie wohl auf dem linken und rechten Weg versäumen werden, entscheiden Sie sich für den mittleren. Die Wahl scheint gut gewesen zu sein, denn Sie nähern sich nun schon der Mitte des Labyrinths. Doch kurz vorher wendet sich der Weg und lenkt Ihre Schritte wieder weit hinaus an den Rand, und dann kommen Sie auch wieder an eine Weggabelung. Wieder fühlen Sie die Qual der Wahl – der Weg zurück ist nun auch schon sehr weit, und irgendeine innere Kraft hindert Sie, einfach über die Begrenzungen der Hecken und Blumenbeete hinüberzusteigen. So entscheiden Sie sich schließlich doch und gehen weiter. Obwohl der neue Weg zuerst wieder Richtung Mitte führt, stehen Sie dann ganz plötzlich vor seinem Ende. Es ist eine Sackgasse, und Sie müssen umdrehen und zurück zu der letzten Weggabelung. Einerseits sind Sie ungehalten über den Umweg, andererseits ist es nun wenigstens sicher, daß die andere Möglichkeit Sie weiterführt. Dieser andere Weg führt nun weit von der Mitte fort – wieder ganz nach draußen an den Rand des Labyrinths, aber er ist wenigstens keine Sackgasse, sondern teilt sich schließlich in drei Wege auf, und Sie stehen vor der nächsten Entscheidung. Ihre erste Wahl führt Sie wieder in eine Sackgasse, und Sie drehen mißmutig um. Als der zweite Weg auch schon sehr bald blind endet, sind Sie schon ein wenig ergeben in dieses Spiel, und Sie erkennen sogar, daß auch jeder Fehler sein Gutes hat, denn sobald Sie ihn durchschauen, bringt er Sie dem Ziel näher. Und so wandelt sich Ihre Einstellung allmählich – Sie gehen zügiger weiter und nehmen immer gleich den erstbesten Weg, ohne bei der Entscheidung zu zögern, denn Fehler gehören einfach bei diesem Spiel dazu, und je schneller man sie erkennt, desto besser. Die einzige wirkliche Gefahr liegt darin, an ihnen festzuhalten, am blinden Ende einfach nicht gleich umzukehren. So lernen Sie in jeder Sackgasse, profitieren von jeder Umgebung und durchschauen das Spiel mit den Entscheidungen mehr und mehr. Sie müssen ständig gefällt werden, doch ist es fast egal, wie man sich entscheidet – Fehler und Enttäuschungen gehören dazu. Jede Enttäuschung beendet eine Täuschung und enthüllt so ein Stück des wahren Weges. So nähern Sie sich allmählich wirklich dem Zentrum des Labyrinths, die Hecken sind nur so hoch, daß Sie gar nicht mehr darüber hinausschauen können. Es geht nicht schnell, aber es geht – drei Schritte vorwärts, zwei zurück, und manchmal auch einen vorwärts und zwei zurück. Im ganzen aber überwiegt die Vorwärtsbewegung. Und weil Sie diese Grundtendenz deutlich spüren, macht das Spiel nun wieder Freude – die Entscheidungen gehen Ihnen leicht von der Hand – meistens liegen Sie auch goldrichtig. Die innere Ordnung des Labyrinths und seine Gesetze sind Ihnen nun vertrauter – und was am Anfang Widerstand auslöste, macht nun schon Spaß. Auch scheint es, daß mit dem Widerstand gegen die Entscheidungen auch die Möglichkeit von Fehlern abgenommen hat, und so streben Sie fast mühelos dem Zentrum zu. Und dann öffnen sich die Hecken – und Sie sehen die Mitte vor sich, die große grüne Kugel, wie inmitten weißer Blumenkränze. Es ist mehr als Freude, was Sie in diesem Moment bewegt – Ihre innere Mitte verbindet sich gleichsam mit der des Labyrinths, und als Sie sich zu dem Kugelbusch in die Mitte setzen, spüren Sie ein deutliches Hochgefühl in sich aufsteigen. Nach all dem Suchen und Streben ist die Ruhe hier im Zentrum nun besonders tief und wohltuend. Ihnen ist, als könnten Sie dort draußen im weiten Rund Ihre eigenen Spuren sehen, die Kreise und Halbkreise, die Wege und Umwege – und nun ist Ruhe eingekehrt – fast ist Ihnen, als seien Sie nicht zum ersten Mal hier in dieser Mitte – es fühlt sich eher an wie eine Heimkehr nach langer Reise.

Sie sind zu Hause in der Mitte und ruhen – die äußeren Augen sind geschlossen und die inneren Sinne weit geöffnet. Und da fällt es Ihnen wie Schuppen von den Augen, und Sie erkennen, daß das Labyrinthspiel und das Spiel des Lebens ein Spiel sind. Wie viele Entscheidungen mußten Sie fällen und wie viele Wege und Umwege beschreiten! Und haben Sie nicht auch aus jedem Umweg Ihres Lebens gelernt und in jeder Sackgasse wichtige Erfahrungen gemacht? Waren nicht auch so viele Entscheidungen mit notwendigen Fehlern verbunden, Fehlern, die irgendwann wirklich die Not wendeten? Ist das Leben nicht auch ein Labyrinth, ein großes Spiel mit so vielen Entscheidungen, die alle so wichtig scheinen und es doch nicht sind gegenüber dem einen, einzig Wichtigen, daß wir wirklich gehen und das Spiel des Lebens spielen?

Und so schauen Sie nun zurück auf Ihr Leben und auf all die Entscheidungen, die Sie und andere für Sie fällen mußten und durften. Vor allem schauen Sie sich auch die sogenannten „Fehlentscheidungen" an und was Sie daraus gelernt haben, machen sich klar, was Ihnen die Umwege und die Abwege an Erfahrungen und

Einsichten gebracht haben, schauen zurück auf ein Leben voller Entscheidungen. Das Knacken der Musik, mit dem sie sich abschaltet, benutzen Sie als Startzeichen für Ihre Reise durch die Entscheidungssituationen Ihres Lebens.*

Meditation über den inneren Mann/die innere Frau

Das Tierkreiszeichen Waage symbolisiert unter anderem auch den auf das Du projizierten unbewußten inneren gegengeschlechtlichen Anteil eines Individuums, die Anima beim Mann und den Animus bei der Frau. Es ist für die menschliche Entwicklung sehr wichtig, diese ungelebten Persönlichkeitsanteile kennenzulernen und bewußtzumachen. Viele der Leiden und Partnerschaftsprobleme ergeben sich gerade aus den unbewußten Aktionen zwischen Mann und Frau. So sucht die Frau in ihrem Partner all jene Eigenschaften und Qualitäten, die im Grunde genommen ihre eigenen männlichen Kräfte wären, und läßt diese aber von ihrem Mann leben, statt sie in sich bewußtzumachen und zu befreien. Umgekehrt läßt der Mann oft seine weiblichen Persönlichkeitsanteile von seiner Frau leben. Es leben dadurch zwei „bessere Hälften" zusammen statt zwei ganze Menschen, zwei Hälften, die einander brauchen. Liebe aber will frei und Luxus sein und hat eigentlich nichts mit gegenseitigem Brauchen und damit Abhängigkeit zu tun. Damit sich Mann und Frau frei begegnen können, müssen sie sich ihrer Anima und ihres Animus bewußt sein, denn nur über den inneren Mann und die innere Frau können sie das Wesen der Frau bzw. des Mannes erreichen und verstehen.

Sie können sich in einer Meditation Ihrem inneren Mann oder Ihrer inneren Frau nähern.

Legen Sie sich bequem hin und lassen Sie los von allem Alltagsgeschehen. Spüren Sie die Unterlage, auf der Sie liegen, die Sie trägt, der Sie sich ganz anvertrauen können. Und wie Sie da so liegen, werden Sie immer ruhiger und entspannter. Ihr Körper wird immer weiter, weicher und wärmer, und Sie sinken immer tiefer in die

---

*Diese Meditation ist auch als Kassette/CD erhältlich bei carpe diem. (siehe Anhang)

Unterlage, die Sie trägt. Sie gehen nun mit Ihrem Bewußtsein in Ihren Körper und fühlen sich ein in seine Männlichkeit oder seine Weiblichkeit. Nach einer Weile stellen Sie sich nun vor, wie Ihr Körper die Form Ihres Gegengeschlechts annimmt, und Sie spüren, wie sich das anfühlt, lassen sich dazu genügend Zeit, bis diese Empfindung ganz deutlich ist. Und langsam taucht in Ihnen dann ein Bild davon auf, wie es nun wirklich wäre, wenn Sie das andere Geschlecht hätten. Stellen Sie sich genau vor, wie Sie mit Ihrem Leben dann umgehen würden, welche Sehnsüchte und Wünsche Sie glauben sich dadurch erfüllen zu können und was Sie sich aus der Sicht der anderen Geschlechtsrolle von Ihrem Partner erwarten würden. Bringen Sie diese Phantasien dann in Beziehung mit Ihren realen Partnerschaften und achten Sie darauf, wie viele Ihrer inneren Wünsche Ihr Partner für Sie erfüllen muß. Machen Sie sich bewußt, was Ihr innerer Mann bzw. Ihre innere Frau will und braucht, um selbständig leben zu können. Lassen Sie dazu innere Bilder aufsteigen. Am Ende Ihrer Bilderreise entsteht in Ihrer Phantasie eine Situation, in der Sie gleichermaßen Ihre männliche und weibliche Seite verwirklichen. Lassen Sie sich auch dazu genügend Zeit, um sich die Situation möglichst konkret vorzustellen. Dann beenden Sie langsam mit ein paar tiefen Atemzügen diese Meditation.

Skorpion

Zeitraum: 24. Oktober – 22. November
Symbol: ♏
Element: Wasser
Planetenherrscher: Pluto
Prinzip: Stirb-und-Werde, die Metamorphose, das Leitbild.
Kernsatz: „Ich verwandle."

Die milde Pracht des Herbstes verliert sich nun in den Nebeln. Die Blätter sind von den Bäumen gefallen und vermischen sich mit der ruhenden Erde. Die Früchte der Natur, ein Ausdruck von Lebenskraft, die seit dem Frühling an die Oberfläche drängte, machen sich bereit zu sterben, um im nächsten Frühjahr wieder mit neuer Kraft auferstehen zu können. Die Sonne tritt in dieser Zeit in das achte Tierkreiszeichen, den Skorpion, ein.

Im Skorpion wird eine der geheimnisvollsten und beunruhigendsten Entwicklungsphasen eingeleitet, in der sich der Mensch mit dem Tod konfrontiert sieht – dem Tod als Grundbedingung dafür, daß neues Leben entstehen kann. Der Tod hat hier allerdings nicht die Bedeutung einer Beerdigung des Lebens an sich, sondern repräsentiert das Übergangsstadium von einer Lebensform in eine andere. Nicht zufällig feiern wir in diesem Zeitraum auch das Fest von Allerheiligen und Allerseelen. Das Fest der Heiligen symbolisiert das Stirb-und-Werde-Prinzip, die Metamorphose, zu der uns das Zeichen des Skorpions auffordert. Die Heiligen haben dieses Prinzip vollzogen, indem sie sich aus den subjektiven, emotionalen und individuellen Verstrickungen ihres Egos befreit haben, um auf einer geistigen Ebene wiedergeboren zu werden.

Ein weiteres Symbol für den Skorpion ist deshalb auch der sagenhafte Vogel Phönix, der aus der eigenen Asche wieder aufersteht und damit die Geburt des Lebens auf einer neuen, höheren Ebene symbolisiert, die erst durch das Verbrennen aller Fesseln möglich wird. Es geht im Skorpion um die Sublimierung der menschlichen Triebkräfte auf eine geistige Ebene. Die zeugende Lebenskraft des Stiers, verhaftet mit der Materie, wird endgültig verwandelt und in den Ideen-Bereich überführt. Materie soll vergeistigt werden.

Vor diesem Hintergrund muß auch der Sinn der Sexualität im Zeichen Skorpion interpretiert werden. Der Weg zum Du, der im Sternzeichen der Waage erstmals beschritten wurde, die Vision von der Gemeinschaft, wie sie die Waage hatte, muß nun – im Skorpion – Wirklichkeit werden. „Diese Wirklichkeit", sagt der Astrologe Dane Rudhyar*, „muß eindringen in den Menschen, in sein Fleisch und Blut, in die tiefsten Schichten seiner Seele, in das Wesen seiner Personalität. Die Wirklichkeit muß sich in Triebkraft verwandeln. Eine solche Triebkraft ist der Sexus in seinen sozialen Aspekten als Erbauer der Zivilisation."

Der Aspekt der Sexualität, wie er hier beschrieben wurde, ist also im Skorpion nicht in erster Linie der Vorgang der Zeugung, sondern hat eher soziale Dimensionen. Als „zeugend" kann er dann verstanden werden, wenn man erkennt, daß man auch mit dem Tod, dem eigenen Absterben konfrontiert ist, wenn man neues Leben zeugt, das als eine neue Generation heranwächst.

Den zeugenden Aspekt der Sexualität finden wir im Zeichen des Stiers, das dem Skorpion im Tierkreis gegenübersteht. Dort wird die Sexualität rein physiologisch erlebt, als ein Diener der Befruchtung. Im „Stier ist eine reine Begierde, ohne Geist oder Bewußtsein, ohne Beeinträchtigungen oder Unterscheidungen zwischen dem Individuellen und dem Sozialen: eine generische (das Geschlecht betreffende) Kraft, die universal ist und von sich selbst keine Vorstellung hat", schreibt Rudhyar. „Diese Kraft existiert einfach, so wie das Leben einfach existiert." Im Skorpion dagegen setzt der Mensch seine Sexualität ein, um sich mit

---

*siehe Anhang

einem anderen Individuum vollkommen vereinigen zu können und damit zu einem großen Ganzen zu verschmelzen. Im Unterschied zum Stier gelingt es dem Skorpion, die Grenzen des Ich in Richtung des Du zu überschreiten.

Auf diese Weise offenbart sich noch ein anderer Aspekt der Tatsache, daß es im Zeichen des Skorpions um die Überwindung von Individualität geht. Der Skorpion vereinigt zwei Individuen und erreicht damit eine neue, erweiterte Ebene. Er gibt sich auf, um in ein anderes Wesen einzumünden und damit mehr Ganzheit erlangen zu können. Dieser „transzendente Sexus" drückt sich auf bestimmten Ebenen des Tantra der Hindus und in einigen Yoga-Formen aus, in denen durch rituelle Praktiken die Triebenergie in transzendente Bahnen gelenkt wird. Die Sexualität wird damit zu einem „Tor zum kosmischen Bewußtsein". Auf höchster Ebene stellt sich das als die vergeistigte Liebe, die Vereinigung mit Gott, dar.

Planetenherrscher im Skorpion sind Mars und Pluto:
- Der Mars befindet sich in seinem Nachthaus und verkörpert damit die triebhaft-psychischen Energien;
- Pluto, in den Mythologien der Gott der Unterwelt, repräsentiert die nach innen gerichteten Energien, die Unterwelt im Menschen, die Untergründe seiner Seele. Gleichzeitig setzt er aber auch die kollektive Seele der Menschheit in Bewegung.

Mit der ihm innewohnenden Sprengkraft ist Pluto der große Transformator, der zerstört, um Neues entstehen zu lassen. So stellt er in seiner erlösten, höchstentwickelten Form den kraftvollen, schöpferischen Willen dar.

Auch auf einer anderen Analogie-Ebene stellt sich das Stirb-und-Werde-Prinzip des Skorpions dar: Er ist ein Wasserzeichen, aber nicht die lebendige Quelle des Krebses, sondern ein stehendes Sumpf- und Moorwasser, in dem sich die Todeskräfte nach Arthur Schult* „als Verwesung realisieren, aus der neues, organisches Leben entstehen soll". Vom Tagesrhythmus der Sonne aus betrachtet ist sie im Skorpion untergegangen. Die Dunkelheit der Nacht regiert. Der Skorpion steht

---

*siehe Anhang

somit an der „Grenze zwischen dem Reich des Lebens und des Todes und öffnet damit symbolisch das Tor von der menschlichen zur göttlichen Dimension. Das Öffnen dieses Tores ist im Skorpion-Menschen mit starken inneren Kämpfen verbunden, er steigt hinab in die Hölle, um wieder auferstehen zu können. Er ist hin- und hergerissen zwischen Extremen, zwischen Exzeß und Askese, zwischen hochfliegenden Idealen und dunkler Triebhaftigkeit" (A. Schult*). Der astrologisch geschulte Psychotherapeut Roberto Sicuteri* sieht den Skorpion-Menschen im Spannungsfeld zwischen „der Wirklichkeit des Körpers und der Wirklichkeit des Geistes". Er muß erfahren, daß er sich den Weg zu seinem wahren Selbst und zur inneren Verwandlung bereitet, indem er sein kleines, bewußtes Ego aufgibt und sterben läßt.

---

*siehe Anhang

Skorpion-Meditationen

Skorpion ist das Zeichen der Umwandlung, des Stirb-und-Werde-Prinzips. Er symbolisiert die Selbstüberwindung und die Sublimierung der Triebkräfte auf eine geistige Ebene. Im Skorpion erwächst neues Leben aus dem Tod. Die Meditationen, die diesem Tierkreis-Prinzip zugeordnet werden, befassen sich mit der Vergänglichkeit, die Neues ermöglicht, mit dem Mut, der dafür nötig ist, und den Spannungen, die dort entstehen. Zum Skorpion gehört aber auch der königlichste aller Yoga-Wege, das Raja-Yoga.

Meditationen über den Stirb-und-Werde-Vorgang in der Natur
Sie können diese Meditation in Ihrer Wohnung oder auch – an einem kühlen Tag des Spätherbstes – draußen in der Natur praktizieren. In der von Ihnen bevorzugten Meditationsstellung entspannen Sie sich, achten auf Atem und Schwerpunkt (siehe Hinweise im Kapitel „Die Praxis der Meditation", S. 43 ff.). Vor sich sehen Sie die Natur im späten Herbst. Auf Ihrer inneren Leinwand erscheint ein Waldrand. Es ist kalt, ein eisiger Wind pfeift und reißt die letzten braunen Blätter von den Ästen. Das Gras ist schon trocken, hart und tot. Eine Schicht modernden Laubs bedeckt den Waldboden. Die kahlen Äste der Bäume stehen schwarz vor dem grauen Himmel. Sie sehen aus wie Gerippe. Ihnen fröstelt, Sie spüren den Tod.

Aber noch bevor dieses Gefühl ganz Besitz ergreifen kann von Ihnen, werden Sie sich einer Bewegung gewahr. Eine kleine Maus raschelt unter dem Laub. Geschäftig eilt sie hin und her. Ein Eichhörnchen turnt in den Ästen. Es legt sich einen Vorrat für die kalte Jahreszeit an, denn das Leben geht weiter, der nächste Frühling kommt bestimmt. Sie folgen in Gedanken diesen warmen Spuren des Lebens und entdecken unter den alten Blättern Samenkörner, die schon die ersten Knospen zeigen. Unter dem Grabtuch der Verwesung gedeiht das neue Leben. Sie spüren die Kraft der Natur, die aus dem Tod neue Energien schöpft.

Meditieren Sie über dieses Erlebnis des Stirb-und-Werde-Prinzips. Atmen Sie dann tief ein und aus, rekeln und strecken Sie sich, schneiden Sie ein paar Grimassen und öffnen Sie die Augen.

Mutprobe-Imagination

Beginnen Sie die Phantasiereise mit den Grundformeln des autogenen Trainings. Legen Sie sich auf eine Decke und sagen Sie sich:

Ich liege ganz schwer und entspannt auf dem Boden. – Ich fühle meinen Körper ganz bewußt und intensiv. Ich fühle, wie schwer ich bin, wie ruhig, wie gelöst. Meine Hände und Arme sind ganz schwer. Mein Nacken und meine Schultern sind ganz schwer. Meine Füße und Beine sind ganz schwer. – Mein Gesicht ist entspannt und gelöst. – Ich lasse alles los, gebe alle Spannungen ab. – Ich bin ganz ruhig und entspannt.

Im nächsten Schritt lassen Sie sich von der Kraft Ihrer Imagination forttragen. Auf Ihrer inneren Leinwand sehen Sie einen dichten, undurchdringlich scheinenden Urwald in einem fremden Land. Sie sind ganz allein am Rande dieses Dschungels und wissen, daß Sie ihn durchqueren müssen.

Die ersten Schritte liegen schon hinter mir. Jetzt bin ich mitten im Urwald. Es ist warm, feucht und drückend. Vor mir, hinter mir, neben mir steht eine grüne Wand. Ich höre Tiere kreischen und ein Rascheln. Äste knacken. Ein süßlicher Duft liegt in der Luft.

Ich habe keine Wahl. Ich muß weiter, muß den Dschungel durchqueren. Ich fühle meinen Atem, wie er ruhig und rhythmisch ein- und ausströmt, ein und aus.

Lianen umschlingen mich. Das grüne Gewirr wird immer dichter. Ich steige über vermoderte Pflanzen. Kein Anfang ist mehr zu sehen und kein Ende. Ganz allein stehe ich im Dschungel. Aber ich weiß, es gibt ein Ende. Der Urwald wird sich öffnen, die Sonne wieder zu sehen sein.

Ich kämpfe mich weiter durch das Dickicht, brauche allen Mut, um nicht aufzugeben. Fast bin ich am Ende meiner Kräfte – da wird der Urwald lichter, es wird heller. Ich spüre frische Luft, sehe Licht.

Plötzlich stehe ich wieder im Freien. Vor mir öffnet sich ein lichtes Tal.

Beenden Sie diese Phantasiereise, indem Sie tief ein- und ausatmen. Sie rekeln und strecken sich. Dann erst öffnen Sie die Augen.

Meditation über Leben und Tod

Der Schlaf wird gelegentlich als „kleiner Tod" bezeichnet. Aufwachen am Morgen ist die Rückkehr ins Leben. Daraus können Sie eine Skorpion-Meditation entwickeln.

Abends vor dem Einschlafen, Sie liegen schon im Bett, beginnen Sie mit der Entspannung, dem Zwerchfell-Atmen und der Konzentration auf den Schwerpunkt im Hara (siehe Kapitel „Die Praxis der Meditation", S. 43 ff.). Sie atmen ruhig und fühlen dabei, wie Sie langsam sterben. Sie können Ihren Körper nicht mehr bewegen. Sie sind tot. Sie können nur noch an diese Tatsache denken: „Ich bin tot." Alle anderen Gedanken sind unwichtig. Sie kommen und gehen, aber Sie beachten sie nicht. Immer wieder kehren Sie zu Ihrem Ausgangsgedanken zurück, der Ihnen sagt, daß Sie tot sind. Meditieren Sie, bis Sie einschlafen.

Am nächsten Morgen, sofort nach dem Aufwachen, beginnen Sie mit der Lebens-Meditation. Bleiben Sie mit geschlossenen Augen liegen und spüren Sie, wie das neue Leben in Ihren Körper eindringt. Sie werden immer lebendiger. Sie saugen sich regelrecht voll mit neuer Energie und Vitalität. In Ihnen pulsiert eine starke, lebendige Strömung. Sie atmen tief und fühlen sich frisch und tatkräftig – wie neu geboren.

Spannungs-Meditation

Schließen Sie die Tür ab, setzen Sie sich in Ihrer bevorzugten Meditationsposition auf ein Kissen, atmen Sie richtig und suchen Sie Ihren Schwerpunkt.

Lassen Sie Ihre Spannungen in dieser Meditation nicht von sich abfallen, im Gegenteil: Suchen Sie Ihre Spannungen, körperliche wie seelische. Verstärken Sie diese Spannungen. Werden Sie wütend darüber, aber bewegen Sie sich nicht. Geben Sie der in Ihnen tobenden Spannung kein Ventil. Halten Sie den Druck aus, bauen Sie ihn weiter auf. Sie fühlen sich wie ein Druckkessel kurz vor der Explosion. Aber Sie dürfen nicht explodieren – 15 Minuten lang.

Bleiben Sie dann still sitzen – mit all den Spannungen und Verkrampfungen in sich. Achten Sie darauf, was passiert. Nach einigen Minuten lassen Sie die Spannungen aus sich hinausströmen, so, als öffneten Sie ein Ventil. Bleiben Sie dabei aber ruhig und still. Toben Sie nicht herum, behalten Sie alles unter Kontrolle. Wenn Sie sich wieder entspannter fühlen, atmen Sie mehrfach tief ein und aus, bewegen sich leicht, rekeln sich und öffnen die Augen.

Aiki-do

Aiki-do ist eine gewaltfreie japanische Technik der Selbstverteidigung und ein Meditationssystem, das den Geist von der körperlichen Seite her zu erweitern sucht. Die Grundprinzipien des Aiki-do entsprechen denen der chinesischen Kunst des Schattenboxens, Tai Chi. Der Ansatzpunkt ist beim Aiki-do jedoch geringfügig anders. Dort heißt es, daß man mit dem Leben belohnt wird, wenn man sich in Todesgefahr begibt.

Wer Aiki-do praktiziert, begibt sich im Ernstfall in hautnahen Kontakt mit dem Angreifer. Er überläßt ihm die Offensive, den ersten Schlag – und begibt sich dadurch in Gefahr. Defensiv und wendig reagiert er dann aber auf die gegen ihn eingesetzte zerstörerische Energie. Er gibt sie ohne eigenen Krafteinsatz in einer kreisförmigen Bewegung an den Angreifer zurück. Der Aggressor schlägt sich sozusagen selbst. Wie ein Bumerang kehrt die Gewalt an ihren Ausgangsort zurück. Der Angreifer muß aufgeben.

Aiki-do bedeutet, sich mit der kosmischen Kraft zu vereinigen. Das geschieht über den Weg, seinen Geist mit dem Universum in Einklang zu bringen. Das ist leichter gesagt als getan. Deshalb stellt Aiki-do eine ganze Reihe von Techniken bereit, die dazu beitragen, das Ziel zu erreichen.

Der erste Schritt ist die Erfahrung der Einheit von Körper und Geist. Dies geschieht durch tägliche Übungen und kann viele Jahre dauern.

Der zweite Schritt ist eine Versenkungstechnik, die mithilft, das Bewußtsein über die Ebene der kleinlichen und alltäglichen Dinge zu erheben. In dieser Meditationsform sucht der Schüler in einer besonderen Haltung die Stelle des Herzens.

Im Meditationssitz neigt er das Kinn auf die Brust und blickt auf seinen Körper. Mit dem inneren Auge forscht er geistig nach der Stelle des Herzens. Symeon, der sog. „neue Theologe", ein Mystiker der Ostkirche, der um die Jahrtausendwende lebte, erläuterte: „Anfangs wirst du auf Finsternis stoßen. Doch wenn du weiter übst, wirst du, oh Wunder, eine grenzenlose Seligkeit finden. Denn sobald der Geist ins Herz eintritt, sieht er, was er niemals zuvor gesehen hat. Er sieht sich selbst, vollkommen lichtvoll und von Einsicht erfüllt. Und von nun an hat ein aufkommender Gedanke nicht die Zeit, Form anzunehmen, da er ihn sofort verfolgt und in nichts auflöst."

Der körperlichen Auslieferung an die Gefahr und ihrer Überwindung entspricht das geistige Ausgeliefertsein an das Nichts, die universale Leere, die – jenseits der Polaritätsgrenze – alles enthält. So erfährt der Aiki-do-Schüler das kosmische Bewußtsein.

Wer den Aiki-do-Weg beschreiten will, sucht sich am besten einen Lehrer.

Raja-Yoga

Yoga bedeutet Vereinigung mit dem Göttlichen und damit das kosmische Bewußtsein. Das Wort Yoga bezeichnet aber auch die Techniken, die zu diesem Ziel führen. Im Yoga gibt es vier Hauptpfade:
- Karma-Yoga; hier geht es um selbstlose Arbeit, die keinerlei persönlicher Bereicherung dient.

- Bhakti-Yoga; hier geht es um selbstlose Liebe ohne jedes egozentrische Motiv.
- Jnana-Yoga; hier geht es um die Erkenntnis, die den Intellekt überwindet.
- Raja-Yoga; hier geht es um die Beherrschung aller seelischen Vorgänge.

Raja-Yoga gilt als König aller Yoga-Pfade. Er verlangt und schult die völlige Beherrschung aller körperlichen, geistigen und seelischen Vorgänge. Sein Ziel ist, das Unterbewußtsein aus seinen Beschränkungen zu befreien und dadurch in ein kosmisches Bewußtsein überzugehen. Methode dieser Technik ist die Konzentration auf das Wesentliche. Alle Kräfte werden gebündelt, bis die so vereinigten Energien den Durchbruch ermöglichen.

Raja-Yoga ist ein langer Weg, der sehr viel Ausdauer, Geduld und Stärke erfordert. Er besteht aus acht Stufen, die logisch aufeinanderfolgen und sich von moralischen Übungen über körperliches Training bis hin zu geistig-seelischen Konzentrationsprozessen steigern.

Die ersten beiden Stufen – Yama und Niyama – gelten als moralische Grundlage. Sie fordern, folgende Gebote einzuhalten: Nichttöten, Wahrhaftigkeit, Nichtstehlen, Enthaltsamkeit und Nichtannehmen irgendwelcher Geschenke. Zudem verlangt Niyama Reinlichkeit, Zufriedenheit, Strenge, Studium und Selbsthingabe an Gott.

Die dritte Stufe wird als Asana bezeichnet. Hier geht es um eine meditative Sitzhaltung, die den Yogi in die Lage versetzen soll, lange in einer bestimmten Stellung zu verharren.

Die vierte Stufe schult das richtige Atmen. Dadurch beginnen die Energieströme des Körpers zu fließen. Ein neuer innerlicher Rhythmus steigert die Willenskraft und die Fähigkeit zur Konzentration.

Das ist eine wichtige Voraussetzung für die fünfte Stufe, Pratyahara, in der die Kontrolle über das Wachbewußtsein erlangt werden soll. Im Pratyahara beginnt der Großputz in unserer Denksubstanz, die von unzähligen Inhalten gefüllt ist, welche wir gewöhnlich kaum zu beherrschen vermögen. Erst wenn es dem Yogi gelingt, diese Inhalte zu kontrollieren, kann er die nächste Stufe in Angriff nehmen.

In dieser sechsten Phase des Raja-Yoga geht es um die Konzentration auf einen einzigen bestimmten Punkt unseres Bewußtseins. Dabei wird etwa verlangt, seine Aufmerksamkeit ausschließlich auf ein bestimmtes Körperorgan zu richten. Alles andere existiert dann nicht mehr im Bewußtsein. Diese Stufe wird Dharana genannt.

Die siebte Stufe, Dhyana, ist die eigentliche Meditation. Unser Bewußtsein ist dann nicht nur fähig, sich mühsam auf einen einzigen Punkt zu konzentrieren, sondern darüber hinaus in der Lage, in einem gleichmäßigen, ununterbrochenen Strom diesem Punkt zuzufließen. Alle Energie richtet sich auf dieses innere Zentrum. Die Außenwahrnehmung wird eliminiert. Aus dem Gewirr der Energieschwingungen erhebt sich majestätisch eine rhythmische Welle.

Die achte und letzte Stufe des Raja-Yoga-Weges ist erreicht, wenn diese Welle gleichsam losgelöst von jeder Basis in uns schwingt. Es gibt dann keinen Sender und keinen Empfänger mehr, keine Ursache und keine Wirkung. Nur noch die endgültige, alles umfassende Einheit bleibt bestehen, der Endzustand des sogenannten Samadhi.

Die Techniken des Raja-Yoga greifen äußerst wirkungsvoll in interne Vorgänge von Körper, Geist und Seele ein. Es ist deshalb ausgesprochen fahrlässig, diesen Weg ohne erfahrenen Lehrer zu beschreiten. Experten warnen ausdrücklich vor der Gefahr von Fehlentwicklungen, die bis zu geistigen Störungen reichen können. Sie sollten sich deshalb, wenn Sie an diesem Yoga-Weg Interesse haben, einen Lehrer suchen.*

Tantra

Die Wurzel für Tantra liegt im indischen Raum. Aus ihr ist eine ganze Reihe bestimmter meditativer Praktiken entstanden, die eine grundlegende Gemeinsamkeit haben: Es geht um die Verwandlung von sexueller in spirituelle Energie.

---

*Erste ausführliche Informationen kann Ihnen das Buch „Raja-Yoga" von Swami Vivekananda geben. (siehe Anhang)

Ein Tantriker erweckt alle Kräfte seines Körpers, seines Geistes und seiner Gefühle, um so der Erleuchtung näherzukommen. In den westlichen Ländern wird meist nur ein winziger Teil der gesamten Tantra-Methode betrachtet. Es ist der Teil, der sich mit der Sexualität des Menschen befaßt. Der Tantra-Weg geht jedoch weit über diesen Aspekt hinaus. Im Kontext eines umfangreichen methodischen Systems spielt die Sexualität, ihre Verwirklichung und Überwindung, eine Rolle, die nicht überschätzt werden darf. Ziel des Tantra ist nicht der alles auslöschende Orgasmus, sondern die Öffnung des Bewußtseins und der Vorstoß zu neuen Bereichen einer kosmischen Gesamtschau.

Die detaillierten praktischen Anweisungen für Tantra-Sex mögen zwar das eigene Sexualleben bereichern, sind aber für sich genommen auf dem Weg zu einer geistig-seelischen Weiterentwicklung nutzlos.

Voraussetzung für den Weg des Tantra ist die Beherrschung ausgeklügelter meditativer Methoden, die denjenigen Techniken sehr ähnlich sind, die wir gerade beim Raja-Yoga erläutert haben. Atem- und Körperkontrolle, Konzentration und Leeren des Bewußtseins sind Bestandteil der Tantra-Meditation.

Sexualität gilt im Tantra als wichtige spirituelle Erfahrung. Im Tantra wird nicht Askese gefordert, sondern Vergnügen und Weiterentwicklung schließen sich hier nicht aus. Im Geschlechtsverkehr, der allerdings strengen Regeln unterworfen ist, sieht der Tantriker die Vereinigung der beiden Polaritäten Mann und Frau als Shiva und Shakti, Yin und Yang. Der Tantra-Weg wird gerade durch die Bejahung der Sexualität, durch ihre Strukturierung und die Kanalisierung der Leidenschaften zu einem der schwierigsten und gefährlichsten Pfade der Weiterentwicklung. Nach Ansicht von erfahrenen Tantra-Lehrern ist es ein Balance-Akt quasi auf des Messers Schneide, bei dem man gleichzeitig noch mit einem unter tödlicher Hochspannung stehenden elektrischen Kabel hantieren muß. Es erscheint deshalb verständlich, daß allgemein davor gewarnt wird, den Tantra-Weg allein und ohne erfahrene Unterstützung durch einen Meister zu beschreiten.

Geführte Skorpion-Meditation

Suchen Sie sich eine bequeme Stellung, in der Sie entspannt liegen können, und schließen Sie bewußt die Augen. Nehmen Sie dieses Schließen der Lider als einen Abschied aus der äußeren Welt und als Einstieg in die innere. Bis jetzt war nur das Außen wichtig, und mit dem Symbol des Augenschließens tritt die innere Welt nun in den Vordergrund, und Sie horchen in sich hinein, spüren Ihren Körper, wie er da entspannt und ausgestreckt auf der Unterlage liegt, die Beine nebeneinander, die Arme locker seitlich vom Körper. Gehen Sie nun mit Ihrer Aufmerksamkeit ganz in die Arme hinein bis hinunter zu den Händen, ja bis in die Fingerspitzen und spüren die Berührung der Ellenbogen und Hände auf der Unterlage und lassen die Arme ganz bewußt los. Und dann gehen Sie gerade ins Gegenteil und spannen alle Armmuskeln auf einmal an, ballen die Hände zu Fäusten, bis Sie ein leichtes Zittern und Vibrieren vor lauter Anspannung spüren. Sogar die Schulter- und Brustmuskeln spannen Sie dabei mit an! Und dann lassen Sie los, erlauben den Muskeln aus dem totalen Krampf in die totale Entspannung zu sinken – spüren geradezu, wie die Arme in die Unterlage gleiten und Sie selbst auch mitsinken – tiefer und tiefer in Ihre innere Welt. Nun lassen Sie Ihre Aufmerksamkeit hinunter zu den Beinen und bis zu den Füßen wandern und stellen überrascht fest, daß die Entspannung sogar bis hier unten gegangen ist und die Beine lockerer und tiefer in die Unterlage gesunken sind als noch zu Beginn. Jetzt aber, mitten in die Entspannung hinein, spannen Sie die Beine an, spüren, wie die Muskeln hart werden, die Pobacken sich zusammenkneifen, die Waden zu festen Paketen erstarren und sich die Zehen nach vorne krallen. Sogar die Muskeln des Beckens werden mit erfaßt. Wieder spüren Sie auf dem Höhepunkt der Anspannung ein eigenartiges inneres Zittern und lassen dann schlagartig wieder los. Die Pobacken und die Waden werden wieder weich, ja weicher als zuvor – die Beine sinken zurück in die Unterlage, und Sie geben sie wieder ab an den Grund, der auch den übrigen Körper trägt. Dieses völlige Loslassen nach der Hochspannung ist angenehm, und Sie genießen es mit dem ganzen Körper und sogar mit dem

Kopf, der nun auch tief und schwer in die Unterlage gesunken ist – Ihren Hinterkopf spüren Sie ganz deutlich – dort, wo er aufliegt. Und jetzt spannen Sie auch alle Muskeln des Kopfes an – die Augen kneifen Sie zusammen, zwingen die Stirn in heftige Falten, beißen die Kiefer zusammen und pressen die Zunge an den Gaumen – auch der Hals strengt sich mit an – wieder loslassen und fallenlassen und die Entspannung genießen. Arme, Beine und Kopf sind nun ganz gelöst und entspannt, und auch der Körper fühlt sich schon deutlich gelassener und gelöster an, der Rücken liegt breit auf, die Bauchdecken sind weich, und die Brust hebt sich sanft und harmonisch im Rhythmus des Atems. Und nun unterbrechen Sie den Atem abrupt, spannen die Bauchdecken an, bis sie sich hart nach vorne wölben, der Druck in der Brust wächst enorm – die Brustmuskeln werden steinhart. Der Rücken ist nun eher rund vor Anspannung, und der ganze Körper hat sich leicht aus der Unterlage gehoben. Wieder zeigt das innere Vibrieren den Höhepunkt der Anspannung, und gerade auf diesem Höhepunkt lassen Sie los – die Spannung und alles übrige, alle Muskeln und alle Gedanken, alle Gefühle und einfach alles. Was bleibt, ist die tiefe Entspannung, das versunkene Empfinden von Gelassenheit und Tiefe – der Körper fühlt sich nun wie ein weiter, geräumiger Innenraum an – Ihr innerer Raum –, und zugleich wird er immer unwichtiger und weiter – die Ruhe nach der Anstrengung ist tief und angenehm – und aus der Tiefe des inneren Raumes tauchen Bilder auf, die diese Situation widerspiegeln.

Sie wandern durch eine eigenartig schöne Landschaft voller Kontraste und Reize. Es scheint ein Hochmoor zu sein, jedenfalls gehen Sie auf schmalem Pfad durch Sumpfland – die nasse Fläche links und rechts dampft in der heißen Sonne. Sie spüren die Hitze der Sonne, die die letzten Nebelreste aufsaugt. Doch ist auch noch ein Frösteln in Ihren Knochen, denn bis eben, zu diesem plötzlichen Durchbruch der Sonne, war da die naßkalte, neblige Stimmung eines typischen grauen Herbsttages. Jetzt aber wärmt die Sonne Sie durch und durch, leckt das Frösteln zuerst von der Haut und dringt dann auch bis in die Tiefe Ihres Körpers. Auch draußen müssen nun die letzten Nebelschwaden der fast beißenden Sonne weichen. Dieser Sieg des Lichts kam ebenso plötzlich wie spät, denn es scheint schon in den Nachmittag zu gehen, als jetzt der Nebenvorhang weiter aufreißt und eine eindrucksvoll bizarre, ursprünglich wohl vulkanische Landschaft enthüllt. Die schwarzen Vulkankegel wirken gegen den Horizont wie geheimnisvolle Hüte von Magiern, denen die Spitzen gekappt wurden. Die feuchtkalte Stimmung verschwindet endgültig mit den letzten Nebelschwaden, und die Sonne triumphiert im Hochmoor – das Grün der Landschaft ist so intensiv und dunkel, daß es für Momente beinahe schwarz wirkt. In den zahlreichen Spinnweben blitzen die Wassertropfen wie Brillanten auf einem schwarzen Trauerkleid. Die Stimmung hat trotz dieser neuen Helligkeit auch immer noch etwas Schweres – vielleicht ist es die Zeit – der späte Herbst – oder auch die Luft, die diese Abschiedsstimmung mit sich bringt und einen modrigen Verwesungsgeruch atmet. Und tatsächlich entsteht das Hochmoor ja durch Verwesen und Wachsen gleichermaßen. Die neuen Moospflanzen wachsen aus auf den Körpern ihrer toten Vorfahren, und so steigt das Moor sehr langsam, aber seit Jahrtausenden stetig empor.

Und gerade, wie Sie den Blick über die Moospolster gleiten lassen, erkennen Sie dazwischen zu Tausenden die kleinen hell-, ja giftgrünen Pflänzchen des Sonnentaus. Sie brauchen nicht lange zu suchen, bis Sie sehen, wie eines der Pflänzchen Erfolg hat und ein kleines Insekt einfängt. Einen winzigen Moment spüren Sie fast gleichzeitig Mitleid mit der kleinen Fliege und Achtung vor der Raffinesse, mit der die Pflanze sich ihr Mahl besorgt: eine vollkommene Falle, verführerisch anzuschauen und tödlich in ihrer Wirkung. Die Fliege hat einen der winzigen Fangarme berührt und ist daran hängengeblieben. Und sogleich kommen die anderen Fangarme zu Hilfe und legen sich sanft und doch tödlich um die Fliege, die noch lebt und einen verzweifelten Kampf kämpft, bevor sie sich der größeren Macht des Sonnentaus ergibt. Die grausame Schönheit dieses natürlichen Schauspiels fasziniert Sie, und der Gedanke, daß letztlich alles so verläuft, läßt Sie schaudern – das Sterben der Fliege ist das Leben des Sonnentaus. Die ganze Landschaft um Sie herum, das Hochmoor und sogar die Vulkankegel atmen diese Vergänglichkeit und bezeugen die Nähe von Leben und Tod. In eines der zahlreichen Spinnennetze neben dem Pfad ist eine Wespe geraten und tobt darin herum, daß die Wassertropfen in der Nachmittagssonne tanzen. Doch auch ihr Kampf ist aussichtslos und verdeutlicht nur das Thema dieser Zeit: Alles kommt einmal zu seinem Ende. Und schon kommt die Spinne heran und wickelt ihr Opfer noch mehr ein, bis es eng gefesselt und reglos im Netz hängt. In Gedanken versunken gehen Sie weiter auf dem schmalen Pfad durch das Sumpfland – das Bild des Spinnennetzes noch vor dem inneren Auge, und es gewinnt sogar noch an Bedeutung für Sie während des Weiterwanderns. Ja es ist Ihnen plötzlich, als könnten Sie auch das große Spinnennetz spüren, in dem Sie hängen. Die fast unsichtbaren Fäden, an denen Ihr Leben hängt, werden Ihnen bewußt und deutlich, und plötzlich fühlen Sie mit der Wespe. Auch Sie eingebunden in Umstände, die beengen – und unfrei machen – auch Sie ständig gefährdet und nichts gewisser als der Tod irgendwann – früher oder später.

Solche Gedanken begleiten Ihren Weg, und fast ohne es zu merken, gelangen Sie ans Ufer eines kleinen, kreisrunden Sees – ein Kratersee offenbar – die Oberfläche ist spiegelblank und das Wasser pechschwarz vom moorigen Untergrund. Ein alter Steg zieht Ihre Schritte an, und auf das Geländer gestützt, schauen Sie dann in den dunklen Wasserspiegel.

Ihr eigenes Gesicht blickt Ihnen da entgegen, nur eben spiegelverkehrt. Alles ist da in sein Gegenteil verkehrt, und doch sind Sie es. Sie sind Ihr eigener Zwilling und erkennen sich genau – in allen Einzelheiten – sehen sich in Ihrem dunklen Bruder dort im dunklen Spiegel. Er ist Sie – und doch auch ganz anders – ja, das ist es, er verdeutlicht gerade all das, was Sie nicht leiden können an sich und überhaupt. Empfinden Sie sich als licht und hell? So sehen Sie nun in Ihrem dunklen Zwillingsbruder all das Finstere und Dunkle, was Sie nie anschauen wollten – all das Unangenehme und Abstoßende auch, das Sie immer weit von sich gewiesen haben. – Das auch, was Sie in Ihrem bewußten Leben haben sterben lassen – nun erkennen Sie mit einem Schlag, daß all das noch weitergelebt hat – in Ihrem dunklen Zwillingsbruder nämlich. Und der schaut Ihnen von dort unten aus der Tiefe des Wassers entgegen. – Es paßt in diese Stimmung, daß all das längst Totgeglaubte nun wieder ins Leben zurückkehrt und Ihnen frech entgegenblickt – und Sie erkennen sich immer klarer in Ihrem dunklen Bruder – erkennen auch denjenigen in ihm, der Freude daran hat, anderen Schuldgefühle zu bereiten – und kaum zu glauben – es fällt Ihnen gleich eine scheinbar längst vergessene Situation ein, wo Sie gerade das tun – einem anderen Menschen Schuldgefühle zuschieben. – Und dann erleben Sie auch jenen dunklen Genossen, der es liebt, andere bis an ihre Grenzen zu treiben, ja über diese Grenzen hinaus – sie rücksichtslos überfordert und bis zum letzten Blutstropfen beansprucht. Und wieder taucht aus der Tiefe des Kratersees eine wichtige Situation auf – die Sie längst weggeschoben hatten und die nun doch wieder so lebendig da ist, als wäre sie gerade jetzt – und sie ist jetzt – und Sie erleben sie nun und spüren die Kraft und Energie des dunklen Bruders in sich.

Und da ist noch eine andere Facette des Bruders, die finsterste vielleicht – es ist seine Lust, andere an sich zu fesseln, nach Seelen zu greifen und sie zu binden. Kaum haben Sie diese Seite erkannt, taucht auch schon die erste Seele aus dem Dunkel des Unbewußten auf – und Sie erinnern sich genau: Noch heute besteht diese Bindung, und Sie erkennen in diesem Moment, daß es keine Rolle spielt, wie lange das erste Zusammentreffen schon her ist, ja es spielt nicht einmal eine Rolle, ob der betreffende Mensch noch lebt – diese Art von Bindung ist wie eine Fessel, die über Zeit und Raum hinauswirkt. Der dunkle Bruder hat diese Bande mit Hinterlist und Lust geknüpft – doch nun erkennen Sie noch etwas anderes. Nicht nur die andere Seele fesselt er – nein, auch sich selbst. Er kann einem eigentlich leid tun, so gebunden und gefesselt ist er – sind Sie selbst – und ganz ohne es noch zu bemerken – bis zu diesem Augenblick! Das Spinnennetz aus dem Hochmoor fällt Ihnen wieder ein – so eng gebunden und geknebelt wie die Wespe hängt der dunkle Bruder in seinem selbstgestrickten Netz. Er glaubt, all die anderen in seiner Hand zu halten, und doch ist er dadurch selbst am härtesten gefesselt. Als Sie das so klar erkennen, wächst in Ihnen die Lust, all diese alten, inzwischen starren und beinahe tödlichen Bindungen, die die ganze Lebensenergie in sich binden, zu lösen – diese toten Bindungen sterben zu lassen und dadurch das Leben zu retten. Und dieser befreiende Entschluß ist kaum in Ihnen gereift, taucht auch schon eine gebundene Seele im Spiegel neben dem Zwillingsbruder auf. Ganz deutlich sehen Sie die Fäden, die da ausgespannt sind, und Sie spüren, wie Ihr befreiender Entschluß die Kraft hat, diese Fesseln zu lösen. Faden für Faden entwirren Sie das dichte Gespinst mit Gedankenkraft und spüren dabei die neue Freiheit und Leichtigkeit auch in sich. All diese Fäden und Verflechtungen, die Sie dort im dunklen Spiegel des Sees erkennen, haben Sie einst selbst mit Gedankenkraft gewirkt, und nun lösen Sie sie auch wiederum mit der Kraft Ihrer Gedanken. Mit jeder Bindung fällt auch von Ihrer Seele eine Last, und Sie lassen sie fallen – nehmen Abschied – lassen gehen – und bekommen dafür Freiheit und Ungebundenheit.

Gerade, als alle Fesseln gelöst sind, bemerken Sie, wie ein großer, dunkler Vogel im Uferschilf landet und von der Stelle sogleich kleine, kreisförmige Wellen ausgehen, und schon wackelt der Spiegel, und der dunkle Bruder wird unscharf und verschwindet. Und das ist auch gut so, denn Sie wissen ihn nun ganz sicher in sich, haben ihn längst als Ihren Schatten erkannt. Seltsamerweise fühlt es sich nun gar nicht schlecht an, ihn bewußt bei sich und in sich aufzunehmen. Ganz im Gegenteil, er macht Sie irgendwie heiler – ja, gibt ein Gefühl von Ganzheit. – Sie haben Altes sterben lassen und fühlen sich dadurch nicht tot, sondern wie neugeboren. Das Bild einer Schlange, die sich gerade gehäutet hat, kommt Ihnen in den Sinn. Ohne die alte, überlebte Haut fühlt sie sich frischer und wie verjüngt. Die alte Haut bleibt als tote Hülse zurück, und das Leben beginnt auf einer neuen Ebene. Ganz ähnlich fühlen Sie sich nun – Altes bleibt zurück, und Sie gehen gelöst weiter. Auch spüren Sie nun die wahre Bedeutung des Abschiednehmens – etwas Totes, Überlebtes, etwas, das vorbei ist, scheidet sich ab und bleibt zurück. So kann aus dem Sterben des Alten das neue Leben wachsen. Sie können bereits spüren, wie Ihnen aus dem Opfer der alten Bindung neue Kraft zuströmt. So mag es sein, daß Sie Lust haben, noch andere alte und tote Bindungen in gelöste Lebendigkeit zu wandeln, und Sie können jederzeit auf den Steg im Kratersee zurückkehren und die Erlösung weitergehen lassen – das Wasser des Sees hat sich längst wieder geglättet, und der Spiegel ist so klar, wie es nur sein kann.

Sie können das Knacken, mit dem sich die Musik gleich abschalten wird, nutzen, um noch einen weiteren Abschied oder auch mehrere durchzuerleben. Oder aber Sie kehren später und ganz von Anfang an zu diesem Punkt am See zurück und lösen sich nun allmählich aus dieser Meditation – leichter und gelöster und auch vollständiger als noch vor einer Stunde, denn Sie wissen den Zwillingsbruder ja nun an Ihrer Seite – haben erlebt, daß Licht und Schatten die beiden Seiten desselben sind – Ihre beiden Seiten.*

Loslassen

Der Skorpion beinhaltet das Stirb-und-Werde-Prinzip des Tierkreises. Es ist jener Bereich, wo Shiva lebt, der hinduistische Gott, der zerstört, damit Neues entstehen kann. Hierher gehört auch der Phönix, der stirbt und aus seiner Asche wieder aufersteht. Auch der Satz aus dem christlichen Glaubensbekenntnis „..gekreuzigt und gestorben, hinabgestiegen in das Reich der Hölle und am dritten Tage wieder auferstanden..." beschreibt das Wesen des Skorpionprinzips.

Die Metamorphose, die Wandlung zum wahren Wesen, ist Aufgabe dieses Tierkreiszeichens. Diese Wandlung kann sich jedoch nur vollziehen, wenn man immer wieder bereit ist, alte Lebensformen, Ansichten, Glaubensinhalte und Vorstellungen loszulassen, um Platz und Bewegungsmöglichkeit und damit Raum für Entwicklung zu schaffen.

Folgende Übung soll Ihnen beim Loslassen helfen:

Legen oder setzen Sie sich an Ihren Meditationsplatz. Geben Sie sich Zeit, an diesem Ort wirklich anzukommen, machen Sie ein paar tiefe Atemzüge und be-

---

*Diese Meditation ist auch als Kassette/CD erhältlich bei carpe diem. (siehe Anhang)

ginnen Sie in sich hineinzuspüren, Ihren Körper wahrzunehmen, wie er da liegt in Kontakt mit der Unterlage, die ihn trägt, und spüren Sie die Berührungspunkte mit dem Unten. Und so lassen Sie immer mehr los, lassen Ihren Körper immer tiefer sinken und vertrauen ihn ganz der Unterlage an, Sie geben ihn ganz ab an die Unterlage, den Boden, die Erde, die ihn aufnimmt und für Sie trägt. Und so können Sie immer mehr loslassen, müssen nichts mehr machen oder halten, lassen sich sinken, immer tiefer und weiter, lassen geschehen, was geschehen will und mag, lassen die Gedanken kommen und auch wieder gehen, wie Sie einatmen und ausatmen. Sie liegen einfach nur da, sind in diesem Augenblick, ohne etwas zu wollen oder zu sollen, denn alles, was ist, ist gut und richtig, so wie es ist. Und während Ihr Körper immer schwerer wird und tiefer sinkt, wird gleichzeitig Ihr Atem immer leichter und freier. In diesem Zustand der Ruhe und Entspannung öffnen Sie nun das Tor zu Ihrer Innenwelt, betreten das Haus, in dem Ihre Seele wohnt. Hier in diesem Haus führen viele verschiedene Türen in Ihre Innenräume. Und an diesen Türen finden Sie Aufschriften, die Ihnen sagen, was hinter ihnen liegt. Da steht dann etwa „Meine Partnerschaft", „Meine Arbeit", „Meine Weltanschauung", „Meine Ziele", „Meine Wünsche" ...

Suchen Sie sich nun die Tür zu dem Raum, der Sie in jenen Lebensbereich führt, der für Sie am konfliktreichsten ist, und betreten ihn als ersten. Sehen Sie sich genau um in diesem Raum und lassen Bilder aufsteigen, die Ihnen zeigen, aus welcher „Ecke" Ihre Probleme kommen, das heißt, wo und wie sich Ihr Wille, Ihre Vorstellung von den Dingen gegen den göttlichen Willen oder die kosmische Ordnung stellt. Öffnen Sie dann die Fenster dieses Innenraumes und damit sich selbst und lassen all die Fixierungen und Vorstellungen, die sich gegen den lebendigen Fluß der Dinge stellen, wie Seifenblasen in den Himmel fliegen. Dabei können Sie still die Worte aus dem Vaterunser sprechen. Dein Wille geschehe, wie im Himmel, so auf Erden! Bleiben Sie so lange bei diesem Geschehen, bis Sie in Ihrem Herzen wirklich das Gefühl haben, daß Sie sich für den göttlichen Willen geöffnet haben und ihn durch Sie wirken lassen können. Sie können während dieser Meditation auch noch andere Ihrer Innenräume betreten oder sie auch als Anlaß für weitere Meditationen nehmen.

Wenn Sie die Meditation beenden wollen, atmen Sie ein paarmal bewußt tief, bewegen Ihren Körper und öffnen ganz zum Schluß Ihre Augen.

Eine andere Möglichkeit, sich von alten Fixierungen zu lösen, kann folgendermaßen geschehen:

Nehmen Sie wieder Ihre bevorzugte Meditationsstellung ein und entspannen Sie sich wie in der oben beschriebenen Übung. Wenn Sie dann einen Zustand der äußeren und inneren Ruhe erreicht haben, stellen Sie sich auf Ihrer inneren Leinwand vor, wie Ihr Körper immer durchsichtiger wird, als wäre er ein gläsernes Gefäß. Wenn er sich dann ganz in einen gläsernen Körper verwandelt hat, lassen Sie ausgehend von der Fontanelle am Kopf klares, frisches Quellwasser hineinfließen. Überall, wo das Wasser durchfließt, nimmt es Altes, Überflüssiges, das Sie noch festhalten, mit, befreit Sie von Fixierungen und entwicklungsfeindlichen Vorstellungen. Die Flüssigkeit, die alle diese Dinge aufgenommen hat, lassen Sie dann an Ihren Finger- und Zehenspitzen hinausfließen, bis innen alles klar und wie neu zurückbleibt und Sie bereit sind für einen Neuanfang, frei von Altem und Vergangenem, um so wieder die Erfahrung des Lebens im Augenblick machen zu können. Beenden Sie diese Meditation, indem Sie ein paarmal tief durchatmen, Ihren Körper bewegen und erst dann die Augen öffnen.

Schütze

Zeitraum: 23. November – 21. Dezember
Symbol: ♐
Element: Feuer
Planetenherrscher: Jupiter
Prinzip: Verständnis, Einsicht, Toleranz, Expansion, Gerechtigkeit.
Kernsatz: „Ich verstehe."

Wenn die Sonne auf ihrer Bahn durch den Tierkreis das Sternbild des Schützen durchläuft, ist die Natur in tiefes Schweigen gehüllt und erwartet den Einbruch des Winters. Alles Leben hat sich in den Schoß der Erde zurückgezogen, ins Unsichtbare und Verborgene, in eine geistige Welt. Dort bereitet es sich auf eine Wiedergeburt vor, so wie die Sonne am Ende des Schütze-Monats zur Wintersonnenwende ihre lebensspendende Kraft wieder langsam auf die Erde verströmen wird. Auf einer anderen Ebene finden wir dies in der symbolischen Bedeutung der Adventszeit, die im Schütze-Monat liegt, wieder. Advent bedeutet „Ankunft", und wir warten in dieser Zeit auf die Ankunft des Lichts – nicht nur in Form der wiedererwachenden Tagkraft. „Wir harren auf die geistige Offenbarung Gottes in der Geschichte", sagt der Astrosoph Arthur Schult*, „auf die Geburt des Welterlösers, auf die Inkarnation des Gottesgeistes im Menschen."

So werden im Tierkreiszyklus im Zeichen des Schützen dem Menschen erstmals transzendente Dimensionen seines Daseins bewußt. Der italienische Psychotherapeut und Astrologe Roberto Sicuteri* schreibt, daß „im Schützen die Lebensenergie ihre Synthese und zugleich ihre Erhöhung in die transzendente Dimension erreicht. Denn dieses Sternzeichen entspricht dem Übergang von der

---

*siehe Anhang

sinnlichen Wahrnehmung zur unmittelbaren Erfahrung der kosmischen Gesetze."

Der Schütze ist losgelöst von seinem Ego und sucht seine Bezugspunkte in Zentren, die außerhalb von ihm liegen. Er wendet sich hin zu der Primärursache und versucht, die hinter allen Erscheinungen liegende Gesetzmäßigkeit zu erkennen. Er ist der Philosoph und Priester, der im Aufzeigen einer Rückverbindung zum kosmischen Urgrund die Sehnsucht des Menschen nach kollektiver Vereinigung stillt.

Symbol des Schützen ist der Zentaur – ein Wesen halb Pferd, halb Mensch – der den Bogen spannt, um seine Pfeile in den Himmel zu schicken. In diesem Bildsymbol vereinigen sich drei Komponenten unserer Natur:
- das Körperlich-Triebhafte, dargestellt durch das Pferd.
- die individuelle Seele, dargestellt durch den menschlichen Körper,
- das Übermenschliche, der allumfassende Geist, das Göttliche, dargestellt in Form des zum Himmel gesandten Pfeils.

Das Schütze-Prinzip bringt damit vor allem die harmonische Synthese der Natur zur Geltung, die laut Sicuteri „zu höheren Ebenen des Seins" führt.

Das Pferd, Symbol für männliche Kraft, steht in der Tiefenpsychologie als Sinnbild für die Libido und die Vitalenergie in ihrer Gesamtheit. In der Astrologie wird das Pferd als Symbol für die bezähmbaren Triebkräfte (im Unterschied zu den unbezähmbaren und instinkthaften Zeugungskräften des Stier-Zeichens) gesehen. Wie der Mensch das Pferd zähmte und nutzbar machte, so weist der halbe Pferdekörper im Schütze-Symbol Zentaur darauf hin, daß die Synthese mit der Natur sich nur erreichen läßt, wenn der Mensch seine Triebe zu kontrollieren vermag. Erst dann kann sich sein Bewußtsein in höhere Dimensionen erheben, wenn er frei ist von Begierden – gleichsam wie der Reiter sein Pferd ruhighalten muß, wenn der Pfeil, den er abschießt, sein Ziel treffen soll.

Das Element des Schütze-Zeichens ist das Feuer, die Flamme, die nach oben strebt, wie ein Wegweiser die Richtung angibt und den Menschen über die Grenzen hinausführt.

Planetenherrscher ist der Jupiter, in der griechischen Mythologie der Göttervater Zeus. Er regiert den olympischen Himmel voll salomonischer Weisheit und tiefempfundener Gerechtigkeit. Der Jupiter symbolisiert den Drang nach Expansion, das Große, die Weite, die Fülle, den Blick in die Ferne. Dieses Prinzip drückt sich im Schütze-Menschen dahingehend aus, daß er in der Lage ist, seine Grenzen zu überschauen, und zugleich lernt, die Ebene des rationalen Denkens zu überschreiten und in Regionen eines erweiterten Bewußtseins vorzudringen.

Allerdings zeigt das Bild des Zentauren mit seinem menschlichen Oberkörper und den vier starken Beinen auch, wie der Schütze trotz dieser Tendenz, in andere Dimensionen vorzudringen, mit den Füßen fest auf der Erde bleibt. Aus dem Bekannten und aus seinen Erfahrungen holt er sich die Kraft, in kosmische Bereiche vorzustoßen.

Der Zentaur wird in den Olymp aufgenommen, nachdem er alle irdischen Prüfungen bestanden hat. Dieses mystische Ereignis der Bewährung auf Erden als Voraussetzung für eine Aufnahme in höhere Regionen der Wirklichkeit ist Bestandteil aller Religionen. In ihm kommt die tief in jedem Menschen verwurzelte archetypische Beziehung zwischen Mensch und Gott zum Ausdruck.

Schütze-Meditationen

Jnana-Yoga

Jnana-Yoga ist neben Bhakti-, Karma- und Raja-Yoga einer der vier Hauptpfade des Yoga und gilt als Yoga für die Starken. Nicht Liebe und Hingabe ebnen den Weg, sondern der Kampf um die Erkenntnis. Es geht in den Worten des Swami Vivekananda* darum, „alle alten Götzen, jeden alten Glauben und Aberglauben, jedes Begehren nach unserer oder irgendeiner anderen Welt aufzugeben, fest entschlossen, nur nach der Freiheit allein zu streben".

Dieser Kampf bedient sich des Verstehens und Wissens. Im Jnana-Yoga müssen wir erkennen, was wir wirklich sind. Unser Blick reicht hinaus über die Welt des Materiellen und sucht das Urprinzip außerhalb dieses Bereichs. Wir erfahren, daß wir jenseits von Geburt, Furcht und Tod stehen, aber auch, daß das „wahre Ich", das kosmische Bewußtsein, unfaßbar ist. Wir transzendieren die Wirklichkeit und stehen fassungslos vor der absoluten und letztendlichen Weisheit. Sie beinhaltet alles und nichts – und wir kehren zurück in die Realität. Nun wissen wir aber, daß sie eine Scheinrealität ist, eine Fata Morgana. Indem wir das durchschauen, beharren wir im Jnana-Yoga auf dem, was ist: dem wahren Selbst, dem Wissen, Gott.

Der Pfad der Erkenntnis ist deshalb so schwer zu beschreiten, weil er keine halben Sachen duldet. Wer den ersten Schritt geht, muß seinen Weg bis zum Ende machen. Vivekananda sagt. „Der echte Rationalist darf vor nichts zurückschrekken und muß seiner Vernunft bis zur äußersten Grenze folgen."

Jnana-Yoga führt uns zu der Erkenntnis, daß jedes Individuum nur eine Erscheinung der Wirklichkeit ist. Wer das zu erfahren in der Lage ist, hat das Ziel des Erkenntnispfades erreicht. Der Jnana-Weg verlangt, in allem die Gleichheit,

---

*siehe Anhang

in jeder Polarität die Einheit zu erkennen. Es gibt keine ethische Hierarchie mehr zwischen den Polen. Gut und Böse existieren, enthalten aber keine Bewertung mehr. Es geht nicht mehr um Armut oder Reichtum, um Hunger oder Völlerei, um Hitze oder Kälte. Diese Unterschiede haben ihre Berechtigung verloren.

Nach der indischen Tradition zeichnet sich der wahre Jnana-Yogi durch vier Dinge aus:
- Er begehrt nichts als Erkenntnis.
- Er beherrscht die Sinne vollkommen und erträgt alles.
- Er weiß, daß alles unwirklich ist außer dem kosmischen Bewußtsein.
- Er hat ein unstillbares Verlangen nach Freiheit.

Der Jnana-Pfad ist ein langer und mühsamer Pfad. Es bedarf der Anleitung durch einen erfahrenen Meister. Eine Einführung finden Sie in den zwei Bänden „Jnana-Yoga" von Swami Vivekananda*.

Zen in der Kunst des Bogenschießens

Das Symbol des Schützen ist der Pfeil, der in den Himmel gerichtet ist. Er wird damit gleichzeitig zum Bindeglied zwischen Erde und kosmischem Bewußtsein, wie auch zum Wegweiser, der dem Schützen die Richtung seiner Entwicklung anzeigt.

In der Zen-Kunst des Bogenschießens wird eine Technik entwickelt, die diesem Symbol entspricht. Es geht dabei allerdings nicht um eine sportliche Betätigung, sondern um eine geistige Übung, die hilft, den Zustand der Versenkung zu erreichen. Das Schießen mit Pfeil und Bogen ist eine Angelegenheit auf Leben und Tod. Der Pfeil, auf ein Ziel gerichtet, wird zur tödlichen Waffe. Im übertragenen Sinn, in einem meditativen Kontext, steht er für die Auseinandersetzung des Schützen mit sich selbst.

In der Zen-Technik des Bogenschießens findet der Schuß auf einer nicht-materiellen, geistigen Ebene statt. Pfeil und Bogen sind lediglich Hilfsmittel, die in

---

*siehe Anhang

einem späteren Stadium der Bewußtseinserweiterung überflüssig werden. Wie in allen meditativen Bereichen, kommt es auch hier nicht auf das Wie der Meditation an. Letztendlich geht es darum, das kosmische Bewußtsein zu erreichen, das alle technischen Fertigkeiten überflüssig macht. Auf dem Weg dorthin kann die Zen-Kunst des Bogenschießens eine Hilfe sein.

Die Technik muß überschritten werden. An einer bestimmten Stelle auf dem Weg zur letzten Wahrheit erwächst das Können nicht mehr aus dem Bewußtsein, sondern aus dem Unbewußten. Vor dem inneren Auge des Schützen öffnet sich der Kosmos der Einheit. Er wird gewahr, daß beim Bogenschießen Schütze und Scheibe nicht mehr zwei entgegengesetzte Pole einer dualen Welt sind, sondern das eine das andere in einem dynamischen Prozeß durchdringt und bedingt. Im Bogenschießen des Zen wird der Schütze zum Ziel. Mit jedem Schuß richtet er geistig den Pfeil auf sich selbst. Das kann nur gelingen, wenn dieses Selbst aus den Fesseln des Bewußtseins und des Irdischen befreit ist.

Praktisch handelt es sich bei der Zen-Kunst des Bogenschießens um eine Technik der Bewußtwerdung, inneren Läuterung und spirituellen Entwicklung. Entscheidender Faktor dieser Technik sind Atemübungen. Mit dem Ein- und Ausatmen werden kosmische Energieströme bewußt gemacht, die zu Ruhe und Konzentration verhelfen, ohne welche das Bogenschießen von vornherein zum Scheitern verurteilt wäre.

Wem es gelingt, sein Denken und sein Ego zugunsten einer kosmisch-universalen Sicht der Dinge zurückzustellen und damit sein wahres Selbst zu erkennen, der ist zum Zen-Meister geworden; Pfeil und Bogen haben dann ihre Schuldigkeit getan.

Alle Erläuterungen zu diesem Komplex müssen abstrakt bleiben. Wir begeben uns hier auf ein Gebiet, in dem der Intellekt nichts mehr auszurichten vermag. Zen in all seinen Spielarten kann nicht beschrieben, sondern muß erfahren werden. Wer sich näher dafür interessiert, sollte Eugen Herrigels Buch „Zen in der Kunst des Bogenschießens" lesen*.

---

*siehe Anhang

Licht-Imagination

Dem Schützen entspricht die Farbe Violett. Sie ist deshalb die Grundlage einer entsprechenden Licht-Imagination. Beginnen Sie in dem von Ihnen bevorzugten Meditationssitz mit der Entspannung, mit der Bewußtwerdung des Körpers und mit dem richtigen Atmen. Das alles ist in dem Kapitel „Die Praxis der Meditation" (s. S. 43 ff.) ausführlich beschrieben. Stellen Sie sich nun ein violettes Licht vor, das irgendwo vor Ihrem inneren Auge aufflackert. Dieses Licht bewegt sich, ist in einem dynamischen Prozeß der Ausbreitung begriffen, füllt Ihren Kopf, Ihren Körper, Ihre Gliedmaßen. Sie sind ganz ausgefüllt vom Schein des violetten Lichts. Kein Winkel Ihres Körpers liegt mehr im Schatten, und Sie erkennen ganz deutlich jedes Detail: Ihre Muskeln, Ihr Herz, Ihre Organe. Überall ist violettes Licht.

Jetzt breitet es sich immer noch weiter aus. Es fließt durch Ihre Haut in den Raum, in dem Sie sitzen, und füllt ihn mit seinem Schein. Dann umflutet es das ganze Haus, in dem Sie wohnen. Kein Raum, kein Winkel, nicht einmal der Keller liegt im Dunkeln. Ihre ganze Straße, der ganze Ort, das ganze Land wird von dem violetten Licht durchflutet. Sie können sehen, wie sich der Schein weiter ausdehnt. Wie von einer Raumstation aus beobachten Sie voller Staunen, daß nun die ganze Erde, der ganze blaue Planet, im Schein des violetten Lichts liegt. Jetzt dehnt es sich sogar über die Atmosphäre hinaus in das All aus und füllt den unendlichen Raum zwischen den Sonnensystemen, Spiralnebeln und Galaxien. Alles, was nur vorstellbar ist, und selbst alles, was man sich nicht mehr vorstellen kann, ist von dem violetten Licht durchdrungen.

Dies ist der Höhepunkt der Licht-Imagination. Sie fühlen sich gleichzeitig als Urheber wie als winziger Teilnehmer dieses Phänomens. Aus Ihnen kommt das Licht, das alles einschließt, und in Sie wird dieses Licht wieder zurückkehren. Schon merken Sie, wie sich das Licht zurückzieht. Es umhüllt nur noch die Erde, jetzt nur noch Europa, Ihre Stadt, Ihr Haus, den Raum in dem Sie meditieren. Am Schluß erlischt der violette Schein vor Ihrem inneren Auge.

Beenden Sie diese Imagination, indem Sie tief ein- und ausatmen, sich strecken und rekeln, die Augen öffnen und langsam in den Alltag zurückkehren.

Geführte Schütze-Meditation

Legen Sie sich bequem und entspannt hin, die Beine ausgestreckt, die Arme locker seitlich vom Körper und schließen die Augen. Mit diesem Schließen der Lider verabschieden Sie sich gleichermaßen von der äußeren Welt – und tatsächlich beginnt im selben Moment die Reise nach innen. Alles, was nun zu sehen und zu erkennen ist, wird innen sein, in der Welt der Vorstellungen und Bilder, Gedanken und Phantasien. So wie wir uns ja auch nachts mit geschlossenen Augen auf die weiten Traumreisen begeben, tun wir es jetzt, indem wir die äußeren Augen für die äußere Wirklichkeit schließen und uns damit zugleich, und ohne etwas Besonderes tun zu müssen, für unsere innere Wirklichkeit öffnen, für jene Welten der Phantasien und Märchenbilder, der Symbole und der Intuition. Auch die nächtlichen Träume brauchen wir uns ja nicht zu erarbeiten. Sie fallen uns in der Entspannung des Schlafens zu, und sogleich geschieht es auch jetzt. Obwohl die Augen geschlossen sind, können Sie sich z. B. Ihren Körper sehr wohl vorstellen, wie es ausgestreckt und entspannt auf der Unterlage liegt, ja Sie können auch sein Gewicht auf der Unterlage spüren und mit jedem Ausatemzug wahrnehmen, wie Sie sogar noch tiefer sinken. Und während Sie das erleben, hören Sie meine Stimme und das Fließen der Töne im Hintergrund, und Sie öffnen sich bereitwillig allem, was dazu an Gedanken, Bildern und Vorstellungen auf Sie zukommt. Diese Töne und meine Worte, die ja auch Töne sind, begleiten Sie auf und zu Ihren Gedanken- und Bilderreisen. Ich brauche nur das Wort „Wiese" zu sagen, und schon taucht die Vorstellung einer Wiese auf. Sie können gar nichts dagegen und auch gar nichts dafür tun, die Wiese fällt Ihnen einfach zu – aus meinen Worten in Ihre Gedankenbilder – irgendeine Wiese aus Ihrer Phantasie, und um so genauer Sie hinschauen, desto deutlicher wird die Wiese – probieren Sie es – und wieder läßt es sich gar nicht ändern. Auch all die Einzelheiten fallen

Ihnen zu – ohne alle Anstrengung – einfach so. Ich brauche jetzt nur „Wald" zu sagen, und schon werden Sie irgendwo in Ihrer Wiesenlandschaft einen Wald finden. Und wenn ich noch einen Bach erwähne, wird auch der jetzt schon oder gleich vor Ihrem inneren Auge auftauchen. Und genauso geschieht es mit allen weiteren Bildern und Gedanken, meinen und Ihren. Unsere innere Welt ist voller Bilder und Muster, und alles, was wir je gesehen haben, erinnern wir jederzeit, wenn wir nur wollen, und noch mehr darüber hinaus. Und so sind Sie jetzt in Ihrer Wiesenlandschaft – mit dem Bach und dem Wald irgendwo im Hintergrund – und sind bereit zu träumen, ja, auf Traumreise zu gehen in diese weite Welt. Den Farben der Landschaft nach zu schließen, ist es später Herbst, das letzte Laub der Bäume leuchtet vom Wald herüber, und die Sonne ist noch warm, obwohl es schon spät im Jahr ist und sie sich auch schon dem Horizont nähert. Gerade dadurch aber verleihen ihre schräg einfallenden Lichtstrahlen der Welt etwas Gewaltiges, Weites und Leuchtendes. Der Himmel ist tiefblau, und nur wenige weiße Wolkenberge zeichnen sich scharf und kontrastreich darauf ab. Sie hätten gerade Lust, mit den Wolken zu ziehen, und so suchen Sie sich einen bequemen Ruheplatz, um ihnen wenigstens mit den Blicken folgen zu können – strecken sich behaglich aus und beginnen die Wolkenreise.

Nicht nur bewegen sich die Wolken am Himmel entlang, sie sind auch, jede für sich, in ständiger Eigenbewegung, quellen auf und durchdringen sich, bilden Auswüchse und Höhlen, und alles in einer schwungvoll leichten und großzügigen Art. Es gibt genug Raum dort am Himmelszelt, um jeder Wolke ihre freie Entfaltung zu gestatten. Und wie Sie so, den Wolken nachsinnend, zum Himmel schauen, wird Ihnen klar, warum unsere Vorfahren vom Himmelszelt sprachen – ist es doch wirklich ein riesiges Zelt, unter dem wir leben und unter dem Sie nun liegen und die Wolken begleiten auf ihrem Flug, über das tiefblaue Himmelsgewölbe. Ach, könnten Sie doch mit ihnen um die Welt ziehen oder hätten Gullivers Siebenmeilenstiefel zu Ihren Diensten. Und als hätten es Ihre Gedanken herbeigezaubert, nimmt ein Flugzeug Ihre Fernwehträume auf und malt

seine schneeweiße Spur in den blauen Himmel. Ihre Gedanken wandern hinauf zu dem winzigen silbernen Vogel, der lautlos und majestätisch über Sie zieht. Und für einen Moment kommen Sie ihm nahe, sehen seinen wuchtigen Körper und die weitgespannten Flügel mit den mächtigen Antriebsdüsen. Vorne der Kopf ist etwas aufgebläht. Es muß ein Jumbo-Jet sein, einer dieser Elefanten unter den Flugzeugen, der sich doch so elegant und sicher bewegt wie ein Albatros im Gleitflug. Was für ein Wunder, daß dieser Riese fliegen kann, mit Hunderten von Menschen in seinem Bauch! Und ist es da noch ein Wunder, wenn Sie mitfliegen für einen Moment? Über Länder und ferne Meere – in das Land Ihrer Träume. Und tatsächlich befinden Sie sich ja auf einer Reise in Ihre innere Welt – ins Land der unbegrenzten Möglichkeiten. Und Bilder dieses Landes tauchen auf und ganze Landschaften – monumentale Bergszenerien und unübersehbare Wälder – und da ein gigantischer Wasserfall. Es ist, als falle ein ganzer See in eine tiefer gelegene Welt. Wände von Wasser stürzen in unübersehbare Tiefen und lassen Wolken von Wasserdampf zum Himmel steigen. Sie sind nun dem Geschehen und damit der Erde näher – eine Reise über enorme Entfernungen liegt hinter Ihnen und in enormer Geschwindigkeit. Im Land der Träume und unbegrenzten Möglichkeiten reisen Sie mit der Geschwindigkeit der Gedanken und können sich jedem anderen Lebensrhythmus mühelos anpassen und einfügen. Voraus in der sich weitenden Landschaft sehen Sie jetzt eine Herde galoppierender, offenbar wilder Pferde – die Leiber bewegen sich in scheinbar anstrengungsloser Kraft – der Galopp der einzelnen Körper verbindet sich zu einem Fluß der Kraft und Energie – bekommt etwas Schwereloses, fließt wie auf Wolken – und tatsächlich verschwimmen die donnernden Hufe in den aufgewirbelten Staubwolken der Steppe – die Herde jagt in rasender Flucht dahin – über Stock und Stein, Gräben überspringend und alle Hindernisse in traumhafter Sicherheit nehmend. Sie sind so schnell – so schnell wie der Wind –, und doch sind Sie genauso schnell hinter ihnen, ja Sie können die Bewegungen des rasenden Galopps selber spüren – wie die Flanken der Pferde arbeiten, die Hufe den Boden trommeln – und obwohl Sie die kräftigen Bewegungen mit Ihren Schenkeln spüren, bleiben Sie doch in ziemlicher Ruhe – wie ein Reiter, der, nach vorn gebeugt, die Schenkel an den Pferdeleib geschmiegt, dahinjagt – und Sie sind dieser Reiter, der die große Herde jagt – kein Sattel stört den Kontakt zu Ihrem Pferd – das Leder der Zügel liegt entspannt in Ihren Händen – der kleinste Schenkeldruck genügt, um der wilden Jagd Richtung zu geben. Die Herde durchquert einen flachen Fluß, und das Wasser spritzt in alle Richtungen – schon erreichen auch Sie den Fluß – so nahe sind Sie nun der Herde – und ohne das Tempo zu verringern, galoppieren Sie durch das Wasser hinterher, das wie ein glitzernder Vorhang zu beiden Seiten aufspritzt. Ihr Hengst kennt den Weg und kennt auch die Herde, die Sie jagen – spürt wohl noch die eigene Wildheit und die unbändige Kraft seiner Zeit in den freien Steppen und Savannen. Und Sie lassen sich anstecken von diesem Gefühl – spüren Ihre eigene Kraft und Weite, Ihre Dynamik und Begeisterung – erlauben dem Blick, weit über das Land – Ihr Land – zu schweifen, und Sie lassen die Zügel locker, jedoch jederzeit bereit, zuzugreifen und den weiteren Weg zu bestimmen. Nun öffnet sich ein gewaltiger Canyon vor Ihnen, und die Herde stürmt, wie beabsichtigt, in diese Richtung. Es ist ein enormes Tal, das sich da auftut – immer höher türmen sich die Wände auf – steil oder terrassenförmig – so gigantisch, daß Sie sich nun plötzlich in der Tiefe des Landes fühlen. Der gerade noch weite Blick engt sich ein, und der Himmel wird zu einem schmalen blauen Streifen weit oben. Das Gelände wird schwieriger und steiniger, und Sie zügeln Ihren Hengst ein wenig, denn auch die fliehende Herde scheint langsamer zu werden. Sie wollen sie wohl treiben, aber nicht in Panik versetzen. Und dann erreichen Sie einen Talkessel, sind am Ziel und stoppen die wilde Jagd. Die Herde drängt sich in dem Kessel zusammen, und Sie bleiben am Eingang zurück. In aller Ruhe holen Sie einen Bogen von Ihrem Rücken, legen einen Pfeil auf die Sehne, um ein Zeichen zu geben. Ihr rechter Arm spannt den Bogen, bis die Pfeilspitze zitternd an Ihrer Linken am Bogen anliegt. Sie spüren die vibrierende Kraft, die sich mit dem

Loslassen schlagartig entlädt und den gefiederten Pfeil weit hinaufträgt. Ihr Blick folgt dem schnellen Flug, und Ihre Sehnsucht heftet sich an den Pfeil. Es ist, als flögen Sie mit Ihrem eigenen gefiederten Boten hinauf und immer weiter hinauf und davon. Ihre Sehnsucht beflügelt den Flug, und Ihre Dynamik und Energie geben ihm Kraft. Sie durchstoßen die Wolken und durchfliegen Welten aus Dunst und Licht – helle, hoch aufgetürmte weiße Schleiermeere und auch dunkle, fast unheimliche Wolkengebirge, aus denen es blitzt und donnert. Doch Sie kennen jetzt keine Angst, im Gegenteil: Blitz und Donner scheinen Ihnen seltsam vertraut als Zeichen der Macht des Himmels. Das Reisen durch Raum und Zeit ist Ihnen eigenartig angemessen – der Raum so frei und in alle Richtungen offen – und auch die Zeit seltsam unendlich –, Sie können sich einfach treiben lassen in der grenzenlosen Weite oder sich nach Belieben der Erde mit ihren konkreten Situationen annähern. Dort unten etwa zieht Sie gerade eine äußerst wichtige Gerichtsverhandlung in einem eindrucksvollen, großzügigen Palast an. Nicht, daß es Sie interessieren würde, worüber da verhandelt wird, vielmehr spricht Sie die ganze Atmosphäre des beherrschenden Justizpalastes an. Und Gerechtigkeit liegt Ihnen überhaupt am Herzen. Mit dem alten, weisen Richter in seiner prunkvollen Robe und seinen Achtung gebietenden Gesten können Sie so richtig mitfühlen. Und wie Sie ihn so betrachten, mit seiner Locken-Perücke, und in seine weisen und toleranten Augen blicken, sind Sie plötzlich bereit, von ihm ein Urteil über sich selbst, Ihr bisheriges Leben, fällen zu lassen. Und auch er ist bereit, Ihnen Gerechtigkeit widerfahren zu lassen, und nimmt sich die Zeit, zu Ihnen zu sprechen. Eigenartigerweise spricht er in Ihren eigenen Gedanken, ja, seine Worte sind Ihre Gedanken über sich selbst, und so hören Sie sich an, wie er, der weise, alte Richter, Ihr bisheriges Leben beurteilt. Seine Worte sind Ihre ersten Gedanken, und es liegt eine entwaffnende Ehrlichkeit und Gerechtigkeit in ihnen. Die wichtigsten Situationen Ihres Lebens werden von seinen Worten in die Erinnerung zurückgeholt, und Sie erleben die salomonischen Schiedssprüche des alten Richters, der da in Ihnen spricht. Er übersieht nichts und erwägt alles, sieht den Überfluß genauso wie das, was noch fehlt in Ihrem Leben. Zeit und Raum bilden keine Hindernisse für den alten Richter. Er sieht das Muster in der Tiefe der Erscheinungen – durchschaut unsere Realität – bis in ihrer Tiefe die Wirklichkeit aufscheint.

Wenn Sie sich nun allmählich vom alten Richter verabschieden, sind Sie dankbar und bewegt. Seine gütigen Augen lassen keinen Zweifel an seiner echten Toleranz. Er akzeptiert Sie, wie Sie sind, obwohl oder gerade weil er bis auf den Grund der Dinge blicken kann. Wie Sie sich nun vom Justizpalast lösen und Ihren Flug um die Erde fortsetzen, wird Ihnen bewußt, welche Rolle der Gedanke der Gerechtigkeit in Ihrem bisherigen Leben gespielt hat, und Sie beschließen bei sich, von jetzt an regelmäßig den alten, weisen Richter zu besuchen und sich von ihm Gerechtigkeit widerfahren zu lassen.

Und während Sie sich weiter treiben lassen durch das eigenartig transparente Gewebe von Raum und Zeit, wird Ihnen auch noch bewußt, welche Rolle Reisen in Ihrem bisherigen Leben gespielt haben, Reisen in die äußere Welt und jene in die innere wie diese, auf der Sie sich jetzt gerade befinden. Und Sie werden sich klar darüber, wie leicht Ihnen Reisen eigentlich fällt, besonders das in die eigene Innenwelt. Und so entscheiden Sie sich jetzt selbst, ob Sie diese Reise nun beenden und mit all den neuen Erfahrungen und Erkenntnissen zurückkehren wollen an Ihren Ruheplatz in Ihrer ersten Landschaft und dann mit einem tiefen Atemzug und anschließendem Räkeln und Strecken auch an den Ruheplatz, wo Sie diese Meditation begonnen haben – oder ob Sie noch weiter fliegen wollen und später, ganz für sich allein, zurück- und heimkehren wollen. Der Platz, an dem Sie begonnen haben, zu träumen und zu fliegen, läge jetzt direkt unter Ihnen, und Sie bräuchten nur hinabzugleiten, oder Sie nutzen das Ende der Musik, um zu einem weiteren Flug in Ihre inneren Welten aufzubrechen – zu anderen Situationen, die Ihnen naheliegen und sich Ihnen auf der Reise nähern werden – einem feierlichen Ritual in einer alten Kathedrale etwa – oder einer Reise durch die farbenprächtige Welt der Südsee – oder Ausflüge zu all jenen Situationen und Orten, die vor Ihrem inneren Auge auftauchen aus der Tiefe Ihrer eigenen Mitte.*

Kerzenflammen-Meditation

Der Schütze ist eines der drei Feuerzeichen des Tierkreises. Das Feuerelement repräsentiert daher grundsätzliche Eigenschaften dieses Zeichens. So wie das Feuer und die Wärme expandierenden Charakter haben, die Tendenz, sich auszudehnen, ist dies auch ein Grundanliegen des Schützen. Die Flamme, die nach oben strebt, brennt auch im Schütze-Zeichen, das sich nach fernen Zielen und übergeordneten Sinnzusammenhängen sehnt.

Als Symbol dafür können Sie eine Kerzenflamme als Meditationsobjekt wählen.

Begeben Sie sich an Ihren Meditationsplatz, und setzen Sie sich bequem hin; nachdem Sie ungefähr einen halben Meter vor sich eine brennende Kerze gestellt haben. Machen Sie sich den Ort Ihrer Meditation bewußt, spüren Sie in sich hinein, wie alles in Ihnen ruhiger wird, der Atem, die Gedanken, wie alle Anspannung losläßt. Lenken Sie Ihre Aufmerksamkeit auf den Atem, beobachten ihn, ohne einzugreifen oder ihn zu steuern, beobachten einfach, wie er von selbst kommt und geht. Verweilen Sie so lange bei Ihrem Atem, bis totale Ruhe in Sie eingekehrt ist. Dann richten Sie Ihren Blick sanft auf die Kerzenflamme vor Ihnen, schauen, wie sie sich bewegt und tanzt, beachten ihre verschiedenen Farben und wie sie sich nach oben reckt in der Form einer Pfeilspitze, deren größte Sehnsucht es zu sein scheint, hoch hinaus in den Himmel zu fliegen. Lassen Sie, während Sie die Flamme mit weichem Blick betrachten, Bilder in Ihnen aufsteigen, spüren, wo in Ihnen Ihr Feuer brennt, das Ewige Licht in Ihnen, das Sie mit dem Göttlichen (rück-)verbindet. Lassen Sie sich von Ihrer inneren Flamme den Weg zu Ihrem Ziel zeigen.

Versuchen Sie auch das Element Feuer, das äußere, konkrete und das innere, zu erfassen, beleuchten Sie und lassen Sie sich damit erleuchten, bis Ihnen „ein

---

* Diese Meditation ist auch als Kassette/CD erhältlich bei carpe diem (siehe Anhang)

Licht aufgeht". Lassen Sie sich ganz auf das Wesen des Feuers ein, seine Gefahren, seine Möglichkeit, das Licht der Weisheit zu bringen, Licht und Wärme zu spenden, nicht umsonst spricht man auch von brennenden Herzen. Rufen Sie sich ins Bewußtsein, daß Feuer in dieser Welt auch Materie (z. B. Holz) braucht, um brennen zu können, und setzen Sie diese Tatsache wieder in bezug zu Ihrem Leben; welche konkrete Basis schaffen Sie Ihrem inneren Feuer, daß es überall dort brennen kann, wo es will?

Lassen Sie sich von Ihren inneren Bildern immer weiter tragen, bis Sie fast das Gefühl haben, als würden Sie selbst zur Flamme, die da tanzt und flackert und Licht und Wärme spendet. Wenn Sie diese Meditation dann beenden wollen, atmen Sie ein paarmal tief durch, bewegen Ihren Körper und tauchen auf im Hier und Jetzt. Sie können das Erlebnis dieser Meditation noch nachklingen lassen, indem Sie ein Bild über Ihre Erfahrungen mit dem Feuer malen.

Ausdehn-Meditation

Der Wunsch nach Expansion ist ein zentraler des Schütze-Prinzips. Nehmen Sie dies als Anlaß für eine entsprechende Atemmeditation.

Setzen Sie sich bequem an Ihren Meditationsplatz, und geben Sie sich Zeit, dort auch wirklich anzukommen. Sie spüren die Unterlage, die Sie trägt, Sie in Kontakt mit dem Unten, der Erde bringt, spüren, wie sich durch die Kraft der Erde Ihr Rücken, Ihre Wirbelsäule gerade aufrichten und in den Himmel ragen, wie Sie so das Unten mit dem Oben, die Erde mit dem Himmel verbinden.

Und wie Sie so dasitzen und immer ruhiger werden, immer mehr loslassen, alles immer gleichgültiger wird, richten Sie Ihre Aufmerksamkeit auf Ihren Atem und beobachten eine Weile, wie er kommt und geht, sanft und gleichmäßig, ohne daß Sie etwas dazu tun müssen, Sie lassen einfach geschehen, was geschehen will, lassen Gedanken kommen, aber auch wieder gehen, wie der Atem kommt und geht.

Nach einer Weile, wenn Sie wirklich ganz ruhig und entspannt sind, beginnen Sie aktiv durch die Nase einzuatmen, ziehen den Atem hoch bis zur Fontanelle und noch darüber hinaus und stellen sich dabei vor, wie sich alles in Ihrem Körper ausdehnt, jede Zelle größer und weiter wird.

Atmen Sie durch den Mund passiv aus, das heißt, lassen Sie den Ausatem einfach geschehen, ihn einfach von selbst hinausfließen. Die Ausdehnung Ihres Körpers wird aber durch das Ausatmen nicht geringer. Mit dem Ausatem geben Sie aber alles ab, was Sie von der Verwirklichung Ihrer Ziele abhält. Während Sie dann wieder durch die Nase bis über die Fontanelle hinaus einatmen, lassen Sie weiter jede Zelle Ihres Körpers größer werden, und mit dem folgenden Ausatem geben Sie wieder alles ab, was Sie an Ihrem Expansionswunsch hindert. Atmen Sie so lange auf diese Weise, bis Sie allen Raum ausfüllen, den Sie gerne ausfüllen wollen. Beenden Sie die Meditation, indem Sie Ihren Atem wieder in seinen eigenen Rhythmus entlassen, langsam Ihren Körper bewegen und ganz zum Schluß die Augen öffnen.

Ballon-Meditation

Legen oder setzen Sie sich bequem an Ihren Meditationsplatz, schließen Sie Ihre Augen, lassen los von allem Alltagsgeschehen und kommen wirklich hier an diesem Ort an, der für die nächste Zeit Ausgangspunkt Ihrer Innenreise sein wird. Spüren Sie Ihren Körper in Kontakt mit der Unterlage, die Sie trägt und der Sie sich ganz anvertrauen, so daß Sie nichts machen oder halten müssen, sondern einfach loslassen können, geschehen lassen, was geschehen will. Ruhe und Stille breiten sich in Ihnen aus, und während Ihr Körper immer schwerer wird und tiefer sinkt, wird gleichzeitig Ihr Atem immer weiter und freier. Genießen Sie diesen Zustand der Entspannung, lassen Sie sich ganz in ihn fallen. Nach einer Weile lenken Sie Ihr Bewußtsein auf Ihren Atem. Stellen Sie sich vor, während Sie durch die Nase einatmen, wie mit diesem Atemzug weißes Licht in Sie einströmt. Wenn Sie dann mit dem Mund ausatmen, geben Sie gleichzeitig alle verbrauchte und verunreinigte Energie nach außen ab. Atmen Sie auf diese Art und Weise so lange, bis Sie ganz erfüllt sind von weißem Licht und reiner Energie. Und dann stellen Sie sich vor, wie mit jedem weiteren Atemzug diese weiße Lichtenergie aus Ihrer Fontanelle, am Scheitel des Kopfes, ausströmt und wie der Wasserstrahl eines Springbrunnens an Ihnen herunterfließt, und mit jedem Einatemzug holen Sie sich das weiße Licht an Ihren Fußsohlen wieder in sich herein. Atmen Sie so lange auf diese Weise, bis Sie das Gefühl haben, sicher und geborgen in einer Kugel aus weißem Licht zu sein, die Sie beschützt und die Sie wie ein Ballon überall hintragen kann. Lassen Sie Ihren Lichtballon nun fliegen, hoch hinauf, weit hinaus in den Weltraum. Machen Sie eine Entdeckungsreise in den Kosmos, besuchen Sie ferne Galaxien, Planeten und Sterne. Wenn Sie wollen, können Sie auch auf fremden Sternen landen, denn in Ihrer Kugel kann Ihnen nichts geschehen. Sie können sich auch auf die Suche nach Ihrem inneren Führer, Ihrem Höheren Selbst, Ihrem Schutzengel machen, der, wer weiß, irgendwo im Kosmos darauf wartet, von Ihnen gefunden zu werden. Oder Sie besuchen Jupiter, den Planetenherrscher des Schützen. Lassen Sie also Ihrem Ballon und Ihrer Phantasie freien Lauf.

Wenn Sie dann diese Meditation beenden wollen, tun Sie das auf die übliche Art und Weise: Atmen Sie ein paarmal kräftig durch, bewegen Ihren Körper und öffnen dann erst wieder die Augen.

Traumreise – Reisetraum

Zum Expansionswunsch des Schütze-Prinzips gehört auch das Reisen und Erforschen fremder Kulturen und Weltanschauungen. So erweitert der Schütze am liebsten seinen Horizont. Da sich innen und außen entsprechen wie oben und unten, können Sie ein äußeres Reiseziel auch als Ausgangspunkt für eine innere Bilderreise nehmen.

Am besten, Sie wählen ein schönes Foto eines Ihrer Traumreiseziele, das viel von Landschaft und Kultur jenes Ortes enthält. Stellen oder hängen Sie sich dieses Bild an Ihren Meditationsplatz, machen sich vielleicht noch leise im Hintergrund Musik, die aus diesem Kulturraum kommt, und begeben Sie sich dann in

Ihre Meditationshaltung im Sitzen. Lassen Sie Ruhe in sich einkehren, geben Sie sich ganz dem Moment hin, spüren Sie die Unterlage, die Sie trägt, lassen los von allem Alltagsgeschehen, lassen sich fallen in diesen Augenblick, in einen Zustand der Ruhe. Und wie Ihr Körper immer schwerer wird und tiefer sinkt, werden Ihr Atem und Ihre Gedanken und inneren Bilder immer leichter und freier. Sie betrachten nun das Bild vor Ihnen mit „weichem" Blick, nehmen alles ganz genau wahr und lassen es auf sich wirken. Und so allmählich nähern Sie sich in Gedanken immer mehr diesem äußeren Bild, und bald vermischen sich äußeres und inneres Bild, es ist, als könnten Sie jenes Bild vor Ihnen betreten und sind auf einmal dort. Und so gehen Sie durch diese fremde Landschaft, treffen auf Menschen, die dort leben, hören ihre Sprache, beobachten ihre Lebensgewohnheiten, riechen den Geruch, der dort herrscht, sind einfach ganz dort.

Sie können im Verlauf dieser Meditation auch Ihre Augen schließen und die Bilderreise in Ihrem Inneren weitererleben. Lassen Sie sich ganz ein auf Ihre Traumreise, so als wären Sie wirklich dort.

Wenn Sie diese Meditation dann beenden wollen, atmen Sie wieder ein paarmal tief, bewegen Ihren Körper und öffnen dann Ihre Augen.

Wissensmeditation

Höheres Wissen und Weisheit sind dem Schütze-Prinzip zugeordnet. Gemeint ist damit nicht jenes Wissen, das heute vor allem in Schulen, Büchern und Massenmedien als Information verbreitet wird, sondern jenes Urwissen über die Sinnzusammenhänge des Lebens, das in allen esoterischen Traditionen weitergegeben wurde und wird. Es ist das Wissen, das tief aus uns kommt, das im kollektiven Unbewußten (wie C. G. Jung es nannte) gespeichert ist oder in der Akashachronik (wie es im Osten heißt).

Dieses Wissen, das Weisheit meint, ist immer da, und jeder, der sich dazu Zugang verschafft, kann dieses Wissen erlangen.

Ein erster kleiner Schritt dazu ist es, sich in Meditation von der Flut des vordergründigen „Informationswissens" zu lösen, nach innen zu gehen und die innere Stimme hören zu lernen. Üben Sie das also in der folgenden Meditation:

Legen oder setzen Sie sich an Ihren Meditationsplatz und tauchen Sie ein in einen Zustand tiefer Ruhe und Meditation, wie schon vorher beschrieben. – Wenn Sie dann das Gefühl haben, in Ihrer Mitte zu ruhen, richten Sie Ihre Aufmerksamkeit auf ihr Drittes Auge, das sich an der Nasenwurzel zwischen Ihren Augenbrauen befindet. Es ist dies der Sitz des 6. Chakras, des Ajna-Zentrums, dessen Erweckung den Zugang zu allumfassendem Wissen, zur Akashachronik ermöglicht. Jeden Einatem holen Sie nun hoch in dieses Energiezentrum und bleiben mit Ihrer Aufmerksamkeit auch dort, während Sie ausatmen. Nachdem Sie neunmal auf diese Weise geatmet haben, stellen Sie eine Frage, auf die Sie eine Antwort suchen, in den „Raum" Ihrer Meditation. Öffnen Sie sich für das Aufsteigen der Antwort, in welcher Form dies auch geschieht, ob sie als Bild, als Gefühl, als eine Stimme oder konkret als Wort erscheint. Vertrauen Sie Ihrer Intuition und Ihrer inneren Stimme und nehmen Sie sie für wahr.

Mit öfterem Üben werden Sie bemerken, daß die Antworten auf Ihre Fragen wirklich alle in Ihnen sind, daß alles Wissen, das Sie draußen suchen, auch in Ihnen ist.

Wiederholen Sie diese Meditation öfter und beenden Sie sie auf die übliche Weise: tief atmen, den Körper bewegen, die Augen öffnen.

Rückverbindungsmeditation

Ein Hauptthema des Schütze-Zeichens ist die religio, die Rückverbindung zum Urgrund des Lebens. So ist anatomisch dem Schütze-Prinzip auch die Leber zugeordnet, die uns über den in ihr stattfindenden Eiweißstoffwechsel mit dem Pflanzen- und Tierreich rückverbindet. Denn die Bausteine, aus denen das Eiweiß aufgebaut ist, die Aminosäuren, sind bei Mensch, Tier und Pflanze die gleichen. Die individuelle Verschiedenheit bildet sich erst durch die unterschiedlichen Muster der Aminosäurenanordnung. Dem Schützen entspräche also daher eine Evolutionsmeditation, die die Entwicklung des organischen Lebens vom Pflanzen- über das Tier- zum Menschenreich zum Inhalt hat.

Legen oder setzen Sie sich dazu bequem an Ihren Meditationsplatz. Geben Sie sich wieder genug Zeit, um am Ort Ihrer Reise nach innen anzukommen. Spüren Sie die Unterlage, die Sie trägt, die Sie mit dem Unten, der Erde verbindet, und geben Sie allen Ballast des Alltags an die Erde ab, so daß Sie immer mehr loslassen und geschehen lassen können. Seien Sie ganz im Hier und Jetzt, wo es keine Vergangenheit und keine Zukunft gibt, nur das Jetzt, hier in diesem Augenblick, keine Zeit ist mehr, die ohnehin nur Illusion, ein Schleier der Maya ist. Und so liegen oder sitzen Sie da, Ihr Körper wird immer schwerer und sinkt immer tiefer, verschmilzt immer mehr mit der Unterlage und weiter mit der Erde, und Ihr Atem wird gleichzeitig immer weiter und freier, ohne daß Sie etwas dazu tun müssen, Sie lassen einfach alles kommen und gehen, geschehen, was geschehen will und mag. Wenn Sie dann ganz in der Ruhe Ihrer Mitte angelangt sind, wenden Sie sich Ihren inneren Bildern zu. – Da tauchen eine Pflanze, eine Blume, Gräser oder ein Baum vor Ihrem inneren Auge auf, zu dem Sie sich besonders hingezogen fühlen. Betrachten Sie diese Pflanze genau, wie sie da steht, fest oder locker im Boden verankert, stabil oder biegsam, wie sie sich im Wind wiegt oder ihm standhält. Sie gehen immer mehr und weiter zu dieser Pflanze, bis Sie in sie hineinschlüpfen können, selbst diese Pflanze sind, die auch schon Ihr Muster des Lebens enthält, Ihrem Wesen entspricht. Spüren Sie ganz genau, wie es sich anfühlt, dieses Pflanzenwesen zu sein, und lassen Sie sich genug Zeit dazu, bis Sie glauben, sich in der Pflanze begriffen zu haben, bis Sie alle Gemeinsamkeiten zwischen ihr und Ihnen erfaßt haben.

Dann langsam taucht in Ihren inneren Bildern ein Tier auf, und bei näherem Hinsehen und -fühlen bemerken Sie, daß auch das Tier viele Wesenszüge mit Ihnen gemeinsam hat, ja daß dieses Tier Teil von Ihnen ist. Und auch dieses Tier kann Ihnen viel über das immer wiederkehrende Muster Ihrer Leben mitteilen. Betrachten Sie das Wesen, das Verhalten und die Aufgaben, die dieses Tier in der kosmischen Ordnung zu erfüllen hat, nehmen Sie es als einen Lehrmeister beim Auffinden Ihres Platzes in der kosmischen Ordnung. Werden Sie wieder ganz dieses Tier, das in Ihnen ist, auch als Geist, der Sie mit der Kraft des Instinktes beschützt, Ihnen Ihren Weg zeigt, und suchen Sie wieder nach den Gemeinsamkeiten, die Sie verbinden.

Allmählich taucht dann das Bild von Ihnen selbst auf, und Sie begegnen Ihrem Tier und Ihrer Pflanze und sind gleichzeitig doch eins mit ihnen, spüren die Urkraft der Natur, die dadurch noch in Ihnen lebt und die die Basis dafür ist, daß Sie in den Himmel wachsen können, sich dem Oben, dem Geist zuwenden können. Genießen Sie dieses Gefühl der Verbundenheit dankbar, bevor Sie diese Meditation beenden, indem Sie ein paarmal tief atmen, sich bewegen und die Augen öffnen.

Steinbock

Zeitraum: 22. Dezember – 20. Januar
Symbol: ♑
Element: Erde
Planetenherrscher: Saturn
Prinzip: Die Normierung, die übergeordnete Struktur, Beschränkung auf das Wesentliche, das Gesetz.
Kernsatz: „Ich bewahre."

Der Winter ist nun endgültig hereingebrochen. Die Welt liegt erstarrt unter einer dicken Schneedecke. Es ist die Zeit der langen Nächte, wenn die Sonne in das Sternbild des Steinbocks eintritt. Es ist aber auch die Zeit der Wintersonnenwende, in der die Kraft der Sonne langsam wieder zunimmt und die Neugeburt des Lebens in der Natur vorbereitet wird. Unter der Schneedecke, im Verborgenen, entsteht neues Leben. So ist das Samenkorn ein Symbol des Tierkreiszeichens Steinbock. Es ruht tief in der kalten und trockenen Erde des Winters und überwindet den eisigen Tod durch Sammlung und Konzentration seiner Kräfte. Dieses Bild entspricht dem Charakteristikum des Steinbock-Menschen: ausduerndes, langsames Reifen und Wachsen im Verborgenen – unter dem Schutz des Kältemantels.

In der Kälte des Winters wird der Mensch gleichsam vom Leben ausgeschlossen und damit aufgefordert, sich nach innen zu wenden. Arthur Schult[*] schreibt darüber: „Verinnerlichung, Abschirmung, verhaltene Lebenskraft, Entsagung, Konzentration, das charakterisiert die Steinbock-Zeit in Natur und Mensch. Indem das vitale äußere Leben abgedämpft wird, erwacht im Menschen das innere, geistige Le-

---

[*]siehe Anhang

ben. Das Geisteslicht leuchtet auf in der Finsternis." Der Steinbock steht damit am Ende des Zyklus des individuellen Lebens, wo die Entwicklung vorbereitet wird, in der die Vitalenergien von der Form in die Substanz übergehen.

Dies spiegelt sich auch in der Tatsache wider, daß wir Weihnachten, das Fest der Geburt Christi, zu Beginn der Steinbock-Zeit feiern. Der Sohn Gottes weist uns den Weg von der irdischen zur göttlichen Ebene. Er ist das Licht, das in der finsteren Zeit zu brennen beginnt, ist das Symbol, das den Menschen zu seinem wahren Wesen weist und ihn erkennen läßt, daß seine irdische Persönlichkeit nur Maske und Werkzeug ist für sein göttliches Selbst.

Ein Grundimpuls im Sternzeichen des Steinbocks ist deshalb auch das sich unermüdliche Durchkämpfen und das Bemühen, emporzudringen aus der Dunkelheit ins Licht. Dies drückt sich auf der menschlichen Ebene auch in der Zielstrebigkeit und in dem Ehrgeiz aus, mit denen Steinbock-Menschen ausdauernd und zäh ihr Ziel verfolgen.

In der Darstellung des Sternzeichens Steinbock in Form des Ziegenfisches, einem Mischwesen aus Ziege und Fisch, finden wir die Symbolik des nach oben Strebenden wieder: Der Fisch aus den Tiefen des Meeres, aus dem Wasser, das der Ursprung allen Lebens ist, verbindet sich mit der Ziege, welche die höchsten Gipfel der Berge erklimmt. Damit deutet sich auch schon das Ende des Entwicklungszyklus an, den der ganze Tierkreis repräsentiert. Der Psychotherapeut und Astrologe Roberto Sicuteri* sagt dazu: „In der Entwicklungsphase, die dem Steinbock entspricht, lebt der Steinbock-Geborene die Suche nach dem Göttlichen, doch erst wenn der Bock wieder in den Fisch übergeht, kann sich das Göttliche manifestieren...In seiner esoterischen Bedeutung symbolisiert der Fisch das Wasser der Reinigung, der Taufe und der Verwandlung. In dieses Wasser kehrt der Mensch nach Vollendung seines Entwicklungszyklus zurück."

Im Steinbock wird der Mensch an eine Grenze geführt, an der sich Geist und Materie begegnen. So wird der Planetenherrscher des Erdzeichens Steinbock, der

---

*siehe Anhang

Saturn, auch „Hüter der Schwelle" genannt, jener Schwelle, die der Mensch nur überschreiten kann, wenn er sein rein menschliches Ich stehenläßt, um sein göttliches Kernwesen erfahren zu können. In diesem Sinne ist es zu verstehen, daß der Steinbock auch „das Göttertor" genannt wird.

Auf einer konkreteren Ebene bedeutet dieses Stehenlassen des menschlichen Egos, daß in diesem Stadium der Tierkreisentwicklung das Einzelwesen zugunsten einer übergeordneten Struktur zurücktreten muß. Das Individuum ordnet sich in eine größere Gemeinschaft ein.

Das Anerkennen der normierten Maßstäbe, die zum Funktionieren eines übergeordneten Gemeinschaftsgefüges notwendig sind, bedeutet für den einzelnen jedoch immer Verzicht und eine Einschränkung der persönlichen Freiheit. So entsprechen dem Steinbock auch der Staat und das Gesetz. Dane Rudhyar* schreibt dazu: „Im Steinbock scheinen die Gesellschaft und alle kollektivierenden Lebenskräfte mit der Errichtung des machtvollen Staates zu triumphieren. Auch der individuelle Mensch, der es zu einem Beruf und einer sozialen Funktion gebracht hat, scheint sich in diesen Formen lebenslang konsolidiert zu halten. Und doch schlummert in diesen steinböckischen Errungenschaften auch schon der Keim der Zerstörung."

Der Steinbock muß deshalb die Gefahr in sich bannen, in den von ihm mit Ehrgeiz verfolgten und erreichten Zielen zu erstarren. Da im Saturn-Zeichen Steinbock die Materie ihren dichtesten und konkretesten Ausdruck findet, unterliegt man hier auch leicht der Macht der Materie. Der Steinbock-Mensch muß deshalb lernen, daß es nicht um weltliche Machtausübung geht, sondern daß der Geist über die Materie siegen muß.

*siehe Anhang

Steinbock-Meditationen

Im Steinbock mit dem Planetenherrscher Saturn geht es um die Beschränkung auf das Wesentliche. Seine Prinzipien sind Verdichtung, Strukturierung, Kargheit und Konzentration. Wie das Samenkorn im Winter zur Steinbock-Zeit in der Erde liegt und alle Kräfte sammelt, die im Frühjahr zum Ausbruch kommen, so erreicht der Steinbock durch Sammlung eine neue Bewußtseinsebene. Alle Steinbock-Meditationen entsprechen diesem Wesenszug. Am besten eignet sich für sie ein karger, streng eingerichteter Meditationsraum. Das Umfeld der praktischen Übungen soll nichts Behagliches oder Kuscheliges enthalten. Eine meditative Grundstimmung stellt sich für den Steinbock am ehesten in einer kahlen und damit reizfreien Umgebung ein. Hier findet am leichtesten die Konzentration auf das Wesentliche statt.

Konzentrations-Meditation

Ein Symbol des Steinbocks ist der Kristall mit seiner klaren Struktur und seiner strengen Form. Kristalle eignen sich deshalb als Gegenstand einer Konzentrations-Meditation. Man kann dafür aber auch einen ganz gewöhnlichen Stein verwenden. Setzen Sie sich in einem kargen Raum in Ihre bevorzugte Meditationsstellung. Im Blickfeld vor Ihnen liegt der Kristall oder der Stein. Entspannen Sie sich, suchen Sie Ihren Schwerpunkt und atmen Sie bewußt. Wir haben diese Vorbereitungen im Kapitel „Die Praxis der Meditation" (s. S. 43 ff.) beschrieben.

Bei dieser meditativen Übung halten Sie die Augen geöffnet. Richten Sie Ihren Blick auf den Kristall oder den Stein. Konzentrieren Sie sich auf dieses Objekt. Denken Sie ausschließlich daran. Wenn andere Gedanken in Ihrem Bewußtsein auftauchen, nehmen Sie diese zur Kenntnis, werten und verfolgen Sie sie aber nicht. Immer wieder kehren Sie mit Ihrer Aufmerksamkeit zurück zu dem Kristall oder dem Stein.

Beachten Sie Form, Struktur und Farbe des Objekts. Sehen Sie Licht und Schatten, spüren Sie die Schwingungen, die von ihm ausgehen. Versetzen Sie sich in das Objekt hinein. Betrachten Sie es gleichsam von innen. Wenn Sie blinzeln müssen, so tun Sie es ruhig, richten Sie dann aber Ihren Blick wieder fest auf das Objekt. Mit Ihrem Blick konzentriert sich auch Ihr Bewußtsein auf den Kristall oder auf den Stein.

Versuchen Sie zunächst, diese Konzentration einige wenige Minuten lang aufrechtzuerhalten. Steigern Sie später die Meditationszeit bis zu 15 oder 20 Minuten. Je besser Sie in der Lage sind, Ihre Konzentration zu versammeln, desto leichter fällt es Ihnen, einen meditativen Zustand zu erleben.

Beenden Sie diese Konzentrations-Meditation, indem Sie tief ein- und ausatmen, blinzeln, Grimassen schneiden, sich rekeln und strecken und dann wieder in den Alltag zurückkehren.

Gebirgs-Imagination

Legen Sie sich entspannt auf eine Decke, die Sie am Boden ausgebreitet haben, und beginnen Sie mit der autogenen Grundformel:

Ich liege ganz schwer und entspannt auf dem Boden. – Ich fühle meinen Körper ganz bewußt und intensiv. Ich fühle, wie schwer ich bin, wie gelöst, wie ruhig. Meine Hände und Arme sind ganz schwer. Mein Nacken und meine Schultern sind ganz schwer. Meine Füße und Beine sind ganz schwer. – Mein Gesicht ist entspannt und gelöst. – Ich lasse alles los, gebe alle Spannungen ab. – Ich bin ganz ruhig und entspannt.

Im nächsten Schritt lassen Sie sich von der Kraft Ihrer Imagination forttragen. Sie richten Ihre Aufmerksamkeit auf Ihre Gedanken und die Bilder, die in Ihnen aufsteigen. Sie stellen sich die Szene wie auf einer inneren Leinwand vor.

Ich sehe ein karges Gebirge. Eine Einöde voller Granitblöcke. Felsdome ragen wie urtümliche Statuen aus der einsamen und kargen Landschaft. Ein eisiger Wind weht. Mich fröstelt. Ich stehe mitten in dieser Einöde. Ich spüre den Wind, die

Einsamkeit. Weit und breit ist kein Lebewesen außer mir. Kein Tier, kein Vogel, kein Mensch. Nur trockene Pflanzen. Sie glänzen silbern im fahlen Licht.

Ich beuge mich hinunter zu einem Felsbrocken. Ich berühre ihn und fühle, wie kühl und glatt er ist. Ich sehe seine graue Farbe. Immer mehr konzentriert sich mein Blick. Wie durch eine Lupe erkunde ich nun den Felsbrocken. Ich spüre und sehe jetzt leichte Erhebungen, die Einkerbungen der Jahrtausende. Wie ein Fels liegt der Stein in der Brandung. In ihm ist die Erfahrung der Weltzeiten. Im Hintergrund liegt die kahle Gebirgslandschaft. Jetzt sehe ich am Horizont die Schroffen der Berge. Ich spüre den unendlichen Rhythmus der Landschaft. Er ist so rein und klar. Hier empfinde ich einen Hauch der Unsterblichkeit...

Beenden Sie diese Imagination, indem Sie aus der Gebirgslandschaft zurückkehren. Sie läuft jetzt nur noch wie ein Film auf einer Leinwand ab. Sie kehren zurück zu sich selbst, atmen tief ein und aus, rekeln und strecken sich, öffnen die Augen und kehren zurück in die reale Welt.

Meditation der Kargheit

Nehmen Sie sich einen ganzen Tag lang Zeit – im Urlaub (am besten im Winter), am Wochenende, wann immer Sie Muße haben. Ziehen Sie sich in eine einsame Landschaft oder in einen karg eingerichteten Raum zurück. Begeben Sie sich in eine innere Klausur, in der Sie sich auf das Wesentliche konzentrieren wollen.

Beginnen Sie mit den meditativen Vorübungen, die wir im Kapitel „Die Praxis der Meditation" (S. 43 ff.) beschrieben haben. Schweigen Sie den ganzen Tag, sprechen Sie kein Wort. Fasten Sie und richten Sie Ihre Aufmerksamkeit ausschließlich auf Ihren Atem. Wenn Ihnen Gedanken durch den Kopf gehen, nehmen Sie diese zur Kenntnis, aber versuchen Sie nicht, sie festzuhalten. Sie haben jetzt keinerlei Bedeutung für Sie.

Dieser Meditationstag ist für Sie eine Phase der Beschränkung und Verdichtung. Sie ziehen sich aus der hektischen Fülle des Lebens zurück und finden in der Konzentration die Strukturen, die unserer Welt zugrundeliegen. Die Kargheit dieser Meditation ist für Sie ein physisch-psychischer Reinigungsprozeß.

Zazen

Zazen ist eine der vielfältigen Formen der Zen-Meditationen, zu denen die Kunst des Bogenschießens, Teezeremonien, Ikebana, Judo und Karate gehören. Zazen jedoch gilt als die Königin all dieser Techniken. Das Wort Zen hat sich aus dem indischen „dhyana" bzw. dem chinesischen „ch´an" entwickelt. Es bedeutet „Meditation" und in einem übertragenen Sinn „eins mit Gott". Zazen, die Meditation des puren Sitzens, wurde vor etwa 1500 Jahren von dem Inder Bodhidharma verbreitet und beruft sich auf die Tradition des Yoga.

Zazen gilt als die reinste und wirksamste aller Zen-Meditationen. Ihr Ziel ist „satori", die Erleuchtung. Doch schon auf dem Weg zu diesem Ziel zeigt Zazen positive Auswirkungen:
* Einsicht und intuitive Erkenntniskraft wachsen,
* das körperliche Wohlbefinden verbessert sich,
* seelisches Gleichgewicht und innere Ruhe entstehen.

Zazen besteht aus einer Kombination von drei Faktoren: der Sitzhaltung, dem Atmen und der inneren Haltung.

Die Sitzhaltung: Beste Position für Zazen ist der Lotos-Sitz. Man läßt sich auf einem etwa fünf bis zehn Zentimeter hohen runden Kissen auf dem Boden nieder. Der rechte Fuß liegt auf dem linken Oberschenkel, der linke Fuß auf dem rechten Oberschenkel. Oberkörper und Kopf sind gerade aufgerichtet, dabei aber vollkommen entspannt. Die Augen sind ein wenig geöffnet und auf einen Punkt etwa einen Meter entfernt am Boden gerichtet. Wir haben diese Position in ihrer gemilderten Form bereits im Kapitel „Die Praxis der Meditation" (s. S. 43 ff.) beschrieben.

Das Atmen: Im Zazen wird grundsätzlich durch die Nase geatmet. Atmen Sie ruhig und tief in einem Vierertakt: ein Takt einatmen, drei Takte ausatmen, keine Pausen dazwischen. Wichtig ist die Zwerchfell-Atmung, die Sie nach den Hinweisen auf S. 53 üben können.

Die innere Haltung: Zazen kennt weder einen Meditationsgegenstand noch ein Thema der Konzentration, sondern es geht darum, das Nicht-Denken zu denken. Wir richten unsere Aufmerksamkeit weder auf die Gedanken, die uns durch den Kopf gehen, noch auf den Rhythmus unseres Atems. Wir sitzen – das ist alles. Der Zen-Meister Sokagu Harada* versucht, diesen Zustand zu beschreiben: „Das Zazen ist ein so massives Gefühl, als ob das Sitzkissen zum Erdball geworden sei und das Weltall den Unterleib ausfüllte. Denke das Nicht-Denken, das ist der Schlüssel zum Zazen, das ist sein Lebensnerv".

Im Nicht-Denken soll dem Menschen bewußt werden, daß alles, was existiert, auch in ihm ist. Im Christentum wird diese Erkenntnis „Gott" genannt, im Buddhismus „Buddha-Natur". Immer handelt es sich um die übergreifende, unumstößliche Wahrheit aller Wirklichkeit, um die kosmischen Gesetze und Regeln, die alles ordnen. Im Zazen führt das zu der Erkenntnis, daß das Ego nur ein Teil und gleichzeitig Quell dieses allumfassenden göttlichen Bewußtseins ist. Das Ich erweist sich als Illusion, als Beschränkung. Diese Beschränkung gilt es im Zazen zu überwinden.

Ohne Lehrer ist das kaum möglich. Zazen kann nicht theoretisch weitergegeben werden, sondern wird vom Meister durch Initiation auf den Schüler übertragen. Wer sich für Zazen näher interessiert, sollte das grundlegende Werk „Zen-Meditation für Christen" von H. M. Enomiya-Lasalle** lesen. Weitere Hinweise finden Sie im Literaturverzeichnis im Anhang dieses Buches.

Geführte Steinbock-Meditation

Legen Sie sich an einen ruhigen, vor allen Störungen geschützten Platz flach auf den Rücken und strecken sich bequem aus. Die Beine liegen nebeneinander, die Arme seitlich vom Körper, und dann schließen Sie die Augen, denn alles Wichtige wird nun innen geschehen – das Außen wird dagegen immer unwichtiger – entfernt sich mit jedem Atemzug weiter – und Sie selbst sinken tiefer mit jedem

---

*zitiert nach Udo Reiter „Meditation. Wege zum Selbst" (siehe Anhang)
**siehe Anhang

Ausatmen – lassen los und geschehen – und der Ausatemstrom trägt Sie weiter hinab in die eigene Mitte – in das Reich der Bilder und Farben, Schwingungen und Töne – und auch die Töne tragen zur Entspannung bei und tragen Sie weiter hinab – und lassen es geschehen – vertrauen sich an – dem Fluß der Töne und dem Fluß des Atems – dem Fluß der Worte auch – und sinken so ins Land der Phantasien, wo die Zeit relativ wird und die Eindrücke und Empfindungen so eigenartig anders und doch deutlich und scharf. Und obwohl Sie immer tiefer in die Entspannung sinken, bleiben Sie doch ganz wach und bewußt – ja es scheint, als steige die Konzentration sogar noch an in den Tiefen der eigenen Mitte, wo Sie allein sind und ganz bewußt. Der Atem fließt in seinem einfachen, klaren Rhythmus, und Ihnen ist, als fließe jetzt alles Überflüssige mit dem Ausatmen zu den Finger- und Zehenspitzen hinaus. Mit dem Loslassen beim Ausatmen und mit der verbrauchten Luft lassen Sie auch alles andere Verbrauchte und Überflüssige los, und dadurch wird die Entspannung noch tiefer, die Konzentration auf das Wesentliche noch intensiver. – Sie spüren, daß Sie auf dem Weg sind – auf dem Weg zu sich selbst – und Sie sind allein – und auch das ist notwendig, genauso notwendig wie der sanfte Rhythmus des Atems und die klare Konzentration jeden Augenblicks. – Alles ist in Ordnung, und Sie fühlen sich aufgehoben in der Ordnung und sicher – auf dem Weg in die Tiefe und zu sich selbst. Und aus dieser Tiefe entwickelt sich nun die Vorstellung einer Gebirgslandschaft vor Ihrem inneren Auge – oder eigentlich vor allem der Anblick eines einzigen eindrucksvollen Berges, der ebenmäßig, fast wie ein Vulkankegel, aufragt, jedoch eine eindeutige Spitze hat, die sich deutlich gegen den dunkelblauen Himmel abzeichnet. Das obere Drittel des Berges ist schneebedeckt, die Spitze jedoch scheint so steil zu sein, daß sie nicht einmal den Schnee hält. Sie stehen am Fuß dieses Berges, versunken in seinen Anblick, und es wird Ihnen mit jedem Moment klarer, daß dieser Berg mit Ihnen zu tun hat und Sie mit ihm. Auf eine eigenartig verbindliche Weise spüren Sie, daß es Ihr Berg ist und Sie auf dem Weg sind, ihn zu besteigen. Der Pfad führt tatsächlich zum Fuß des Berges. Auf dem Rücken drückt Sie das Gewicht des Rucksackes, und Sie gehen sehr bewußt – nicht zu schnell. Aber auch nicht langsam – mit ausdauernder Stetigkeit Schritt für Schritt Ihren Weg, der allmählich ansteigt und in einen Wald aus alten, knorrigen Eichen führt. Die alten Stämme sind stark, und mächtige Äste überwölben Ihren Pfad. Ohne Blätter wirken die Äste schwarz und formen ein düsteres Gitter, das jedoch nicht den Blick auf den Berg verstellen kann. Das einzige noch Lebendige in dieser kalten Winterlandschaft scheint der Efeu zu sein, der an vielen Stämmen hochstrebt. Sie sind dem Berg jetzt so nahe gerückt, daß der Weg, würde er so weiter verlaufen, zu steil würde, und so wendet er sich tatsächlich nach rechts, wohl um den Berg zu umkreisen und sich in einer Spirale hinaufzuwinden. Sie gehen nun seitlich zum Berg, den Gipfel zu Ihrer Linken, und der Weg ist steil und anstrengend. Trotz der klirrenden Kälte wird Ihnen vom Steigen warm und schließlich sogar heiß. Aber es gibt kein Zaudern: Sie spüren den Ehrgeiz, der Ihre Schritte zwingt und die Gedanken zum Gipfel lenkt. Doch der Weg ist noch weit, und er ist einsam. Doch da ist ein klares Gefühl von konzentrierter Kraft in Ihnen, und Sie sind stolz, es ganz allein, gestützt nur auf die eigene Kraft und Verantwortung, zu schaffen. Ihr Entschluß ist so klar wie die kalte Winterluft, die Sie atmen und die sich in Eiskristallen an Ihrem Kragen niederschlägt. Die Eichen bleiben nun endgültig zurück und gehen in dichter werdenden Tannenwald über, der nun den Bergpfad säumt und Ihnen die meiste Zeit den Blick auf den Gipfel verwehrt. Doch Sie nähern sich ihm – langsam und ein wenig mühsam, aber konsequent und ausdauernd. Als Ihnen trotz der äußeren Kälte zu heiß wird, lösen Sie überflüssig gewordene Kleidungsstücke und binden sie hinten auf den Rucksack. Für Pausen ist keine Zeit, und lieber kauen Sie beim Gehen ein wenig getrocknetes Obst und Nüsse. Ihre Schritte werden schwerer, je höher Sie kommen, denn die Luft wird spürbar dünner. Die hohen, schlanken Tannen bleiben zurück, und statt dessen begleiten Sie nun kleinere, zum Teil verkrüppelt wirkende Nadelhölzer. Je höher Sie kommen, und Sie haben den Berg nun schon bald umrundet, desto gedrungener und karger wird die Vegetation. Die letzten armseligen Bäume ducken sich schutzsuchend an den Hang. Ihre Ausdauer und Konzentration werden auf eine harte Probe gestellt. Mit dem Zurückbleiben der Bäume scheint auch das Leben zurückzubleiben. Die Landschaft ist geprägt von schroffen Steinbarrieren und steilen Felsabstürzen. Auch der Pfad wird nun holprig und schmal, doch er windet sich weiter um den Berg, und Sie erreichen die Schneegrenze. Auch jetzt noch führt der Pfad weiter. Je höher Sie kommen, desto enger werden seine Kreise um den Berg. Eine einzelne schwarze Dohle scheint Sie zu begleiten, jedenfalls schwebt sie mal links, mal rechts und immer hoch oben über Ihrem Weg und erscheint wie ein letztes Symbol des Lebens, während Sie nun immer weiter ins Reich des Minerals gelangen. Steine, nichts als graue Steine um Sie, überzuckert von glitzerndem Schnee. Eine eigenartig karge und strenge Schönheit erfüllt diese Einsamkeit aus Stein und Schnee, und es fällt Ihnen seltsam leicht, Ihrem Vorsatz treu zu bleiben und dem Gipfel zuzustreben. Ein ernstes, aber auch besonnenes Gefühl begleitet Sie. Verantwortung, aber auch eine gewisse Härte sich selbst gegenüber, Ausdauer und ernste Konzentration lassen Sie weiterstreben. Der Pfad windet sich nun zwischen Felswänden und scharfkantigen Klippen hindurch, dringt auf diese Weise immer tiefer in die Welt des Steins ein. Der Schnee findet nur noch wenig Halt, dafür aber säumen jetzt bizarre Eisgebilde den Weg und werden zu glasklaren und eiskalten Begleitern – fast wie treue und in ihrer Starrheit sogar verläßliche Ritter erscheinen Sie Ihnen – auch sie voller ernsthafter Konzentration und klarer, kaltblütiger Entschlossenheit. Sie sind nun schon so hoch, daß das Atmen sehr mühsam wird und Sie bei jedem Schritt die Zähne vor Anstrengung zusammenbeißen – so hoch aber auch, daß der spiralförmig um den Berg ziehende Weg schon überschaubar ist. Die Windungen der Spirale sind schon so eng, daß sie die Bergspitze häufig umkreisen – und dann endet der Pfad – mitten in einem Gewirr nackter Felsen und Eisskulpturen. Die Bergspitze aber ragt wie eine unüberschaubare Festung auf oder eher fast noch wie eine aus massivem Fels gehauene gotische Kathedrale. Steile, senkrechte Steinwände streben zum Himmel, bilden Türme und Zinnen, majestätisch und unbezwingbar. Um hier noch weiterzukommen, müßten Sie gefährliche Wände hochklettern und sich von allem Überflüssigen, ja allem irgendwie Entbehrlichen trennen. Mit dem Rucksack lassen Sie schweren Herzens, aber doch entschlossen, allen Proviant und auch alle nicht unbedingt nötige Kleidung in einer Felsnische zurück, sogar Ihren Wasservorrat – aber auch alle Angst und das letzte Zögern müssen hier zurückbleiben – und so beginnen Sie, in mancher Hinsicht erleichtert, entschlossen und konzentriert, nach einer Aufstiegsmöglichkeit zu suchen. Als Sie so die Grundmauern der Felskathedrale umklettern, landen Sie unversehens in einer Spalte, die sich höhlenartig öffnet und aus der Ihnen eine eigenartige und in dieser Höhle gänzlich unerwartete Wärme entgegenkommt. Überrascht und seltsam hingezogen lenken Sie Ihre Schritte hinein und stehen vor einem Menschen, dem eindrucksvollsten Menschen, den Sie je gesehen haben. Augen, die so tief und so klar sind, blicken Sie offen und wissend an, voller Zuneigung und zeitloser Weisheit. In dieser Höhe kann auch nur ein überirdisches Wesen leben, denken Sie. Und dieser alte Weise scheint tatsächlich nicht nur über der Welt zu leben, sondern auch über ihr zu stehen. Von ihm selbst geht die eigenartige Wärme aus, und Sie merken nun, daß es mehr ein inneres Gefühl als äußere Wärme ist. Er scheint irgendwie Wärme in Ihrer Mitte auszulösen. Und ohne äußere Worte zu benutzen, läßt er Sie wissen, daß er die Schwelle zu jener Felskathedrale bewacht und nur jene hinüberlassen kann, die, wie Sie, bereit sind, alles Unnötige abzulegen und all die Dinge der Welt zurückzulassen, um den letzten Gipfel zu bezwingen. In diesem wortlosen Beisammensein geschieht vieles in Ihnen. Die eindrucksvollste Veränderung betrifft den Strom der Zeit, der einfach stillzustehen scheint. Es vergeht hier keine Zeit – und doch ist alle Zeit da – und Sie wissen, daß der alte Weise auch Meister über die Zeit ist: Er hat sie angehalten, und so steht sie in seiner Nähe still. Hier, in dieser Felsnische herrscht der ewig zeitlose Augenblick – und Sie dürfen nun auch in ihm leben. Diese Gewißheit verbreitet eine tiefe Ruhe und Zufriedenheit in Ihnen, und zugleich wissen Sie, daß Sie auch wieder hinaus in die Welt gehen werden, wo der Zeitstrom für Sie noch fließt. Etwas Bleibendes ist aber geschehen und hat sich für alle Zeiten geändert: Sie wissen nun um das Geheimnis der Zeit aus der eigenen Erfahrung Ihrer Mitte.

Grenzenloses Vertrauen und tiefe Bescheidenheit zugleich erfassen Sie, und Ihnen ist danach, dem Weisen Ihre Demut zu zeigen – und im selben Moment ist Ihnen bewußt, wie unnötig das ist, denn er sieht sowieso alles und bis in Ihre Tiefe. So knien Sie mehr für sich selbst nieder und spüren auch gleich die Demut, die in dieser Geste liegt – knien vor dem Hüter der Schwelle und spüren die Bedeutung des Augenblicks. Die Gewißheit teilt sich Ihnen mit, daß Sie jetzt, wo Sie einmal hier sind, immer zurückkehren können und daß der alte Weise immer für Sie da sein wird. Alle wesentlichen Fragen Ihres Lebens können Sie mit ihm besprechen, und aus der zeitlosen Tiefe des Augenblicks würde Ihnen Antwort werden. Jetzt aber treten alle Fragen zurück – vor Ihnen liegt nur noch der mächtige Felsendom, und die Frage nach dem Aufstieg klärt sich in Ihnen wie von selbst. Sie stehen auf mit dem Segen des alten Weisen und nehmen sich vor, bei nächster Gelegenheit und wann immer notwendig zu ihm zurückzukommen. Jetzt aber liegt der letzte Aufstieg vor Ihnen: Die Felsenkathedrale ragt hoch hinauf – Schneekristalle glitzern im Sonnenlicht wie Diamanten – die Erhabenheit dieser leblos kalten Welt teilt sich Ihnen unmittelbar mit. Wie geführt gelangen Sie zum Einstieg in die Felswand. Es ist, als wäre der alte Weise nun in Ihnen, Ihr innerer Führer. Jetzt, wo Sie den Einstieg gefunden haben, erweist sich der Aufstieg als gar nicht so schwierig. Fast wie auf Stufen gelangen Sie – Schritt um Schritt – höher. Viele scheinen schon vor Ihnen hier geklettert zu sein. Die Felsabsätze fügen sich zu Stufen für die Füße und Griffe, an denen Ihre Hände sicheren Halt finden. Das steilste Stück ist schon durchstiegen, und Sie wenden sich zum höchsten Punkt des Felsens, den ein kleines Gipfelkreuz markiert. Ihr Blick wandert über eine märchenhafte Landschaft. Die klare, weite Sicht reicht bis zum Horizont mit schneebedeckten Gipfeln gen Osten und Westen, Norden und Süden. Dort, aus dem tiefen Tal, sind Sie heraufgekommen, und Ihnen ist, als könnten Sie Ihren zurückgelegten Weg in der Landschaft erkennen, wie er sich erst in großen und dann immer kleiner werdenden Kreisen spiralförmig um den Berg schlingt. Und in diesem Moment erscheint Ihnen der Berg wie ein Symbol des Lebens: Die Wegspirale wird zu Ihrem Lebensweg. Unter dem Gewicht dieser Einsicht setzen Sie sich hin, den müden Rücken an das kleine Gipfelkreuz gelehnt. Der ganze lange Weg hat auf diesen Punkt gezielt – und jetzt sind Sie angekommen. Der Punkt, an dem Sie sitzen, ist tatsächlich der Mittelpunkt Ihrer ganzen Welt: Die Spitze des Berggipfels ist die Mitte des runden Felsendomes und die Mitte der Wegspirale, ja, die Mitte des Kreises um den Fuß des Berges. So wird der ganze Berg zum Symbol, zum Mandala, und Sie sitzen im Zentrum – in jenem Punkt, wo Raum und Zeit zusammenfallen und die Welt der Gegensätze aufhört zu existieren. Und bevor Sie eintauchen in diese Erfahrung, wird Ihnen noch bewußt, daß jeder Mensch solch einen Lebensweg hat mit solch einem Mittelpunkt, und eine Welle von Verständnis erfaßt Sie – Verständnis für die anderen Menschen, die, jeder für sich, genauso einzigartig sind wie Sie selbst und an der Spitze ihres eigenen Berges leben. Eine unbekannte Verbundenheit zu den anderen Menschen und Gipfeln breitet sich in Ihnen aus. Sie spüren Ihre Einzigartigkeit und zugleich die Verbundenheit mit allen anderen einzigartigen Wesen. In diesem Gefühl wird Ihnen die Kostbarkeit dieses Augenblicks so ganz bewußt – Lasten fallen ab – und mit der Erkenntnis, daß der Lebensweg eine Spirale ist und sein Ziel der Punkt der Mitte, lassen Sie sich fallen in die Tiefe dieser Mitte, sinken hinab – vorbei an verschiedenen Gedanken – heilige Berge – Geheimnis der Mitte – Stille – und dann hören Raum und Zeit auf und mit ihnen auch die Gedanken – im Augenblick des Hier und Jetzt, und es gibt keinen Grund, diesen Augenblick wieder zu verlassen – und – Sie können jederzeit mit einem tiefen Atemzug wieder auftauchen – und im Hier und Jetzt die Augen öffnen.*

Zeitmeditation

Chronos-Saturn, Planetenherrscher im Steinbock, gilt auch als Herr der Zeit. Sie können daher Zeit als Ausgangspunkt einer Reise in Ihre Mitte nehmen.

Besorgen Sie sich dazu eine Uhr, die nicht zu klein sein sollte, und stellen Sie sie an Ihren Meditationsplatz, etwa einen halben Meter vor sich, so daß Sie sie gut

---

* Diese Meditation ist auch als Kassette/CD erhältlich bei carpe diem. (siehe Anhang)

betrachten können. Begeben Sie sich nun in Ihre Meditationshaltung und lassen Sie sich Zeit, hier am Ort Ihrer inneren Reise anzukommen. Atmen Sie ein paarmal tief ein und aus, spüren den Kontakt mit der Unterlage, die Ihnen Halt gibt. Und mit jedem Einatmen werden Sie ruhiger und entspannter, lassen sich mit jedem Ausatmen tiefer sinken in die Unterlage, lassen immer mehr los von allem äußeren Geschehen, lassen los von allem, was Sie machen oder halten wollen, werden immer weiter und freier, bis vollkommene Ruhe in Sie eingekehrt ist. Und auch den Fluß der Gedanken lassen Sie kommen und gehen, halten nichts fest, geben sich dem ständigen Fließen hin und nehmen dazu den Atem als Ihren Führer, der auch in ständigem Fluß ist und kommt und geht. Und allmählich, wenn Sie ganz erfüllt sind von Ruhe und Ausgeglichenheit, richten Sie Ihre Aufmerksamkeit auf das Zifferblatt der Uhr vor Ihnen. Konzentrieren Sie sich ganz darauf, aber starren Sie nicht, sondern betrachten Sie es mit „weichem" Blick. Beobachten Sie die Zeiger, wie sie sich langsam bewegen, immer weiterwandern, ständig im Kreis gehen. Wenn Sie von Ihrem Konzentrationsobjekt abschweifen, lenken Sie Ihr Bewußtsein immer wieder sanft dahin zurück. Nach etwa zehn Minuten schließen Sie die Augen. Lassen Sie nun alle Gedanken und Empfindungen zu, die das Beobachten der Uhr in Ihnen ausgelöst hat. Versuchen Sie nun in sich zu erleben, wie sehr Ihr Zeitempfinden von Ihren Gefühlen abhängt, wie lang eine Stunde dauern kann, wie kurz sie wiederum in anderen Situationen ist. Machen Sie sich bewußt, wie relativ Zeit ist, obwohl sie andererseits ein so strukturiertes und genaues Meßinstrument darstellt. Überlegen Sie auch, welche Rolle Zeit in Ihrem Leben spielt; wie oft ist die Zeit Herr über Sie, statt daß Sie Ihre Zeit beherrschen. Machen Sie sich klar, daß Sie von allem, was Sie ersehnen und erreichen wollen, nur durch Zeit getrennt sind. Versuchen Sie in den Meditationen eine Ahnung davon zu bekommen, daß Zeit eine Illusion ist, nur ein Teil des Spieles des Lebens in unserer Welt der Polarität, daß eigentlich in jedem Moment immer alles enthalten ist, daß in jedem Augenblick in der Gegenwart, Vergangenheit und Zukunft aufeinandertreffen ... Wenn Sie die Meditation beenden wollen, tun Sie das auf die übliche Weise, tief atmen, sich bewegen und zum Schluß die Augen öffnen.

Sanduhr-Meditation

Besorgen Sie sich zu dieser Meditation eine Sanduhr, möglichst eine größere, die wenigstens eine Viertelstunde läuft, zur Not genügen auch kleinere, wie sie etwa als Eieruhren zu haben sind. Besser wären dann allerdings schon jene Modelle, die in Saunen Verwendung finden und bis zu 20 Minuten laufen. Ideal wäre eine richtige Sanduhr, die aus geblasenem Glas besteht, zwei identische Bäuche hat, die durch die typische Enge verbunden sind, und die Sie vor sich aufstellen können. Zu Beginn drehen Sie die Uhr um, so daß der ganze Sand in der oberen Hälfte ist. Setzen Sie sich aufrecht und gerade hin, den Blick mühelos auf die Sanduhr gerichtet und durch nichts anderes abgelenkt. Am stimmigsten wäre ein dunkler Raum, in dem nur die Sanduhr beleuchtet ist und Sie selbst den Strom der Zeit aus dem Dunklen beobachten. Nehmen Sie sich einige (Minuten) Zeit, einfach zu schauen, den Sandkörnern folgend, wie sie durch die Enge in die andere Hälfte ihrer Wirklichkeit rieseln und das Verrinnen der Zeit im wahrsten Sinne des Wortes darstellen.

Und dann lassen Sie die Gedanken kommen, so wie sie gerade aufsteigen, angeregt von dem Abbild der Vergänglichkeit vor Ihnen. Bei allem bleibt der Blick auf der Sanduhr – er ruht mehr auf ihr, als daß er starr ausgerichtet ist. Sie sind konzentriert, aber entspannt und betrachten den Strom der Sandkörner, den Strom der Zeit und im Strom der Zeit den der Gedanken und Bilder. Die Bilder mögen symbolisch oder konkret sein, vom Wandel der Zeiten zeugen, in Gestalt des Tag-Nacht-Rhythmus oder des Jahreslaufs erscheinen. So wie der Abend den Tag beendet und der Morgen die Nacht, beendet der Winter den Herbst und dieser den Sommer. Der Sommer aber den Frühling, und der Frühling den Winter, und ewig so weiter fließt der Strom der Zeit. Und wie der Tod das Leben beendet, beendet die Geburt die Nacht des Todes und so weiter und so fort.

Und wichtige Phasen aus Ihrem eigenen Leben mögen auftauchen, in ihrer Zeitfolge Prüfungen, die Lernabschnitte beendeten, Altes zurückließen und Neues hervorbrachten, das irgendwann auch wieder zum Alten wurde, abfiel und davontrieb im Fluß der Zeit.

Und das Rinnen der Sandkörner wird Ihnen auch das Verrinnen der Lebensenergie spiegeln und die Sanduhr so zum Symbol des Lebens werden, und Ihnen wird klar, in welcher Phase Ihres Lebens Sie gerade jetzt sind. Ist mehr oder weniger als die Hälfte Ihrer Zeit schon verflossen?

So kann es gut sein, daß zwischendurch oder in einer anderen eigenen Meditationssitzung mit Ihrer Sanduhr Ihr Leben noch einmal abläuft, synchron zum Lauf der Sandkörner. Das Umdrehen der Sanduhr, das den untersten Sand nach oben kehrt, entspricht dann der Geburt, bei der Sie sich ja auch umdrehen mußten, um kopfüber in die polare Welt zu rutschen. Säuglingszeit und Kindheit werden folgen, die Pubertät als Ende der Kindheit und Anfang der Jugend usw. bis zum letzten Sandkorn.

Eine vom Thema sehr ähnliche Meditation können Sie mit einem Metronom ausführen. Der gleichmäßige Ton des Metronoms wird dann zum Symbol für den Fluß der Zeit und die Vergänglichkeit alles Irdischen. Das Metronom können Sie an die gleiche Stelle wie die Sanduhr stellen und aus dem Dunkel des Raumes dem symbolischen Fluß der Zeit lauschen.

Sie können natürlich auch beide Methoden kombinieren und während Sie auf die Sanduhr schauen, zugleich dem Schlag des im Hintergrund aufgestellten Metronoms zuhören. Wenn Sie in Ihrem dunklen Raum dann noch Weihrauch verbrennen und sich in harten, die Haut reizenden Stoff kleiden, haben Sie die wichtigsten Sinnesorgane auf das Prinzip des Saturn ausgerichtet, das ja den Steinbock regiert. Dann werden innen ganz von selbst Bilder und Symbole dieses Prinzips auftauchen, denn das Innen entspricht dem Außen und jede Form transportiert ihren Inhalt.

Natürlich ließe sich eine Meditation über den Fluß der Zeit auch gut an einem wirklichen Fluß machen. Suchen Sie sich dafür einen geschützten und bequemen Platz an einem Fluß- oder Bachufer, wo Sie das Wasser vorbeifließen sehen und vielleicht auch noch das Gurgeln und Sprudeln hören.*

Zeitreisen

Setzen oder legen Sie sich bequem an Ihren Meditationsplatz. Spüren Sie die Berührung Ihres Körpers mit der Unterlage, die Sie trägt, und lassen Sie sich mit jedem Atemzug tiefer in sie sinken, lassen damit immer mehr los, alles äußere Geschehen weicht immer mehr zurück. Sie sind einfach nur ganz hier, an Ihrem Meditationsplatz und spüren, wie Sie da liegen und immer noch tiefer sinken, spüren im Kontakt mit der Unterlage die Verbindung mit der Erde, die uns alle trägt. Und Sie gleiten dadurch gleichzeitig auch tiefer in einen Zustand der vollkommenen Ruhe und damit sanft in die Welt der inneren Bilder, in der es weder Zeit noch Raum gibt, in der einfach alles nur ist. Und wenn Sie ganz angelangt sind in dieser anderen Welt, entsteht vor Ihrem inneren Auge ein Tunnel. Tief und dunkel liegt er vor Ihnen, wartet darauf, daß Sie ihn betreten und durch ihn hindurchgehen. Und erst zaghaft, aber doch entschlossen machen Sie sich auf den Weg, treten ein in die Schwärze, die vor Ihnen liegt. Immer weiter tasten Sie sich entlang der kalten Steinwände, gehen weiter und weiter ... bis Sie in der Ferne einen Lichtpunkt wahrnehmen, der mit jedem Ihrer Schritte größer wird, Ihnen den Weg zeigt, der Sie hinausführt aus dem dunklen Tunnel und wo Sie bald in einer anderen Zeit ankommen werden. An Ihrem Handgelenk fällt Ihnen plötzlich eine Uhr auf, die Ihnen das Datum anzeigt, an dem Sie nun Ihre Zeitreise beginnen. Bald bemerken Sie auch, wenn Sie an dieser Uhr drehen, können Sie dadurch die Zeiten beliebig verändern. Mit dieser Sicherheit tauchen Sie nun ganz ein in die Bilderwelt dieser anderen Zeit, die Sie sich erwählt haben. Nehmen Sie Kontakt auf mit den Menschen, die Ihnen dort begegnen. Es kann auch sein, daß Sie sich hier selbst antreffen, und Sie können ein Gespräch führen mit diesem anderen Selbst von Ihnen. Lassen Sie sich

---

* Eine sehr schöne Beschreibung solch einer Meditation finden Sie in Hermann Hesses „Siddharta". Besonders zur Meditation geeignet ist auch „Hesse Between Music" von Peter Michael Hamel, der das entsprechende Stück aus Siddharta vertont hat.

von Ihren Empfindungen und Eindrücken durch diese Zeit leiten, gehen Sie immer weiter, lassen Sie Geschichte in Ihrer inneren Welt entstehen und erlebbar werden ... Wenn Sie Ihre Reise beenden wollen, genügt ein Gedanke an die Gegenwart, und Sie sind wieder ganz an Ihrem Meditationsplatz, wo Sie ein paarmal tief atmen, sich bewegen und dann die Augen öffnen, um wieder ganz im Hier und Jetzt zu sein.

Jahreszeiten-Meditation

In dieser Meditation geht es darum, dem Fluß der Zeit meditierend zu folgen. Im Mittelpunkt steht ein Baum, möglichst ein dem Steinbock-Prinzip nahestehender, wie etwa eine alte, knorrige Eiche.

Am besten, Sie suchen sich draußen einen Platz in der Nähe solch eines Baumes, so daß Sie ihn bequem im Blickfeld haben, oder aber Sie setzen sich unter ihn, lehnen sich vielleicht an den Stamm. Sie können diese Meditation allerdings auch in den Bildern Ihrer inneren Vorstellungskraft erleben und sich die alte Eiche von Anfang an vorstellen.

Schauen Sie den Baum genau an und auch sein jahreszeitliches Entwicklungsstadium. Wenn etwa gerade Frühling ist, betrachten Sie die Knospen und frühen Triebe und versetzen sich dann sogar in den Baum, bis Sie die Kraft des Frühlings in seinem – Ihrem Saft spüren können. Erleben dann die Entfaltung der zartgrünen Blätter und ihre Weiterentwicklung durch die Zeit, bis sie zu jenen kräftig grünen und fast harten Eichenblättern auswachsen. Erspüren auch das Kommen und Gehen der kleinen Blüten, aus denen im Laufe des Sommers bis zum Herbst die Samen, die Eicheln, werden. So erleben Sie mit dem Baum, ja in ihm, den Sommer mit seiner Hitze und der Sehnsucht nach Regen – und schließlich den Herbst. Ihre Blätter verfärben sich. Was nach außen so bunt und hübsch aussieht, ist doch der Beginn eines vorläufigen Endes. Mit dem Grün verschwindet langsam die Grundlage Ihres Stoffwechsels – nur das Grün kann das Sonnenlicht in Lebensenergie wandeln – die Zeit des aktiven Lebens geht also zu Ende und Sie durchleben diesen Abschied bewußt. Alles, was nicht mehr notwendig ist, um die kommende Zeit des Winters zu überstehen, muß nun losgelassen werden. – Und Sie fügen sich diesem Zwang der Reduzierung und ziehen Ihren Lebenssaft nach innen zurück.

So erleben Sie schließlich, wie Ihre Blätter zu Boden segeln, erfahren vor allem aber den Moment des Abknickens, des Brechens am Stengel und das Lösen – und Sie haben Tausende von Blättern und ertragen so auch diesen Moment tausendfach: das Loslassen von überflüssig Gewordenem. So lebenswichtig die Blätter bis vor kurzem waren, so überflüssig sind sie nun.

An dieser Stelle der Meditation ist ein guter Moment, um auch über Überflüssiges in Ihrem (menschlichen) Leben zu meditieren – über Dinge, die vielleicht eine Zeitlang lebenswichtig waren, nun aber sinnlos und überflüssig geworden sind. Es mag sein, daß Ihnen hier einiges begegnet, was Sie über seine Zeit festgehalten haben – und es würde dem Prinzip des Steinbocks und dieser Meditation gut entsprechen, es loszulassen. – Das äußere Loslassen folgt dann ganz leicht und konsequent.

Schließlich, wenn Sie die mehrtausendfache Trennung durchlitten haben, folgt der Winter und mit ihm die Zeit der Ruhe – der Starrheit und Kälte aber auch. Sie erleben als Baum die alles bedeckende Schneedecke, spüren die Schneepolster auf Ihren starken Ästen und die Kälte, die Ihnen aber nichts anhaben kann, denn alle Ihre äußeren Bereiche sind selbst wie tot, und den reduzierten und konzentrierten Lebensfluß in der Tiefe Ihres Stammes und Ihrer tiefen Wurzeln kann die Kälte nicht erreichen.

So spüren Sie auch die Starre und Eiseskälte der obersten Erdschicht. Diese Decke aus gefrorener Erde und die Schicht aus Schnee und Eis darüber sind aber auch eine Schutzschicht, denn darunter in der Tiefe des Erdreiches bleibt es warm, und so ist Ihre winterliche Ruhe gleichsam geschützt durch das weiße Leichentuch aus Schnee und Kälte.

Die Betonung dieser Meditation sollte auf Herbst und vor allem Winter liegen, denn hier verwirklicht sich das Prinzip des Steinbocks am deutlichsten. Natürlich ist es aber möglich, die Meditation mit jeder Jahreszeit zu beginnen. Mit dem Fluß der Zeit ist ja auch das Steinbock-Prinzip angesprochen, und so hat es auch seinen prinzipiellen Wert, den Zeitlauf durch die anderen Jahreszeiten im Bild des Baumes mitzuerleben.

Vergangenheits-Meditation

Setzen oder legen Sie sich in Ihrer bevorzugten Meditationshaltung hin, nachdem Sie sich eine geborgene Atmosphäre geschaffen haben. Leiten Sie dann die Meditation mit einer Entspannungsübung ein: Beginnen Sie mit Ihrem Gesicht – entspannen Sie Ihre Gesichtsmuskeln, Augen, Mund, Backen, Kiefer, Stirn. Wenn Sie alle Spannungen gelöst haben, stellen Sie sich vor, die Essenz dieses Entspannungszustandes sammelt sich in einem Wassertropfen, den Sie langsam in Ihr Gehirn fließen lassen, bis auch dort sich absolute Entspannung ausbreitet. Der Tropfen fließt dann weiter in Ihre Füße und von dort steigt dann sanfte Ruhe und Entspannung durch den ganzen Körper auf.

Genießen Sie diesen Zustand eine Weile und lassen Sie dann langsam Bilder aus Ihrer Vergangenheit aufsteigen. Hilfreich ist es, wenn Sie sich einen bestimmten Zeitraum dafür setzen, zum Beispiel ein Vorleben, die Zeit vor Ihrer Geburt, Ihre frühe Kindheit, das letzte Jahr, oder einfach nur den letzten Tag. Betrachten Sie alle Einzelheiten, die an Ihrem inneren Auge vorbeiziehen, und lassen Sie sie auf sich wirken. Beobachten Sie die vielen Augenblicke und Ereignisse ganz genau, beschreiben Sie für sich deren Wirkung auf Sie, auf Ihre Gefühle, Ihre Emotionen, Ihr Denken.

Betrachten Sie die vielen Situationen der Freude, des Kummers, der Wärme. Betrachten Sie in gleicher Weise sowohl Spitzenerlebnisse als auch die scheinbar grauen und unbedeutenden. Versuchen Sie dabei möglichst neutral zu sein und nichts zu bewerten. Alles ist einfach gut, weil es so ist, wie es ist. Versuchen Sie, die Botschaften der Vergangenheit, die für Ihre Gegenwart und wahrscheinlich auch Ihre Zukunft wichtig sind, zu entschlüsseln. Wenn Sie, ohne zu urteilen, zu werten, zu rationalisieren und zu etikettieren, beobachtet haben, dann entlassen Sie die Bilder aus Ihrer Vergangenheit. Lassen Sie sie zu Tropfen werden, die in einen frischen sprudelnden Bach fließen, der sie forttragt, bis sie irgendwann wieder im Urmeer ankommen, wo alle Erinnerungen und alle Zukunft wohnen. Lassen Sie dabei auch alle Schuldgefühle, Gewissensbisse, Ärger über Versäumnisse ... mit dem Bach wegfließen. Das Wasser als Symbol der Reinigung kann alles fortnehmen, was Sie daran hindert, den nächsten Tag wie neugeboren zu erleben.

Wenn Sie diese Meditation beendet haben, atmen Sie ein paarmal kräftig ein und aus, bewegen Ihren Körper und öffnen dann Ihre Augen.

Todes-Meditation

Vor dieser Meditation sollten Sie sich etwas Zeit nehmen, um sich mit der Binsenweisheit anzufreunden, daß auch Sie, wie jeder andere Mensch, irgendwann einmal sterben müssen. Ja, wir können feststellen, daß nichts so sicher ist wie unser Tod. Viele Kulturen und alle esoterischen Traditionen sehen einen großen Wert darin, sich dieser Gewißheit bewußt zu stellen, anstatt sie zu verdrängen, wie es etwa in unserer Kultur geschieht. Die verschiedenen Totenbücher, deren bei uns bekannteste Vertreter das tibetische und das ägyptische sind, zeugen von dieser Auseinandersetzung, und besonders das tibetische Totenbuch bringt auch für westliche Menschen geeignete Meditationen zum Sterben und der Reise danach.

In unserer Todesmeditation wollen wir uns allerdings dem Zeitraum vor dem Tode zuwenden. Dazu sollten Sie sich einen ungestörten Platz suchen und sich lang ausgestreckt hinlegen. Sie können entsprechende Räucherstäbchen entzünden oder Weihrauch verbrennen und eine passende Musik hören. In Frage kommen alle getragenen Meditationsmusiken, wie etwa die klassischen Oratorien oder Requien.

Dann stellen Sie sich vor, daß Sie nur noch ein Jahr zu leben haben. Spüren Sie zuerst einmal das Gefühl, wenn Sie dieses Urteil hören, etwa von einem Arzt. Und dann schauen Sie sich an, was jetzt für Sie wichtig ist. Was tun Sie, oder tun Sie überhaupt etwas? Was ist noch wichtig, und was wird wichtig? Was dagegen wird gänzlich unwichtig und fällt von Ihnen ab? Nehmen Sie sich eine halbe Stunde Zeit, um dieses letzte Jahr anzuschauen.

Die Zeit können Sie natürlich variieren und sich etwa auch eine ganze Stunde Zeit nehmen. Außerdem können Sie auch den Zeitraum, über den Sie meditieren, variieren und sich vorstellen, daß Sie noch 10 Jahre, oder 1 Monat, 1 Woche, 1 Tag, 1 Stunde zu leben haben.

Meditation mit dem Steinverbündeten

Steine sind das Gedächtnis der Erde. Für die Indianer ist „Bruder Stein" unser ältester Verwandter, in ihm ist die Evolutionsgeschichte der Erde gespeichert, er ist Zeuge der ganzen Geschichte unseres Planeten. Deshalb wurden auch die Steine von den Indianern wie weise Greise verehrt, die in das Wissen der Schöpfung eingeweiht sind. Als Meditationsobjekt können sie daher Vermittler sein, die die Weisheit der Natur und ihre Geheimnisse, die in den Uranfängen unseres Planeten verborgen sind, erhellen.

Jeder Mensch hat einen Verbündeten im Steinreich, der ihm als „Hilfsgeist" zur Seite stehen kann. Sie können Ihren Steinverbündeten auf folgende Weise finden:

Es ist möglich, daß Sie schon längst einen Stein haben, der, ohne daß es Ihnen bewußt ist, Ihr Verbündeter ist. Denken Sie darüber nach, wo Ihre Verbindung mit Steinen liegt: vielleicht haben Sie schon immer bestimmte Steine gesammelt, zu denen Sie sich besonders hingezogen fühlten. Oder Sie haben einen Stein geschenkt bekommen oder einen Stein gefunden, der irgendwo auf Ihrem Weg lag und Ihnen zu sagen schien: „Nimm mich mit!" Auch Körpersteine (Nieren-, Blasensteine ...) haben natürlich einen besonderen Bezug zu Ihnen und können Ihre Steinverbündeten sein. Es könnte auch sein, daß Sie schon öfter von einem bestimmten Stein geträumt haben. Versuchen Sie also herauszufinden, welche Begegnung mit einem Stein für Sie wichtig war. Wenn Sie dabei zu einem Ergebnis gekommen sind und Sie diesen Stein auch konkret besitzen, arbeiten Sie mit ihm weiter. Ansonsten, wenn Sie ihn zum Beispiel nur im Traum gesehen haben, versuchen Sie den Stein zu finden, draußen in der Natur, bei einem Juwelier oder in einem Mineralienfachgeschäft. Wählen Sie „Ihren" Stein sehr bewußt aus. Bedenken Sie, daß auch der Stein Sie finden will, lassen Sie sich also gleichsam von ihm „rufen". Nehmen Sie ihn in Ihre linke, die empfangende Hand und versuchen Sie zu erspüren, ob der jeweilige Stein mit Ihnen sein will. Das kann beispielsweise dadurch erkennbar sein, daß er sehr schnell in Ihrer Hand Wärme ausstrahlt. Vertrauen Sie dabei auf Ihre innere Stimme und Ihr Gefühl, der Stein hat zwar ein anderes Bewußtsein als wir Menschen, aber Sie können trotzdem mit ihm Kontakt aufnehmen.

Wenn Sie Ihren Stein in der Natur gefunden haben, wobei Sie bei der Suche ebenfalls auf intuitive Weise vorgehen, sollten Sie etwas Tabak als Geschenk an die Erde zurücklassen.

Nachdem Sie nun Ihren Stein erwählt haben, nehmen Sie ihn mit an Ihren Meditationsplatz. Legen Sie sich bequem hin, den Stein halten Sie in Ihrer linken Hand über Ihrem Nabel. Sie geben sich Zeit, an Ihrem Meditationsplatz anzukommen, machen ein paar tiefe Atemzüge und beginnen mit dem Ausatmen in sich hineinzuspüren, Ihren Körper wahrzunehmen, wie er da liegt, in Kontakt mit der Unterlage, die ihn trägt, spüren die Berührung mit dem festen Erdelement, lassen die Kraft der Erde in sich einströmen. Und Sie lassen immer mehr los, lassen Ihren Körper immer tiefer sinken und vertrauen ihn ganz der Unterlage an. Sie geben ihn ganz ab an die Erde, die ihn aufnimmt und für Sie trägt. Und wenn Sie dann ganz ruhig sind, losgelassen haben von allem äußeren Geschehen, lenken Sie Ihre Aufmerksamkeit auf den Stein, der in Ihrer Hand auf Ihrem Bauch ruht. Alle Bilder und Eindrücke, die nun in Ihnen auftauchen, beachten Sie genau. Lassen Sie sich so von Ihrem Stein seine Geheimnisse erzählen und versuchen Sie herauszufinden, wie er Ihnen helfen kann. Nach einer Weile halten Sie dann den Stein an Ihr Ohr und lauschen seinem „Klang", achten wieder auf innere Bilder, die er dadurch in Ihnen wachruft. Riechen und schmecken Sie Ihren Stein auch und tasten Sie ihn mit geschlossenen Augen ab. Prägen Sie sich die Formen, Bilder und Empfindungen, die Sie auf diese Weise „sehen", genau ein. Versuchen Sie so, wirklich in Wesen und Geschichte des Steines einzudringen, und beachten Sie die Gestalten, Gesichter, Symbole, die sich möglicherweise auf ihm befinden. Treten Sie in Kommunikation mit dem Stein, befragen Sie ihn, was die einzelnen Bilder und Zeichen bedeuten, die er Ihnen im Laufe der Meditation mitgeteilt hat, und wobei er Ihnen behilflich sein will, oder wie die Indianer es formulieren, was seine „Medizin" für Sie ist.

Wenn der Stein zu Ihnen „gesprochen" hat, können Sie die Meditation auf die übliche Weise beenden. Bewahren Sie Ihren Stein in einem Stück roten Stoffes auf, damit er seine Kraft behält.

Sie können den Stein auch nachts unter Ihr Kopfkissen legen und ihn bitten, daß er Ihnen im Traum begegnet.

Eine weitere Möglichkeit, mit Ihrem Steinverbündeten zu kommunizieren, wäre folgende:

Konzentrieren Sie sich auf ein Problem, das Sie haben, und erzählen Sie es laut Ihrem Stein, der an Ihrem Meditationsplatz vor Ihnen liegt. Sie berühren ihn dabei nicht. Betrachten Sie ihn nur ganz genau und achten Sie auf die Bilder und Gedanken, die dabei in Ihnen aufsteigen. Versuchen Sie daraus eine Botschaft zu lesen, die Ihnen eine Antwort auf Ihre Frage gibt. Wenn Sie wirklich eine Beziehung zu Ihrem Steinverbündeten entwickeln, werden Sie viele eigene Kommunikationsweisen und Übungen finden, die Ihnen die Welt der Steine eröffnen.

Fasten als Weg in die Mitte

Da dem Steinbock-Prinzip Kargheit und die Beschränkung auf das Wesentliche entsprechen, ist hier auch Fasten ein passender Weg zur eigenen Mitte.

Wesen und Tiefe des Fastens werden deutlich erkennbar, wenn man das Fasten in Analogie zum alchimistischen Prozeß setzt. Die Alchimie versucht den natürlichen Entwicklungsweg zu beschleunigen, sie wendet sich der Materie zu, um sie zu höchster Vollkommenheit zu bringen.

Ihr Vorgehen besteht, abstrakt betrachtet, aus drei Schritten: als erstes wird die jeweilige Materie in ihre drei Bestandteile Körper, Seele und Geist zerlegt. Die einzelnen Bestandteile werden dann vollkommen gereinigt, um dann im dritten Schritt im richtigen Verhältnis wieder zusammengefügt zu werden. Das Ergebnis ist durchgeistigte Materie.

Ein ähnlicher Prozeß läuft beim Fasten ab. Die Phase der Zerlegung entspricht den ersten ein bis drei Hungertagen. In der Phase der Reinigung nimmt uns die dem Körper innewohnende Intelligenz das meiste ab: es werden alte Schlacken abgebaut, was durch die Darmreinigung (Einläufe) auch von außen noch unterstützt wird. Da Körper und Seele ja zusammenhängen, findet parallel auch ein seelischer Reinigungsprozeß statt.

Den auf das Fasten folgenden Aufbautagen entspricht die dritte Phase des alchimistischen Prozesses. In ihnen werden die Weichen für ein gesünderes (=heileres) Leben gestellt.

Diese Dimension des Fastens, bei dem das Reduzieren des Körpergewichtes eine unwesentliche Begleiterscheinung ist, war zu aller Zeit und in allen Religionen Bestandteil religiöser Exerzitien. Fasten war und ist ein wichtiger Begleiter auf dem Weg der Bewußtseinsentwicklung. Durch die ständig fortschreitende Profanierung finden wir in den großen Religionen nur noch Reste dieses Reinigungsritus im karfreitäglichen Fasten der Christen, im Osterfasten der Griechisch-Orthodoxen, im Jom-Kippur-Fasten der Juden und im Ramadan der Moslems.

Alle großen Religionsstifter wie Jesus, Moses, Mohammed und Buddha hatten intensive Fastenerfahrungen und gewannen in diesen Perioden der Zurückgezogenheit, in der sie sich auf das Wesentliche beschränkten, wichtige Erkenntnisse. Von Mohammed stammen die Worte: „Beten führt auf halbem Weg zu Gott, Fasten bringt uns an die Tür des Himmels." Und Buddha soll gesagt haben: „Wenn

all mein Fleisch hinwegschwindet, wird die Seele immer heller, des Geistes Wachheit immer fester." Aus diesem Grunde wird auch vielfach das Fasten als Begleitmaßnahme bei Meditationskursen und bewußtseinserweiternden Psychotherapien eingesetzt.

Eine gute Zeit, um zu fasten, wäre zum Frühlings- oder Herbstbeginn, zur Zeit der Tagundnachtgleiche. Wenn Sie da länger fasten wollen, sollten Sie sich auf jeden Fall vorher informieren, worauf Sie achten müssen.*

Sie können Ihre Meditationen aber auch mit einem wöchentlichen Fastentag unterstützen. Lassen Sie dann diesen Tag zum Ritual werden, das Sie reinigt und erneuert. Beginnen Sie morgens, indem Sie sich bewußt waschen. Duschen Sie, und stellen Sie sich vor, wie das Wasser alle seelischen und körperlichen Unreinheiten wegspült. Wenn Sie sich auf diese Weise gewaschen haben, meditieren Sie. Machen Sie auch aus dem anschließenden Teetrinken eine Tee-Zeremonie. Versuchen Sie bei allen Tätigkeiten des Tages bewußt dabeizusein, und lassen Sie so den ganzen Tag zu einer Meditation werden.

Das Geheimnis dabei ist, daß Sie wirklich bei allem, was Sie tun, dabei sind. Dies meint auch die folgende Geschichte über einen erleuchteten Zen-Meister, der von einem Schüler gefragt wurde, worin das Geheimnis seiner Erleuchtung bestünde. Seine Antwort war einfach: „Wenn ich liege, liege ich, und wenn ich sitze, sitze ich, wenn ich stehe, stehe ich, und wenn ich gehe, gehe ich."

„Das kann es nicht sein", entgegnete der Schüler, „denn das tue ich ja auch."
„Ganz und gar nicht", antwortete der Meister: „Wenn du liegst, sitzt du fast, wenn du sitzt, stehst du schon, und wenn du stehst, gehst du schon in Gedanken."

---

* Ein guter Wegbegleiter in Ihrer Fastenzeit ist das Buch von Ruediger Dahlke "Bewußt fasten. Ein Wegweiser zu neuen Erfahrungen" (siehe Anhang)

Wassermann

Zeitraum: 21. Januar – 19. Februar
Symbol: ♒
Element: Luft
Planetenherrscher: Uranus
Prinzip: Aufhebung der Gegensätze, Entpolarisierung, Gleichheit,
die plötzliche Veränderung.
Kernsatz: „Ich sprenge Grenzen."

In der Zeit, in welcher die Sonne das Zeichen des Wassermanns durchläuft, zeigt sich die Natur in einer kühlen Klarheit, ohne jede Sinnlichkeit und von einer geistigen Seite. In langen klaren Winternächten können wir einen strahlenden Sternenhimmel sehen. Der Astrosoph Arthur Schult* schreibt dazu: „Das geistige Klima des Wassermann-Menschen ist der winterlichen Landschaft mit ihrer kühlen, kräftigen Luft und ihren frostklaren Sternennächten innerlich verwandt. Denn der Wassermann-Geborene sucht, befreit von allen organischen Bedingtheiten, einzudringen in das Reich des reinen Geistes. Die Abstaktion erreicht hier einen letzten Grad von Kühle und Klarheit. Eine bildferne, abstrakte, metaphysisch-übersinnliche Lebenshaltung wird angestrebt. Die verborgene Grundstruktur aller Dinge, das Kristallgesetz der Weltgestalten, tritt sichtbar und erfahrbar hervor. Alle Dinge sind im geistigen Sein gegründet. Von da aus sollen sie auch begriffen werden."

Im Symbol dieses Sternzeichens – dem reifen Mann, der Wasser aus einem Krug gießt – wird Ähnliches ausgedrückt. Da das Sternzeichen Wassermann dem Luftelement angehört, verbinden sich hier die Elemente Wasser und Luft. Im

---

*siehe Anhang

Wasser wird die Ich-Bezogenheit aufgelöst. Das Element Luft symbolisiert Erweiterung. Indem der Wassermann das Wasser aus seinem Krug gießt, bringt er es mit der Luft, dem Geist, in Verbindung. Auf diese Weise vereinigen sich symbolisch menschliche und kosmische Energie.

Der Wassermann strebt nach höchsten menschlichen Zielen. Er will in übersinnliche Dimensionen vorstoßen, will die Welt nicht in ihrer physischen, sondern in der essentiellen, transzendenten Form erfassen.

Im Wassermann erreicht der symbolische Entwicklungszyklus des Tierkreises einen Punkt, an dem die Entpersönlichung am weitesten fortgeschritten ist. Wir finden in diesem Zeichen den stärksten Anspruch an Freiheit als Ausdruck der Befreiung vom Ich.

Der Wassermann liegt dem Löwen gegenüber. Im Löwen wird die Individualität voll entwickelt und demonstriert, im Wassermann dehnt sich dieses Ich-Bewußtsein auf die Gemeinschaft aus. Der Astrologe und Psychotherapeut Roberto Sicuteri* formuliert dazu: „Die löwenhafte Individualität wird in seinem Gegensatz- und Komplementärzeichen zur Universalität, der Mensch wird zur Menschheit, das individuelle Bewußtsein tritt aus den Grenzen des Ich und geht in die überpersönliche Dimension ein. Der Mensch bleibt wohl Individuum, verliert aber seine persönliche Identität, um sich im Gemeinschaftsbewußtsein zu verwirklichen. Im Löwen dient der Mensch sich selbst, im Wassermann dient er der Welt."

Das Gemeinschaftsbewußtsein des Wassermanns äußert sich in dem Wunsch nach universaler Brüderlichkeit. Seine Gemeinschaft ist nicht die der Familie, der Liebesbeziehungen, sondern die Wahlverwandtschaft; er sucht die Gleichgesinnten.

Im Leitspruch der Französischen Revolution – „Freiheit, Gleichheit, Brüderlichkeit!" – steckt wassermännische Sehnsucht. Revolution, unvermeidliche Revolution, ist eine Entsprechung des Wassermann-Prinzips. Sie soll den im Zeichen des Steinbocks erbauten „vollkommenen Staat" zum Einsturz und neue Dynamik in die von Erstarrung bedrohte Entwicklung bringen. Der Planeten-

---

*siehe Anhang

herrscher des Wassermanns ist Uranus, dessen Qualität plötzlichen Veränderungen und dem Sprung aus der Entwicklung entspricht. Wassermann und Uranus: Das sind auch der Clown und der Verrückte. Nicht ohne Grund fällt der Karneval in die Zeit des Wassermann-Zeichens, wenn man seine Identität hinter einer Maske verbirgt, gemeinsam feiert, Standesunterschiede – vorübergehend – nicht mehr existieren. Im Wassermann werden Gegensätze aufgehoben. Er entfernt sich von der subjektiven Betrachtung der Wirklichkeit und versucht, die Polaritäten in ihrer Gleichheit zu erfassen. Es entsteht das Bild des androgynen Menschen, der Männliches und Weibliches in sich erkennt. Psychoanalytisch betrachtet, finden wir im Wassermann den Versuch, das bewußte Ich und den in das kollektive Unbewußte verdrängte Schatten der Personalität zu vereinigen. In einem erweiterten Sinn ausgedrückt, strebt der Mensch im Zeichen des Wassermanns nach der harmonischen Integration von Mikrokosmos und Makrokosmos.

Die Saat des Göttlichen im Menschen, unter dem Steinbock-Zeichen zum erstenmal erkenntlich, kommt im Wassermann zur Reife. Für Arthur Schult* gewinnt der Mensch in diesem Zeichen Verbindung mit himmlischen Bereichen: „Die wassermannhafte Intuition erschließt ihm die göttlichen Höhen des Überbewußtseins. Als höchster Sinn des Engelmenschen oder Wassermanns wird offenbar der „ewige Mensch", der „Mensch in Gott"." Dieser erleuchtende und vergeistigende Aspekt des uranischen Menschen hat seine negative Entsprechung in Exzentrik, revolutionären Bestrebungen, die zu Fanatismus führen können, im Anarchismus und einem überspitzten Freiheitsanspruch.

---

*siehe Anhang

Wassermann-Meditationen

Der Wassermann mit seinem Planetenherrscher Uranus ist dasjenige Zeichen, das Normierungen sprengt. Es symbolisiert das Plötzliche, Überraschende. Im Wassermann ist die Originalität zu Hause, er erhebt sich über die Polarität. Weil im Wassermann auch das Ver-rückte, das aus der Norm Fallende, enthalten ist, entspricht diesem Prinzip auch der Clown. Äquivalent sind daher die meisten der Wassermann-Meditationen.

Lach-Meditation

Lachen, plötzlich und befreiend, ist eine Form, das Wassermann-Prinzip einzulösen. Osho* empfiehlt, gleich morgens im Bett, noch bevor Sie die Augen richtig öffnen, herzhaft zu lachen. Rekeln Sie sich, strecken Sie sich und dehnen Sie jede Faser Ihres Körpers. Lassen Sie die Augen noch geschlossen und fangen Sie an zu lachen. Am Anfang wird es gekünstelt wirken, es ist auch gekünstelt, denn Sie müssen sich zum Lachen zwingen. Nach einigen Tagen wird es wie von selbst kommen, tief aus Ihrem Inneren, perlend und entspannend.

Stehen Sie nach etwa fünf bis zehn Minuten Lachen auf und nehmen Sie das empfundene, befreiende Gefühl mit in den Alltag. Sie werden feststellen, daß Sie immer häufiger einen Grund zum Lachen finden.

Grimassen-Meditation

Grimassenschneiden spielt in vielen alten Meditationen, vor allem im tibetanischen Raum, eine Rolle. Stellen Sie sich nackt vor einen großen Spiegel und schneiden Sie 15 bis 20 Minuten lang Fratzen. Hampeln Sie herum, machen Sie

---
*siehe Anhang

Blödsinn – und beobachten Sie sich dabei. Zuerst werden Sie sich nicht sehr wohl fühlen bei dieser Meditation und kommen sich ziemlich albern vor. Doch bald werden Sie merken, wie sich Ihre Befangenheit legt. Sie sind gelöst, und der Blödsinn bzw. die Clownerie, die tief in Ihnen verborgen war, kommt befreiend zum Durchbruch. Sie stellen fest, daß Ihr Körper Ihnen gehorcht. Mit jeder neu kreierten Grimasse, mit allen Faxen zeigen Sie, daß Sie mit ihm spielen können.

Stop-Meditation

Plötzliches Verharren und ein Nach-innen-Richten der Aufmerksamkeit spielen in manchen Meditationstechniken eine Rolle. Sie können folgende Methode zur kürzesten Meditationsart entwickeln:

Sagen Sie mindestens sechsmal am Tag plötzlich „Stop" – egal, wo Sie sind, egal, was Sie tun. Sie verharren genau in der Position, die Sie beim Stop-Kommando innehaben. Erstarren Sie jeweils für 30 Sekunden zur Salzsäule. Keine Bewegung ist mehr erlaubt. Sie bleiben stehen, sitzen, liegen und konzentrieren sich völlig auf die momentane Situation.

Flug-Imagination

Legen Sie sich entspannt auf eine Decke, die Sie am Boden ausgebreitet haben, und beginnen Sie mit der Grundformel des autogenen Trainings:

Ich liege ganz schwer und entspannt auf dem Boden. – Ich fühle meinen Körper ganz bewußt und intensiv. Ich fühle, wie schwer ich bin, wie gelöst, wie ruhig. Meine Hände und Arme sind ganz schwer. Mein Nacken und meine Schultern sind ganz schwer. Meine Füße und Beine sind ganz schwer. – Mein Gesicht ist entspannt und gelöst. – Ich lasse alles los, gebe alle Spannungen ab. – Ich bin ganz ruhig und entspannt.

Im zweiten Schritt geben Sie sich Ihrer Imagination hin. Sie lassen sich davontragen und genießen die Phantasiereise.

Ich stehe auf einem hohen Berg, oberhalb der Baumgrenze. Es weht ein lauer Wind, der Blick geht weit ins Land – über das Gras und über die Blumen am Hang

weit hinunter ins Tal. Rund um mich herum sind Hügel und Berge. Es ist ein Meer aus Farben und Formen.

Plötzlich sehe ich ein seltsames Gebilde. Ich gehe näher und kann erkennen, was es ist. Es ist ein Flugdrachen mit bunten Flügeln und Aluminiumstangen. Ich berühre den Drachen, denn ich bin neugierig. Ich steige in das Gestänge und gurte mich an. Es ist ein ganz sicheres Gefühl. Nichts kann passieren.

Dann nehme ich einen kurzen Anlauf und hebe ab. Langsam gleite ich durch die Luft. Ich höre die Geräusche des Windes im Gestänge. Ich fühle die Luft auf meiner Haut. Ich schwebe, fliege, gleite ohne Angst. Ich fühle mich frei, gelöst und sehr wohl.

Ich blicke um mich. Die Almwiese, auf der mein Flug begann, wird immer kleiner. Sie sieht aus wie ein Gemälde mit vielen sanften Grüntönen. Ich schwebe über einen Wald, nicht weit entfernt vom den Wipfeln, ein kühler Hauch steigt aus dem Forst auf. Die Luft ist frisch und klar.

Ich schaue und schaue. Nichts engt meinen Blick ein. Er reicht weit über die Berge hinweg. Nun schwebe ich über einem Gebirgssee. Das Wasser leuchtet grün zu mir herauf. Kaum zu erkennen ist das Kräuseln der Wellen. Da kommt ein kleines Dorf. Es liegt im Tal und sieht aus wie aus einem Bilderbuch. Die Menschen auf den Straßen und in den Höfen sind winzig. Auf einer Wiese spielen Kinder.

Ich fühle mich so frei, entspannt und ruhig...

Lassen Sie sich von Ihrer Phantasie und dem Flugdrachen weitertragen, folgen Sie Ihren Gedanken und beenden Sie diese Imagination erst dann, wenn Sie Lust dazu haben. Atmen Sie tief ein und aus, rekeln und strecken Sie sich und öffnen Sie dann die Augen.

Sternschnuppen-Imagination

Beginnen Sie diese Phantasiereise mit der Grundformel des autogenen Trainings, die wir gerade bei der Flug-Imagination beschrieben haben. Stellen Sie sich dann vor, Sie seien eine Sternschnuppe:

Ich fliege durch einen nachtblauen Himmel. Immer weiter und sehr schnell. Aber die Geschwindigkeit ist in der Unendlichkeit des Weltalls nicht zu spüren. Nur ein leises Summen, wie von einem fernen Choral, und der Hauch warmer Sonnenwinde auf der Haut.

Ich fühle mich sehr wohl, es ist wie in einem wunderschönen Traum. Ich sehe Milliarden von kleinen, flackernden Lichtern vor dem samtblauen Hintergrund des Nachthimmels. Weit, weit sind sie noch entfernt, winzig klein sind sie, so zart und zerbrechlich.

Ich nähere mich den Lichtern. Sie werden größer, scheinen zu wachsen. Ich erkenne, daß es Sterne sind. Ich sehe viele Farben, alle Farben des Regenbogens. Die Sterne leuchten immer intensiver, je näher ich komme. Unendliche Weite umgibt mich...

Beenden Sie diese Imaginationsreise, indem Sie tief ein- und ausatmen, sich bewegen und dann die Augen öffnen.

Zen-Koan

Die Denk-Meditationen der Koan-Technik sind eine der vielen Formen des Zen. Koans sind kurze Texte, die einen Widerspruch oder ein Paradox enthalten. Mit dem Intellekt kann ein Koan nicht gelöst werden. Im Zen gibt es etwa 1700 Koans, meist in Frage-und-Antwort-Form, die auf dem Weg zur Erleuchtung beantwortet werden sollen. Das gelingt nur, wenn der Schüler fähig ist, die Grenzen des normalen Verstandes zu sprengen.

Einige Beispiele für Koans:

Ein Mönch fragte den Meister, ob sich das kosmische Bewußtsein auch in einem kleinen Hund zeigt. Der Meister antwortete: „Mu" – Nichts.

Ein Mönch bat den Meister: „Meister, ich bin ein Neuling, zeige mir den Weg." Der Meister antwortete: „Hast du schon dein Frühstück beendet?" Der Mönch bejahte. Darauf der Meister: „Geh und reinige die Eßschale."

Hakuin, ein japanischer Zen-Meister, klatschte in die Hände. Dann hob er eine Hand und forderte von seinem Schüler: „Höre den Ton der einen Hand."

Mit dem Intellekt eine Antwort auf Koans zu finden, ist unmöglich. Der Schüler versucht es dennoch und muß feststellen, daß ihm Logik, kausales Denken und Analyse nicht weiterhelfen können. Er versucht, den Intellekt auszuschalten. Das Problem des Koans wühlt in ihm. Er ist voller Zweifel. Immer, wenn er denkt, jetzt sei er der Lösung nahe, erkennt er, daß er weiter entfernt ist denn je zuvor. Überall verfolgt ihn das Koan. Er wird es nicht mehr los. Irgendwann beschleicht den Schüler das Gefühl, nicht im Koan stecke das Problem, sondern in ihm selbst. Das Chaos, das sein vergebliches logisches Denken verursacht hat, bemächtigt sich seiner ganzen Person. Das Ich des Schülers gerät in den Sog und verschwindet. Der Schüler wird zu dem Nichts, von dem der Meister in unserem ersten Beispiel gesprochen hat.

Aber immer noch darf der Schüler nicht aufgeben. Er muß weiterüben, bis es ihm gelingt, auch das Koan wieder loszuwerden. Dann hat er den Zustand absoluter Leere erreicht, in der das ganze Universum zu finden ist. Aus der hoffnungslosen Verzweiflung erwächst die erlösende Erleuchtung.

In dem Buch „Der Ton der einen Hand" stellt Yoel Hoffmann Koans und die Antworten vor. Doch auch damit ist man dem Ziel des Zen-Weges kein bißchen näher. Die Antworten sind nämlich für den Intellekt genauso wenig verständlich wie die Fragen. Nur Intuition und die gleiche Denkweise, die der Fragende hat, geben der Antwort einen tieferen Sinn.

Sufi-Witze

Eine ähnlich irrationale und anti-intellektuelle Qualität wie die Koans des Zen haben die Witze der Sufis. Sie werden damit zu einem paradoxen Meditationsgegenstand, der sich erst erfassen läßt, wenn man fähig ist, die eingefahrenen Bahnen des Denkens zu verlassen.

Der Sufi-Meister Idries Shah[*] erzählt die Geschichte des anscheinend törichten Weisen Nasrudin, der im Mittleren Osten sehr berühmt ist:

---

[*]siehe Anhang

Einmal traf ein Nachbar Nasrudin an, wie er kniend etwas suchte.
„Was hast du verloren, Mulla?"
„Meinen Schlüssel", sagte Nasrudin.
Nach einigen Minuten des Suchens sagte der andere Mann: „Wo hast du ihn fallen lassen?"
„Zu Hause."
„Ja, warum im Himmel suchst du dann hier?"
„Weil hier mehr Licht ist."

Sie mögen über diese heitere Geschichte schmunzeln und es dabei bewenden lassen. Sie können aber auch über diese Anekdote meditieren und dabei ihren tieferen Sinn entdecken: Was kann das Verlieren des Schlüssels bedeuten? Was mag das für ein Schlüssel sein? Was kommt dabei heraus, wenn wir uns von der vordergründigen Aussage entfernen und den Schlüssel als eine Metapher betrachten? Was ist dann „zu Hause", und warum sucht Nasrudin an einer Stelle, wo „mehr Licht" ist?

Versuchen Sie, in Ihrer Meditation Nasrudin zu sein, stellen Sie sich den Schlüssel, das Licht vor, versetzen Sie sich in Nasrudins Lage. Wo suchen Sie am falschen Platz nach welchem Schlüssel?

Eine lesens- und bedenkenswerte Sammlung der „Fabelhaften Heldentaten des vollendeten Narren und Meisters Mulla Nasrudin" hat der im Westen lebende Sufi-Meister Idries Shah herausgegeben*. Ein Beispiel aus diesem Buch:

Nach einer langen Reise fand Nasrudin sich mitten im mahlenden Menschengedränge von Bagdad. Es war die größte Stadt, die er je gesehen hatte, und die durch die Straßen strömende Menschenmenge verwirrte ihn.

„Ich möchte wissen, wie es die Leute machen, um sich hier nicht selbst zu verlieren und überhaupt noch zu wissen, wer sie sind", so grübelte er.

---

*siehe Anhang

Dann dachte er: „Ich muß mich gut an mich erinnern, sonst gehe ich mir womöglich verloren."

Er eilte in eine Karawanserei. Ein Spaßvogel saß auf einem Bette neben dem, das man Nasrudin zugewiesen hatte. Nasrudin wollte ein Schläfchen halten, aber er hatte eine Schwierigkeit: Wie sollte er sich wiederfinden, wenn er aufwachte?

Er vertraute sich seinem Nachbarn an.

„Ganz einfach", sagte der Spaßvogel, „hier ist ein aufgeblasener Ballon. Binde ihn an deinem Bein fest und lege dich schlafen. Wenn du aufwachst, schau dich nach dem Mann mit dem Ballon um, und der bist du." – „Großartige Idee!" sagte Nasrudin.

Ein paar Stunden später wachte der Mulla auf. Er schaute sich nach dem Ballon um und entdeckte ihn am Bein des Spaßvogels. „Da bin ich ja!" dachte er. Dann aber trommelte er den anderen Mann in wahnsinniger Angst aus dem Schlaf. Der Mann erwachte und fragte, was los sei.

„Es ist geschehen, was ich befürchtete." Nasrudin zeigte auf den Ballon:

„Wegen des Ballons kann ich sagen, daß du ich bist. Aber – wenn du ich bist – wer, um Gottes willen, bin denn ich?"

Geführte Wassermann-Meditation

Legen Sie sich bequem hin, auf dem Rücken ausgestreckt, die Beine nebeneinander, die Arme locker seitlich vom Körper und spüren Ihr Gewicht auf der Unterlage, fühlen bewußt zu der Stelle, wo Ihr Hinterkopf aufliegt, und dorthin, wo Ihre Waden vom Gewicht der Beine flachgedrückt werden. Spüren das Gewicht Ihres Körpers mit jedem Ausatmen tiefer sinken, tiefer und schwerer in die Unterlage, die Sie trägt, und in die Entspannung. Mit jedem Einatmen werden Sie dagegen leichter, heben sich mit der Brustwand ein wenig empor oder mehr, jedes Einatmen holt neue Luft herein, Sauerstoff und damit Lebenskraft. Und Sie werden mit der einströmenden Luft immer weiter, leichter und freier auch, und mit jedem Ausatmen sinkt Ihr Körper tiefer, wird schwerer und läßt ganz los, und Sie lassen los und lassen den Körper fallen mit dem Ausatmen, während Sie selbst mit jedem Einatmen leichter werden, fast so leicht wie die Luft, die Sie einatmen, jetzt oder gleich, die wellenförmigen Bewegungen des Atems führen Sie, und Sie lassen sich führen, genießen es, mit jedem Einatmen freier und ungebundener zu werden, mit jedem Ausatmen aber den Körper los- und sinken zu lassen in die Unterlage und in die Entspannung. Und so erlauben Ihnen die wellenförmigen Atembewegungen, sich zu lösen von der Schwere des Körpers und loszulassen, jetzt gleich oder in einem Augenblick. Die Gedanken haben sich schon längst gelöst, sind frei und fließend, schweben eigentlich, und Sie folgen ihnen, lassen sich mitnehmen, und die Gedanken kommen und gehen wie der Atem, nur sprunghafter, und leicht und frei, voller Bilder und Farben, ein wenig wie die Töne und Worte. Und die Töne lösen ihrerseits Gedanken und Bilder aus, und Sie folgen diesen Bildern, lassen sich auch von ihnen mitnehmen, in Ihre eigene Welt. Die Gedanken schweben wie Schneeflocken durcheinander und werden zu Schneeflocken, oder eher noch zu Eiskristallen, die in eiskalter klarer Winterluft tanzen und das Sonnenlicht in unzählige Blitze verwandeln, und schon übernehmen die Gedanken den Eindruck, und richtige Blitze formen sich daraus, die Blitze eines gewaltigen Gewitters, das mitten im Winter tobt – irgendwo in der Ferne. Der Himmel wird von Wetterleuchten scheinbar zerrissen, die Blitze wirken eigenartig fremd in der eisigen Luft, und Ihnen ist, als schwebten Sie durch die Winterlandschaft auf eine geheimnisvolle, steil nach oben ragende Pyramide zu – oder ist es eine Kathedrale? Beim Näherkommen erkennen Sie, daß das ganze Bauwerk aus Glas ist, eine riesige gläserne Pyramide, jedoch nicht glatt, sondern voller Türme und Spitzen, und darin einer Kathedrale nicht unähnlich. Dieser gläserne Palast in der vor Kälte klirrenden Winterlandschaft hat etwas Irreales und doch Faszinierendes, und es zieht Sie mächtig hinein. Kaum sind Sie eingetreten, ist der Winter mit einem Schlag vorbei und eine exotische Umgebung nimmt Sie auf. Der Glaspalast ist so groß, daß er einen wundervollen Garten enthält, und hätten Sie ihn nicht von außen gesehen, so müßten Sie glauben, er sei offen zum Himmel. Unbekannte und eigenartige Pflanzen wachsen da, und die seltsamsten Tiere, die

Sie je gesehen haben, vor allem bunte Vögel bevölkern die weite Kuppel. Viele Arten von Papageien gibt es da und Kolibris, farbenprächtige kleine Federknäuel, die eher wie Insekten wirken, und sogar Eisvögel beleben einen kleinen See und tauchen im Sturzflug in das klare blaugrüne Wasser, um manchmal mit silbern blitzenden Fischen im Schnabel wieder aufzutauchen. Aber eigenartigerweise gibt es in diesem Glaspalast nicht nur natürliches Leben, sondern auch viel künstliches. Die fremdartigen und oftmals bizarren Pflanzen liegen in farbiges Kunstlicht getaucht, dessen Quelle geheimnisvoll verborgen bleibt. Eigenartig metallische Farben sind es vor allem, die in ihrer Künstlichkeit den natürlichen Gewächsen einen besonderen Reiz verleihen. Auch bilden die Lichter ihrerseits bizarre Muster auf den Blättern und Stengeln der zu einer Einheit verwobenen Pflanzenwelt, fast wie irisierendes Laserlicht, und manchmal wissen Sie kaum zu unterscheiden zwischen dem Gewirr der herabhängenden Luftwurzeln und Lichtlianen, die sich über die Pflanzen legen und in den Glasfenstern der durchsichtigen Pyramide widerscheinen. Wohl ist es die geheimnisvolle Kraft der Pyramidenform, die dieses symbiotische Leben voller Überraschungen möglich macht. Das magische Licht, das alles in seinen Bann taucht, verändert sich auch noch zusätzlich ständig. Auf den Flügeln der unzähligen Schmetterlinge geht es eine faszinierende Verbindung mit deren eigenen Farben ein, und die schnellen Bewegungen der Flügel verändert sogleich wieder alles. Auch die Oberfläche des kleinen Teiches ist ja nie ganz in Ruhe und beteiligt sich so am Spiel der bunten Muster, und die Insekten und die Fische tragen ihren Teil dazu bei: Libellen spiegeln sich auf der Oberfläche, Wasserläufer tanzen in ihren ruckartigen Zickzackbewegungen darüber und leuchtend bunte Fische und Massen winziger Wasserflöhe spielen darunter. In der Nähe des Sees sprudelt ein Geysir empor, auch sein hoher kräftiger Wasserstrahl ist wie von innen beleuchtet und sein Licht wechselt vom hellen Blau des Aquamarins über Türkis bis zu Grün. Selbst die Dampfwolken, die von der heißen Quelle aufsteigen, nehmen noch schwach die Farbtöne an. Versunken in dieses einzigartige Schauspiel vergessen Sie Zeit und Raum, und als plötzlich aus dem Nirgendwo Gestalten auftauchen, sind Sie gar nicht so überrascht. Ein phantasievoller Maskenball scheint sich in dieser funkelnden Welt anzukündigen. Die skurrilsten und eigenwilligsten Erscheinungen sammeln sich um den kleinen Teich. Prächtige Masken schauen durch die Büsche, und die absonderlichsten Kostüme präsentieren sich am Ufer. Wohl stecken Menschen wie Sie in den Larven, und doch scheinen einige eher Vogel- und andere Tiergestalten zu sein. Mit wippenden Flügeln und voller bunter Federn hüpft da ein Vogelmensch vor Ihre Füße, und ein überdimensionaler Schmetterling umflattert Sie. Seine langen Fühler berühren Sie fast, und doch schaut er aus eindeutig menschlichen Augen direkt in Ihre. Dort hinten gehen ein rotschwarzer Teufel mit bösartigen Hörnern und Pferdefuß und ein leuchtend weißer Engel mit strahlenden Flügeln Arm in Arm. Der Vogel- und der Schmetterlingsmensch nehmen Sie nun in ihre Mitte und führen Sie zum Maskenball. Sie brauchen sich Ihr Kostüm nur zu wünschen, und schon sind Sie ein Harlekin, die neuen farbenprächtigen Kleider wachsen Ihnen in Sekundenschnelle, und da setzt auch noch Musik ein, fröhlich klingend, die genau hierher paßt, lustige synthetische Klänge, von Flöten vielleicht, oder Instrumenten aus einer ganz anderen Zeit. Und Sie lassen sich mitnehmen von den Tönen und nehmen teil am Tanz der Masken, leben aus dem Gefühl das Harlekins und tanzen seinen, Ihren Tanz. Und während die Musik schneller wird und Sie mitgehen, werden Sie immer mehr zum Tänzer, erheben sich auf die Zehenspitzen und vollführen waghalsige Sprünge, und originelle Bewegungen gehen über in einen klappernden Steptanz. Die Bänder und Quasten Ihres Gewandes wirbeln durcheinander – Sie tanzen und tanzen aus jeder Reihe, werden vom Harlekin zum Clown, und Ihrem Einfallsreichtum sind keine Grenzen gesetzt. Sie machen Ihre Sprünge und reißen Ihre Witze, und die anderen schrillen Gestalten fügen sich lachend in Ihr Spiel ein. Ein fliegender Fisch gesellt sich zu Ihnen und will Sie mit sich ins Wasser holen. Da schweben Sie aber doch lieber mit einer schneeweißen Möwe davon, und weil es so schön ist, nehmen Sie selbst Möwengestalt an. Der spontane Wechsel macht Ihnen gerade Spaß, und Fliegen, so leicht und frei wie eine Seemöwe, erfüllt einen alten langen Traum. Die Töne tragen Sie höher hinauf in den Himmel des Glaspalastes – da ist es ebenso schön und genauso eigenartig, nur vielleicht noch freier und ungebundener – hier oben im Reich der Luft Ihre Freiheitsliebe zu leben und in einem Baumhaus unter Vögeln zwischen Misteln zu wohnen – welch eine originelle Abwechslung! Doch zu lange wollen Sie Ihr Menschsein auch nicht missen, und da kommt Ihnen ein genialer Gedanke – warum nicht weiterfliegen als Mensch? – und kaum gedacht, sind Sie schon Pilot eines unglaublichen Fluggerätes – leicht und schnell, ja gedankenschnell. Sie haben den Steuerknüppel Ihrer genialen Erfindung fest in der Hand und können fliegen, wohin Sie wollen. Der Glaspalast ist nun viel zu klein, und Sie verlassen den Maskenball nach oben, in die Freiheit des Himmels, düsen mit Ihrer feinstofflichen Rakete, wohin es Sie zieht. In Gedankenschnelle gelangen Sie an jeden Ort und können aus der Vogelperspektive betrachten, was immer Sie fasziniert. Und es gibt da einiges, was Sie anzieht, – an Ideen soll es Ihnen nun wirklich nicht mangeln –, und tatsächlich können Sie den Steuerknüppel auch Ihrer Intuition übergeben. Die Hände folgen nun nicht mehr den Befehlen aus der Kommando- und Schaltzentrale des Gehirns, sondern reagieren ganz sensibel auf die leisesten Regungen Ihres Bauchgefühls. So gelangen Sie an Orte, an die Sie nie bewußt gedacht hätten und die Sie doch staunen machen. Die Welt liegt Ihnen zu Füßen – von den schneebedeckten Spitzen der Berge bis zu den Oasen der Wüsten, von der eisigen Welt der Antarktis bis zu türkisfarbenen Südseelagunen mit ihren schillernden Korallen und Fischen.

Alles liegt nun in Ihrer Reichweite, und Sie können ansteuern, was immer Sie wollen aus der Kraft Ihrer Gedanken, Sie allein liefern den Treibstoff für Ihr geniales Fluggerät.

Und doch bleibt auch nach solcher Reise noch ein Wunsch offen. Die Welt in Gedankenschnelle zu bereisen, ist spannend, doch um sie aus den Angeln zu heben, bedarf es eines tiefergehenden Geistesblitzes – nicht nur der Raum sollte sich öffnen – nein, auch die Zeit. Und so lenken Sie Ihre unkonventionellen Gedankenblitze in diese Richtung, und nach dem selben Prinzip wie Ihr Fluggerät entsteht die Raum-Zeit-Maschine vor Ihrem geistigen Auge. Und nun hat Ihr Höhenflug auch eine Tiefendimension. Wieder liefern Gedanken den Treibstoff und wieder brauchen Sie nur an den entsprechenden Ort und die gewünschte Zeit zu denken, und ab geht der Flug, auf den Schwingen der Gedanken in die Dimension Ihrer Wünsche.

Die Grenzen sind überwunden, und eine neue Freiheit wird Wirklichkeit – jenseits von Raum und Zeit.

Und sogar diese fast vollkommene Freiheit verträgt noch Abwechslung, und der Gedanke kommt Ihnen, daß es zu all den Sensationen und dem Fernweh der Ideen auch ein Gegengewicht gibt – Konstanz und Beständigkeit und die Fähigkeit, zu bleiben, bei einem Menschen zu bleiben und bei einer Sache, und auf einem Weg auch. Und die Frage taucht aus Ihrem Herzen auf, wie es damit in Ihrem Leben steht. Gibt es genug Freiheit und auch Beständigkeit? Geben Sie Ihrer Kreativität Raum und Disziplin, um sich auszudrücken, bekommt die Verwirklichung Ihrer Ideen damit eine Chance? Weht Leichtigkeit durch Ihr Leben – und hat es trotzdem auch Tiefe? Mit diesen Fragen beenden Sie für jetzt Ihren Höhenflug, und wie es zu Ihnen paßt, benutzen Sie den Fallschirm, springen aus Ihrer Raum-Zeit-Maschine ab und gleiten sanft und beschwingt herab ins Hier und Jetzt – und orientieren sich mit einem tiefen Atemzug, bevor Sie die äußeren Augen wieder öffnen.*

Kristall-Meditation

Kristalle sind die „Sterne" unter den Steinen. Sie sind Energiespeicher ganz besonderer Art und werden deshalb auch seit urdenklichen Zeiten bei Heilungen und anderen magischen Handlungen eingesetzt. Suchen Sie sich deshalb auch unter den Kristallen einen Steinverbündeten.

Da Kristalle sehr aufnahmefähig sind, sollten Sie Ihren, bevor Sie ihn einset-

---

* Diese Meditation ist auch als Kassette/CD erhältlich bei carpe diem. (siehe Anhang)

zen, reinigen und mit Energie aufladen. Legen Sie ihn dazu drei Tage und Nächte lang in eine Schüssel mit Salzwasser oder vergraben Sie ihn ebenso lange in Sand. Sie sollten den Kristall auch nach jeder Anwendung über Nacht in Salzwasser legen und damit reinigen. Aufgeladen wird ein Kristall mit Sonnenenergie. Dazu legen Sie ihn mit seiner Spitze nach oben gewandt 24 Stunden in die Natur. Dann vergraben Sie ihn zwei Tage und Nächte in der Erde, dabei wird er mit Erdenergie aufgeladen. Auch Kristalle sollten in roten Stoff gewickelt aufbewahrt werden, damit sie ihre Kraft nicht verlieren.

Wenn Sie den Kristall so gereinigt und aufgeladen haben, ist er bereit, Sie in Ihrer Meditation zu begleiten. Sie können dabei ebenso verfahren, wie es weiter oben mit dem Steinverbündeten beschrieben wurde.

Eine weitere Möglichkeit, mit dem Kristall zu meditieren, ist das Kristallsehen. Begeben Sie sich dazu wiederum an Ihren Meditationsplatz, wo Sie mit einer Lichtquelle, am besten einer Kerze, den Kristall gut beleuchten können. Es ist auch möglich, diese Meditation draußen im Sonnenlicht oder bei Vollmond im Mondschein zu machen. Wenn Sie alle Vorbereitungen getroffen haben, setzen Sie sich an den Ort Ihrer Meditation, der Kristall liegt so, daß Sie ihn im Lichtschein gut betrachten können, vor Ihnen. Sie lassen Ruhe in sich einkehren, geben sich Zeit, ganz da zu sein, wo Ihre innere Reise gemeinsam mit dem Kristall beginnt, werden Ihrem Atem folgend immer ruhiger und ausgeglichener und nähern sich immer mehr Ihrer Mitte, in der absolute Ruhe herrscht, wie in der Nabe eines Rades. Und in diesem Zustand der Ruhe und Gelassenheit richten Sie Ihre Aufmerksamkeit auf den Kristall. Nach einer Weile der Betrachtung – starren Sie nicht, sondern schauen mit weichem, auf unendlich eingestelltem Blick – werden Sie immer stärker das Gefühl bekommen, als würden Sie in das Innere, das Wesen des Kristalls eingehen. Und wie Sie so in das Innere des Kristalls wandern, erkennen Sie ihn als Spiegel für Ihr eigenes Inneres. Bilder und Gestalten entstehen vor Ihren Augen, der Kristall hilft Ihnen zu sehen. Sie können dem Kristall auch Fragen stellen, und er wird Ihnen mit Bildern oder Zeichen in Ihnen antworten.

Verweilen Sie so lange in der Meditation, bis Sie glauben, daß Sie die Botschaft des Steines erreicht hat. Sie sollten diese Meditation auch öfter wiederholen und immer wieder in Kommunikation mit Ihrem Kristall treten; wenn er Ihr Steinverbündeter ist, will er behandelt werden wie ein Freund.

Nach der Meditation wickeln Sie ihn wieder in ein Stück roten Stoffes, nachdem Sie ihn unter fließendem Wasser gereinigt haben. Wenn Sie ihn für Heilzwecke verwendet haben, sollten Sie ihn einige Stunden in Salzwasser legen.*

Kundalini-Meditation

Dies ist eine von Osho** kreierte Sonnenuntergangsmeditation, die in vier Phasen von je 15 Minuten verläuft.

Suchen Sie sich dazu wieder einen Platz, der Ihnen für diese Meditation geeignet erscheint. Sie sollten dafür auch wenig und locker sitzende Kleidung tragen. Stellen Sie sich dann an den Platz dieser Meditation und spüren Sie erst den Kontakt der Füße mit dem Boden und verlagern all Ihr Gewicht in Ihren Schwerpunkt im Hara. Geben Sie sich Zeit, am Ort Ihrer Meditation anzukommen, und beginnen Sie erst dann mit der ersten Phase und schütteln sich. Lassen Sie dabei ganz los, lassen sich schütteln, ja werden zum Schütteln. Die Bewegung sollte ganz von selbst kommen, ohne daß Sie sie erzwingen. Osho meint dazu: „Wenn ich sage, schüttle dich, so meine ich, schüttle deine Härte. Dein Wesen, das einem Felsblock gleicht, muß bis auf die Grundfesten erschüttert werden, damit es flüssig wird, fließend, damit es verschmilzt und strömt. Und wenn dein erstarrtes Wesen fließend wird, geht dein Körper mit."** Die Augen können in dieser Phase der Meditation offen oder geschlossen sein.

Nach 15 Minuten gehen Sie in die zweite Phase: Tanzen Sie eine viertel Stunde lang, wie Sie sich gerade fühlen, erzwingen Sie wieder nichts, sondern lassen Sie geschehen, lassen Sie sich gleichsam tanzen.

---

* Weitere Informationen über den Umgang mit Steinverbündeten finden Sie in Lu Lörlers Buch "Die Hüter des alten Wissens" (siehe Anhang)
**Osho: „Das Orangene Buch" (siehe Anhang)

In der dritten Phase bleiben Sie nun 15 Minuten ganz still stehen – Sie können sich aber auch setzen – und beobachten, was in Ihnen und um Sie geschieht.

In der letzten Phase, die wiederum 15 Minuten dauert, legen Sie sich bequem hin, schließen die Augen und lassen geschehen, was geschehen will und mag.

Sie beenden dann diese Meditation, indem Sie Ihren Atem wieder bewußt aufnehmen, Ihren Körper sanft bewegen und schließlich die Augen öffnen.

Out-of-Body-Reisen

Legen Sie sich bequem an Ihren Meditationsplatz, die Beine nebeneinander, die Arme seitlich vom Körper. Lassen Sie sich tragen von der Unterlage, auf der Sie liegen, werden immer schwerer und sinken immer tiefer, lassen immer mehr los von allem Sollen und Wollen, lassen einfach geschehen, was geschehen will und mag. Und während Sie hier liegen, Ihr Körper immer schwerer wird und immer tiefer sinkt, wird Ihr Atem immer leichter und freier. Und je länger Sie hier liegen, ganz im Augenblick, und einfach alles geschehen lassen, loslassen, spüren Sie, wie Ihre Seele und Ihr Bewußtsein sich immer weniger an den Körper und immer mehr an den Atem binden, mit ihm immer weiter, leichter und freier werden. Sie geben sich diesem Zustand der Freiheit hin, fühlen sich fast wie ein Hauch, der leicht und sanft im Wind tanzt. In Ihren Gedanken bilden Sie nun einen Kreis aus weißem Licht, das aus Ihrer Herzgegend ausströmt um sich, das Sie im Uhrzeigersinn einschließt. Und Sie wissen, daß dieser Kreis Sie auf Ihrer ganzen Reise schützen wird. Wenn Sie dann einen Zustand tiefer Meditation erreicht haben, versuchen Sie sachte, aus Ihrem Körper zu gleiten. Stellen Sie sich dabei vor, Ihr Körper ist wie ein Kleid, das Sie mit einem Reißverschluß öffnen und einfach ausziehen.

Oder Sie versuchen, sich seitlich aus Ihrem Körper herauszurollen, indem Sie den Kontakt mit ihm lockern und in Gedanken erst mal in ihm hin und her rollen.

Sie können sich auch einfach mit dem Kopf zuerst aus dem Körper erheben, so daß Sie dann im rechten Winkel zu ihm stehen. Wenn Sie Ihren Körper verlassen haben, was bei den meisten Menschen einiger Übung bedarf, obwohl jeder im Traum jede Nacht solche Out-of-Body-Reisen macht, drehen Sie sich Ihrem unter Ihnen liegenden Körper zu und betrachten ihn genau, mit dem Wissen, daß Sie jederzeit sofort wieder in ihn zurückkehren können. Und nun dürfen Sie wie im Traum mit Gedankenkraft und -geschwindigkeit überallhin reisen, wohin Sie wollen.

Sie können diese Out-of-Body-Reisen alleine üben, besser allerdings ist es, wenn Sie sich dafür erfahrene Lehrer suchen.* Wenn Sie Ihre Reise außerhalb des Körpers beenden wollen, genügt die kleinste Bewegung, und Sie finden sich wieder in Ihrem Erdenkleid, Ihrem Körper. Lassen Sie sich nun noch etwas Zeit anzukommen, bevor Sie ein paarmal tief atmen, sich bewegen und strecken und wieder die Augen öffnen.

Orakel-Meditation

Der Wassermann ist das zukunftsorientierteste Zeichen des Tierkreises. Deshalb eignen sich hier als Ausgangspunkt für Meditationen auch die vielen verschiedenen Orakeltechniken.

Die von der Symbolik her zum Wassermann passendsten wären natürlich Blitzbeobachtung und Vogelschau, aus denen schon die Etrusker in Italien den Willen der Götter für die Zukunft ablasen. So wird beispielsweise in einer Geschichte aus dem alten Rom erzählt, daß hundert Tage vor der Ermordung Cäsars ein Blitz in seine Statue einschlug und dabei den Anfangsbuchstaben (C) seines Namens zerstörte. Der dazu beauftragte etruskische Priester sagte daraufhin ohne langes Nachdenken, daß Cäsar in den nächsten hundert Tagen (C ist das lateinische Zahlzeichen für 100) ins Reich der Götter versetzt würde. Und so geschah es auch.

Da jedoch die Überlieferung der Originalschriften der Etrusker verlorenging, ist es wohl auch für den Wassermann sinnvoller, mit den vorhandenen Orakel-

---

* Der Amerikaner Robert A. Monroe hat aufgrund eigener Erfahrungen mit Out-of-Body-Reisen ein Institut und Ausbildungsprogramm begründet, mit dem Sie Reisen außerhalb des Körpers lernen können, es existiert auch ein Kassettenprogramm zu diesem Zweck. Außerdem sind von Robert A. Monroe drei Bücher über seine Erfahrungen mit Out-of-Body-Erlebnissen erschienen: Robert A. Monroe, „Der Mann mit den zwei Leben", „Über die Schwelle des Irdischen" & „Der zweite Körper"

büchern und -spielen zu arbeiten, wie beispielsweise mit dem chinesischen I Ging oder dem Tarot.

Eine entsprechende Orakelmeditation können Sie folgendermaßen gestalten:

Ziehen Sie vielleicht morgens, gleich nach dem Aufwachen, eine Tarotkarte aus Ihrem Spiel. Sie können dann eine kurze Erläuterung über ihre Bedeutung in einem Buch nachlesen, wichtiger jedoch ist, daß Sie das Bild der Karte genau betrachten und jede Kleinigkeit auf sich wirken lassen. Prägen Sie sich das Bild so gut ein, daß Sie es im Gedächtnis behalten. Dann begeben Sie sich in Ihre bevorzugte Meditationshaltung, schließen die Augen, und während Sie jetzt auf Ihrer inneren Leinwand weiter das Bild Ihrer Tarotkarte sehen, lassen Sie dazu Gefühle und Empfindungen, eigene Bilder in sich aufsteigen, Bilder, die sich auf die Aussage der Tarotkarte beziehen, mit deren Hilfe Sie eine Verbindung zwischen Ihrer Vergangenheit und Zukunft herstellen können. Auf ähnliche Weise ist es möglich, mit dem I Ging zu meditieren.

Werfen Sie ebenfalls morgens nach dem Aufwachen die entsprechenden Münzen oder Stäbchen und nehmen Sie dann die für diesen Tag bestimmten weisen Sätze mit in Ihre Meditation.

Es gibt unzählige verschiedene Methoden, um mit Orakelspielen zu arbeiten, lassen Sie sich also auch von Ihrer Intuition leiten, um die zu Ihnen passende zu finden oder zu erfinden.

Lichtquellen-Meditation

Setzen Sie sich bequem an Ihren Meditationsplatz, schließen die Augen, atmen einige Male tief ein und aus und lassen los von allem alltäglichen Geschehen. Alle äußeren Eindrücke und Ereignisse bleiben draußen, denn Sie öffnen sich nun ganz für Ihre innere Welt der Bilder und Töne, Gedanken und Stimmungen. Und mit jedem Ausatmen sinken Sie tiefer in die Unterlage, die Sie trägt, Sie lassen sich fallen und werden mit jedem Einatmen leichter. Und wie Sie nun da so liegen, alles geschehen lassen, was von selbst geschieht, spüren Sie, wie alles in

Ihre Mitte fließt: Atem und Töne, Bilder und Farben, Gedanken und Stimmungen fließen gleichsam in Sie hinein, strömen in Ihre Mitte, die Sie nun, wo Sie sich ihr zuwenden, immer deutlicher im Zentrum Ihrer Brust spüren. Und die Wellen Ihres Atems fließen hierher in diese Mitte – oder gehen sie von ihr aus? – Es ist auch gleichgültig – Sie spüren diese Mitte – Ihre Mitte – und öffnen sich dieser Erfahrung immer mehr, erleben sich selbst und Ihren Körper aus diesem Zentrum, um das alles kreist. – Die Leichtigkeit, die das Einatmen mit sich bringt, trägt Sie, und bald fühlen Sie sich von ihr aufgehoben und weggetragen, und gleichzeitig läßt Sie die Schwere des Ausatmens tiefer sinken – und beides ist angenehm, gehört zusammen und kreist wie alles um Ihre Mitte. Und so geschieht es auch, daß Sie immer weiter werden und sich die Grenzen Ihres Körpers aufzulösen scheinen, und das schadet nichts, denn Sie sind nun im Land der Träume, wo Grenzen ohnehin belanglos sind. Ein Gefühl von Freiheit breitet sich in Ihnen aus, und ganz hingegeben an diesen Zustand, erinnern Sie sich, daß Sie Lichtwesen sind. Und wie Sie sich dessen bewußt werden, öffnet sich eine Quelle in Ihrer Mitte und beginnt reines weißes Licht zu verströmen. Wie ein unversiegbarer Strom fließt es aus Ihnen heraus und bildet einen Kreis, der immer größer wird, erst Sie selbst umschließt, dann den Raum füllt, in dem Sie sich befinden, sich immer weiter ausdehnt, um Haus, Stadt, Land, den ganzen Planeten bis weit hinaus ins Weltall. Und wie dieses Licht sich verströmt, verbindet es auch alle Menschen und überhaupt alle Lebewesen. Und Sie spüren ganz deutlich, wie Sie gleichzeitig Teil dieses Lichtstromes und sein Urheber sind.

Dieses Gefühl, Teil des Ganzen zu sein, in dem aber wiederum alles enthalten ist, nehmen Sie mit in die äußere Welt, wenn Sie diese Meditation auf die gewohnte Weise wieder beenden.

Luft-Ritual

Suchen Sie sich einen Platz, wo Sie das Gefühl haben, dem Luftelement sehr nahe zu sein, am besten draußen in der Natur, auf einem hohen Berg oder auch in einem Baum, wenn dieser Ihnen sicheren Halt bieten kann. Schenken Sie nun allem in Ihrer Umgebung besondere Aufmerksamkeit. Begrüßen Sie den Baum oder den Platz, an dem Sie diese Übung ausführen werden. Versuchen Sie, alles um Sie herum mit allen Ihren Sinnen wahrzunehmen. Und dann öffnen Sie sich dem Luftelement. Geben Sie sich dem Wind hin, nehmen ihn in sich auf, versuchen die Luft regelrecht zu ertasten, anzufassen. Bitten Sie die Luft, sie möge alle Krankheiten und alle Verunreinigungen, vor allem jene im mentalen Bereich, mit sich forttragen. Danken Sie der Luft, daß sie Ihr Leben auf dieser Erde ermöglicht. Beginnen Sie dann mit der Erde-Himmel-Atmung, wie sie weiter vorne (S. 158) beschrieben wurde. Atmen Sie so lange, bis Sie sich beim Einatmen mit der Unendlichkeit des Kosmos verbinden, in den Sie hinausströmen, und Sie sich beim Ausatmen Ihrer Endlichkeit, dem Gefangensein in der irdischen Stofflichkeit bewußt sind. Mit dieser Übung können Sie eine Verbindung schaffen zwischen den materiellen und nichtmateriellen Bereichen. Versuchen Sie, Teil zu werden des großen kosmischen Atemzyklus. Lassen Sie sich tragen von der Luft, bis Sie selbst zu Luft, zum Atem werden. Lassen Sie dabei die Welt der Gedanken eindringen in die grobstoffliche Welt, daß sie sich hier verwirklichen und Gestalt annehmen kann. Fragen Sie die Geister der Luft, welche Ideen in Ihrem Leben als nächste in die Materie geboren werden wollen.

Bleiben Sie so lange bei dieser Meditation, bis Sie sich als Teil und Mitte dieses unendlichen kosmischen Beziehungsnetzes erleben. Wenn Sie dann das Ritual beenden wollen, atmen Sie ein paarmal kräftig ein und aus und bedanken sich bei den Luftwesen und auch bei dem Platz, an dem Sie diese Meditation durchgeführt haben.

Farbatmen

Am besten beginnen Sie diese Meditationstechnik im Anschluß an eine Entspannungsübung wie etwa Autogenes Training, Progressive Entspannung nach Jacobsen oder auch nach einer geführten Entspannungsmeditation. Anfangs ist es sicher im Liegen am leichtesten, kann später aber auch gut im Sitzen durchgeführt werden. Man schließt die Augen, legt die Arme entspannt seitlich vom Körper und beginnt sanft und bewußt durch die Nase zu atmen. Dabei stellen Sie sich vor, mit der Atemluft eine Farbe einzuatmen; prinzipiell ist das natürlich mit jeder möglich. Zum Wassermann paßt aber am besten die Farbe Eisblau, und so sollten Sie mit ihr beginnen. Während Sie also diese Farbe einatmen, ja, mit der Luft einsaugen, stellen Sie sich vor, wie dieses Blau Sie ausfüllt: Zuerst dringt es nur in die Lunge, dann aber geht es weiter bis in den Bauch, die Beine und den Kopf natürlich, auch in die Arme, und Sie werden so immer voller von dieser Farbe. Sicherlich gibt es bestimmte Orte in Ihrem Körper, die ein dringenderes Bedürfnis nach Blau haben als andere, es geradezu aufsaugen. Sie lassen es geschehen, atmen so lange Eisblau ein, bis jeder Bereich in Ihnen damit gesättigt ist.

Dann wiederholen Sie das Ganze mit einer anderen Farbe und zwar am besten mit der, die Ihnen als erste spontan in den Sinn kommt. Auch diese Farbe atmen Sie so lange, bis alles in Ihnen mit diesem Farbton gesättigt ist. Anschließend benutzen Sie die nächste Farbe, und Sie können weiter atmen, bis Sie schließlich den ganzen Regenbogen eingeatmet haben.

Diese Meditation ist nicht nur entspannend, sie kann auch heilend wirken; denn tatsächlich beinhaltet sie auch noch eine besondere Art der Therapie mit Schwingungen. Die moderne Physik demonstriert uns heute, daß alles, auch wir selbst, aus Schwingungen besteht. Nun ist farbiges Licht aber auch Schwingung, und so stellt jede Farbe eine andere Frequenz und damit Schwingungsebene dar. Bei der Farbatmung haben wir also die Möglichkeit, gerade die Schwingungen hereinzuholen, die uns fehlen, und somit vollständiger – heiler – zu machen.

Meditation im Flugzeug

Fliegen kann für einen Wassermann-Geborenen zu den schönsten und ergreifendsten Erlebnissen gehören.

Der Aufenthalt in so großer Höhe erleichtert auch das Erreichen eines tiefen meditativen Zustandes, da mit dem Immer-höher-Steigen die Schwerkraft der Erde geringer wird und damit die irdischen Anziehungskräfte schwächer sind. Wenn Sie das nächste Mal in einem Flugzeug sitzen, versuchen Sie also folgende Meditation:

Als erstes sollten Sie schon den Start genießen, ihn ganz bewußt erleben. Spüren Sie, wie der große metallene Vogel zu rollen beginnt, immer schneller wird, spüren Sie auch die enorme Kraft der Maschine, die ihn in rasendem Tempo über die Startbahn treibt, immer noch schneller, bis dann – endlich – der Augenblick gekommen ist und der silberne Vogel sich erhebt, die Erde unter sich läßt und hoch hinauf in den Himmel steigt. Empfinden Sie, wie auch Sie dabei leichter werden und ein Gefühl der Freiheit und Weite sich in Ihnen ausbreitet.

Und nur umgeben von Luft und Wolken, Sonne und Mond, beginnen Sie Ihre Meditation:

Sie schließen die Augen, und wenn Sie erfüllt sind von Ruhe, stellen Sie sich vor, wie Sie sich immer weiter ausdehnen, mit jedem Atemzug werden Sie weiter, größer und transparenter, alles Dichte und Schwere fällt von Ihnen ab. Und Sie dehnen sich aus, bis Sie erst das ganze Flugzeug füllen, und immer noch weiter, bis Sie das Gefühl haben, der ganze Himmel, Sonne, Mond und Sterne, ja das ganze Weltall, ruhen und bewegen sich in Ihnen, und Sie sind grenzenlos.

Bleiben Sie, solange Sie wollen, in diesem Zustand der unendlichen Weite. Wenn Sie die Meditation beenden wollen, nehmen Sie Ihren Atem wieder bewußt auf, bewegen Arme und Beine und öffnen schließlich die Augen.

Meditation mit den Qi-Gong-Kugeln

Diese Übung blickt auf eine uralte chinesische Tradition zurück und wird heute gerade erst auch bei uns populär. Die beiden gleich großen und auch sonst äußerlich ganz identischen Kugeln unterscheiden sich nur durch ihren verschiedenen Klang. Die eine macht bei jeder Bewegung von innen heraus einen helleren Ton als ihre Gegenspielerin. So ist die Kugel mit dem hellen Klang Yin, gegenüber der dunkler tönenden, die damit Yang ist. Zur Meditation werden die beiden Kugeln in die Hand genommen und mit Hilfe der Finger umeinanderbewegt, wobei sie sich dabei nicht berühren sollen. Das bedarf einiger Fingerfertigkeit und Übung. Nach einiger Zeit werden sich dann Yin und Yang problemlos umkreisen, wie sie es auch überall in der Schöpfung tun. Je entspannter der Übende ist, desto schneller werden die Kugeln kreisen, und desto harmonischer auch wird ihr inneres Klingeln dabei ertönen. Die Übung zeigt aber nicht nur die innere Ruhe des solcherart Meditierenden an, sie führt selbst in Ruhe und Entspannung, einige Routine vorausgesetzt. Die Kugeln sollten etwa drei Minuten in einer Richtung umeinander kreisen, bevor Sie anschließend in die Gegenrichtung überwechseln. Das ganze wiederholen Sie dann auch mit der anderen Hand. Natürlich ist es auch möglich, mit je zwei Kugeln in jeder Hand zu üben.

Hierbei kommt schon in der Symbolik der Bewegung die harmonisierende Kraft dieser Meditation zum Ausdruck – jede Richtung und jede Körperseite bekommt dasselbe Gewicht, und zusammen genommen heben sich folglich alle Bewegungen wieder auf und werden eins, wie Yin und Yang erst zusammen eins sind.

Die alten Chinesen beschrieben diese Meditation als eine Quelle der seelischen Ausgewogenheit und eines friedlichen langen Lebens im Gleichgewicht. – Möge die Übung gelingen.

Fische

Zeitraum: 20. Februar – 20. März
Symbol: ♓
Element: Wasser
Planetenherrscher: Neptun
Prinzip: Auflösung, das Erkennen von Hintergründen, Chaos, Transzendenz.
Kernsatz: „Ich gebe hin."

Mit der Reise der Sonne durch das Zeichen der Fische geht der große Lebenszyklus des Tierkreises zu Ende. Es ist die Übergangszeit vom Winter zum Frühling. Analog zu diesem Abschnitt des natürlichen Werdeprozesses ist das Zeichen der Fische das Prinzip der Auflösung und der Wiedergeburt. Das Vordergründige wird aufgelöst, um die Hintergründe sichtbar werden zu lassen. Der Astrologe und Psychotherapeut Roberto Sicuteri* sagt dazu: „Die Substanz kehrt in ihre Essenz zurück. Alles Feste zerfällt in sein ursprüngliches Chaos." Er betont, „daß sich mit den Fischen der Kreis des mikrokosmischen und makrokosmischen Geschehens schließt, um nach dem Zyklengesetz mit dem Widder eine neue Jahreszeit, ja, eine neue geistig-psychologische Wandlung und Reife zu beginnen".

Das Fische-Prinzip stellt den Abschluß der menschlichen Evolution dar. Es repräsentiert die Zeit der Reinigung und Taufe, die mystische Sintflut, in welcher der Mensch dazu aufgefordert wird, sich an nichts mehr zu klammern. Er besitzt jetzt nur noch die Sicherheit, daß er keinerlei Sicherheit besitzt. Dane Rudhyar* schreibt in diesem Zusammenhang: „Verwandlung, Überwindung, Zerstörung von Illusionen und falscher Sicherheit, Abschied von sozialen Bindungen, Aufbruch

---

*siehe Anhang

zum großen Abenteuer im Zustand höchsten Glaubens und nackteste Sachlichkeit, all diese Dinge sind in Fische zu lernen. Hier erblickt der Mensch sich selbst, sieht jenes größere Selbst, das er Gott nennt, von Angesicht zu Angesicht."

Das Sternbild der Fische ist dem Element Wasser zugeordnet. Wenn es im Krebs das frische Quellwasser war, im Skorpion das stehende Wasser der Sümpfe, so ist es hier das alles in sich aufnehmende Meerwasser, Symbol für das Unbewußte mit seinen ungeahnten Tiefen.

Das Symbol des Fischs ist ein altes Geist- und Sonnenzeichen und repräsentiert damit den Gottesfunken im Menschen. Im Urchristentum wurde Jesus als Fisch dargestellt, der seine Jünger zu Menschenfischern machte. Hier liegt die Verbindung zu dem Brauch, am Freitag Fisch zu essen. Diese Regel galt lange Zeit in der Welt des Katholizismus und wird heute noch in vielen katholischen Gebieten beachtet.

Das Fische-Zeichen als letzter Schritt zur Gotteinigung ist damit das eigentliche Christuszeichen. Christus als der vollkommene Mensch ist die grenzenlose Liebe.

Planetenherrscher in Fische ist Neptun, der die Oktave zur Venus, dem Planeten der Liebe, darstellt. Er symbolisiert in seiner reinsten und idealsten Qualität die allumfassende Liebe. In seinem negativen Aspekt ist er der Planet des Rauschs und der Illusion, der zur Flucht aus der realen Welt verleitet. So finden wir bei Menschen, die im Sternzeichen der Fische geboren wurden, oft einen Hang zur Weltflucht mit Hilfe von Drogen. Sie neigen dazu, sich in einem Meer tatenloser und unschlüssiger Passivität treiben zu lassen, und können die Grenzen zwischen Traum und Wirklichkeit häufig nur schwer erkennen.

Im Bildsymbol dieses Sternzeichens sind zwei miteinander verbundene Fische dargestellt, die in entgegengesetzte Richtungen schwimmen. Der eine strebt nach oben, der andere bewegt sich nach unten. Dieses Bild findet in der zwiespältigen Natur der Fisch-Geborenen ihre Entsprechung. Sie sind nach dem Astrosophen Arthur Schult „teils animalisch, triebhaft stark der niederen Gefühlswelt verhaftet, teils dem Geistigen und Göttlichen sehnsuchtsvoll ergeben".

Die Fische sind das Zeichen der Verwandlung des Opfers auf dem Weg zur Erlösung. Arthur Schult* dazu: „Weil der tiefste Sinn des Fische-Zeichens in selbstlos dienender Hingabe und universaler Liebe liegt, realisiert es sich wesentlich durch Verzicht auf das eigene Ich, durch Opfer und Leiden...Opfern bedeutet Hingabe eines Lebens an ein höheres Leben. In diesem Sinne ist alles Leben Opfer. Es gilt, den Opfergrundcharakter alles Lebens zu erkennen, Ja zu sagen zu Leiden und Tod...Im Leiden liegt eine erlösende, befreiende Kraft. Nichts Großes in dieser Welt geschieht ohne Leiden."

Eine Entsprechung dazu finden wir in der christlichen Fastenzeit, die – abhängig vom Termin des Osterfests – überwiegend im Zeichen der Fische anberaumt ist. Mit dem Fasten distanzieren wir uns von unserer irdischen Existenz, indem wir dem Körper die Nahrung vorenthalten, uns körperlich und seelisch einer Reinigung unterziehen, um uns dem geistigen Prinzip zu öffnen. Es liegt auch hier der Gedanke der Auflösung des Vordergründigen, des Greifbaren zugrunde, um das Hintergründige, das Essentielle erfahren zu können. Im Zeichen der Fische macht sich der Mensch auf den Weg, das letzte Stadium des Verhaftetseins und der geistigen Begrenztheit zu verlassen. Er überwindet innere Leidenschaften und die Fesseln seines irdischen Lebens, um göttlicher Vollkommenheit näherzukommen. Das Zeichen der Fische verdeutlicht die Sehnsucht des Menschen nach der Transzendenz.

---

*siehe Anhang

FISCHE-MEDITATIONEN

Die Fische sind das Zeichen der Auflösung. Vordergründe werden transzendiert, Hintergründe sichtbar. Das Fische-Prinzip symbolisiert die Rückverbindung zum Unendlichen. Die entsprechenden Meditationsformen beziehen sich darauf.

Symbole-Meditation

Symbole sind Zeichen oder Zeichen-Systeme, die einen auf der Ebene unseres Wachbewußtseins nicht wahrnehmbaren geistigen Sachverhalt darstellen. Sie transportieren archetypische Inhalte, die entsprechende Speicher-Informationen in unserem Unterbewußtsein stimulieren können.

Zu den größten und stärksten Symbolen der Menschheitsgeschichte gehören:

- das Kreuz als Sinnbild des Alls und der Ganzheit, der Himmelsrichtungen, Winde, Elemente und Jahreszeiten, der Verbindung von Himmel und Erde;
- die Spirale. Wenn sie sich nach außen dreht, steht sie für Geburt und Evolution. Wenn sie sich nach innen dreht, bezeichnet sie das Vergehen, die Involution;
- der Kreis, der gleichzeitig das Nichts und das All darstellt, die immerwährende Wiederkehr. Er vereint alle Pole, Anfang und Ende;
- das Yin-Yang-Zeichen, in dem sich die Pole dynamisch durchdringen. Es ist Sinnbild der Wandlung;
- der Regenbogen, der Brücken über Grenzen hinweg schlägt und in der Differenziertheit seiner Farben die Vielfalt des Kosmos darstellt;
- das Dreieck, ein Bild männlicher Zeugungskraft und der schöpferischen Energie Gottes;
- das Viereck als Symbol der materiellen Welt, der vier Weltrichtungen und der vier Elemente;

- der Fünfstern, das Pentagramm, steht für den bewußten Menschen, die Allmacht und geistige Herrschaft.

Weitere Symbole sind der Halbmond, der Sechsstern, die Ellipse, der Baum, das Herz und der Anker. Aus ganzen Symbolsystemen bestehen Tarot-Karten, und die Bilder der Mandalas. In solchen Systemen wird versucht, den Ablauf der Natur in seinen Wechselbeziehungen zu einem formbaren Ganzen zu vereinen. Hier werden mehrere Bewußtseinsebenen in einem Zeichen-System dargestellt. Hinter der Oberfläche verbergen sich tiefgehende Inhalte. José und Miriam Argüelles* sprechen davon, daß es sich bei den Mandalas um eine „Landkarte des Bewußtseins" handle.

Ebenso, wie in den Symbolen Inhalte des kollektiven Unbewußten verschlüsselt sind, gelingt es uns, diese Codierung in einer meditativen Erfahrung zu entschlüsseln. Dabei folgen wir gleichsam der vorgegebenen Landkarte in unerforschte Bereiche unseres Bewußtseins.

Legen Sie sich ein Symbol bereit und begeben Sie sich in die von Ihnen bevorzugte Meditationsstellung. Entspannen Sie sich, atmen Sie mit Unterstützung des Zwerchfells und richten Sie Ihre Aufmerksamkeit auf Ihren Schwerpunkt im Hara, wie wir es im Kapitel „Die Praxis der Meditation" (s. S. 43 ff.) beschrieben haben. Konzentrieren Sie sich dann auf das vor Ihnen liegende oder an der Wand hängende Symbol. Starren Sie es an, blinzeln Sie, wenn Sie blinzeln müssen. Dringen Sie mit Ihrem Bewußtsein tief in die Bedeutung des Symbols ein.

Meditieren Sie fünf bis 15 Minuten lang auf diese Weise. Atmen Sie dann tief ein und aus, rekeln und strecken Sie sich und kehren Sie schließlich zurück in den Alltag. Bei dieser Übung können Sie eine meditative Hintergrundmusik hören.

Traum-Meditation

Die Traumphase des Schlafs ist ein besonderer Bewußtseinszustand. Während wir träumen, setzt eine auffallende Aktivität des Gehirns ein. Die Augäpfel bewe-

---

*siehe Anhang

gen sich in der REM-Phase schnell hin und her, als beobachteten sie ein imaginäres Ping-Pong-Spiel (vgl. S. 31). Unser Unterbewußtsein befindet sich in einem Zustand besonderer Aufmerksamkeit. Psychologen haben festgestellt, daß wir während des Traums – ohne es bewußt zu wollen – eine Tür zu den versteckten Regionen unseres Inneren öffnen. Wir setzen uns nachts mit den Dingen in uns auseinander, die wir tagsüber verdrängen. Es kann deshalb sehr wichtig sein, sich mit den Inhalten der Träume zu beschäftigen.

Setzen Sie sich in Ihrer Meditationsstellung hin. Konzentrieren Sie sich dann auf Ihren Traum. Folgen Sie ihm wie auf einer Imaginationsreise. Lassen Sie sich vom Traum forttragen, tief hinein in Ihr Innerstes. Kehren Sie nach der gewohnten Methode aus der Meditation zurück: tief atmen, sich bewegen, Augen öffnen.

Musik-Meditation

Wählen Sie eine Meditationsmusik, die Ihnen besonders gefällt, schließen Sie die Augen und lauschen Sie der Musik. Alle Gedanken, die auftauchen, sind jetzt unwichtig. Sie lassen sie kommen und gehen, verfolgen Sie nicht. Sie hören so intensiv auf die Musik, daß Sie sich in ihr auflösen. Widerstandslos fließt die Musik durch Sie hindurch. Sie selbst werden zu Musik. Beenden Sie die Meditation, indem Sie tief ein- und ausatmen, sich rekeln und strecken und erst dann die Augen öffnen.

Meditation der Liebe

Begeben Sie sich in Ihre Meditationsposition. Entspannen Sie sich, atmen Sie bewußt und suchen Sie Ihren Schwerpunkt. Erinnern Sie sich an eine Situation, in der Sie ganz stark das Gefühl der Liebe hatten. Spüren Sie dieser Empfindung nach, Sie werden sie in sich erkennen können. Konzentrieren Sie sich auf diese Liebe. Alle anderen Gedanken, die auftauchen, sind jetzt unwichtig. Sie verdrängen sie nicht, aber Sie halten sie auch nicht fest, sondern richten Ihre ganze Aufmerksamkeit auf die Liebe, die in Ihnen ist. Sie spüren diese Liebe und Sie spüren, wie diese Liebe wächst. Sie füllt Sie unterdessen ganz aus. Sie sind Liebe, nichts als Liebe.

Aber Ihre Liebeskraft ist damit noch nicht erschöpft. Sie spüren eine allumfassende Liebe, die aus Ihnen hinausströmt, alles berührt, alles umhüllt. Lassen Sie diese universale Liebe fließen. Sie füllt alles aus. Alles ist Liebe. Kehren Sie nach zehn bis 15 Minuten aus dieser Meditation zurück, indem Sie tief ein- und ausatmen, sich rekeln und strecken und dann die Augen öffnen.

Verschwinden

Osho* beschreibt diese uralte Meditationsform, die heute noch in einigen tibetanischen Klöstern praktiziert wird.

Setzen Sie sich in Ihre Meditationsstellung. Stellen Sie sich dann vor, daß Sie immer durchsichtiger werden. Schlüpfen Sie aus Ihrer Haut heraus und beobachten Sie, wie Sie langsam verschwinden, bis der Platz leer ist, auf dem Sie gesessen haben. Sie sind einfach nicht mehr da. Wie wäre die Welt ohne Sie? Was würde sich ändern?

Sie können diese Meditation öfter am Tag versuchen. Jedesmal einige Sekunden sind schon genug.

Osho sagt zu dieser Meditation: „Wenn dir immer mehr bewußt wird, daß die Welt auch ohne dich ganz wunderbar weitergeht, dann wirst du bald einen anderen Teil deines Wesens kennenlernen, den du sehr lange, viele Leben lang, vernachlässigt hast. Und das ist die empfängliche Seinsweise. Du läßt einfach alles ein, du wirst zu einer Tür."

Meditation über das Meer

In Ihrer bevorzugten Meditationshaltung entspannen Sie sich, atmen bewußt und richten Ihre Aufmerksamkeit auf Ihr Hara, wie wir es im Kapitel „Die Praxis der Meditation" (s. S. 43 ff.) beschreiben. Besonders gut gelingt diese Meditation an einem Gewässer, unabhängig davon, ob es ein kleiner See, ein Bach oder das Meer ist.

---

*siehe Anhang

Auf Ihrer inneren Leinwand sehen Sie das Meer. Es ist gewaltig, dehnt sich aus bis zum Horizont und ist immer bewegt. Sanft sind seine Bewegungen, der Rhythmus der Wogen, aber auch gewaltig, aggressiv und zerstörerisch. Alles mündet in dieses Meer. Jeder Regentropfen, jeder Quell, alles kehrt zurück in das Meer. Hier lösen sich die Strukturen zu einer neuen Gesamtheit auf. Sie spüren die Unendlichkeit der See, empfinden, daß alles Leben aus ihr entsprang und in sie zurückkehrt. Sie haben das Gefühl, Ihr Bewußtsein öffne sich dem ewigen Kreislauf des Lebens.

Beenden Sie diese Übung wie alle anderen Meditationen: Sie atmen tief ein und aus, rekeln und strecken sich, öffnen die Augen und sind zurück in der Gegenwart des Alltags.

Bhakti-Yoga

Bhakti-Yoga ist neben Jnana-Yoga, Karma-Yoga und Raja-Yoga einer der vier Hauptpfade der alten indischen Yoga-Tradition. Es ist der Weg der allumfassenden Liebe. Indem wir lernen, die irdische, personenbezogene Liebe zu überwinden und ihr zu entsagen, lieben wir Gott. Fähig, Gott zu lieben, ist es uns möglich, allem Irdischen, jedem Menschen mit Liebe zu begegnen.

Der Bhakti-Weg besteht aus zwei großen Schritten. Der erste Schritt besteht aus der Entsagung, der zweite Schritt führt in das kosmische Bewußtsein. Es ist kein beschwerlicher Weg. Die Übergänge sind fließend. So wie wir zunächst einen Menschen lieben, wie wir diese Liebe schwinden spüren und eine neue Liebe fühlen, so lösen wir uns allmählich von der materiellen Liebe zugunsten der allumfassenden Liebe zu Gott.

In der vorbereitenden Phase (Gauni) bedürfen wir konkreter Hilfe, die uns in der Mythologie und in der Symbolik jeder Religion gegeben wird. Die Regeln dafür lauten: Sei wahrhaftig, aufrichtig und mildtätig ohne Eigennutz. Verletze andere weder durch Gedanken, Worte oder Taten. Sei frei von Neid und vermeide eitle Gedanken. Trage erlittene Kränkungen niemandem nach. In diese Gauni-

Phase überwinden wir die gewohnte objektverhaftete Liebe. Wir erweitern und überwinden sie. Wir lieben nicht mehr einen Menschen, sondern viele und schließlich alle. Wir lieben nicht unser Dorf, sondern unser Land, die ganze Welt. Letztendlich wachsen wir so in die zweite Phase des Bhakti-Weges hinein. Sie heißt Para und bedeutet die Liebe zu Gott, die alles umfaßt, nichts dafür zurückerhalten will und damit das egoistische kleine Ich überwindet.

Grundlage des Bhakti-Yoga ist die Erkenntnis, daß die menschlichen Gefühle, Leidenschaften und Gemütsbewegungen an sich nichts Schlechtes sind. Sie müssen nur entwickelt werden. Dafür stellt Bhakti-Yoga ein vierstufiges Programm bereit:
1. Ehrfurcht vor den Symbolen Gottes.
2. Freude im Blick auf das Göttliche.
3. Sehnsucht nach dem fernen (geistig) Geliebten.
4. Widmung des ganzen Lebens dem göttlichen Ideal der Liebe.

Swami Vivekananda*, der ein Buch über „Karma-Yoga und Bhakti-Yoga" geschrieben hat, stellt diesen Hintergrund des Bhakti-Yoga als ein „Dreieck der Liebe" dar. Die drei Spitzen sind gekennzeichnet durch drei Formeln:
1. Wahre Liebe erwartet keine Gegenleistung. Ein Bhakta liebt Gott, weil Gott liebenswert ist.
2. Liebe kennt keine Furcht. Angst entsteht aus dem selbstsüchtigen Gedanken, man sei vom Rest der Welt abgesondert.
3. Liebe kennt keine Rivalen. Wer selbstlos liebt, liebt außer Konkurrenz. Die allumfassende Liebe umfaßt nicht nur das göttliche Prinzip, sondern alles, was ihm unterworfen ist.

Was wir gewöhnlich als Liebe bezeichnen, ist unsere Selbstliebe, die wir auf Personen und Dinge projizieren. Diese Egozentrik müssen wir im Bhakti-Yoga er-

---
*siehe Anhang

kennen und überwinden. Nur dann verbinden sich Liebe, Liebender und Geliebter zur kosmischen Einheit.

Geführte Fische-Meditation

Legen Sie sich bequem und entspannt hin, die Beine nebeneinander, die Arme locker seitlich am Körper, und lassen die Augenlider zufallen – und lassen sich fallen – vertrauen sich der Unterlage an, die Sie trägt – und lassen sich tragen – geben das ganze Gewicht einfach ab – lassen sich los. – Und so spüren Sie, wie alle Muskeln weicher werden und wie Sie noch tiefer in die Unterlage sinken.

Rücken und Po liegen nun breiter auf – und auch die Waden sinken noch tiefer – und die Fersen – ja, sogar der Hinterkopf paßt sich irgendwie dem Untergrund an – jetzt oder gleich – und andere Gedanken mischen sich unter die Empfindungen von Entspannung und Loslassen. – Gedanken kommen und gehen – fließen gleichsam durch Sie hindurch – Gedanken an Meditation und die zunehmende Ruhe – Gedanken des Sinkens und Sich-Auflösens. – Sie treiben dahin wie ein breiter Strom – und es wird immer unwichtiger, ob der Strom durch Sie hindurch fließt oder ob Sie in dem Strom fließen – Gedanken kommen und gehen wie die sanften Atemzüge – ein und aus – und der Strom der Töne, der Sie begleitet auf dieser Reise in die eigene Tiefe – alles fließt, und Sie lassen es fließen – lassen sich treiben mit dem Strom der Gedanken und Töne – der Atemzüge und Herzschläge – innen ist alles in Fluß – und außen – und immer deutlicher spüren Sie hinter und unter all den Strömen Ihr eigenes Fließen – jetzt oder jeden Augenblick – in Wirklichkeit, unter der Oberfläche, ergießen sich all die Flüsse in einen, ja, sind ein einziger, breiter Strom, in dem alles fließt – die Gedanken und der Atem – Sie selbst und die Töne, Bilder von Menschen und Landschaften, Farben und Schwingungen – Ihr eigener Rhythmus – gewaltig und umfassend in der Tiefe – sanft und beruhigend an der Oberfläche – und er trägt Sie, und Sie können sich ganz anvertrauen – Raum und Zeit verlieren hier ihre Bedeutung und verbinden sich zu eigenartigen Mustern und Vorstellungen – und dann schält sich aus dem Gewebe der Muster eine einzelne Empfindung heraus – ein Gefühl, als ergieße sich der breite, innere Strom ins Meer und Sie sich mit ihm. Tatsächlich spüren Sie schon die Weite des Meeres und werden sogar ein wenig leichter, denn das salzhaltige Wasser trägt – und so können auch Sie alles ein wenig leichter nehmen und sich noch weitgehender anvertrauen. – Das tragende Wasser des Meeres wird immer mehr zu Ihrem Element, und Sie können sich ihm so vollständig hingeben, daß Sie sich sinken lassen – weiter und weiter hinab in die Tiefe des Meeres. Das Licht wird nun schwächer und seltsam grünlich und die ganze Atmosphäre entsprechend geheimnisvoll. Sie passen sich dem Wasserelement immer noch mehr an – und es fällt gar nicht so schwer – schließlich besteht ja Ihr Körper überwiegend aus Wasser – über zwei Drittel macht das Wasser in ihm aus – und wie alles Leben kommen auch wir Menschen aus den Wassern des Urmeeres – um so leichter fällt nun die Rückkehr – die Heimkehr ins Reich des Meeres. – Sie fühlen das Wasser im Innen und im Außen – und empfinden sich als Teil des Meeres – werden genauso leicht wie Wasser und können sich wie schwebend bewegen, wohin Sie wollen. Doch zieht es Sie auf unerklärliche Weise in die Tiefe, und Sie geben diesem Sog ebenso bereitwillig wie gespannt nach – eigentlich tun Sie gar nichts – lassen nur geschehen – und es geschieht mit einer noch undurchsichtigen, aber alles durchdringenden Kraft. – Auch im Meer gibt es Landschaften und Leben wie auf der Erde, ja, sogar noch ursprünglichere, denn schließlich ist das Leben hier entstanden und hat von hier aus erst das feste Land erobert. – Und Sie lassen sich so nicht nur in die Tiefe treiben, sondern auch zugleich zurück in der Zeit zu den Anfängen. In den Tiefen, die Sie nun schon erreicht haben, herrscht unfaßbare Stille. – Die Welt der Oberfläche mit ihren Wellen und Strömungen liegt weit zurück – die Ruhe hier unten ist so tief, daß sie schon fast wieder bewegend ist – und irgend etwas in Ihnen – tief in Ihrer Mitte – ist auch ergriffen und bewegt. Sie lassen sich weiter hinabgleiten – lassen der geheimnisvollen Kraft, die Sie voran und nach unten trägt, freien Lauf und schweben vorbei an gewaltigen Unterwassergebirgen, bewachsen mit tiefgrünen und seltsamen Pflanzen. Richtige Unterwasserdschungel breiten sich da aus, durchdrungen von Schlingpflanzen und bevölkert von fremdartigen bunten Fischen und anderen geheimnisvollen Wesen. Es würde Sie gar nicht wundern, wenn hinter dem nächsten Felsvorsprung gleich Seejungfrauen erscheinen oder gar der sagenhafte Meeresgott Neptun persönlich mit seinem Dreizack und den Heerscharen der Wassergeister in seinem Gefolge. Tatsächlich taucht hinter einem Felsen nun das Wrack eines uralten Schiffes auf – eine Galeere offenbar, ihrer Form nach, die aber kaum noch zu erkennen ist unter dem dichten Überzug aus Muscheln und Algenrasen – die Zeit hat einen Schleier über das ehemals stolze Schiff wachsen lassen, und das Meer bewahrt es nun als ein Denkmal der Vergänglichkeit. Wo vor Zeiten Menschen ihr stürmisches Ende erlitten, tummeln sich nun Fische und anderes neues Leben. – Und Ihre Reise geht noch weiter hinab – schon werden die Meerespflanzen kleiner und weniger üppig. Je tiefer Sie gelangen, desto spärlicher werden sie – gerade so, wie sie spärlicher werden, je höher man auf den Bergen der Erdoberfläche kommt. Die Tiefen des Meeres und die Höhen der Berge haben so, bei aller Gegensätzlichkeit, auch Ähnlichkeiten. Und wie die Fernsicht mit der Höhe der Berge zunimmt, wächst die Einsicht mit der Tiefe des Meeres. Die menschlichen Probleme Ihres Alltags erscheinen aus dieser Tiefe nun seltsam oberflächlich und leicht durchschaubar. Und während Sie schwebend weitersinken, nehmen Sie sich einen Augenblick Zeit, Ihr Leben aus der Tiefe zu betrachten und dabei manches zu durchschauen. Aus dieser Entfernung ist es leichter, unter den vielen einzelnen Bereichen des Leidens das eine gemeinsame Muster zu sehen. – Und es wird Ihnen nun in der Tiefe auch klar, daß es gar nicht darum geht, viel zu ändern dort oben – einfach hinzuschauen gilt es vielmehr – anzunehmen und zu ertragen, was ertragen werden muß. Die Einsicht allein schon in die Notwendigkeit der Last, macht die Last leichter – ja, fast schwerelos – so wie Sie sich jetzt und hier fühlen können.

„Alles Leben ist Leid", hat der Buddha gesagt, und Sie erkennen es nun und können es nachfühlen aus der Tiefe des wäßrigen Elements – aus der Tiefe der eigenen Seele. Und auch die andere Weisheit des Buddha, daß es sinnlos ist, sich an dieses irdische Leid zu klammern, können Sie nun erkennen. Denn wie alles Geschöpfte ist auch das Leid vergänglich. Alles ist in ewigem Fluß und wandelt sich ständig. Und wo könnten Sie das klarer durchschauen als gerade hier – inmitten des flüssigen Elements – im Wasser des Meeres, aus dem alles Lebendige stammt? Der Hauch von Vergänglichkeit und die tiefe Ruhe hier unten ergänzen sich seltsam; und wie, um eben Durchschautes zu illustrieren, tauchen in der Tiefe unter Ihnen die Reste einer versunkenen Kultur auf – jener großen Kultur offenbar, die vor unserer war – in ihren Errungenschaften uns schon weit voraus, aber auch in ihren Verirrungen. Das Meer hat sie wieder zu sich genommen und seinen gnädigen Schleier des Vergessens darüber gebreitet. Sie aber haben nun die Möglichkeit, diesen Schleier zu lüften und aus den Tiefen Ihrer Intuition zu durchschauen, was hier vor langer Zeit geschehen ist – zu erspüren auch, was uns heute mit diesen Vorfahren verbindet und welche Einsichten uns ihr Leid gewähren kann. – Vieles können Sie ersehen aus den Bauwerken dieser versunkenen Welt – mehr noch können Sie erspüren – das meiste aber läßt sich ahnen – vor allem, wo Sie nun in den zentralen Tempel der untergegangenen Kultur schweben und sich in seiner Mitte zur Ruhe kommen lassen. Hier war das Herz des Landes, und hier auch hat sich sein Schicksal entschieden und läßt sich bis heute erahnen. Der Schlüssel liegt in diesem Tempel und in dem Glauben, der ihn einst belebte und schon tot war, bevor diese Welt versank.

Die Zeit verliert in dieser Versunkenheit gänzlich ihre Gewalt, und zeitloses Mitgefühl breitet sich in Ihnen aus – Mitgefühl mit den damaligen Menschen und Mitgefühl mit den jetzigen – das Leid verbindet Sie durch die Zeit und schließt Sie in denselben Kreis ein, oder wird der Kreis vom Wasser des Meeres geschlossen, das das Leben einmal gespendet und dieses Leben nun wieder zurückgenommen hat? Dieses Wasser, in dem das Salz des Lebens gelöst ist, verbindet wirklich alles miteinander und schließt alle Kreise. Kein Lebewesen kann sich ganz von ihm lösen, erfüllt es doch jede lebendige Zelle. Und so besteht jedes

Lebewesen aus ihm – trägt seine Herkunft im Wasser mit sich. Diese Nähe und Verbundenheit mit allem Lebendigen erfüllt Sie immer eindringlicher und äußert sich im Mitgefühl für alles Leben und in einer Liebe, die alles ein- und nichts ausschließt. So wie jeder Wassertropfen zum Meeresreich gehört, gehört jedes Wesen zum Reich des Lebens. Und so wie jeder Tropfen im Meer mit jedem anderen verbunden ist, ist jedes Lebewesen mit jedem anderen verbunden.

Und diese Erkenntnis sinkt immer noch tiefer in Sie – oder sinken Sie tiefer in diese Erkenntnis? – Gleichgültig! – Jeder Tropfen ist natürlich im großen Meer enthalten, aber das große Meer ist auch und genauso natürlich in jedem Tropfen enthalten. Und so wie Sie ein Teil der Gemeinschaft der Lebewesen sind, ist auch die Gemeinschaft der lebendigen Wesen in Ihnen und ein Teil von Ihnen. Mitgefühl und Verbundenheit lösen alle Grenzen auf und münden in Liebe – allumfassender Liebe. Die alte versunkene Kultur der Tiefe ist ebenso eingeschlossen wie die moderne auf der Höhe – die Wesen des Wassers ebenso wie die der Erde – die Gedanken wie die Gefühle. Sie erleben sich so weit und aufnahmebereit wie das Wasser der Meere und so leicht und frei wie die Luft der Himmel.

Und mit den Gedanken an die Leichtigkeit der Luft treiben Sie nun wieder hinauf, das Geheimnis aber in Ihrem Herzen bewahrend – daß alles eins ist – schweben hinauf – das Grün des Wassers wird heller und lichter – und schließlich tauchen Sie auf und sind umgeben vom ruhigen Spiegel der Meeresoberfläche. Leichter Nebel liegt darüber wie ein Schleier – ganz ähnlich wie der Schleier des Geheimnisses, der nur noch zarter und durchsichtiger über allem liegt. Vor Ihnen, aus dem Nebeldunst, taucht Land auf – eine Insel vielleicht oder auch das Festland. Aber ist nicht auch das Festland nur eine Insel im riesigen Weltmeer, das alles verbindet und eint? – Und auch wenn Sie nun an Land gehen, bleibt das allumfassende ozeanische Gefühl ganz lebendig in Ihnen. Der Strom der Zeit hat Sie gerade an die Küste Ihres Landes zurückgebracht – jenes Land, in dem Sie leben.

Nun können Sie an Land weiter erleben, was Ihnen das Meer mitgegeben hat: die Einsicht, daß alles eins ist und auf ewig verbunden und werden so spüren, daß jedes andere Lebewesen und vor allem jeder andere Mensch mit Ihnen verbunden ist und Sie mit ihm, werden sich selbst in jedem anderen Menschen entdecken und jeden anderen in sich – und Ihr Mitgefühl und Ihre Liebe werden Sie dabei begleiten. Dazu können Sie nun in Meditation bleiben und das Reich Ihrer inneren Bilder weiter durchstreifen oder aber Sie tauchen auf und machen die gleiche Erfahrung in Ihrer Umwelt – und beides ist ganz gleichgültig, denn die Welt der inneren Bilder enthält auch die äußere Umwelt, und die äußere Welt spiegelt die innere. – Wann immer Sie aber auftauchen aus der Meditation – jetzt gleich mit dem Ende der Kassette oder später nach Ihrem eigenen inneren Zeitmaß – tun Sie es mit einem tiefen Atemzug und orientieren sich wieder ganz bewußt in Raum und Zeit – auch wenn das herrschende Gesetz auf allen Ebenen und überall das Eine ist, daß alles eins ist.*

Chakra-Meditation

In jedem Menschen leuchtet die Kraft des Ewigen Lichtes. Und in diesem unsterblichen Lichtleib, der uns immer mit dem Göttlichen verbindet, drehen sich die Energieräder oder Chakren. Diese Energiewirbel sind wie Gefäße, in die wir die kosmische Energie, das göttliche Licht einströmen lassen können. Die Chakren sind gleichsam unsere Kommunikationsmittel mit den Kräften des Alls. Indem wir die Chakren erwecken, sie zu ihrer vollen Kraft und Größe entfalten, sie in ein Gleichgewicht bringen, verbinden wir uns stärker mit der göttlichen Lichtquelle in uns.

Der Atem ist eine der wirksamsten Möglichkeiten, um unsere Lichtkörper wahrnehmen zu lernen. Sie können daher mit entsprechenden Atemübungen mit Ihren Chakren arbeiten: Legen oder setzen Sie sich bequem hin, schließen die Augen und lassen los von allem Alltagsgeschehen, kommen an, hier an diesem Platz, spüren den Kontakt mit der Unterlage, dem Boden, der Sie trägt. Und Sie geben all Ihr Gewicht ab und auch alle Sorgen und Probleme, schicken sie tief

---

* Diese Meditation ist auch als Kassette/CD erhältlich bei carpe diem. (siehe Anhang)

hinunter in den heißen Mittelpunkt der Erde, lassen sie dort verbrennen und verwandeln. Und Sie lassen damit immer mehr los, lassen einfach geschehen, was geschehen will und mag, und sinken so auch immer tiefer in einen Zustand der Ruhe und Entspannung. Alle Nervosität ist längst von Ihnen abgefallen, Sie sind nur mehr hier, in diesem Augenblick, ruhig und gelassen. Und in diesem Zustand der Ruhe richtet sich wie von selbst Ihre Aufmerksamkeit auf den Atem, den Sie beobachten, wie er kommt und geht, ganz ohne Ihr Dazutun – es atmet Sie! - Und allmählich beginnen Sie dann in Ihrem Bewußtsein den Atemstrom in Ihre Chakren zu schicken. Sie fangen dabei mit dem ersten Chakra an, das an der Basis des Rückgrats liegt, schicken dort so lange Atemenergie hin, bis genug der leichten hellen Kraft dorthin geflossen ist. Dann gehen Sie weiter zum zweiten Chakra, das über der Milz liegt, dann zum dritten in der Höhe des Nabels, und weiter zum vierten, dem Platz des Herzens, danach zum fünften Chakra im Hals, weiter zum sechsten, dem Stirnchakra oder Dritten Auge, das zwischen den Augenbrauen an der Nasenwurzel liegt, und zum Schluß atmen Sie in das siebte Chakra, das sich am Scheitel des Kopfes, an der Fontanelle befindet. Verfahren Sie bei all den anderen Chakren genauso wie beim ersten.

Sie können diese Chakrenatemübung auch mit Farben und Tönen intensivieren. Dazu schicken Sie in das

1. Chakra die Farbe Rot und summen dabei die Silbe Aaa
2. Chakra die Farbe Orange und summen dabei die Silbe Sol
3. Chakra die Farbe Gelb und summen die Silbe Sum
4. Chakra die Farbe Grün und summen die Silbe Eee
5. Chakra die Farbe Blau und summen die Silbe Uuu
6. Chakra die Farbe Violett und summen die Silbe Sun
7. Chakra die Farbe Weiß und summen die Silbe Om.*

---

* Weitere Anregungen zur Arbeit mit Chakras finden Sie in Vollmar, Klausbernd: „Das Arbeitsbuch zu den Chakras" (siehe Anhang)

Aura-Meditation

Als Aura bezeichnet man das Energiefeld, das den Körper eines Menschen umgibt. Größe und Ausdehnung, Farbgebung und Intensität hängen vom seelisch-spirituellen Entwicklungsstand eines Menschen ab und stehen in einem direkten Zusammenhang mit der Erweckung der Chakren.

Da dem Fischeprinzip die Wahrnehmung feinstofflicher Bereiche entspricht, die Aura auch „anatomisch" diesem Tierkreiszeichen zugeordnet wird, können Sie in Meditation die Wahrnehmung dieser biophysischen Energieausstrahlung üben.

Suchen Sie sich dazu einen Partner, anfangs vielleicht einen guten Freund, für diese Meditation. Setzen Sie sich mit ihm an einen Platz, wo sich hinter Ihrem Partner ein weißer Hintergrund befindet. Richten Sie außerdem eine helle Lichtquelle auf ihn. Dann setzen Sie sich ca. einen Meter voneinander entfernt in Ihre Meditationshaltung. Schließen Sie beide erst einmal für einige Minuten die Augen, werden ruhig, machen einige tiefe Atemzüge und geben sich Zeit, im Moment und am Platz dieser Meditation wirklich anzukommen, lassen los von allem alltäglichen Geschehen. Ihre Gedanken kommen und gehen, wie auch der ständige Fluß des Atems kommt und geht. Richten Sie Ihre Aufmerksamkeit auf Ihre Mitte, aus der alles kommt und in die alles wieder zurückfließt, und spüren Sie, daß hier auch der Ort ist, wo Ihre innere Stimme wohnt, der Punkt auch, wo Sie mit allem verbunden sind und wo Ihr wahres Wesen lebt. Wenn Sie dessen richtig gewahr wurden, öffnen Sie langsam die Augen und nehmen Kontakt mit dem Blick Ihres Partners auf, beginnen zu „schauen", mit weichem Blick, so daß Sie zwar den Augenkontakt nicht verlieren, trotzdem aber auch einen erweiterten Sichtkreis haben. Stimmen Sie sich dabei ganz auf diesen Menschen, der Ihnen gegenüber sitzt, ein und betrachten den unmittelbaren Raum, der ihn umgibt. Atmen Sie dabei ruhig und sanft, halten Sie nicht vor Spannung den Atem an. Achten Sie auf Farbgebung und Helligkeit, spüren Sie einfach mit den Augen die Qualität seiner Ausstrahlung.

Beenden Sie die Meditation, indem Sie einige Male bewußt tief atmen, Ihre Arme und Beine bewegen und Ihr Bewußtsein wieder ganz aufs Hier und Jetzt richten.

Wenn Sie durch die oben beschriebene Weise einige Routine im Aurasehen erlangt haben, wird auch keine besondere Beleuchtungsart mehr nötig sein, um das Energiefeld eines Menschen wahrzunehmen.

Intuitions-Meditation

Zu den besonderen Fähigkeiten der Fischegeborenen gehört das Erfühlen von Schwingungen ihrer Umgebung. Noch bevor Dinge konkret oder ausgesprochen werden, können sie intuitiv erfassen, welche psychische Energie gerade im Raum ist. Ausgerüstet mit tausend Antennen, erahnen sie beispielsweise den Gefühlszustand einer Person, der sie eben erst begegnet sind.

Sie können diese Fähigkeit als Ausgangspunkt für eine meditative Übung nehmen. Am einfachsten läßt sich diese durchführen, wenn Sie in einer Gruppe von Menschen sind, die Sie noch nicht gut kennen. Suchen Sie sich also dazu einen Ihnen noch unbekannten Partner und setzen Sie sich ihm gegenüber. Lassen Sie sich Zeit, ganz im Moment anzukommen, und warten Sie, bis Ruhe in Sie eingekehrt ist. Atmen Sie ein paarmal ein und aus und konzentrieren sich auf Ihre Mitte, aus deren Quelle Ihre Intuition strömt. Wenn Sie nun bereit sind, richten Sie den Blick auf den Partner, der Ihnen gegenübersitzt. Starren Sie nicht, sondern schauen Sie ihm mit weichem, auf unendlich eingestelltem Blick in die Augen und lassen dann Bilder und Assoziationen, die Ihnen zu diesem Menschen kommen, aufsteigen. Versuchen Sie, sein Wesen möglichst genau zu erfassen, versuchen auch zu erahnen, was dieser Mensch Einschneidendes erlebt hat, und sprechen Sie gleichzeitig alles aus, was Sie denken, ohne es dabei zu kontrollieren. Lassen Sie einfach die Bilder und Worte aus sich fließen. Ihr Partner sollte dabei vorerst nicht zustimmen oder verneinen, weder mit Worten noch mit Gesten, sondern erst einmal alles nur annehmen.

Und haben Sie bei dieser Übung wirklich den Mut, Ihre Gedanken und Bilder so konkret wie möglich werden zu lassen. Versuchen Sie in den anderen einzudringen und mit Hilfe Ihrer Intuition herauszufinden, wie und wo dieser Mensch lebt; welchen Beruf könnte er ausüben; hat er einen dynamischen oder eher passiven Charakter ...?

Nach einigen Minuten können Sie sich bei dieser Übung auch abwechseln. Ganz zum Schluß teilen Sie sich dann mit, was an Ihren jeweiligen Gedanken und Bildern richtig war.

Durch diese meditative Übung können Sie das Vertrauen in Ihre Intuition stärken. Es ist auch möglich, diese Meditation ohne Partner durchzuführen, es entfällt dabei aber das Feedback. Dazu suchen Sie sich irgendeinen Menschen aus, der Ihnen beispielsweise in einem Café auffällt und Ihre Phantasie anregt. Beobachten Sie diese Person einige Zeit, lassen sie auf sich wirken und versuchen Sie dabei, Wesen und Geschichte dieses Menschen zu „bildern".

Meditation über den inneren Führer

Jeder Mensch hat eine innere Stimme oder, anders benannt, innere Führer, die ihn in Kontakt mit seinem Höheren Selbst oder seinem wahren Wesen bringen können.

Diese Meditation sollten Sie mit der festen Entschlossenheit beginnen, Ihren inneren Führer kennenlernen zu wollen. Setzen oder legen Sie sich dazu wieder an Ihren Meditationsplatz, schließen die Augen, atmen einige Male tief ein und aus, spüren genau diesen Augenblick, die Qualität, die er für Sie hat, sind ganz da, in diesem Moment, spüren auch den Kontakt mit der Unterlage, die Sie trägt und von der Sie sich tragen lassen. Mit der Luft, die in Ihre Lungen ein- und ausströmt, fühlen Sie das Eingebundensein in die kosmische Ordnung. Ruhe breitet sich so in Ihnen aus, und Sie kommen immer mehr in Ihre Mitte, damit in Kontakt mit Ihrem wahren Wesen. Und Sie brauchen gar nichts zu wollen oder zu tun, denn alles in Ihnen fließt, geschieht von selbst, wie auch Ihr Atem ohne Ihr Dazutun einfach strömt und kommt und geht, wie auch Bilder und Gedanken in Ihnen auftauchen und wieder verschwinden. Und in diesem Zustand der Ruhe und Hingabe öffnen sich alle Ihre äußeren und inneren Sinne und vor allem ihr Herz für die Ankunft Ihrer inneren Führer. Lassen Sie sich von Ihren Gedanken, Bildern und Empfindungen dahin tragen, wohin Sie Ihr Führer ruft, damit Sie ihn finden können. Sind Sie sich dabei bewußt, daß diese Gestalten vergangene oder zukünftige Aspekte Ihres Selbst sind, denen Sie bei dieser Suche begegnen werden.

Beachten Sie die erste männliche Gestalt, auf die Sie treffen, die Ihnen Hinweise für die Entwicklung Ihrer männlichen Persönlichkeitsanteile geben kann, und machen Sie sich dann auch auf die Suche nach der ersten weiblichen Gestalt, die Sie in Ihrer inneren Bilderwelt antreffen, die Ausdruck der Weiblichkeit in Ihnen ist.

Wenn Sie diese Anima- und Animusgestalten, die Ihre inneren Führer sein können, gefunden haben, treten Sie in Kommunikation mit ihnen, fragen Sie sie um Rat oder lernen sie einfach nur kennen. Bitten Sie sie auch, daß sie Ihnen von nun an immer als Ratgeber zur Seite stehen. Lassen Sie sich eigene Methoden und Kommunikationsmöglichkeiten einfallen, mit denen Sie den Kontakt mit Ihren inneren Führern pflegen können.

Beenden Sie die Meditation wie üblich, indem Sie ein paarmal tief atmen, Arme und Beine bewegen und die Augen dann wieder öffnen.

Psychometrische Meditation

Mit Psychometrie bezeichnet man die Fähigkeit, sich so weit in Dinge einfühlen zu können, daß man dadurch ihre Geschichte erfahren kann.

Suchen Sie sich für diese Meditation einen Gegenstand, der Ihr Interesse geweckt hat. Setzen Sie sich damit an Ihren Meditationsplatz. Den erwählten Gegenstand nehmen Sie in Ihre linke, die empfangende Hand. Halten Sie ihn an den Ort Ihres Körpers, wo Sie das Gefühl haben, am ehesten mit der Kraft Ihrer Intuition in Berührung zu kommen, beispielsweise an den Platz Ihres Herzens oder an den Punkt Ihres Bauches, wo Ihr Hara ist. Entspannen Sie sich, atmen ein paarmal tief ein und aus und geben sich wiederum Zeit, am Ort Ihrer inneren Reise anzukommen, lassen los von allem Wollen und Sollen, lassen einfach geschehen, was geschehen will und mag. Und wie Ihr Atem kommt und geht, lassen Sie auch Gedanken kommen und wieder gehen. Sie lassen einfach los, lassen sich führen vom leichten Strom des Atems, in immer tiefere innere und äußere Ruhe. Und die Stille, die sich so in Ihnen ausbreitet, schafft Raum für die Entfaltung Ihrer Intuition. Und so richten Sie allmählich Ihre Aufmerksamkeit auf den Gegenstand, der warm in Ihrer Hand liegt, fühlen seine Ausstrahlung, sein Wesen, sein Leben, seine Geschichte, die er erlebt hat. Und wie Sie sich so ganz und gar auf ihn einstimmen, sich ihm öffnen, erzählen Ihnen Bilder, die vor Ihrem inneren Auge auftauchen, die „Lebensgeschichte" des Gegenstandes. Geben Sie sich genügend Zeit dafür und lassen Sie dabei auch wirklich los, denn je mehr Sie etwas von ihm erfahren wollen, um so mehr blockieren Sie den Fluß Ihrer Intuition, mit der allein Sie das Wesen des Gegenstandes erfassen können. Je leerer und absichtsloser Sie sind, um so mehr Raum hat er, seine Schwingungen auf Sie zu übertragen.

Beenden Sie die Meditation wieder, indem Sie einige Male tief atmen, Arme und Beine bewegen und erst dann die Augen öffnen.

Anhang

Literaturverzeichnis

Weitere Veröffentlichungen von Margit Dahlke
Astro-Dice. Das astrologische Orakelspiel, München 1988
Das spirituelle Lesebuch, Bern 1996 (mit Ruediger Dahlke)
Die Psychologie des blauen Dunstes. Be-Deutung und Chance des Rauchens, München 1989 (mit Ruediger Dahlke)
Die spirituelle Herausforderung. Einführung in die zeitgenössische Esoterik, München 1990

Weitere Veröffentlichungen von Ruediger Dahlke
Gewichtsprobleme. Be-Deutung und Chance von Über- und Untergewicht, München 1989
Herz(ens)probleme. Be-Deutung und Chance von Herz-Kreislauf-Problemen, München 1990
Verdauungsprobleme. Be-Deutung und Chance von Magen- und Darmproblemen, München 1990 (mit R. Hößl)
Bewußt Fasten. Ein Wegweiser zu neuen Erfahrungen, München 1980
Das senkrechte Weltbild. Symbolisches Denken in astrologischen Urprinzipien, München 1980 (mit N. Klein)
Der Mensch und die Welt sind eins. Analogien zwischen Mirokosmos und Makrokosmos, München 1987
Wege der Reinigung. Entgiften – Entschlacken – Loslassen, München 1998 (mit Doris Ehrenberger)

Erde–Feuer–Wasser–Luft, Freiburg 1995 (Fotos: Bruno Blum)
Frauen-Heilkunde. Die Wunden des Weiblichen, München 1999 (mit Margit Dahlke, Prof. Dr. Zahn)
Habakuck und Hibbelig. Das Märchen von der Welt, München 1987
Hermetische Medizin, einmalige Sonderausgabe, Sinzheim 1998
Krankheit als Sprache der Seele. Be-Deutung und Chance von Krankheitsbildern, München 1995
Krankheit als Symbol. Handbuch der Psychosomatik, München 1996
Krankheit als Weg. Deutung und Bedeutung der Krankheitsbilder, München 1983 (mit Thorwald Dethlefsen)
Lebenskrisen als Entwicklungschancen. Zeit des Umbruchs und ihre Krankheitsbilder, München 1995
Mandala-Malblock, München, 1985
Mandalas der Welt. Ein Meditations- und Malbuch, München 1985
Arbeitsbuch zur Mandala-Therapie, München 1999
Malblock zur Mandala-Therapie, München 1999
Reisen nach Innen. Geführte Meditationen auf dem Weg zu sich selbst (inkl. 2 Kassetten), München 1994

Meditationen auf Tonträger/Videokassette von Margit und Ruediger Dahlke
12 Sternzeichenmeditationen. Ein Ritual und eine geführte Meditation in die jeweilige Symbolwelt für jedes Sternzeichen. Zu beziehen bei:
carpe diem, Brucker Allee 14, A-5700 Zell a. See
Tel. + Fax 0043-(0)6542-55286
Elemente-Rituale/Heilungs-Rituale (2 CDs/MCs)*
Gesundheit aus eigener Kraft**. Heil-Meditation
Reihe „Heil-Meditationen"*:
 Allergie • Angstfrei leben • Der innere Arzt I • Der innere Arzt II • Entgiften – Entschlacken – Loslassen • Gewichtsprobleme • Hoher Blutdruck • Kopfschmerzen • Krebs • Lebenskrisen als Entwicklungschancen • Leber •

Niedriger Blutdruck • Rauchen • Rückenprobleme • Schlafprobleme • Suchtprobleme • Tiefenentspannung • Verdauungsprobleme • Wege des Weiblichen
Märchenland + Ich bin mein Lieblingstier. Kindermeditationen
Vorträge (MC)***:
Der Mensch und die Welt sind eins • Gesundheit in eigener Verantwortung • Möglichkeiten ganzheitlicher Heilung • Medizin der Zukunft • Krankheit als Symbol • Spirituelle Herausforderung • Medizin am Scheideweg • Wege der Reinigung • Fragen und Antworten • Krankmachende und heilende Rituale • Reinkarnationstherapie – Psychotherapie • Sucht und Suche • Heilung durch Fasten • Gesunder Egoismus – gesunde Aggression • Reisen nach innen – Heilung durch Meditation • Lebenskrisen als Entwicklungschancen • Krankheit als Weg • Krankheit als Sprache der Seele • Krankheitsbilder der Zeit
Reinkarnation (Video)****

*Bauer Verlag, Freiburg
**Denzel & Partner, Ludwigsburg
***Carpe Diem, Zell am See, Österreich
****Video Library, Ludwigsburg

Meditation allgemein

Bitter, Wilhelm: Östliche Meditation und westliche Psychotherapie, Stuttgart 1957
Bitter, Wilhelm: Meditation in Religion und Psychotherapie, Stuttgart 1973
Bloching, Karl H.: Texte moderner Schriftsteller zur Meditation, Mainz 1975
Boden, Liselotte M.: Meditation und pädagogische Praxis, München 1978
Boeckel, Johannes F.: Meditationspraxis, München 1977
Carrington, Patrizia: Das große Buch der Meditation, Bern/München/Wien 1982
Das Tibetische Totenbuch, Freiburg 1977
Dürckheim, Karlfried Graf: Der Alltag als Übung, Bern 1966
Dürckheim, Karlfried Graf: Hara. Die Erdmitte des Menschen, Weilheim 1967
Dürckheim, Karlfried Graf: Der Ruf nach dem Meister. Der Meister in uns, München 1974

Dürckheim, Karlfried Graf: Meditieren – wozu und wie, Freiburg/Basel/Wien 1983
Dürckheim, Karlfried Graf: Zeitloses Wissen. 28 Vorträge über alte Weisheitslehren des Ostens und Westens. (Kassetten), München 1986
Enomiya-Lasalle, Hugo M.: Meditation als Weg zur Gotteserfahrung, Mainz 1980
Gebser, Jean: Asien lächelt anders, Wien 1968
Govinda, Lama Anagarika: Schöpferische Meditation und multidimensionales Bewußtsein, Freiburg 1977
Govinda, Lama Anagarika: Mandala. Der heilige Kreis. Stufen der Meditation, Aigo 1980
Haendler, Otto: Meditation als Lebenspraxis, Berlin 1977
Kravette, Steve: Meditation. Das unbegrenzte Abenteuer, München 1983
Leiste, Heinrich: Vom Wesen der Meditation, Dornach 1973
Mangoldt, Ursula: Wege der Meditation heute, Weilheim 1970
Melzer, Friso: Anleitung zur Meditation, Stuttgart 1959
Melzer, Friso: Innerung. Stufen der Meditation, Kassel 1968
Melzer, Friso: Konzentration, Meditation, Kontemplation, Kassel 1977
Naranjo, Claudio/Ornstein, Robert: Psychologie der Meditation, Frankfurt 1980
Osho: Meditation, München 1991
Osho: Das orangene Buch, Oregon 1983
Petzold, Hilarion (Hrsg.): Psychotherapie – Meditation – Gestalt, Paderborn 1983
Reiter, Udo (Hrsg.): Meditation – Wege zum Selbst, München 1976
Scharf, Siegfried: Die Praxis der Herzensmeditation, Freiburg 1983.
Schwäbisch, Lutz/Siems, Martin: Selbstentfaltung durch Meditation, Reinbek 1983
Thomas, Klaus: Meditation in Forschung und Erfahrung, in weltweiter Beobachtung und praktischer Anleitung, Stuttgart 1973
Tilmann, Klemens: Die Führung der Kinder zur Meditation, Würzburg 1961
Tilmann, Klemens: Übungsbuch zur Meditation, Zürich/Einsiedeln/Köln 1973
Tilmann, Klemens: Die Führung zur Meditation, Band I, Zürich/Einsiedeln/Köln 1981

Trungpa, Chögyam: Aktive Meditation, Olten 1982
Watts, Alan: Meditation, Basel 1977
Wunderli, Jürg: Meditation. Hilfe im Alltag, Stuttgart 1973

Meditationsmusik

Aeoliah: Angel Love
Between: Dharana
Carls/Zöbelin: Albatros
Chaurasia, Hariprasad: Krishna's Flute
Davidoff & Friends: Raku
Deuter: Aum
Deuter: Celebration
Deuter: Cicada
Deuter: Ecstasy
Deuter: Haleakala
Deuter: Henon
Deuter: Wind & Mountain
Hamel, P. M.: Nada, Wergo
Horn, Paul: Inside the Great Pyramid
Kitaro: Ki
Mannelli/Goldman: Sky Dreams
Mark, Jon: Land of Merlin
Parsons, David: Tibetan Plateau
Popol Vuh: Gardens of Pharao, Aguirre
Popol Vuh: Tantric Songs
Popol Vuh: Hosianna Mantra
Rowland, Mike: Silver Wings
Schoener, Eberhard: Meditation
Scott, T.: Music for Zen Meditation

Tangerine Dream: Force Majeure, Virgin Records
Werber, Bruce/Fried, Claudia: Wege nach innen, Bauer Musikverlag
Werber, Bruce/Fried, Claudia: Trommeln der Welt, Bauer Musikverlag
Werber, Bruce/Fried, Claudia: Planetenrhythmen, Bauer Musikverlag
Werber, Bruce/Fried, Claudia: Mantras der Welt, Bauer Musikverlag
Winston, George: December, Windham Hill Records
Winston, George: Autumn. Piano Solos, Windham Hill Records
Winston, George: Winter into Spring. Solo Piano, Windham Hill Records

Meditationsmusik zu Osho-Meditationen
Deuter: Gourishankar – Mandala
Deuter: Kundalini – Nadabrahma
Deuter: Dynamic – Kundalini
Deuter: Nataraj – Nadabrahma
Deuter: Mandala – Whirling
Deuter: Gourishankar – Prayer – Devavani

Meditationstexte
Buber, Martin: Die Erzählungen der Chassidim, Zürich 1949
Wilhelm, Richard (Hrsg.): I Ging. Das Buch der Wandlungen, Düsseldorf/ Köln 1978
Lao-Tse: Tao Te King, Stuttgart 1979
Leuenberger, Hans Dieter: Schule des Tarot, Band I – III, Freiburg
Müller, Else: Du spürst unter deinen Füßen das Gras. Autogenes Training in Fantasie- und Märchenreisen, Frankfurt 1983
Muktananda: Der Weg und sein Ziel, München 1987
Nichols, Sally: Die Psychologie des Tarot, Interlaken 1984
Poppe, Tom (Hrsg.): Schlüssel zum Schloß. Sufitexte, München 1986
Shah, Idries (Hrsg.): Die fabelhaften Heldentaten des vollendeten Narren und Meisters Mulla Nasrudin, Freiburg 1984

Silesius, Angelus: Der Himmel ist in dir, Zürich/Einsiedeln/Köln 1982
...und außerdem: Die Bibel, der Koran, die Bhagavadgita, alle heiligen Schriften, Sufi-Erzählungen (siehe Sufismus)...

Astrologie

Arroyo, Stephen: Astrologie, Psychologie und die vier Elemente, München 1982
Barbault, André: Le Bélier, Paris 1957
Dahlke, Ruediger/Klein, Nicolaus: Das senkrechte Weltbild. Symbolisches Denken in astrologischen Urprinzipien, München 1986
Greene, Liz: Schicksal und Astrologie, München 1985
Roscher, Michael: Der Mond. Astrologisch-psychologische Entwicklungszyklen, München 1986
Rudhyar, Dane: Astrologie der Persönlichkeit, München 1979
Rudhyar, Dane: Die astrologischen Zeichen, München 1983
Rudhyar, Dane: Astrologischer Tierkreis und Bewußtsein. Eine Interpretation der 360 Tierkreisgrade, München 1984
Schult, Arthur: Astrosophie. Lehre der klassischen Astrologie, Band I und II, Bietigheim 1971
Sicuteri, Roberto: Astrologie und Mythos, Freiburg 1983
Szabó, Zoltan: Astrologie der Wandlung. Der Weg zur Gralsburg im Horoskop, München 1985

Christliche Meditation

Massa, Willi (Hrsg.): Kontemplative Meditation. Die Wolke des Nichtwissens, Mainz 1974
Rosenberg, Alfons: Die christliche Bildmeditation, München 1975
Tilmann, Klemens/Peinen, Hedwig-Teresia von: Die Führung zur Meditation. Christliche Glaubensmeditation, Zürich/Einsiedeln/Köln 1978
Walter, Rudolf von: Aufrichtige Erzählungen eines russischen Pilgers, Freiburg/Basel/Wien 1961

Spiele

Kleefeld, Bernhard: Das Sternen-Orakel, Darmstadt 1998
Michel, Peter: Karma und Gnade. Das große Reinkarnationsspiel, Grafing 1994
Santiago, Juan: Samsara. Ein tibetisches Weisheitsspiel, Grafing 1992
Specken, Dietmar: Kleine Schritte zur Freude, Darmstadt 1998
Vimalo: Erkenne Dich selbst, Burgdorf 1983

Sufismus/Islam

Gstrein, Heinz: Islamische Sufi-Meditation für Christen, Wien/Freiburg/Basel 1977
Shah, Idries: Die Sufis, Düsseldorf/Köln 1982
Shah, Idries: Das Geheimnis der Derwische, Freiburg 1982
Shah, Idries: Die Weisheit der Narren, Freiburg/Basel/Wien 1983
Shah, Idries: Die Hautprobe, Freiburg/Basel/Wien 1984
Shah, Idries: Die fabelhaften Heldentaten des vollendeten Narren und Meisters Mulla Nasrudin, Freiburg/Basel/Wien 1984

Tantra

Eliade, Mircea: Yoga – Unsterblichkeit und Freiheit, Zürich/Stuttgart 1960
Evola, Julius: Metaphysik des Sexus, Berlin/Wien 1983
Osho: Das Buch der Geheimnisse, München 1981
Thirleby, Ashley: Das Tantra der Liebe, Berlin/Wien 1982
Trungpa, Chögyam: Tantra im Licht der Wirklichkeit. Wissen und praktische Anwendung, Freiburg 1976
Trungpa, Chögyam: Feuer trinken, Erde atmen. Die Magie des Tantra, Köln 1981

Yoga

Aundh, Rajah von: Das Sonnengebet, Kleinjörl 1982
Aurobindo, Sri (Hrsg. O. Wolff): Der integrale Yoga, Hamburg 1957
Avalon, Arthur: Die Schlangenkraft, Bern/München/Wien 1975

Harf, Anneliese: Yoga-Praxis. Durch Leibbeherrschung zur Meditation, Freiburg 1978
Isbert, Otto Albrecht: Yoga – Arbeit am Selbst, München 1973
Patanjali: Die Wurzeln des Yoga, München 1976
Scheidt, Jürgen vom: Yoga für Europäer, München 1976
Vivekananda, Swami: Jnana-Yoga. Band I und II, Freiburg 1973
Vivekananda, Swami: Raja-Yoga, Freiburg 1983
Vivekananda, Swami: Karma-Yoga und Bhakti-Yoga, Freiburg 1983
Yesudian, Selvarajan: Hatha-Yoga. Übungsbuch, München 1971
Yesudian, Selvarajan/Haich, Elisabeth: Sport und Yoga, München 1972
Yogananda, Paramahansa: Autobiographie eines Yogi, Freiburg 1975

Zen

Anders, Frieder: Tai Chi Chuan. Meditation in Bewegung
Anders, Frieder und Höhn, Wolfgang: Taichi. Chinas lebendige Weisheit, München 1996
Deshimaru-Roshi, Taisen: Zen in den Kampfkünsten Japans, Berlin 1978
Dürckheim, Karlfried Graf: Zen und wir, Frankfurt 1974
Enomiya-Lasalle, Hugo M.: Zen-Buddhismus, Köln 1966
Enomiya-Lasalle, Hugo M.: Zen-Meditation für Christen, Weilheim 1966
Enomiya-Lasalle, Hugo M.: Zen. Weg zur Erleuchtung, Wien/Freiburg/Basel 1973
Enomiya-Lasalle, Hugo M.: Zen-Meditation. Eine Einführung, Einsiedeln 1975
Fromm, Erich/Suzuki, Daisetz T./Martino, Richard de: Zen-Buddhismus und Psychoanalyse, Frankfurt 1972
Herrigel, Eugen: Der Zen-Weg, München 1978
Herrigel, Eugen: Zen in der Kunst des Bogenschießens, München 1983
Herrigel, Gusty L.: Zen in der Kunst der Blumenzeremonie, Bern/München/Wien 1979
Hoffmann, Yoel: Der Ton der einen Hand, Bern/München/Wien 1978

Jae Hwa Kwon: Zen-Kunst der Selbstverteidigung. Taekwon-do, Karate, Bern/München/Wien 1974
Suzuki, Daisetz T.: Die große Befreiung, Zürich 1969
Suzuki, Daisetz T.: Erfülltes Leben aus Zen, Bern/München/Wien 1973

Sonstiges

Argüelles, José und Miriam: Das große Mandala-Buch, Freiburg 1984
Brunnhuber, Maria: Wir meditieren mit Metaphern, in: Das Thema 12/13, München 1973, S. 15ff.
Dethlefsen, Thorwald: Schicksal als Chance. Das Urwissen zur Vollkommenheit des Menschen, München 1984
Easwaram, Eknath: Mantram. Hilfe durch die Kraft des Wortes, Freiburg 1982
Griesbeck, Robert/Orzechowski, Peter: Die Kraft der Rätsel. Weisheitsspiele der Welt, München 1986
Hamel, Peter M.: Durch Musik zum Selbst, Bern/München/Wien 1976
Kreißler, Irmgard: Das Origami-Buch, Ravensburg 1986
Kreißler, Irmgard: Kreatives Origami, Ravensburg 1987
Krishna, Pandit-Gopi: Kundalini – Erweckung der geistigen Kraft im Menschen, Weilheim 1968
Lörler, Lu: Die Hüter des alten Wissens. Schamanisches Heilen im Medizinrad, München 1986 (z.Z. vergriffen, erscheint neu im Frühjahr 2000)
Martini, Guido: Malen als Erfahrung, Stuttgart/München 1977
Maslow, Abraham: Psychologie des Seins, München 1978
Meadows, Kenneth: Netz der Kraft, München 1993
Monroe, Robert A.: Der Mann mit den zwei Leben, München 1986
Monroe, Robert A.: Der zweite Körper, München/Bern 1996
Pahnke, Walter: Drogen und Mystik, in: Josuttis, Manfred/Leutner, Hanscarl: Religion und die Droge, Stuttgart 1972
Scheidt, Jürgen vom: Schreiben als Selbsterfahrung, Psychotherapie und Meditation, München 1983

Villasenor, David: Mandalas im Sand, Haldenwang 1981
Vollmar, Klausbernd: Das Arbeitsbuch zu den Chakras, München 1997
Warneck, Igor: Runen-Welten, Darmstadt 1997
Weissman, Rosemary u. Steve: Der Weg der Achtsamkeit, München 1994

Sollten Sie weitere Informationen zu Meditationsseminaren oder zur Arbeit von Margit und Ruediger Dahlke benötigen, wenden Sie sich bitte an das

Heil-Kunde-Zentrum
Schornbach 22
D-84381 Johanniskirchen
Telefon 0049/(0)8564/819, Fax 0049/(0)8564/1429
Internet: *www.dahlke.at*
eMail: hkz-dahlke@t-online.de

Wir danken der Osho International Foundation, New York, USA, für die Abdruckgenehmigung aus den Titeln des Osho Verlags „Das orangene Buch", Oregon 1983; „Meditation", München 1991
© OSHO International Foundation
Osho im Internet: *osho.com*

Themenverwandte Bücher im Schirner Verlag:

Klaus Holitzka
Orientalische Mandalas
31 Motive zum Ausmalen, geschöpft aus dem reichen Schatz orientalischer Ornamentkunst, begleitet von Texten orientalischer Mystiker
DIN A4 quer, Paperback
DM 19,80/ öS 145,–/ sFr 19,–
ISBN 3-930944-91-X

Tatjana Blau
Tibetische Mandalas
Aus der Mitte entsteht alles,
zur Mitte kehrt alles zurück
32 Motive zum Ausmalen mit traditionellen Elementen, begleitet von Zitaten buddhistischer Meister
DIN A4 quer, Paperback
DM 19,80/ öS 145,–/ sFr 19,–
ISBN 3-930944-53-7

Sitara E. Eggeling
Indische Yantras
32 Brücken zwischen Kosmos und Selbst
32 Motive zum Ausmalen nach alter indischer Tradition, begleitet von Aussprüchen indischer Weiser
DIN A4 quer, Paperback
DM 19,80/ öS 145,–/ sFr 19,–
ISBN 3-930944-66-9

Klaus Holitzka
Christliche Mandalas
*Rosetten, Labyrinthe & Symbole ergänzt
durch Sprüche und Anregungen*
32 Motive zum Ausmalen
DIN A4 quer, Paperback
DM 19,80/ öS 145,–/ sFr 19,–
ISBN 3-930944-43-X

Klaus Holitzka
Keltische Mandalas
32 Motive nach überlieferten Vorlagen
zum Ausmalen
DIN A4 quer, Paperback
DM 19,80/ öS 145,–/ sFr 19,–
ISBN 3-930944-17-0

Klaus Holitzka
Indianische Mandalas
*Mandalas als Begleiter auf
dem Pfad der Kraft*
32 Motive zum Ausmalen, begleitet von
indianischen Texten
DIN A4 quer, Paperback
DM 19,80/ öS 145,–/ sFr 19,–
ISBN 3-930944-54-5

Tatjana & Mirabai Blau
Buddhistische Symbole
*Die Philosophie des Buddhismus
verdeutlicht anhand von über 100 Symbolen*
252 Seiten, durchgehend s/w-illustriert, Paperback
DM 29,80/öS 218,–/sFr 27,50
ISBN 3-930944-64-2

Tanja Al Hariri-Wendel
Symbole des Islam
*Orientalischer Aberglaube, Götzenkult und
heutige Glaubenspraxis erläutert über die
begleitende Symbolik*
ca. 300 Seiten, durchgehend s/w-
illustriert, Paperback
DM 29,80/ öS 218,–/ sFr 27,50
ISBN 3-930944-86-3

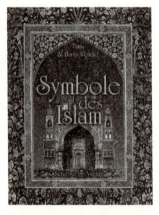

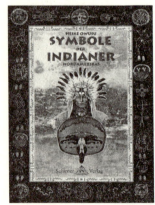

Heike Owusu
**Symbole der Indianer
Nordamerikas**
*Über 300 Symbole nordamerikanischer Indianer-
stämme als Vermittler einer zeitlosen Wahrheit*
320 Seiten, durchgehend s/w-illustriert, Paperback
DM 29,80/öS 218,–/sFr 27,50
ISBN 3-930944-19-7

 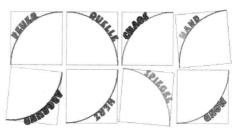

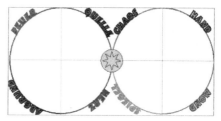

Dietmar Specken
Kleine Schritte zur Freude
*Ein Spiel zur Achtsamkeit
und Selbsterkenntnis*
Erforschen Sie Ihr Unterbewußtsein und das Ihres Partners auf der Suche nach neuen Lösungen für alltägliche Probleme
25 Karten & Anleitungsheft
80 x 80 mm
DM/ sFr 24,80/öS 186,–
ISBN 3-930944-49-9

Bernhard Kleefeld
Das Sternen-Orakel
*Ihr neuer ultimativer
himmlischer Ratgeber*
12 x 12 kosmische Antworten auf irdische Fragen
Set aus 24 Karten & Buch
DM 29,80/öS 218,–/sFr 27,50
ISBN 3-930944-50-2

Paul Ferrini
Dem Glück auf der Spur
*Das Glück des Augenblicks
liegt in deiner Hand*

160 S., Paperback
DM 19,80/öS 145,–/sFr 19,–
ISBN 3-930944-67-7

Wenn wir aufhören, in unserem Leben nach Fehlern zu suchen, können wir es erfüllter leben. Dann bewegt sich unser Leben mit Kraft, Zielgerichtetheit und Integrität. Nichts fehlt, nichts ist verbesserungsbedürftig, nichts kaputt. Es ist vollkommen, so wie es ist.

Paul Ferrini
Zusammen Wachsen
Schitte zum liebevollen Miteinander

172 Seiten
144 x 190 mm; Paperback
DM 19,80/öS 145, –/sFr 19,–
ISBN 3-930944-82-0

Sieben Regeln für eine faire Partnerschaft sind hier knapp aber tiefgehend formuliert, womit Sie das Werkzeug an die Hand bekommen, Ihre Beziehungen zu überprüfen und, wo nötig, zu korrigieren.